教育部人才培养模式创新实验区系列教材

国际经济与贸易专业

本书的编写强调实用性、可操作性和通俗易懂，在每章开始都有"开篇案例"，重要的内容配有"延伸阅读"，帮助学生理解所学内容，并且章后配有思考题和案例分析。

本书总的原则是不求全，但求实用，引导大学生逐步懂得如何创立和管理（外贸）企业。

创业管理
外贸企业视角

Entrepreneurial Management
Based on Foreign-trade Enterprises

叶绍义 陈华 郭天宝 主编

东北财经大学出版社
Dongbei University of Finance & Economics Press

大连

ⓒ 叶绍义　陈　华　郭天宝　2012

图书在版编目（CIP）数据

创业管理：外贸企业视角／叶绍义，陈华，郭天宝主编．—大连：东北财经大学出版社，2012.12

（教育部人才培养模式创新实验区系列教材）

ISBN 978-7-5654-1079-6

Ⅰ．创…　Ⅱ．①叶…　②陈…　③郭…　Ⅲ．外贸企业-企业管理-教材　Ⅳ．F276

中国版本图书馆 CIP 数据核字（2012）第 315199 号

东北财经大学出版社出版

（大连市黑石礁尖山街217号　邮政编码　116025）

教学支持：（0411）84710309

营 销 部：（0411）84710711

总 编 室：（0411）84710523

网　　址：http://www.dufep.cn

读者信箱：dufep@dufe.edu.cn

大连华伟印刷有限公司印刷　　　　东北财经大学出版社发行

幅面尺寸：185mm×260mm　　　字数：394千字　　　印张：17 1/4

2012 年 12 月第 1 版　　　　　　2012 年 12 月第 1 次印刷

责任编辑：孙　平　章北蓓　况淑芬　　　责任校对：纳　新

封面设计：冀贵收　　　　　　　　　　　版式设计：钟福建

ISBN 978-7-5654-1079-6

定价：28.00 元

总　序

　　目前，我国高校本科专业人才培养过程中普遍存在三大问题：一是在大众化教育背景下如何搞好个性化人才培养的问题。许多本科专业由于扩招而难以实施因材施教，在人才培养过程中搞"一刀切"，按同一标准培养具有完全不同个性、特长和综合素质的学生。若此，如果按照低标准进行人才培养，则难以发掘优秀学生的创新精神；如果按照高标准培养，大多数学生又无法顺利完成学业。因而，提高人才培养质量成为我们必须认真面对的重大课题。二是如何解决学生的学习动力问题。不少大学生的学习心理状态是"要我学"，而不是"我要学"，还有一些学生不知道"应该学什么"和"如何学"，大学生的学习质量难以提高。三是没有解决好"人才培养要求与实践脱节"的问题，学校培养的人才不能迅速适应用人单位的工作岗位需要。

　　为了解决上述三大问题，江西财经大学国际经贸学院近年来在国际经济与贸易本科专业积极探索"以职业特质为导向的'三三制'人才培养模式"，并成功获批为教育部2007年度人才培养模式创新实验区建设项目。该项目的核心是两个"三三制"：第一个是核心课程考核的"三三制"，即在核心课程考核中第一次面试成绩占1/3，课堂教学和方案设计内容考核成绩占1/3，第二次面试成绩占1/3，从而达到科学测评学生的知识掌握能力和职业适应能力的目的；第二个是人才培养总效果检验的"三三制"，即在人才培养总效果检验的"三次"实践活动中，职业岗位模拟成绩占1/3，职业综合能力测评成绩占1/3，岗位实战演练成绩占1/3，从而使学生的实践能力得以科学评价和大幅提高，克服学生"高分低能"现象。

　　目前，该项目进展顺利，改革效果逐渐凸显。作为项目的核心内容之一，江西财经大学国际经贸学院组织编写了本套教材。该套教材的特色在于突出"职业特质导向"、"创新性"和"启发性"。其中，"职业特质导向"主要体现在教材顺应"以职业为导向、以能力为本位、以学生为中心"的发展趋势，以国际经贸职业特质和岗位素质要求为先导，确定每本教材各章节名称与知识点。"创新性"主要体现在教材的体例、行文风格等方面追求灵活、生动和实用。"启发性"主要体现在教材力求通过情景设定、案例分析、专栏、思考题等内容设计给学生提供足够的思考空间。

　　教材的正式出版得益于教育部人才培养模式创新实验区建设项目的资助，得益于东北财经大学出版社的大力支持。本套教材汇聚了全院教师的智慧，是各位参编教师在创新创业型国际经贸人才培养过程中长期积淀的结晶，也是对学院多年来国际经济与贸易专业人才培养能力的一次检验。由于时间有限，各参编教师教学科研任务较为繁重，同时也是第一次突破常规教材编写模式并较大规模地编写系列教材，因而编写质量肯定难以尽如人意。然而，作为一种尝试，我们已走出了第一步，期冀在同行们的批评指正之中，我院能在今后更长的时间里不断进步，争取以更好的成果飨奉读者。

　　是为序。

袁红林

2012年1月于江西南昌

前　言

2012 年党的十八大报告明确提出"要贯彻劳动者自主就业、市场调节就业、政府促进就业和鼓励创业的方针，实施就业优先战略和更加积极的就业政策。引导劳动者转变就业观念，鼓励多渠道多形式就业，促进创业带动就业，做好以高校毕业生为重点的青年就业工作和农村转移劳动力、城镇困难人员、退役军人就业工作。加强职业技能培训，提升劳动者就业创业能力，增强就业稳定性"。

"创业带动就业"成为我国促进就业的重要战略之一，各级政府都出台了支持和鼓励大学生创业的相关政策，引导更多的大学生成为创业者是高校就业指导和服务工作的重要任务之一。

外贸领域成为创业者最为活跃的舞台之一。随着我国改革开放的逐步深入，外贸体制也经历了深刻变革，计划外贸体制逐步破除，市场外贸体制逐步确立，特别是 2003 年中华人民共和国商务部成立，标志内外贸一体化基本完成，企业外贸经营权全面放开。[①] 大型企业有能力组建自己的国际业务部，从事进出口业务，但是中小企业由于规模小和外贸人才缺乏，不得不委托外贸企业代理进出口业务。而中小企业占我国企业总数的 99% 以上，所以出现了很多小微型的外贸公司为小企业代理国际业务，据估计，2012 年我国外贸企业将达到 40 余万家。

外贸领域成为以"知识"为资本的大学生创业的乐园。外贸是我国经济的重要支柱，外贸领域创业机会多，以 2011 年为例，我国社会零售商品总额（内销）约 18 万亿元，商品出口额（外销）约 12 万亿元，外销占我国消费品生产总额的 40%，换句话说，我国生产的消费商品 40% 用于出口。与内销不同，从事外销需要具备一定的专业技能，熟悉各国文化，例如良好的英语沟通能力等，所以从事外贸代理需要的是"知本"，而不是"资本"，适合国际经济与贸易专业大学生创业。

外贸领域适合创立小微企业。由于大企业的外贸业务都直接由自身的国际业务部门管理，纯外贸公司主要代理中小企业的外贸业务，所以企业规模很难做大，因此纯外贸企业主要是小微企业。创立小微企业的优势是投入小，可以以 SOHO 的形式存在，很容易适应经济形势的变化；劣势是抗风险能力差，不容易做出企业品牌。

从近几年毕业生就业去向来看，国际经济与贸易专业毕业的学生真正从事外贸工作的不到 30%，究其原因，并不是做外贸没前途，而是学生实践不多，大部分学生没有真正了解外贸。根据江西财经大学国际经贸学院国际经济与贸易专业毕业生的发展来看，大学生创业率近 8%，高于其他专业。为此，本书的编写强调实用性、可操作性和通俗易懂，在每章开始都有"开篇案例"，重要的内容配有"延伸阅读"，帮助学生理解所学内容，并且章后配有思考题和案例分析题。

本书内容大致包括以下几个方面：了解外贸创业、外贸创业者的素质与能力、寻找创业机会、创业计划书的制定、外贸企业创业融资、提升营销能力、跨文化沟通能力、外贸

---

① 张生玲、张丽平：《我国外贸体制改革三十年理论回顾》，载《国际贸易》，2008（7）。

创业风险控制、外贸创业企业内部管理、外贸 SOHO 创业等。总的原则是不求全，但求实用，引导大学生逐步懂得如何创立和管理外贸企业。

本书由江西财经大学叶绍义、陈华，吉林财经大学郭天宝担任主编，提出具体设想与架构。本书共分十章，具体分工如下：第一、二、三、四章由陈华编写；第五、八、九章由袁红林编写；第六章由叶绍义、魏韬、郭天宝编写；第七、十章由叶绍义、彭凯、郭天宝编写。最后由叶绍义统一修改完成。

本书的编写得到了江西财经大学国际经贸学院院长袁红林教授、副院长吴朝阳教授和刘振林教授的指导与大力帮助。此外，在编写过程中，我们参考了大量国内外相关成果，在此一并致谢。

由于时间仓促，加上编者水平有限，本书肯定还有许多不足甚至错误之处，恳请同仁和读者批评指正。

编　者

2012 年 12 月

目　录

第一章　了解外贸创业

学习目的

1. 了解常见的创业认识误区；
2. 了解创业的内涵；
3. 了解外贸创业的形式和内涵；
4. 了解外贸创业的主要特点。

开篇案例

从顽皮少年到商界大侠

马云，中国电子商务网站的开拓者，阿里巴巴网站创始人兼 CEO。但从小到大，马云没有上过一流的大学，连小学、中学都是三四流的。1984 年，马云考入杭州师范学院外语系。大学毕业后，他在杭州电子工业学院教英语。

1991 年，马云和朋友成立海博翻译社。结果，第一个月就净亏 1 300 元，就在大家动摇的时候，马云坚信：只要做下去，一定有前景。总结经验教训之后，他们决定先以最原始的小商品买卖来维持运转。于是，马云开始一个人背着个大麻袋到义乌、广州去进货，翻译社开始卖礼品、鲜花。

1995 年初，马云偶然去美国，对电脑一窍不通的他开始接触并认识互联网。出于好奇，他请人做了一个翻译社的网页，没想到，3 个小时就收到了 4 封邮件。敏感的他意识到：互联网必将改变世界！随即，马云萌生了做一个网站，把国内的企业资料收集起来放到网上向全世界发布的想法。

此时，全球互联网刚刚发展，而杭州尚未开通拨号上网业务，于是，马云的用互联网开公司、下海、营利的想法立即遭到了亲朋好友的强烈反对。"我想了一个晚上，第二天早上还是决定干，哪怕大家全反对我也要干。""我觉得做一件事，无论失败与成功，经历就是一种成功，你去闯一闯，不行你还可以掉头；但是你如果不做，就永远没有成功的机会。"就这样，刚刚步入而立之年、已是杭州十大杰出青年教师的马云毅然放弃了在学校的一切地位、身份和待遇，开始下海经商。

1995 年 4 月，马云凑了 2 万元钱，成立了专门给企业做主页的"海博网络"公司，这是中国最早的互联网公司之一。3 个月后，随着上海正式开通互联网，马云的公司业务量激增，先见之明为他带来了丰厚的利润。不到 3 年，马云赚了 500 万元，在国内打开了知名度。

1997 年，在国家外经贸部的邀请下，马云带着自己的创业班子挥师北上，建立了外经贸部官方网站、网上中国商品交易市场、网上中国技术出口交易会、中国招商、网上广交会、中国外经贸等一系列国家级站点。

1999 年 3 月，马云和他的团队回到杭州，凭借 50 万元人民币在一家民房里创办了阿里巴巴网站。当时，互联网的电子商务基本上是为全球顶尖的 15% 大企业服务的，但马云毅然作出决定，只做 85% 中小企业的生意，其发展方向是为商人建立一个全球最大的网上商业机会信息交流站点。

阿里巴巴所采用的独特 B2B 模式，即便在美国，也难觅一个成功范例。因而，网站很快引起美国硅谷和互联网风险投资者的关注。网站注册成立 1 个月后，由高盛牵头的500 万美元风险资金便立即到账；1999 年底，马云又以 6 分钟的讲述获得有"网络风向标"之称的软银老总孙正义 3 500 万美元的风险投资；2000 年 1 月，网站引入了全球首屈一指的互联网投资者——软库 2 000 万美元的投资；2004 年 2 月，总额 8 200 万美元私募成功。此时，阿里巴巴已有 10 亿元现金在手，可以和国内任何一家门户网站并驾齐驱。

有了资金的支撑，马云首先从中国香港和美国引进大量的外部人才，并与软库合作开发拥有日文、韩文及多种欧洲语言的当地阿里巴巴国际贸易网站；2003 年 5 月，公司投资 1 亿元推出个人网上交易平台——淘宝网；2004 年 7 月，又追加投资 3.5 亿元，用以打造全球最大的个人交易网站；2003 年 10 月，阿里巴巴创建了独立的第三方支付平台——支付宝。

事实证明，风险投资家对马云的判断是准确的。创业当年，阿里巴巴的会员就达到了8.9 万，在 2001 年互联网的严冬季节，公司依然实现了百万会员的目标，并成为全球首家超过百万会员的商务网站，目前的会员总数已经超过 350 万。淘宝网在 2004 年全球权威 Alexa 对全球网站综合排名中位居前 20 位，在中国电子商务网站中排名第 1。截至 2005年 3 月，通过支付宝，淘宝网的日均交易额已超过 350 万元人民币，而且增势依然十分迅猛。

马云被著名的"世界经济论坛"选为"未来领袖"，被美国亚洲商业协会选为"商业领袖"，是 50 年来第一位成为《福布斯》封面人物的中国企业家，并曾多次应邀为全球著名高等学府，如麻省理工学院、哈佛大学等讲学。

在马云的办公室里，高高悬挂着金庸先生手书的题词——"临渊羡鱼，不如退而结网"。细品马云的创业足迹，这个题词正是点到要害，这正是马云步步成功的秘诀。"如果马云能够创业成功，我相信 80% 的年轻人都能创业成功。"马云这样叮嘱当下的创业者。

资料来源　扬得志：《从顽皮少年到商界大侠》，载《中国青年报》，2004-07-02。

有人说："人类的发展史，就是人类的创业史。也有人说，创业是人类所知道的最强大的经济力量。"还有人说："没有什么比得上做自己的老板了，它给我一种最高权力和强烈自信的感觉。"①

2008 年 10 月，国务院办公厅转发了人力资源和社会保障部等 11 个部门联合发布的《关于促进创业带动就业工作的指导意见》。各地政府先后出台了一系列积极鼓励自主创业的相关优惠政策，各大高校日益重视创新创业型人才的教育和培养，社会上形成了全民创业的热潮。可以说，"创业"已经成为 21 世纪中国最闪亮的词语。

当前，我国外贸发展和海外投资趋势日益强劲，外贸企业正迎来前所未有的创业时

---

① ［美］弗朗西丝·麦古金：《小企业创业实务》，杨莉等译，7 页，深圳，海天出版社，2007。

代，与此对应的却是外向型外贸创业人才存在相当大的需求缺口。因此，如何规避对创业的认识误区，真正把握创业的本质和内涵，进一步了解外贸创业的形式和特点，应该成为所有外贸人燃烧创业激情、追寻创业梦想的基础。

第一节　创业认识误区

时下，创业成为广大民众特别是青年大学生的一种时尚选择。人们对创业的认识和理解千差万别。然而，大学生对创业的认识尚处于感性认识阶段，对创业所涉及的环境、项目和模式等缺乏深度的审视，对行业状况、社会消费能力、市场前景等缺乏理性分析和深入了解，甚至对自身的创业梦想、知识储备和管理水平等存在模糊认识，陷入种种认识误区。

一、误区 1：追逐狂热的创业梦想，将创业简单化

在创业理念盛行的当下，不少年轻人都追寻着各自的创业梦想。人们都希望能在这个创业带动就业的时代抢占先机，大显身手，建功立业。在当前严峻的就业形势下，甚至有一种比较流行的说法是："你们没有出路，没有工作，那就创业吧。"这种认识，其实是人们对创业的误解，也反映出当前众多年轻人对创业的浮躁心态。

首先，创业与创业成功是两回事，只有创业成功才能真正拉动经济增长。从这个意义上讲，并不是创业的人越多，就越能拉动经济增长，而是要注重创业的质量效应。

其次，创业的机会与挑战并存，而往往危险比机会多。诚然，市场经济制造的最大神话，就是每一个人都享有拥有巨大财富的可能。布衣变大款的创业故事，平民变富翁的致富传奇，都在让这个神话变得似乎人人都触手可及。然而，创业往往面对的是一种不确定性，大部分人讲的是机会，而没有更多地考虑风险。据统计，在硅谷每年新创办的数百乃至上千家高科技公司中，几乎超过一半以上的公司在 2 年内倒闭；在风险资本投入的高科技企业中，有 20% ~30% 完全失败，60% 受到挫折，只有 5% ~20% 获得成功；我国大学生创业成功的比例不到 3%，创业成功的例子可谓凤毛麟角①。即便是创业成功者中，大概只有 2% 的人真正可以度过 10 年期。

再次，狂热的背后往往是把创业简单化的浮躁，或者根本就缺乏创业行动。在我国，有创业意向的大学毕业生人数比例一直较高，而实际创业的人数极少。据统计，2004—2009 年，参与自主创业的大学毕业生仅占 0.3% ~0.4%。即使有创业意向，也往往停留在意向或者理论层面。例如，上海举行的张江杯创业计划大赛，首期征集的创业计划居然有 90% 以上是网站创业计划书，不仅创业意向雷同，更缺乏可行性和操作性。

最后，对创业将面临的困难缺乏理性认识。创业不是随便一个想法就可付诸实践，而是一个艰辛的历程，更不可期望骤然成功。当然，我们也要正确看待创业过程中遇到的问题，要对创业受挫可能带来的后果有所准备，甚至要正视创业失败的现实，因为，很难想象没有挫折的创业会成功。

延伸阅读　　　　　　　　学生老总到底输在哪里

从休学宣布打造"商业帝国"，到店铺开门而又关门，不过是短短半年多的时间。陈峰伟在拘留所里仍然认为：自己如果不因诈骗被拘，一定能把唐电做好。事实上，在他被

---

① 赵观石：《论大学生创业的六个认识误区》，载《教育与职业》，2011（3）。

拘之前，唐电公司就已入不敷出，靠向大学生借钱度日。据内部人讲，公司账上也就几百元钱，而他欠外面的钱可能以几十万元乃至百万元计。那么，陈峰伟创业到底输在哪里？

一输在眼高手低。2005年底，陈峰伟首次面对记者描绘宏伟蓝图：5年内，要让"唐电电器"成为上市公司；年销售总额要达到8亿元，占有南京仙林大学城80%的市场份额，并将业务拓展到餐饮、娱乐、电子商务等领域。眼高手低几乎是年轻人的通病，但陈峰伟的"眼高"高得让人感觉有些过头。

二输在认为创业就是融资。陈峰伟动不动就要融资几百万元，毫无责任心。融资一定要控制好风险，要根据自己的项目和还债能力量力而行。为什么他开业是"做给媒体看"的？为什么一分钱还没有赚到就要捐5000元给南京民政事业？为什么三番五次追问记者他的创业事迹何时见报？这很像现在社会上的一种人，凭空吹出一个商业泡沫，然后四处融资，用新债来还旧债，当商业泡沫无法再吹下去时，骗局才会被揭穿。

三输在定位错误。他根据南京仙林地区有12万名大学生，手机、笔记本电脑和数码产品的年市场份额达3.6亿元，推断出如果有18%的学生选择到他的店里购买，他就会占有6400万元的市场份额，凭着这个理想化的数据，他就要打造商业帝国，他不知道大学生们的想法是"如果买高端电子产品，到那些大店、名店更放心"。

四输在傍名人抬高身价。"我最近跟严主席去上海了"、"严主席昨晚来电话了"、"严主席说给融资担保"、"创业失败有太平洋（集团）垫底"、"大不了到太平洋弄个副总干干"……一段时间里，陈峰伟一口一个太平洋。严介和对此的说法是，那是"小孩瞎说"，而陈峰伟到最后都坚信太平洋会帮他融资担保。

五输在享乐先行。他在南京仙林某别墅区包租了一栋别墅供休息和办公，在外面长租一辆小车代步，还没赚到钱就大手大脚地享受。不客气地说，这次创业，陈峰伟肯定失败了。但如果能总结教训，从跌倒的地方站起来，踏踏实实，勤学苦干，他就没有失败。因为，陈峰伟还年轻，未来的路还很长。

资料来源 郁进东：《学生老总到底输在哪里》，载《中国青年报·创业周刊》，2006-07-20。

二、误区2：年轻就是资本，只要有激情就能创业

有不少人认为，必须趁着年轻时的一股激情，才可能创业成功。诚然，不少功成名就的企业家在创业之初确实极其年轻。例如，盖茨、乔布斯和戴尔都是从大学退学开始创业，Google和Facebook的创始人都是在其学生时期开始了自己的创业。于是不少年轻人纷纷效仿，甚至不少大学生不惜为创业而辍学，认为年轻就是资本，只有年轻才具有创业激情和活力。

年轻人总把激情和冲动误以为是才能。其实，激情绝不是创业的全部，激情也不等于能力，而是一种催化剂，能调动创业的综合素质与各方面的潜能用于创业。而对当代大学生而言，激情过多表现为创业的信誓旦旦与对创业前途持过于乐观的态度，往往导致对创业项目可行性分析不够客观、全面和严谨，不少创业者仅仅只是有一个想法，而没有实现这个想法可行性高的实施方案和冷静理性的思考。往往是创业之初雄心勃勃，遭遇挫折即偃旗息鼓。

应该说，创业始于激情和冲动，止于经验和智慧。这也就不难理解，不是所有的创业者都是小孩子。哈兰德·山德士开办其第一家肯德基时已经65岁了；三株药业集团董事长吴炳新走上创业之路时，也已经是知天命之年；杭州娃哈哈集团董事长宗庆后47岁时，还拉着三轮车在杭州街头推销冰棍。美国创业周的主办者考夫曼基金会研究了1995—2005年创办的高科技公司中，美国本土出生的老板创业时的平均年龄是39岁，而且50岁以上的创业者是25岁以下的两倍。

创业是逐步成长的过程。大部分刚出校门的大学生，不仅行业知识、管理经验、社会阅历等诸多方面都有所欠缺，而且对自己的认识也往往不够彻底。这些都需要通过社会实践来实现创业者心智、能力的提高。因此，创业之前要善于稳扎稳打，步步为营。就像哈佛创业教程里说的那样，"快的东西容易出问题，我们要更慢一点"。如果没有适当的贮备，年轻人不宜盲目地急着去创业，但要时刻保持良好的创业意识和旺盛的创业激情。

三、误区3：创业就是挣钱，成者为王败者寇

通过创业发财致富，是创业者的一种合理追求，我们不反对创业为个人谋求利益。创业者运用有限的资源和自己的勤劳智慧去改变现状和命运，这原本无可厚非。但是，有些创业者，把赚钱当做唯一目的，甚至为了达到这一目的不择手段，这就有违创业的社会价值了。倘若创业者树立了这样的创业财富观，我们就不难理解为什么仿冒、假账、诡诈、不遵守合约等很多个人品德领域的陋习在当前中国的商界大行其道。这种不择手段敛取财物导致的严重后果，就是使现代市场经济最重要的价值——"诚信"付之阙如。

可以说，在创业成为流行观念的今天，如果不树立正确的创业财富观，而是一味地拜金主义或图慕虚荣，那么这些创业者好不容易积累起来的知识和智慧，极有可能在财富欲望的鼓动、升涨中迷失方向。而坐在财富欲望的火山口上所形成的侥幸、短视、浮躁的所谓创业、投资理念，很有可能让这群天之骄子尚未走上社会就已步入迷途，甚至误入歧途。

我们说，一个企业如果能合法营利，就表明了它存在的价值。从这个意义上讲，创业的核心就是营利，也就是减少开支，增加收入，"能否赚到钱"是衡量创业是否成功的标准。但是，钱财作为追求目标，绝非创业的唯一目标，而且单纯追求利润（尤其是短期利润）的企业是难以长久的。创业者要做一个让人尊敬的企业家，致力于经济效益的同时也要有社会效益①。创办企业赚钱盈利是一方面，更重要的是以产品、服务取信于民、造福于民。企业造假不行，服务质量低下不行，社会不满意、人民群众不满意也就没钱可赚了。

一个真正意义上的创业者，创业的根本应该是谋求对社会的意义。阿里巴巴网站创始人兼CEO马云曾经说过这样一段话："对一个企业来说赚钱是很容易的事情，这是我的结果，不是我的目的。但是你赚的钱能不能持续赚钱，能不能持续创造价值，影响社会……我要挑战的是这些。"这说明，对于创业企业而言，赚钱是创业满足社会需求的结果和报酬，树立服务观念应该成为创业的一个宗旨。

四、误区4：创业就是创意，创业大赛获奖就是创业成功

在我们的大学生创业者中，认为凭一个好的想法与创意就代表一定能创业成功的观念的人不在少数，不少大学生将创业等同于创意。还有很多人对创业的概念更多基于"创造"，甚至认为创业只是发明和专利，似乎没有新鲜的东西，就很难以创业者自居。

---

① 叶欣：《创业有哪些认识误区》，载《劳动保障世界》，2008（5）。

创意和创造，都是具有新颖性和创造性的想法，它涉及广告、建筑、艺术、设计等诸多领域。但创意、创造能否产生价值、创造财富，则须通过创业或创业者来体现。创业既不是头脑发热的下海，也不是普通的专业性比赛和科研设计。大学生有了好的项目或想法，只是代表"创业的长征路"刚跨出了一步。

近年来，各类创新创业大赛层出不穷，这些大赛为大学生了解创业、尝试创业提供了很好的渠道。但创业大赛不同于真正的创业，创业大赛的辉煌并不等于实际创业成功。

延伸阅读   **创业大赛获奖＝创业成功？**

昌平区青年创业导师、好投网共同创始人兼主编户才和，在 2000 年全国创业计划大赛获金奖，但是因为专利归属问题却一直未能实现创业。2001 年从北京大学毕业后，7 年时间先后在《投资与合作》、《新财富》、《互联网周刊》等杂志担任记者、编辑、主笔，直到 2008 年才与他人合伙创办了"好投网"。

人力资源专家、知遇网 CEO 陈畅解读：如今各类创业大赛层出不穷，为大学生了解创业、尝试创业提供了很好的渠道，但是创业大赛不同于真正的创业，真实的创业过程中，最终的评委是客户，其间可能面临的各类困难都要进行充分的分析和准备，在时机成熟之前，不妨先到行业领先公司或其他创业型公司历练，培养自己的综合素质能力以及对市场和商业的理解力。

资料来源 http://info.txooo.com/carveout/2-891/1364011_ 1.htm。

五、误区5：复制创业模式，活在他人的成功故事里

目前，我国许多风险投资在选择项目时，会考察这样的项目在国外是否有成功案例，如果有，项目获得投资的机率就比较大。为此，许多大学生会复制国外成功的商业模式，并期待也取得相似的成功，但并非所有复制的商业模式都能取得成功。

与这种现象相对应的，就是不少有创业意向的年轻人往往沉迷在成功者的创业故事里。李嘉诚、刘永好、马云、史玉柱……这些创业成功的典型，成为创业者的精神家园。

应该说，对于别人的成功经验当然不能熟视无睹，因为那往往是创业者用金钱甚至是血与泪换来的宝贵经验。学习创业精神用以励志，学习商业模式用以做事，学习创业经验用以省身，无疑可以在创业途中少走很多弯路，这都需要后来者很好地把握。

但是，创业者应该正确领会别人的创业故事，不要仅仅活在成功企业的创业故事里。别人的成功不可以轻易模仿，因为创业的时代背景不尽相同，政策和市场也多有变化，很多东西都无法复制。不要热衷于把别人的创业思维当成自己的创业路线图，而应该把别人的创业问题作为演武场。实际上，别人的创业故事中最值得关注的不是结果，而是创业过程、细节与方法。①

延伸阅读   **复制成功的商业模式就一定成功？**

8848 网站成立于 1999 年，是我国最早复制美国电子商务盈利模式的电子商务网站。该网站在 2000 年被美国《时代周刊》称为"中国最热门的电子商务站点"；2001 年，中国互联网络信息中心调查显示，8848 是中国被用户访问最多的工业和商业类网站。但是，由于受到互联网泡沫的影响，再加上当时电子商务环境不完备、风险投资过多介入管理等，8848 迅速倒闭。之后几年，8848 经历了东山再起、二度倒闭。如今点击曾经风靡一

---

① 贾昌荣：《创业不能活在别人的成功故事里》，载《现代营销（经营版）》，2010（4）。

时的 8848 网址，指向的却是一个淘宝推广导购网站。

资料来源　http：//henan. sina. com. cn/cy/cyk/2010-08-14/0824561. html。

六、误区 6：创业完全依靠背景，而且要靠充足的资金来驱动

目前不少创业者总认为成功者多是靠家庭背景、有关系、有资金才能成功。其实，中国改革开放以来，几乎在所有行业和领域创业成功的人都不乏从零开始的。修鞋的南存辉打造出中国低压电器第一品牌，打铁的鲁冠球成就了万向集团，雅戈尔的李如成是一个农民……

当然，创业成功需要天时地利人和做帮衬。做企业有时往往就是做关系，关系有些时候重要到决定我们创业的生死成败。但这并不等于说家庭背景、有关系就是创业的充分条件。更何况，创业是一项艰难复杂的系统工程，难到大多数人不能一个人完成，只有得到更多人的关心帮助与支持，成功才会有更大的把握。事实上，创业不可能是单打独斗，创业者少不了要商业伙伴和社会网络辅佐以助其成功。从这个意义上讲，创业就是寻求帮助。但这种对关系的寻求，应该是建立在创业者对创业项目、经营模式等充分自信基础上的有底气的资源互换。

在创业过程中，"资金缺乏"是普遍现象，但资金不足并不是创业的绝对障碍。在很多行业中，创业公司的绝大部分资金被认为来自个人借贷和"3F"：朋友、傻瓜、家庭成员。Google 常常被认为是获风险资本投资成功的一个典型例子，但是布林和佩奇没有用任何钱来创办这家公司，发布 Google 时也仅仅从朋友或客户那里借来了大约 100 万美元。

延伸阅读　　　　　　　　**没有背景和依靠　创业全靠自己天赋和努力**

年轻的傅章强用行动写下了两项上海"之最"：第一位成功创业的大学生，第一位入驻浦东软件园的"知本家"。

不熟悉他的人会觉得他令人讶异：一个从福建南平考到上海来的大学生，没有任何背景和依靠，只是靠着自己的天赋和努力，还在大学三年级时，便在市科委负责一个攻关项目的开发，研究生一年级便以负责人身份向市科委申请到了另一个"九五"项目，这在一般教授都未必能做到；而熟知傅章强的人却不觉讶异：一进海运学院计算机系，傅章强便表现出了突出的才能和特别的努力，那时候的他，一清早便钻进机房，中午啃两个面包，直至次日凌晨一两点钟，满天星斗时才钻出来。日日如此，且这样的工作热情一直保持至今。天才加上勤奋，出成绩是必然的！

真正开始创业，只是起源于一个念头：市科委的项目做出来以后，同行评价都非常高，认为达到了国内先进水平，但接下来并不顺利，产业化根本没做好。傅章强心中很觉可惜：科研成果只需适当包装、完善，完全可大范围推广，产生巨大的社会价值！基于此，他决定：自己开公司！

1998 年初，傅章强在学校附近租了一套两室一厅的房子，投资 2 万余元，置办了三台电脑，为创业开始磨刀霍霍了。到当年年中，他拟定了一个吸引风险投资的计划书，融得一笔 100 万元人民币的风险资金。年底，"必特软件"正式注册。"必特"，在英文中即是"bit"，代表计算机中的二进制，而二进制是计算机的基础，暗含办企业要从基础做起的理念；同时，"bit"和"micro"一样，都有微小、微粒的含义，但"bit"比"micro"数量级稍大一些，其中，蕴藏着傅章强的"野心"。

当时，作为申城第一个在校大学生办的企业，"必特软件"似乎还有着违反校规的嫌

疑。一开始，傅章强只能瞒着学校偷偷干。

困难似乎也在意料之中。开业几个月，傅章强没有谈成一笔业务。有时有客户谈得已经很投机了，跑过来一看他的"两室一厅"，业务便就此"夭折"。傅章强一直记得第一笔业务的成交。那是一个朋友介绍他承接上海新华律师事务所的一个项目，有40多万元，同时另有一家单位也在争取这个项目。那段时间，傅章强一有空就往事务所跑，义务帮他们解决电脑方面的小问题，提供业务咨询，甚至编些小程序。"走出门，让客户了解自己，这很重要。我认认真真地做，并且把事情做好了。这样他们才会来买你的东西。"凭着这一点"小花招"，感动了市场，傅章强赢得了自己创业生涯的第一笔业务。

客户间的口口相传有时比自己上门推销要有效得多。第一笔业务让傅章强兴奋的同时，也充满着压力。他对自己的要求是不能松懈，永远要做得更好。他的客户也如滚雪球般，有了良性上升的趋势。1999年下半年，在校学生创业得到政府的鼓励和提倡，傅章强的公司名正言顺地"公开化"，甚至他还把自己的导师和学校的一些教授吸引而来。白天，傅章强去上导师的课，晚上，导师来协助公司做业务。1999年，他招聘了第一批专职的员工，从原来三四个人的"小作坊"向规模化、正规化过渡。

一个偶然的机会，傅章强了解到位于张江高科技园区内的浦东软件园开始招商。这个由上海市和信息产业部联合创建的国家软件产业基地，政府对入驻软件园的企业给予一系列极其优惠的政策扶植，最现实的便是三年内办公楼租金免费。傅章强当场拍板签下了协议书，成为第一个入驻浦东软件园的"知本家"。

如今，"必特软件"已成为软件园的五家骨干企业之一，被信息产业部认定为国内第一批"软件企业"，并获国家高新技术企业称号。在张江，"必特"也是第一个拿到科技部设立的科技创新基金的企业。公司从入驻张江时的40多人，发展到超过80人，产值与客户数都呈良好的上升趋势。傅章强没有自满，他一直记得江总书记前来视察的那一天。那一刻的感觉是无比的兴奋，兴奋之后又是沉甸甸的压力。"不过我是一个善于化解压力的人，化压力为动力，一天天做得更好！"傅章强的话掷地有声。

像傅章强这样靠着自己的天赋和努力创业的大学生不在少数。

资料来源　佚名：《上海学生创业第一人：没有背景和依靠　只靠天赋和努力》，载《解放日报》，2001-10-15。

第二节　创业的内涵

对于"创业"概念的讨论似乎从未停止，创业的内涵也从未像现在这样宽泛。人们对创业的理解不完全相同，站在不同的角度、依据不同的根据可以对创业做出不同的解释。

一、创业的概念

什么是创业？《孟子·梁惠王下》有言"君子创业垂统，为可继也"，把创建功业与流传后世联系起来。《辞海》（上海辞书出版社1989年版）对创业的解释是：创立基业。《现代汉语词典》将创业定义为：创办事业。

英文中创业有两种表述：一个是"venture"，其最初意义是"冒险"，在20世纪创业活动蓬勃兴起以后，它被赋予了"冒险创建企业"这一新的特定内涵；另一个是"entrepreneurship"，主要用于表示静态的"创业状态"或"创业活动"，表明创业是一个跨学科、多层面的复杂现象。在现代企业创业领域，往往用"venture"来指"创业"呈增长态势，这比使用"entrepreneurship"更能揭示"创建企业"这一动态过程。

在过去的几十年里，创业领域引起了国内外许多学者的关注，不同学科都从其特定的研究视角，运用本领域的概念和术语对其进行观察和研究，这些学科包括经济学、管理学、心理学、社会学、人类学等，但学术界对创业的定义迄今并未能达成共识。

总体而言，创业有广义和狭义之分。广义的创业是指人类的创举活动，或指带有开拓、创新并有积极意义的社会活动。只要是人们以前没有做过的，对社会产生积极影响的事业，都可以说成是创业。

就狭义的创业而言，不同学者给出了不同的定义。美国的荣斯戴特提出，创业是一个创造增长的财富的动态过程；罗天虎主编的《创业学教程》将创业定义为"社会上的个人或群体，为了改变现状，造福后人，依靠自己的力量创造财富的艰苦奋斗过程"。[①]

创业究竟是指什么呢？本书所讲的"创业"，专指狭义范围的创业。简单讲，就是创办企业。我们对创业的理解是：创业是指个人或团体在一定的社会环境下，在洞悉市场现状需求的基础上，开创性地寻求与把握商业机会，创建和发展一个或多个企业，筹集、配置各种资源，并由此创造出新颖的产品、服务或实现其潜在价值的艰辛过程。

二、创业的特征

创业有着非常丰富的外延和内涵。几乎所有主动的并带有一定风险性质的、重新配置并运用社会资源进行社会实践的主体活动，都可以笼统地称之为创业。创业也因此具有明显的特征。

（一）自主创新性

创业从本质上讲，是创业者主动进行的一种创新活动。在创业者的创业过程中，从创业意识的培养、创业环境的分析、创业项目的甄别、创业计划的制订、创业模式的选择和创业实施及管理等，到最终企业产品或服务的提供，无不体现着创业者创新的烙印。从这个意义上讲，创业是一种自主创新能力的挖掘和培养。

（二）价值创造性

创业是创业者的实践创造，也是对现有社会资源、自然资源重新组合利用的方式和途径，是现代经济发展的动力，是社会经济发展中效益最高、最具创新意义、最为活跃的价值创造活动。

（三）机会导向性

创业的机会导向特征决定了创业活动必须突出速度，并做到超前行动。机会具有时效性，甚至稍纵即逝。持续存在的事件往往不是机会，至少是创业者无法在短期内把握的机会。现实生活中，创业者一旦有了创业的想法，往往都会在比较短的时间内快速付诸实施。

（四）风险磨难性

创业企业面临着不确定的市场机会，面对可能会失败的投资，因此人们一般认为创业是一种高风险行为。早期人们甚至认为风险承担倾向是创业者的个性特征，奈特更精确地

---

① 李学东、潘玉香：《大学生创业实务教程》，2页，北京，经济科学出版社，2006。

把创业者定义为"不确定性"的管理者①。由此可见，创业带有一定的风险和相当大的艰辛与磨难。但成功的创业者往往会在可承受损失的范围内大胆尝试，并在小范围试点的过程中通过不断校正进行风险控制；这种校正采用的即兴而作来自于面向市场的快速行动和与利益相关者的信息共享。②

（五）差异层次性

不同企业创业的类型千差万别。同时，创业企业本身都要经历从种子期、起步期、成长期、扩张期到成熟期的发展转变。在创业企业发展的整个过程中，呈现出创业活动的不同阶段、层次和差异。

（六）素质拓展性

创业强调人的首创、冒险和积极进取的精神，就是要让人们主动适应社会和环境。因此，创业是提升素质的活动。创业活动是一种终身性、开放性的学习过程。通过创业活动，培养创业主体创业心理品质、创新开拓的意识，发展创业者的创造思维能力、专业能力、实践能力，促进创业者的综合素质的全面提升，促进人的全面发展。

三、创业的价值

当前，创业所体现的价值越来越受到重视。创业的过程就是自身价值实现、收入增加、财产积累的过程；同时也是实现企业目标、造福社会的过程。创业逐步成为获取竞争优势、推动经济变革和促进社会进步的重要来源。

（一）创造和积累财富，满足个人和家庭的需要

毋庸置疑，对大多数创业者而言，通过创业达到致富目的，获得物质上的满足是基本需求。而且，创业是就业或者事业的一种形式，一旦创业成功，这种财富积累的速度通常要比从事社会的某些职业要快得多。创业作为一种合理的致富途径，成为许多人追求的目标。

事实上，许多创业者在创业初期更多的是考虑经济利益，创办和经营企业以帮助他们的父母、孩子和其他家庭成员，为了改变自己家庭的困苦和艰难，毅然走上了创业之路。

（二）满足精神追求，实现更高的个人价值

虽然有很多创业者在创业初期更多的是考虑经济利益，但是当创业者到一定阶段的时候，更多的人开始注意实现自己更好的目标和更大的自我价值。这首先就表现为物质上的满足、独立自主地开展工作和一种令自己满意的生活方式。

在此基础上，当人们把创业作为一种交换活动对社会做出贡献的同时，创业还能够带来精神上的满足。大多数创业者是在创业过程中，追求着自我价值的实现、认同感和奉献感。当创业成功创造财富，获得社会地位，得到别人的尊重时，感到很充实、幸福，让人感到自身价值的存在，从而获得一种满足感。许多人在自己创业成功以后，都会通过各种方式来回报社会，获得一种更高层面的精神满足感。

（三）优化资源开发配置，促进经济发展

众所周知，现代社会发展遇到的最主要障碍之一是资源的短缺。社会之所以提倡创办企业，从本质上看，是因为创办企业的最大价值就是能够有效地开发和利用资源，使之产生更大效益。所以，人类的许多工作都是在围绕如何有效地开发和利用资源而进行的。

---

① F. H. Knight, Risk, Uncertainty and Profit. Chicago, IL: University of Chicago Press, 1921.
② 张玉利：《创业者风险承担行为透析——基于多案例深度访谈的探索性研究》，载《管理学报》，2010（1）。

创业活动最直接的人力资源配置方式，就体现在通过创业来带动、促进和扩大就业，从而实现企业发展与扩大就业的良性互动，进而创造更多的社会财富，促进经济发展和社会进步。有研究表明，一个社会的创业水平越高，其社会成员灵活就业、自主创业、岗位立业的效果就越好，随之而来的社会效益和经济效益也就越好。因此，对于我国这样一个劳动力供给大国来说，发挥好创业的就业倍增效应是解决就业问题的重要举措。

（四）促进市场交易活动，维系公平竞争环境

中国有句古话叫"无工不富，无商不活"。实践证明，交易的领域越广泛、越迅速，社会资源的利用就越充分、越有效，经济就越发达。而交易的产生不是凭空的，它要依托大大小小的各种企业。创办的企业越多，交易活动就越广。

市场经济不可避免竞争。健康、公平的竞争，能够促进资源的有效配置和使用，激励创新和发展，是市场经济发展的发动机。而健康积极的竞争，需要在同样的领域中有更多的企业，起到维系和促进竞争的作用。创业无疑将起到增加市场竞争参与的作用。由于竞争的存在，企业经营者要保持和扩大自己的产品和服务市场，必须不断提高经营业务的科技含量，从而促进个人与社会的进步。

（五）弘扬创业精神，促进创新型国家建设

德鲁克（Drucker，1985）在《创新与创业精神》一书中指出："创业精神是一个创新的过程，在这个过程中，新产品或新服务的机会被确认、被创造，最后被开发来产生新的财富。"

创业精神的本质在于创新，它包括创业意识、创业勇气和创业毅力三个层次。对于创业者来说，是否具备创业精神，要看其是否有创业的想法，还要看其是否有勇气行动，更要看其是否在困难重重的创业道路上攻坚克难，坚持走下去，最终为社会创造出新的价值。

创业精神有聚集效应。2008 年 12 月，在孟买遭受恐怖袭击 3 周之后，1 700 名充满激情的印度年轻人齐聚班加罗尔一家酒店，举行了一场关于创业的会议，由于没料到这场会议如此受到欢迎，主办方不得不搭起巨大的帐篷来容纳多余的人群。创业活动所培养的企业家精神，代表了一种精神和力量，引领着社会的未来和希望。这种创业精神，需要全社会去崇尚及呵护。

当前，我国正着力建设创新型国家。我国科技成果转化率仅为 6% ~8%，相比发达国家 50% 的转化率差距很大①。改变这种状况，要积极弘扬创业精神，倡导和鼓励全民创业。创业企业的产生往往伴随着新技术、新方法进入市场，为科研成果、技术管理的转化提供平台。同时，随着创业企业的发展，又可以推动新发明、新产品或新服务的不断涌现，创造出新的市场，从而进一步推动和深化科技创新，提高企业和整个国家的创新能力。

四、创业的类型

创业者都有着各自不同的创业起因和独特的创业方式，同时经历着不同的创业层次，也扮演着不同的创业角色。光从创业领域来看，就有制造业、中间商、服务业、科技开发业和现代农业等多种创业类型。从技术、地理以及社会学的角度看，创业可划分为技术驱

① 王玉杰：《论创业的内涵、价值及实施途径的研究》，载《中国集体经济》，2011（16）。

动型创业、地理驱动型创业以及社会驱动型创业。从创业起因和创新程度来看，也存在多种不同的创业类型。

（一）按照创业起因来看，主要有四种创业类型

1. 被迫生存型创业

这种类型的创业者多为下岗工人、进城打工者或由于种种原因不愿困守乡村的农民，以及刚毕业的大学生。这是中国数量最大的创业人群。清华大学的调查报告指出，这一类型的创业者，占中国创业者总数的90%，其中许多人是被逼上梁山。这些人的创业范围一般局限于商业贸易，少量从事实业的也基本是小打小闹的加工业。当然也有因机遇而成长为大中型企业的，但数量不多。

2. 主动型创业

这一类型又可以分为两种：一种是盲动型创业者；另一种是冷静型创业者。前一种创业者大多极为自信，做事冲动。有人说，这种类型的创业者，大多同时是博彩爱好者，喜欢买彩票、赌博，而不太喜欢检讨成功概率。这样的创业者很容易失败，但一旦成功，往往就是一番大事业。而冷静型创业者是创业者中的精华，其特点是谋定而后动，不打无准备之仗，或是掌握资源，或是拥有技术，一旦行动，成功的概率通常比较高。

3. 理想主义型创业

一份杂志在调查中发现，有一类奇怪的创业者，除了赚钱，他们没有什么明确的目标，就是喜欢创业，喜欢做老板的感觉。他们不计较自己能做什么，会做什么，可能今天在做着这样一件事，明天又在做着另外一件事，他们做的事情之间可以完全不相干。其中有一些人，甚至对赚钱没有明显的兴趣，也从来不考虑自己创业的成败得失。奇怪的是，这一类创业者中赚钱的并不少，创业失败的概率也并不比那些兢兢业业、勤勤恳恳的创业者高。而且，这一类创业者大多过得很快乐。这种创业者是最为自由浪漫的，带有浓厚的理想色彩。其实，创业只不过是他们喜欢的一种生活方式而已。

4. 资源变现型创业

这是指过去在一些单位掌握一定权力，或者在国企、民营企业当经理人期间聚拢了大量资金、资源的人，在机会适当的时候下海，开公司、办企业，实际是将过去的权力和市场关系变现，将无形资源变现为有形的货币。

（二）根据创业的创新程度及对市场的影响程度，一般有四种创业类型

1. 复制型创业

复制原有公司的经营模式，创新的成分很低。例如。某人原本在餐厅里担任厨师，后来离职自行创立一家与原服务餐厅类似的新餐厅。新创公司中属于复制型创业的比率虽然很高，但由于这类创业的创新贡献太低，缺乏创业精神的内涵，不是创业管理主要研究的对象。这种类型的创业基本上只能称为"如何开办新公司"，因此很少会被列入创业管理课程中学习的对象。

2. 模仿型创业

这种形式的创业，对于市场虽然也无法带来新价值的创造，创新的成分也很低，但与复制型创业的不同之处在于，创业过程对于创业者而言还是具有很大的冒险成分。例如，某一纺织公司的经理辞掉工作，开设一家当下流行的网络咖啡店。这种形式的创业具有较高的不确定性，学习过程长，犯错机会多，代价也较高昂。这种创业者如果具有适合的创

业人格特性，经过系统的创业管理培训，掌握正确的市场进入时机，还是有很大机会可以获得成功的。

　　3. 安定型创业

　　这种类型的创业，虽然为市场创造了新的价值，但对创业者而言，本身并没有面临太大的改变，做的也是比较熟悉的工作。这种创业类型强调的是创业精神的实现，也就是创新的活动，而不是新组织的创造，企业内部创业即属于这一类型。例如，研发单位的某小组在开发完成一项新产品后，继续在该企业部门开发另一项新产品。

　　4. 冒险型创业

　　这种类型的创业，除了对创业者本身带来极大改变，个人前途的不确定性很高外，对新企业的产品创新活动而言，也将面临很高的失败风险。冒险型创业是一种难度很高的创业类型，有较高的失败率，但成功所得的报酬也很惊人。这种类型的创业如果想要获得成功，必须在创业者能力、创业时机、创业精神发挥、创业策略研究拟定、经营模式设计、创业过程管理等各方面都有很好的搭配。[①]

　　每个人对创业的理解肯定是不同的，但不管怎样，只要创业在你心里占据重要的位置，便会时不时地在你内心激荡起创业的冲动，进而促使你走上创业之路，真实的创业壮举莫不如此。

延伸阅读　　　　　　　　　　解读中国富豪的 9 种创业类型

　　中国富豪创业第 1 种类型：志存高远型

　　根据《科学投资》的研究案例，在中国的企业家中像孙正义这样雄心勃勃，有计划、有条理地实现着自己富豪梦的虽不多，但也并非绝对没有。曾在《福布斯》中国富豪榜排名第 1 位、个人资产总计达到 83 亿元的希望集团刘氏兄弟在最初创业时虽然没有孙正义那样的计划性和条理性，但这四兄弟个个都不缺乏野心和雄心。与一般的创业者不同，刘氏兄弟一开始就悟透了舍得二字。刘氏四兄弟刘永言、刘永行、刘永美、刘永好，本来都在国家企事业单位，都有一份好工作，老大刘永言在成都 906 计算机所工作，老二刘永行从事电子设备的设计维修，老三刘永美在县农业局当干部，最小的兄弟刘永好在省机械工业管理干部学校任教。他们没有像大多数有条件的创业者那样脚踏两只船，随时做着创业失败后洗脚上岸的准备。他们从孵小鸡、养鹌鹑开始，根据实际情况随时扩张创业项目，一直发展到搞饲料、电子、房地产、金融和资本运作，多角经营，多管齐下，终成大业。尤为难能可贵的是，刘氏兄弟在家族企业做大以后，当兄弟之间在企业发展方向上意见相左时，能够平稳地进行产权分割，完成和平过渡，没有伤到企业元气，留下了企业进一步做大的空间。类似刘氏兄弟这样能够如此平稳地解决家族企业产权问题，在中国家族企业中是不多见的。刘氏兄弟的第一桶金是孵小鸡所得 1 万元，时间是 2 个月，投入之小以今天的眼光看则可以忽略不计。

　　中国富豪创业第 2 种类型：逼上梁山型

　　从 20 世纪 70 年代末一直到 20 世纪 80 年的后半期，长达 10 年的时间内完成创业的中国富豪极多属于这种类型。从 20 世纪 90 年代一直到今天，此种类型也有出现。其典型代表是连续数年位居《福布斯》中国富豪排行榜前列的李晓华，以及创办广东七喜电脑

---

　　① 陈文彬、吴恒春：《创业实务教程》，6～7 页，广州，暨南大学出版社，2010。

有限公司的易贤忠。李出身贫寒，一家6口挤住一间7平方米没有窗户的住房。李只有初中文化程度，后下放北大荒，返城后在原外经贸部出口大楼食堂做炊事员，曾因贩卖电子表被劳动教养3年，既而被单位除名。李在走投无路之际为养家糊口，开始倒腾些小生意，成为中国第一批个体户。李的第一桶金是靠在北戴河贩卖所谓美国冷饮掘得，当时投入资金是3 500元，这也是当时李全部的家当，收获则达10万元，时间只有一个夏天。后李又在秦皇岛放录像，获利百万元。李真正暴发是后来东渡日本，成为章光101毛发再生精在日本的总代理。李以拥有中国内地第一辆法拉利跑车闻名，时间为1993年。李目前个人资产据《福布斯》统计逾人民币20亿元。易贤忠在创业前则属广州一家国有制药集团属下企业厂长，因女儿患脑疾，为筹集医药费被迫下海。易的第一桶金是为停业装修的广州南方大厦制作500只节能电子镇流器，资本为从广东中山小榄镇一个小老板处赊销的价值5 000元的电子原材料。易以自己50平方米住房做工厂，获利千元。后易据此成立白云节能电子电器厂，3个月获利14万元，易将之视为自己真正的第一桶金。易在筹得为女儿治病的钱后，又继续回原厂上班，后因工厂衰败，才不得已第二次下海，创立广东七喜电脑有限公司。易目前个人资产过亿元。

中国富豪创业第3种类型：争气型或曰受刺激型

其典型代表是重庆小天鹅集团董事长廖长光。小天鹅集团以酒店业和饮食业为主要经营对象，风靡大江南北之重庆鸳鸯火锅即为廖长光首创。廖家境普通，曾下乡做过8年知青，回城后在重庆城建局当电工，娶何氏七妹何永智。何出名美丽，当时在一家鞋厂当设计师，并擅长服装设计。何氏七姊妹，六个嫁得如意郎君，只有廖身份低微，而何氏七妹何永智为七姊妹中最靓丽者，廖因此备受众人挤对，境况难堪。廖受此刺激，发誓创业，以出人头地。廖辞职下海后，以出卖住房所得3 000元为本金，租得16平方米小店面一间，开始经营火锅，初时生意颇为不顺，不赚反亏。廖在妻子理解与帮助下，坚持不懈，专力创新，数月后开发出迥异于传统重庆麻辣味火锅的荔枝味火锅，开始扭亏为盈。廖继而又开发出后来风靡大江南北的重庆鸳鸯火锅，事业开始独上层楼，由小店而大店而企业集团。廖于1982年发奋下海，第一桶金便价值百万元。廖目前个人资产约1亿元。

中国富豪创业第4种类型：家族遗传型

其典型代表为2001年《福布斯》中国富豪榜排名第4位的荣智健与排名第63位的罗忠福。荣、罗两人又有不同。荣智健为中国著名"红色资本家"、国家副主席荣毅仁之子，祖传基业，创业条件非他人可比。1978年，荣持通行证南下香港，1985年正式成为香港居民。荣目前身份为香港中信泰富集团董事长。据《福布斯》估计，2001年荣名下个人资产达65亿元。罗同样出身商业世家，祖父曾做过遵义商会会长。罗从小精明干练，头脑清晰，精于计算。罗的第一桶金为做沙发。当时罗新婚燕尔，苦于在遵义买不到沙发，又受汽车废垫启发，察觉做沙发原理简单，于是开始试做，渐成气候。罗的第一桶金价值10万元，时为1979年。罗目前身家据估计达8亿元。

中国富豪创业第5种类型：顺理成章型

其典型代表为鲁冠球、沈爱琴、李桂莲等，因所属企业均由原乡镇企业或集体企业转制而来，历史悠久，发展顺遂，符合政策，顺理成章。一般来说，在创业者个人的第一桶金问题上，此类企业大多概念模糊。

中国富豪创业第 6 种类型：冒险型

其典型代表是有中国鸡王之称的大连韩伟企业集团创始人韩伟。1956 年，韩伟出生于大连三涧堡镇东泥河村一户农民家庭。韩读书不多，仅为初中毕业。韩拥有木匠手艺，并略懂畜牧知识，因此在 20 世纪 70 年代中期被招为三涧镇畜牧助理员。1984 年韩辞职下海，创业本金为从亲友处告借而得的 3 000 元，养蛋鸡 50 只，同年底，韩从银行贷得 15 万元，开始兴办养鸡场，一举成为大连最大的饲养专业户，同时亦成为大连负债最多的个体户。韩此举所冒风险极大，而最大风险在于银行。韩倾力一搏，倘一旦发生鸡瘟或因其他原因创业失败，韩些微个人私产固将荡然无存，而银行无疑也将造成极大一笔坏账。韩之所以能在无抵押的情况下从银行贷出如许一笔巨款，原因在于当时大连市正在大搞菜篮子工程，韩的鸡场扩建计划正是急政府之所急。在政府支持下，韩很快又贷款集资 208 万元，建起一座占地 44 亩，建筑面积 8 000 平方米，饲养 8 万只鸡的现代化养鸡场。从这一点说，韩不愧为一个顺时而动、把握政策机遇的弄潮儿。韩白手起家，其鸡场第一年产值便达 210 万元，这也是韩掘得的第一桶金。韩目前个人身家据估计达 4.5 亿元。与靠在海南开发热中掘地发财的潘石屹、冯仑等一样，韩伟能成为富豪，也可谓是时势造英雄。

中国富豪创业第 7 种类型：热血型或曰冲动型

张思民、吴志剑均属于此类型，张思民尤为典型。此类创业者大多以失败告终，偶有所成者，也大多历经坎坷，并且在企业发展过程中屡经反复。底气不足或曰后劲不足是此类企业的最大特征。1999 年 3 月，吴志剑就因所属政华企业集团欠债 2 亿元，被深圳市政府在新闻媒体通令不得进行高消费，不得坐高级车住别墅。张思民的海王集团在 1992 至 1997 年之间，也曾遭遇极大风险，企业险些翻船。后通过上市，继接上因为盲目投资而险些断裂的资金链，才得以生存下来。海王目前仍在经受缺乏拳头产品的困扰，其未来走向，仍有待观察。张思民的第一桶金当是来自澳大利亚投资家的投资，这笔投资达 100 万美元，张在股份中占大头。张用以创业的原始资本，是 3 000 元的日常积蓄。吴志剑的第一桶金，则是承包原深圳物资公司华东商场，半月获利 17 万元。吴的创业资本乃写作所得 2 000 元稿费。

中国富豪创业第 8 种类型：因缘际会型或曰无心插柳型

其典型代表为 2001 年《福布斯》中国富豪榜排名第 38 位的张果喜以及前《福布斯》中国富豪吴炳新。此类创业者的典型特征是本来没想发财，只是想解决一下生存问题，后来竟不期而遇地发了财。1972 年，张果喜受在江西余江当地下放的上海知青的影响，怀揣 200 元，到上海找生路。偶然的机会，在上海四川北路的上海雕刻艺术厂发现，一个雕刻樟木箱竟可卖 200 多块钱。张顿时灵机触发，立刻返回老家按照上海生产樟木箱的程序依葫芦画瓢。半年后张氏第一只雕刻樟木箱出品。通过上海工艺品进出口公司，张自己制作的第一只产品参加了广交会，并幸运地拿到了 20 套樟木箱的订单，赚了 1 万多元。这是张掘得的第一桶金。张的创业资本，为变卖家产所得 1 400 元以及江西余江当地盛产的樟木原料。张目前身家据《福布斯》估计约为 12 亿元人民币。如果没有那次上海之行，现在的张还可能只是江西余江乡下的一介老农，天天为吃饱肚子斤斤计较。

中国富豪创业第 9 种类型：知识型

此类型具体而言又有种种不同，如中宜环能（CECO）董事长吴桐，是拥有自有专利技术，靠自有专利技术发达的一类。2001 年，吴在北京创办中宜环能环保技术有限公司。吴擅长发明，名下拥有多项专利技术，仅其城市垃圾处理综合集成系统一项专利，据估计无形资产就达 12.5 亿元。一家美国名牌杂志估计，吴的专利加起来，价值超过 100 亿美元。在进京创办中宜环能环保技术有限公司之前，吴曾在深圳创业，获利数千万元，因遭欺诈，资产荡尽。2001 年 3 月，吴携 2 000 元进京二次创业，3 个月后，仅向韩国某著名企业出售城市垃圾分类焚烧技术 15 年使用权，获利即超过 2 000 万美元。吴眼下成为媒体焦点人物，原因一是其创造财富的能力，二是他的学历造假问题。据吴自称，其于 11 岁即进入中国科技大学少年班学习，主修原子能物理学，有神童之誉；14 岁赴美，获芝加哥大学国际金融学博士学位；18 岁赴德，获柏林大学经济学博士学位。但经有心人查证，吴的科大少年班学历和美国芝加哥大学国际金融博士学位皆属虚无缥缈。其柏林大学经济学博士学位亦令人存疑。这不免让人想起吴征事件，可算是又一起吴征博士事件的翻版。钱钟书先生笔下的方鸿渐看来并非杜撰。如今国内的海龟博士漫山遍野，占据着最好的位置，享受着最好的待遇，荣光无限，创业就业一律超国民，有关部门今后对类似的海龟，是不是应该多看两眼？其实吴本来是用不着靠这样假造学历来给自己增光添彩的。吴的诸多创造发明，均已经过实践检验，成效显著，吴因此在环保界享有极高声誉，比之那种学历造假带来的荣誉，这样的荣誉要大得多，也实惠得多。吴此举令人费解。

资料来源　http：//finance. ifeng. com/gem/class/20090612/785306. shtml。

第三节　外贸创业的形式与特点

一、外贸企业与外贸创业

所谓外贸，是指一个国家对其他国家（或地区）进行商品和劳务交换的一种经济活动。为了保护本国经济发展或民族工业，一般来讲国家都会制定一系列的政策法律加以鼓励或约束外贸行为。一个企业要从事外贸业务，就必须得到国家的相关行政许可，即取得进出口权，否则就是非法交易。

外贸企业是指其产品和服务流通到两个或两个以上的国家或地区的企业经济组织。它可以是自己生产，也可以是通过收购别人的产品来实现。这些外贸企业是有从事对外贸易（进出口）资格的企业，在国家规定的注册企业的相关领域内，对合法产品有进出口经营权。我国外贸企业是随着我国对外开放的逐步深入和国际贸易的日益频繁逐渐发展起来的一种组织形式，无论从创汇还是从对国民经济的贡献角度看，外贸企业在我国经济领域都扮演着重要的角色。

2004 年我国《对外贸易法》修订后，外贸经营资质从原来的审批制改为备案制，我国对外贸易的国内市场结构也就从过去的垄断型市场经济结构逐渐转变为自由竞争型市场经济结构。外贸企业日益成为跨地区、跨行业、跨所有制的新型外贸企业[1]，其发展模式也日趋多样化，包括专业性外贸企业、综合商社型外贸企业和跨国公司型外贸企业等[2]。各省、市、自治区外贸企业大幅增加，甚至个人经营外贸业务也兴盛起来。

本书所指的外贸企业是一个宽泛的范畴，既包括专门从事进出口业务的贸易公司或制

---

[1]　许晓华：《中小型外贸企业发展模式的研究》，河海大学博士论文，2003。
[2]　徐青漪：《外贸企业组织结构和管理模式研究》，浙江工业大学硕士论文，2002。

造业以外的国际贸易流通服务企业，也包含有自主进出口权的外向型生产企业或外商投资的合资或独资企业，还包括涉外投资企业。而本书所指的外贸创业，既指创办外贸企业，也包含个人从事外贸业务。

延伸阅读   **外贸创业的诱惑**

浙江一个农村家庭小作坊里，阿宝正在用酒精布擦拭一串刚打磨好的玻璃手链。上海客户以5.2元的批发价订了10 000串，阿宝和几个邻居忙活了十几天，每串大约可以挣到8角钱加工费。2个半月以后，手链被摆放在澳大利亚Macquarie大街的一家连锁饰品店，标签上写着35美元，约合人民币280元。

这样的事情时时刻刻都在发生。在上海，每天超过40 000个集装箱的货物装船运往世界各地。众所周知，中国已经成为世界制造工厂。但也许你没有想到，目前全球将近50%的拉链、70%的高端彩电、75%的玩具和90%的一次性打火机均产自中国。

外贸的高额利润使得众多厂商跃跃欲试。面对竞争激烈的市场，精明的商人们都希望能绕开层层转手的中间商，与国际买家做面对面的一手交易，赚更多的钱。

资料来源 黄海涛：《外贸七日通》，北京，中国海关出版社，2008。

二、外贸创业的形式

国家规定，只有具备进出口经营权的企业，才能直接经营进出口业务。对于外贸创业而言，取得外贸经营权是开启外贸之门最重要的条件。获取进出口权的外贸创业形式有以下几种：[①]

（一）企业申请进出口权

企业可以向所在地的外经贸部门申请进出口权。自己拥有进出口权当然很好，全套业务都可以自己进行，对外的合同等票据都以自己的名义出具，对企业形象和树立品牌很有好处。自中国加入WTO以后，国家鼓励企业申报进出口经营权，申办的手续日益简便，但对企业的规模、生产能力、人员配备等仍有相当的要求。取得进出口经营权的企业通常也需要接受相对严格的政府职能机构行政管理。

（二）代理出口

暂时达不到申请进出口条件要求，或因地区和行业的限制不便申办的企业，可以采取代理出口。对众多的民营小企业而言，通过外贸公司代理出口更为简便可行。所谓代理出口，就是找一家外贸公司或有进出口权的公司合作，与外商洽谈商定后，以外贸公司的名义与之签订合同。根据合同备货妥当后，由外贸公司代理进行出口事宜。外商把美金（或其他外币）货款支付给外贸公司，外贸公司再按照约定的比例折合成人民币，扣除相应费用后支付。这样一来，从操作形式上，是以普通内贸的方式把货物赊销给外贸公司，外贸公司自行出口后支付货款。

代理出口的缺点是显而易见的。首先，除了同样的成本与费用外，还不得不承担额外的出口代理费，这个费用常常会占总交易金额的1%~2%。其次，不得不把外商资料、交易价格等商业秘密提供给外贸公司。外商货款直接支付给外贸公司也存在一定的风险。虽然外贸公司受国家严格管理，代理出口的外贸公司赖账私吞的可能性很小，但占用资金迟迟不转账的情形却屡见不鲜。再次，通过代理出口，所有票据写着别人的商号名字，对

---

① 黄海涛：《外贸七日通》，北京，中国海关出版社，2008。

自己在国际市场上的品牌拓展多少有些局限与影响。

但不管怎么说，代理出口的方式避开了出口权限制，任何工厂都可以做外贸了。而且，只要慎重筛选出口代理，并且自己深入了解外贸操作流程，就能把风险降到最低。事实上，在目前的外贸行业中，工厂与外贸公司顺利合作出口的情形尚属多数。

（三）个人挂靠做外贸

所谓"挂靠"，就是与某个外贸公司达成协议，成为该外贸公司名义上的业务员或兼职业务员。业务自己做，以外贸公司的名义对外签合同、交货、结算货款，自己则按照约定的比例计提利润。挂靠的方式多见于有一定的外贸经验，有自己的进货和销售渠道的人。之所以选择挂靠而不是自己去开公司，主要是借助大型外贸公司的知名度和商业信用，以期在购销过程中得到优惠便利，并节省办公费用。在这种情况下，自由的 SOHO（Small Office and Home Office）方式应运而生，挂靠者甚至不需要到公司上班，在自己家中用一台电脑即可完成外贸交易——有时甚至是大宗交易。SOHO 的创业者其实是自雇的外贸业务员，有相当的自主权利。不过，做外贸 SOHO 需要比较深厚的外贸知识技巧，有对进销两方面渠道较强的把控能力，颇受有经验的外贸人的欢迎。

（四）个体工商户外贸备案

如果交易金额不大，但又不能像网上小店那样可以用"国际快递+网上支付"方式简易操作外贸的，还可以选择个体工商户外贸备案。自 2004 年新版《对外贸易法》出台以后，我国放开了对个体工商户进行出口业务的限制，理论上个人也可以申请外贸经营权了；申请上也没有资金限制，具体步骤是：

（1）在工商局办理个体工商户注册。

（2）到外经贸部门进行个人外贸经营权登记。

（3）到海关办理"中国电子口岸"入网手续。

（4）到外汇管理局办理"对外付汇进出口单位名录"或出口收汇核销备案登记手续。

（5）在银行开立个人对外贸易结算账户，办理外汇收付。

个人申请外贸权虽然并不困难，但因为是个体工商户身份，在经营中承担无限责任，风险较大。加上个人的商业信用毕竟有限，即便取得了外贸权，实际操作中也很难运用各种基于商业信用和银行信用的结算工具等，因此目前而言还只适合特定产品或小额交易。

延伸阅读   **外贸创业如何"借船出海"**

通过下面的渠道"出海"，不但可以摆脱资金不足的困境，还可以通过实战积累专业经验，为自己日后真正成为老板打下基础。

1. 依托"外壳公司"

眼下经过激烈的竞争后虽然一些昔日的外贸公司不再在国际市场上唱主角，但树倒猢狲并未完全散，其金字招牌对海外客户仍有一定的感召力。这些公司经过压缩和精简后，除了将一些业务部门承包给原来的"旧部"外，往往还希望通过吸收社会上呈散兵游勇式的专业人员加盟，以重振雄风。对外贸个体户来说，这样的公司无疑是个好去处。一般来说，"带资金带客户带货源"的业务人员最受欢迎。与外贸公司签订协议后，除了完成规定上缴的利润外，其余的大部分基本上归自己所有。此外，入伙者还能得到公司在融资、参加大型国内外会展等方面的便利。其不足是，由于这类公司经历过市场的"竞争阵痛"，其准入条件较苛刻。如果在短期内不能创造效益就有可能被"扫地出门"。

2. 依托"代理公司"

这些年来，一种专门从事出口代理业务的公司在市场上应运而生。它们存在的目的就是赚取代理费。各个代理公司经营规模不同，一般对其代理的出口业务收取3%～5%的代理费用。这种公司与委托人只存在代理关系，用代理公司的牌子为客户代办签约、报关、制作单据，其经营风险、垫资等则均由委托人自行承担。有销售渠道的私营个体户或想兼营出口的小型企业很适合与此类公司合作。代理公司的优势是，其人员的专业素质比较高，管理上的约束力很小，可以省去合作者自己开办公司的繁杂手续。如果愿意，可以在不同的公司之间就代理费等条件从容地作出选择。它的缺陷在于：由于经常变更公司，易使外商产生一种不稳定的感觉；另外就是委托人自身承担的业务风险太大。

3. 依托私营企业

借助有外贸经营权的私营企业做出口生意，有可能是"强弱联合"，也有可能是"强强联手"。对于经营能力较强的专业人员，依托于私营企业发展，可以较快地找到一个"出海口"；而对于急于发展出口业务、扩大经营规模的小型私企来说，借助具有外贸经营权的私企可以借机冲刺国际市场，正好走一条捷径。相比之下，一些学国际贸易的大学生应聘私企的"门槛"可能会低些。既无资金又无经验的大学生，完全可以通过私企这个舞台施展才华，通过实际业务来锻炼自己经商的能力，如果业绩好也能取得比其他类型的企业更高的待遇。而对外贸个体来说，它的优势在于：自己在私企更受重用，在资金、产品开发、市场拓展等方面能得到老板有力的支持，通过参股等方式能获得较大的利润空间。加盟私企的劣势是：少数私企业主信誉差，目光短视。在经营不善的情况下一旦入股，专业人员可能血本无归。

资料来源　吕品：《外贸创业如何"借船出海"》，载《今日财富》，2007（5）。

三、外贸创业的特点

相对于普通的国内贸易而言，外贸是一个截然不同的行业。因此，外贸创业也有着鲜明的特点。

（一）外贸创业的专业性强

外贸企业经营有两个主要特点，一是面临着国内和国际两个市场，所处环境比国内企业更加复杂；二是经营结算方式为国际结算方式，比国内结算更加复杂，且在结算中需要同时使用本国货币和外币。外贸企业的业务往来重点在国外，生产、收购国内商品销售到国外，或者把国外商品进口到国内来销售，从中赚取利润。整个过程中要通过海关、商检、银行、保险、商会等诸多主管部门来实现。外贸经营要办理报关、报检、储运、税务、外汇等手续，同时企业从事的活动还要符合WTO的相关规定和国际惯例。

因此，外贸创业具有一定的特殊性。它要求外贸创业者在具备一般创业素养的同时，既要有非常好的世界经济研判能力和良好的跨文化沟通能力，还要有精准的政策分析能力，同时要精通国际财务结算知识。外贸创业呈现出非常强的业务性和专业性。

（二）外贸创业的挑战性强

这种挑战性，一方面来自因外贸创业的专业性强而导致的创业难度。外贸创业从事的进出口业务的技术含量高，牵涉面比较广，难度比较大。即使是一个精通英语或国际贸易的专业人员，初涉外贸，面对繁琐的程序与晦涩的术语，仍然会一头雾水、无从下手，更不用说着手进行外贸企业创业工作了。

另一方面，随着外贸体制发生根本性的改变，外贸行业现已变成一个进入门槛相对较低的完全竞争行业。[①] 外贸创业也日趋竞争激烈。甚至在同一区域、同类产品的同类外贸企业中，以竞价销售、毁誉中伤等不正当手段彼此拆台的事件屡见不鲜。不少外贸企业为了赢得客户或从同类企业手中"挖"来客户，不惜采取恶性竞争手段，制约着外贸企业的可持续发展。这也给外贸创业带来更大的挑战。

另外，当今的国际市场是极其细分的市场，专业化分工程度高。国际市场虽大，但每种产品、服务或者技术贸易的市场份额却非常有限。外贸企业要在这个成熟的国际市场上寻找商机不是一件易事。至于为自己所生产、经营的产品创出自己的品牌，更要在经营的市场和经营的渠道上集中精力重点突破。[②] 这样，使得外贸创业的挑战性还颇具国际色彩。

（三）外贸创业的风险因素多

外贸企业必须同时面对国内、国际两个市场的激烈竞争。所以，在一般企业所面临的风险的基础上，外贸创业风险的特殊性也是非常明显的。

外贸企业外部环境相对国内企业更加复杂，客户或供应商的资信状况难以掌握，可调查度和可约束度（通过法律途径）都不及国内企业高，且国际结算、贸易方式、贸易规则也增加了外贸企业的风险，存在国际商业欺诈风险、国际商业及金融风险、贸易壁垒风险、信用风险等。与此同时，国际结算比国内结算更加复杂，出口商和进口商由于远隔重洋，很难充分了解到对方的资金及信誉情况，存在国际结算风险和外汇风险。[③]

另外，由于外部经营环境的变化、国内外经济状况和政策波动，加之在业务不断发展的过程中，汇率切换的信用风险，长途海运、转陆运的运输风险，企业本身固有的内在缺陷、人员经验不足等原因，外贸企业在创业经营中的不确定性陡然增加，面临着各种各样的国际贸易风险。

（四）外贸创业的灵活性要求高

外贸创业的专业性、挑战性和风险性，要求外贸创业有不同的层次，要有非常强的灵活性。做外贸业务，关键是需要在国内外有市场和客户。外贸创业可以根据实际情况选择不同的模式，规避市场变化、政策变化等带来的风险。如在外贸创业初期，个人做外贸可从事旅游中介、信息咨询等服务贸易或服装、皮革、玩具等商品贸易。

外贸企业要及时把握国内外市场的需求动态，实施产品差异化战略，做到国内和国际两个市场的优势互补，为外贸转内贸建立灵活的市场应对机制，利用杠杆平衡原理减轻国际市场变化对企业的显著性影响。

延伸阅读　　　　　　　外贸创业他们是怎样成功的

谢琨，香港易盛世国际纺织服饰有限公司总经理。谈起自己的创业，还是因为与外贸有不解的渊源。自大学毕业以来，谢就一头扎进了外贸出口，尤其是纺织服装。先是在国营外贸公司工作一年半，积累了丰富的业务操作知识和技能。当时我国的外贸迎来了一个高速的发展机会。大量外资企业进入国内，带来了新的管理理念。谢被外企的管理理念深深吸引了，进入外资的服装公司担当起骨干。十年磨一剑，也是不短的经历。

---

① 吴浩波：《基于外贸企业的国际贸易风险管理研究》，安徽大学硕士论文，2010。
② 沈寅：《中国外贸企业的品牌战略研究》，对外经济贸易大学硕士论文，2006。
③ 徐芳：《外贸企业内部控制与风险管理》，宁波大学硕士论文，2009。

在有了多年的积累后，谢琨开始追求更新的目标，他要运用自己的经验和好的理念，打造出全新的中外结合的外贸出口平台。因此，谢琨决定离开外资企业，自己创业。许多离开国营公司的外贸创业者虽然手续会很繁，但基本能拉走客户，为自己的公司奠定基础。而谢琨面对的选择却是，离开外资企业手续会很简单，但要带走客户很难。尽管遇到了白手起家的问题，希望有自己的事业的他，还是一头扎进了外贸行业的创业之路。

世纪之交，我国外贸体制虽有了很大的变化，但私营外贸公司还是"难产"。谢琨考虑到，走实体化道路能更多地吸引客户。办服装厂的成本比较低，同时对业务有了基本生产保障，与人合作可以分担风险和责任，便于集中精力抓好客户开发。工厂很顺利地办起来了，可是，谢发现工厂和公司的管理方式和理念相差很大，尤其在中国服装加工厂是劳动密集型的。

虽然谢自认为很了解它了，但真正自己要去驾驭它，也不是很容易的。工厂很快遇到了业务不稳定、流动资金不足、招工困难等问题。同时，合作者之间产生了矛盾和误解。商业规律是残酷的，经过风雨后谢放弃了自己的实业梦。"虽然没有赚到钱，但我从中得到了很多用金钱无法买到的东西。"

创业失利，家人和朋友都纷纷劝谢还是去公司。2003年，谢对命运说不。他又回到了城市中，运作自己的贸易公司，马不停蹄地去香港注册。除去一些必要的开支，公司账户上已没有一分钱了。"这时，钱对于我来说是最重要的。像所有惨淡经营的个体户一样，我开始节衣缩食地节省每一分钱。"因为10年的经验积累，公司的业务开始有了起色。最大的转机是从外贸出口开始。有一个美国年轻客商个子矮矮的，留着长头发，其貌不扬，看上去根本不像大老板。他看好了几款服装，立即付了20万元定金。谁知3个集装箱价值300万元的衣服打包装好准备发货时，这客商却说今天是星期六，剩下的280万元钱没有领出来，到下星期三一定给你打钱过来。这无疑是给谢出了一个难题。就连公司员工都说，这货不能发啊，现在的骗子多如牛毛，他骗走了我们的货，我们哪辈子能赚回来。在进退两难时，谢果断地说："发。"美国客商在约定的时间准时把钱打了过来。

"生意越来越难做了。"但是梦想依旧。谢说他会坚持自己的梦想的。

资料来源　张娟：《外贸创业他们是怎样成功的》，载《国际市场》，2006（2）。

思考题

1. 寻找身边的创业故事，并结合本章内容，谈谈自己对创业的理解。

2. 你有没有创业梦想？目前做了些怎样的思考？学完本章内容后，你的想法有怎样的改变？

3. 收集外贸创业的案例，并进行分析。

案例分析题

创业很梦幻，现实很理性

4位梦想创业的大学生，每人凑齐4 000元，准备在校园附近开一间精品店。当他们和房屋转租者签好转让协议，对店面进行装修时，房东突然出现并进行阻挠。16 000元创业资金已经花光，门面却无法开张。

小王是中南大学铁道校区大三学生，大二时他就忙着在学校做市场调查，他认为定位中高档的男士精品店会很受学生欢迎。这学期开学不久，他和另外三位有创业想法的同学一拍即合，每人投资 4 000 元准备开店。

校园附近的孙老板有三间紧挨着的店面，其中一个门面闲置着。孙老板同意以 12 000 元转让这个门面两年的使用权。小王告诉记者，当时孙老板说她有这个门面三年的使用权，但不要让房东知道房子已经转租给他们，就说几个大学生是帮她打工的，以此避免房东找麻烦。"我们虽然知道孙老板不是房东，只是租用了房东的房子，但我们不知道一定要经过房东的同意才能租房。"9 月 10 日，涉世未深的几名大学生和孙老板签下了门面转让协议书，并支付了 7 000 元钱。

当他们开始对门面进行装修时，房东闻讯赶来。房东表示，他和孙老板签订的合同上明确写了该房子只允许做理发店，并且不允许转租。房东阻止他们装修，并和孙老板发生了冲突。在店面前透过玻璃门看到，几个玻璃柜凌乱地摆放着，地上刨花满地。前不久，小王和另外三个同学还在一边贴墙纸，一边憧憬着美好前景。当时为了不影响上课，他们利用晚上装修，忙到深夜两三点是常事。

现在门上已经挂了三把锁。9 月份房东将第一把锁挂了上去，接着孙老板也挂了一把锁。小王等人的玻璃货架等物品都被锁在里面，无奈之下他们也挂了一把锁。现在要进入这个门面，要过三道关。几把锁锁死了他们的创业之路。孙老板从 9 月 20 日起就无影无踪，手机也不开机，不作任何解释。房东也不愿意和他们协商，反正房租已经收到了年底。这可苦了几个大学生，交给孙老板的 7 000 元房租，加上门面装修的 5 000 多元，以及进货花去的钱，4 人凑的 16 000 元已经所剩无几。近日，孙老板终于出现，她提出，几个大学生将剩下的 5 000 元交上，再想办法和房东协商。如果要退还 7 000 元的房租，必须把已经装修的门面恢复原状并补偿她两个月的误工费。这些钱来之不易，其中两个家庭条件并不是很好的学生拿出的是自己的学费，他们希望通过创业缓解家庭的经济压力。黄同学告诉记者，他的 4 000 元钱是软磨硬泡才从父亲那里"借"来的。

资料来源　徐媛：《大学生创业应提前学习法律知识》，载《长沙晚报》，2007-11-01。

你从以上案例得到什么启示？与同学一起讨论，找出他们的问题，并提出解决的办法。

第二章 外贸创业者的素质与能力

学习目的

1. 了解不同的创业动机；
2. 掌握外贸创业必备的知识；
3. 了解外贸创业者所需要的素质；
4. 正确认识自己的管理才能。

开篇案例

外贸成就创业梦

那年夏天，骄阳似火，让人头晕目眩地找不着方向。研究生刚毕业的我面临着选择，一边是去南昌一所高校当老师，一边是到大城市前途未卜地打拼。我始终觉得自己不是做学问的料，感觉那种稳定却不断消磨人斗志的日子，会让自己活得很痛苦。思索了几个昼夜之后，我毅然南下来到深圳这个四季如春的地方。

来到深圳不久，我便找到一份外贸助理的工作，这和我研究生所学专业大相径庭，不过我没有犹豫就去了，因为我知道此时生存问题是第一要义。公司的产品是"山寨手机"，也算是深圳异军突起的一个行业，短短的两三年，在深圳已经形成了完备的手机产业链。因为价格低廉，几乎全球的发展中国家都存在"山寨手机"的市场。就这样，我进入了这个热火朝天的行当。我每天的工作很琐碎，翻译、跟单、发邮件……对我这个从未接触过商业的新人来说，这显然是很好的锻炼。

我对做外贸逐渐有了些自己的概念：生意的核心是利益，有利益的地方就容易出现欺骗，因此诚信也就显得格外珍贵和重要。如果想做长久，诚信是立身之本。公司的产品主要销往印度和巴基斯坦，我每天都会和这些外国商人打交道。印巴是我们的邻邦，但是文化却大不相同。他们大多信仰宗教，饮食生活习惯和我们相差很大，不过做生意都很精明，对数字尤其敏感。他们很喜欢讨价还价，货比三家，和他们做生意要很有耐心和技巧，但如果能和他们长期合作，订单量还是很大的，因为印巴人口加起来比中国还多，这个市场的潜力也是巨大的。

助理工作结束后，我觉得自己已经能够独立做业务了，于是跳槽进了另外一家手机公司。当时我踌躇满志，想一展拳脚，但现实却给我泼了一盆冷水。由于手机行业竞争越来越激烈，加上金融风暴的影响，许多手机公司都难以为继，纷纷关门。头半月里我每天都在四处奔波，拜访客户，结果却让人很失望，没有拿到一份订单，当时真感觉心力交瘁，信心受到很大打击。冷静下来，我在反思：货为什么卖不出去？是自己销售能力太差，还是产品因素，或是目标客户没找对？仔细分析后，我发觉公司的产品不太适合印巴，而我的核心客户资源都在印巴，开发其他地区的客户需要时间，不能一蹴而就。另外，自己的销售技巧也需要提高，需要变得更加积极和自信，对合作的每个环节要向客户解释得更细。

权衡之后，我又一次选择了跳槽，这家公司的主要市场是印巴，这样我销售的产品和我的客户群体就能对接上了。频繁的跳槽给人的印象也许是"不忠诚"、"墙头草"，但话又说回来，人的发展都需要一个合适的平台，人才合理流动，才能发挥出最大的潜能和价值。到了新公司，我很快有所斩获，接到了第一份400台的订单。第一单生意，过程简单，很快就敲定，但回头想，任何一笔生意都是天时地利人和，多种因素具备才谈成的。签单后真的很开心，我当天晚上就给家人打了电话，分享我的胜利。

随后的业务就变得顺利起来，6月初又接到了一个1万台的大订单，当时自己都没想到会接这么大的订单，欣喜之余又感叹，深圳真是个见证"奇迹"的地方。回想年初，当我把做销售的想法告诉家人的时候，得到的多是反对声，大家都觉得我太实在，性格也不够开朗，做不好销售。但我有个信念，"有志者事竟成"。我认为各种性格的人都可以做好销售，只要下定决心，努力去克服遇到的困难，就没有做不好的事情。

随后，我不断拓展自己的客户群体。认识客户一个很好的方法是通过朋友介绍，多找一些志同道合做业务的朋友，在业务不冲突的情况下，大家互相介绍些客户，资源共享，路子就会越走越宽。此外，有句话"先做人，后做事"，也很有道理，当你自己以诚待人，树立起自己的形象和口碑后，生意就好做。而自己诚信形象的树立，是一个渐进的过程，在工作中，答应客户的就要尽全力做到，出了问题要及时解决，这样才能逐渐赢得客户的信任。记得有一次，客户要货要得急，结果我忙中出错，把货发错了，货当时已经到了香港。客户非常生气，我们只好找物流公司把货从香港运回来，但是运回来手续十分繁琐，相当于进口，一个多星期货才回来，前后的损失近万元，这也是一次教训吧，我总结工作中还是有许多要做细做实的地方，每个环节都要考虑周全。从那以后，我再没有出现过类似的错误。

做手机出口业务最头疼的是不能按时交货。由于手机的生产工序比较复杂，生产周期也比较长，一个环节出问题，就会推迟交期，经常半夜两三点，接到客户催货的电话。有时交不了货客户会发火、骂人，刚开始觉得也委屈，觉得有损尊严。不过换位思考，也可以理解，先承认自己的错误，然后解释原因，尽力补救，客户也会逐渐谅解。经过一段时间的磨合，我和客户的关系就越来越好。不过客户也是鱼目混杂，并不是每个客户都能合作，有些客户诚信度差，或者扰乱市场，和他们合作得不偿失，只有那些能互相理解、懂得双赢的客户才是真正的目标客户。深圳这个城市，是个年轻人打拼的热土，充满机遇和挑战。成功的定义各有不同，但我认为能实现自己的梦想就算成功。

在外贸路上寻梦的过程中，也许你会很疲惫、很痛苦，甚至想过放弃，你的幸福指数也许会很低，但当目标实现的那一刻，你是最幸福的，前面的努力都是为了那个时刻的来临而准备的，也许这也是一种生活的理念吧。

不久前，我和两个朋友找到一个很好的项目，拿着项目计划书去找风险投资，几番周折后，最终找到200万元投资，一周前公司注册开张了。看着自己的公司成立，觉得窗外的景色格外美好。虽然以后的路还漫长，未来不可知，但我相信，经过辛勤的耕耘，一定会品尝到生命中那杯甘甜醇香的美酒。

资料来源　曹庆国：《外贸成就创业梦》，载《进出口经理人》，2009（8）。

创业既是一种能力，也是一种精神。创业者多有强烈的事业心和远大抱负，渴望成就一番事业，追求层次更高的人生价值。创业者的自身素质是创业成败的关键，创业精神也需要在创业过程中不断历练。创业者需要具备的知识，可以培养和提高。有梦想的年轻人，不应当浪费自身所拥有的智慧和才能，要珍惜和挖掘好这些创业成功的潜能。

第一节　你为什么创业

你为什么要创业？是因为突然有了一个了不起的新创意，还是见别人创业发财而眼红心急？是因为不满现状，想尽快摆脱"英雄无用武之地"的烦恼，还是为了追求自己的人生价值，寻找到一个展现个人才华的最佳舞台？在开始进行实质性的创业行动前，有必要把自己的创业动机或创业目标摆出来审视一番，这样有助于在创业的道路上走得更远。

一、五花八门的创业动机

现实生活当中，创业者的动机可谓五花八门。有些是满足自己当老板的欲望，有些是喜好具有挑战性和创造性的工作，也有不少是愿意且有能力组建和管理团队，有些是迫于生计作出的艰难选择。还有的是想拥有自己的事业、可以自由支配个人时间、从事业中赚钱、实现个人梦想[1]。前文在提到创业类型时，也谈及了因创业起因不同的创业者，其中就包括被迫生存型、主动型、理想主义者型和资源变现型等。

格林伯格及赛克斯顿（Greenberg & Sexton，1988）在《创业者的创业动机》一书中指出，创业者之所以想要创业，可能有下列6种原因：

（1）在市场上发现机会。

（2）相信自己的经营模式比前人更有效率。

（3）希望将拥有的专长发展成为一项新企业。

（4）已完成新产品开发，而且相信这项新产品能在市场上找到利润空间。

（5）想要实现个人梦想。

（6）相信创业是致富的唯一途径。

戈什与关（Ghosh & Kwan，1996）针对新加坡及澳洲的创业者进行研究，发现引发创业的心理动机有下述7项：

（1）希望得到个人发展。

（2）喜欢挑战。

（3）希望拥有更多自由。

（4）发挥个人专业知识与经验。

（5）不喜欢为他人工作。

（6）受到家庭或朋友影响。

（7）家庭传统的承袭。

当然，如果要完全罗列出创业理由，绝不止以上这些。因为每一个人的创业理由都不尽相同。但毫无疑问的是，创业动机问题牵涉到创业价值观，甚至是人生观、世界观问题。

美国经济学家约瑟夫·熊彼特对创业者的创业动机在精神层面上进行了剖析，他将创

---

① 林汉川、邱红：《中小企业创业管理》，北京，对外经济贸易大学，2005。

业动机归结为"建设私人王国，对胜利的热情，创造的喜悦"，认为创业者渴望独立、自由地分配时间，安排企业经营活动，实现自我价值，这种独立性、自由和自我发展是创业的关键动机。

二、强大的创业动因

实际上，人们创业有着很多很强大的动因在推动。从个人主观动机来说，创业者从事创业活动有多种需求。

一是成就感驱使。创业成为其实现自我理想的一种事业上的选择。明略市场策划（上海）有限公司对北京、上海、广州、杭州、成都的 904 家注册资金在 5 000 万人民币以下的中小企业的私企老板进行了一次调查。调查显示，76.4% 被访者是为了实现自我理想而自主创业，而为了工作环境、利益和实现自我价值的几乎都处在 45% ~ 47% 这一水平线上。根据美国帕吉特商业服务企业的调查，拥有一个中小企业最大的好处分别是：独立占 72%、控制占 10%、满足占 10%、其他因素占 8%。创业的好处归为了四个基本类别：利润回报；独立性；帮助自己的家庭；提供多样化产品和服务。为了理想和成就感而工作，可能是世界上最愉快的工作了。[①]

二是利益驱使。巨大的商业机会和利润诱惑着创业者投身创业活动，许多成功的创业者的实践让他们津津乐道，也为其树立了典范。利润回报这个动因对一些创业者来说要比其他动因具有更强大的推动力。就连新东方创始者俞敏洪也毫不避讳自己的创业动机："当时我曾对自己说，只要能赚到 10 万元钱，就一辈子什么也不干了。"鲍勃·明切克是美国《赚钱》杂志的创始人。他用一句话来解释他的动机："我的原则就是挣大钱。"

三是生存环境驱使。许多人是迫于生存压力或者不满意生活、工作环境而创业。有的是毕业后难以找到自己满意的工作，有的是被老板炒了鱿鱼或下岗失业，有的因原工作环境不佳，感到怀才不遇，或是待遇低下，还有的是觉得学非所用，不能发挥专长，或是人际关系紧张，心情不畅。在不少情况下，创业起因或创业动机，更强烈的激励来自负面的推动力，即生活中的各种挫折。

三、树立正确的创业观

在不同的创业理由和动机中，不论你是属于哪一类，需要特别指出的是，树立正确的"创业观"问题值得每一个创业者深思。市场经济制造的最大神话，就是每一个人都享有拥有巨大财富的可能。布衣变大款的创业故事，平民变富翁的致富传奇，都在让这个神话变得似乎人人都触手可及。在创业成为流行观念的今天，如果不树立正确的创业观，而是一味地拜金主义或图慕虚荣，那么好不容易积累起来的知识和智慧极有可能在财富欲望的鼓动、升涨中迷失方向。而坐在财富欲望的火山口上所形成的侥幸、短视、浮躁的所谓创业、投资理念，很有可能让这群天之骄子尚未走上创业之路就已步入迷途，甚至误入歧途。

最理想的创业动机，应该是要把个人的创业追求，与创业给社会创造更大的价值紧密结合起来。"从理想的角度来看，创业的最终目的无非是三种：成为对社会、对自然，乃至对全人类服务的工具；成为国家为之自豪，为国家争光的载体；成为全行业，乃至全球

---

① 林汉川、邱红：《中小企业创业管理》，北京，对外经济贸易大学，2005。

一流的卓越企业。"①

第二节　外贸创业者所需素质

创业者往往具有特有的素质和品质。随着全球经济一体化的快速发展，新一轮的资源再分配以及高新技术的不断拓展，未来的企业经营和管理中不确定因素增多，市场竞争更具瞬时性和挑战性。对于一个外贸创业者来说，除了具备一般创业者应该具备的素质要求外，还要具备与外贸企业相关的特有的优秀创业素质，才能开创生命力旺盛的宏伟事业。

一、创业者的素质要求

素质是指人的思想与行动的潜在要素和势能，其外在化就表现为一个人的气质、性格、能力和品行，是决定人的行为特征的内在因素。所谓创业者素质，是指在创业行动中创业者所需要具备的各种特性的总和。创业素质是个综合性很强的概念，其内涵深刻丰富且具有广泛的外延。美国著名管理专家威廉·拜格雷夫曾将优秀的创业管理人素质归纳为10个以"D"字母为首的要素：理想（Dream）、果断（Decisiveness）、实干（Doers）、决心（Dertermination）、奉献（Dedication）、热爱（Devotion）、周详（Details）、命运（Destiny）、金钱（Dollar）和分享（Distribute）。亚马逊网站推荐两次荣获年度"美国俄亥俄州青年企业家"称号和"全美青年企业家奖"的美国创业家，同时也是著名演说家的马丁·J. 格伦德，认为成功创业者的"九大素质"分别是：选择一个爱好、制定一个目标、拿着薪水学习、与成功者为伍、相信自己、以己之长发财致富、敢于提问、不循规蹈矩，不墨守成规和努力工作等。

我国著名管理学家袁功民等提出了企业家需要具备复合化的素质，包括理论家的博学与多识，战略家的敏锐和远见，冒险家的果敢与魄力，组织家的才能和干练，外交家的手腕与风度，创新家的头脑和追求，实干家的踏实与坚韧。②《科学投资》杂志通过对国内上千创业案例的研究，发现成功创业者具有多种共同的特性，对我国成功创业者提炼出了最为重要的十大素质，并将其顺序排列为：欲望、忍耐、眼界、明势、敏感、人脉、谋略、胆量、与他人分享的愿望、自我反省的能力。③

尽管对创业者素质众说纷纭，但纵观中外成功创业者走过的道路，以下基本素质应该是创业者共同具备的：

（一）强烈的创业欲望

一般而言，创业者首先要有创业欲望。创业欲望是创业者首先需要具备的内在职业性向，它反映了创业者的意志和情感。创业是一种自主行为，创业的动力最终来自于创业者本身从内心焕发出的一种强烈的渴求。创业是一项艰苦的事情，从创业初期的策划到创业计划的实施，以及到企业的经营、发展，是一个漫长的过程。在这个过程中，创业者也许会遇到千万个困难，每一个困难都是为创业者设下的障碍，能不能越过这些障碍，靠的是创业者的坚强意志。它要求创业者要有一颗坚持创业的恒心。

（二）敏锐的创造性思维

创业活动是由创业者主导和组织的商业冒险活动。要成功创业，不仅需要创业者富有

---

① 珠穆朗玛猫：《创业警示录》，武汉，华中科技大学出版社，2010。
② 王国红：《创业管理》，大连，大连理工大学出版社，2005。
③ 李时椿：《创业管理》，北京，清华大学出版社，2008。

开创新事业的激情和冒险精神，更需要创业者拥有敏锐的创造性思维，具备一种能够以较高的质量和效率获取知识，并能根据市场需求灵活运用所学知识开发出新产品和新技术的思维方式。创造性思维要求创业者具备综合商业智慧，包括商业灵感、战略眼光、组织协作及资源整合能力等，突出发现商机和解决问题的能力。

（三）潜在的经济与管理素养

创业者不仅要精通本专业的知识，更需要具备经济头脑和管理素质。创业企业生产的产品或服务必须适应市场需要，开发、生产和销售必须符合市场原则和机制，这样才有生存和发展的可能。整个创业过程必然涉及资源配置、预测决策、经济分析、经济核算、成果转让、成本费用等一系列经济问题，需要创业者具备良好的经济和商务意识。同时，在激烈的市场竞争中，在追求利润最大化这一目标引导下，企业不仅要靠产品、技术来追求效益，更要靠科学管理来提高效益。因此，创业者必须掌握现代管理的理念和方法，能从系统整体观念出发，统筹、协调、控制和优化各项资源。

（四）良好的身心素质

创业还需要创业者拥有良好的身体素质和心理素质。创业之路，是充满艰险与曲折的。自主创业要面对变化莫测的激烈竞争以及随时出现的需要迅速解决的问题和矛盾。创业是艰苦而复杂的，有时需要创业者夜以继日地去拼搏，既要消耗脑力又要消耗体力。因此，创业与企业经营管理没有一个好的身体是难以支撑的。只有拥有健康的身体，才能保持充沛的体力，保持旺盛的创业激情，承受更大的工作压力。正因为创业之路不会一帆风顺，创业还需要具有非常强的心理调控能力，即良好的心理素质。创业会遇到很多困难，面对巨大压力，创业者要有承载压力的能力，能够持续保持一种积极、沉稳的心态。如果不具备良好的心理素质、坚韧的意志，一遇挫折就垂头丧气、一蹶不振，那么，在创业的道路上是走不远的。

（五）良好的思想政治修养

创业者还必须具备良好的思想政治素质和道德情操。按照法律要求经营企业，这是最起码的道德。恪守诚信是立业之道，兴业之本。创业者重视诚信，遵守承诺，别的企业就愿意和你打交道。创业者要有从善之心，善对社会，善对职工，善对客户，广施善举，才会得到预期的收获。

（六）良好的法律意识

市场经济本质上是法治经济。随着市场经济的逐步成熟与完善，相关法规已渗透到经济领域生产、交换、分配、消费各个环节和层面。加入WTO、与国际市场接轨、风险投资、企业股份制改革、法人治理结构的建立以及各类新型市场的培育与发展都离不开法律。具备法律素质，守法并善于用法，已是人才素质结构中不可或缺的重要元素。创业者必须熟悉和了解市场、社会和企业等内外部环境的法律法规及其运行机制，更为重要的是要能以法律为武器，规范自己和企业的行为，保护自己和企业的合法权益。

二、创业者的品质要求

对创业者应当具备的品质，可谓"仁者见仁，智者见智"。我国学者陈德智借鉴古代圣贤的思想精髓，提出创业家应具备的品质为"五德"，即"智、信、仁、勇、严"。陈冠任、肖万春则提出，创业者应具备如下品质：时时刻刻寻求机会，并不断进取；不安于现状，并常常试图靠自己的努力来塑造未来；不强调自己的偏好，常想市场所想，急顾客需求所急；通晓人情，善于团结，能激励部属，能重用能人；耐烦、执著，不轻言放弃。

比较权威的观点是中国内地富豪榜的开创者胡润在北京大学光华管理学院举办的"2003 年中国财富品质论坛"上，向全球首次发布的"2003 中国财富品质榜"分析报告。作为成功的创业者，100 位中国内地最大的富豪们共同的品质有十项，诚信列于十大财富品质排行榜之首，其次分别是把握机遇、创新、务实、终身学习、勤奋、领导才能、执著、直觉和冒险。尽管每个富豪获取财富的经历不同，对十大财富品质排行序列也有不同看法，但对这十项品质的认可却是基本相同的。经济学家张维迎认为，财富品质是很难进行排序的，因为它们相互之间不可替代，而且就每一个人、每一个成功的企业家而言，有什么样的境遇就有什么样的素质，但还需要什么样的素质，可能在企业不同发展阶段是不一样的。[①]

创业的成功在很大程度上取决于创业者的创业心理品质。创业者要能够独立思考、判断、选择，敢于行动、冒险和拼搏，善于交流、合作及自我调节，克服盲动和私欲，坚持不懈、不屈不挠。

三、外贸创业者的特殊素质

外贸创业的特殊性，要求外贸创业者具备更高的素质要求。涉外的综合素质和解决外贸业务问题的能力，是外贸创业者素质有别于一般创业者最主要的表现。具体来讲，外贸创业者需要具备以下素质：

（一）具备良好的全球化视野

随着中国加入 WTO 和世界经济一体化的发展，更多的中国企业正在主动或被动地卷入国际竞争舞台，市场化程度、竞争激烈程度都越来越高。对于外贸企业创业而言，有经营头脑与全球化视野，了解国际上通行的运作模式，适应不同国度的文化环境和领导管理方式的创业者将会更受青睐。外贸企业创业者更应该主动融入全球化背景，培养把握国内外商机的敏感性和前瞻意识，历练迅速行动的魄力和适应变化的应变力。外贸企业创业者要打造高度的知识资本，包括对国际商业的敏锐意识以及对复杂性的认知和判断能力；要具有高度的心理资本，包括对多样化的包容和热情、勇于冒险和接受挑战、对自我有清楚认知和自信；还要具备高度的社会资本，如跨文化的同理心、人际影响力和交际能力等。

（二）具备外向开拓型性格特征

外贸创业是一项开放型的涉外经济活动，与世界各国的经济组织和客户发生频繁的外贸联系，有时还要在国外建立分公司、商务办事处、外贸小组等。这就要求外贸创业者具有外向型和开拓型的性格特征，具体可表现为具备开朗活跃的性格，不乏开拓进取的精神，兴趣广泛，外语娴熟，语言幽默，具有较强的社交能力。另外，拥有良好的仪表和殷勤的举止，不失中国礼仪之邦的风范，也可体现创业管理者的风采，赢得对方好感，增进业务交往。

（三）具备过硬的外贸业务水平和专业技能

外贸创业是一种知识性、技术性很强的开拓性活动。特别是在当今全球经济扑朔迷离、贸易方式不断创新、市场竞争日趋激烈的形势下，外贸创业者首先应该是一名出色的国际商务人才，这样才能掌握外贸企业的运作方式、战略管理、市场分析、人力资源建

---

① 李时椿：《创业管理》，北京，清华大学出版社，2008。

设、财务流程等众多要素，从而协调企业的进出口管理工作，建立和拓展国内和国外市场。这就要求外贸创业者除精通外经贸专业知识和国际市场营销理念及策略外，还应有娴熟的外语表达和计算机应用技能，了解国际经济法和国际商法、社会学、人际关系学、宗教学、历史和地理等多方面的知识。此外，还要接受商品技术培训，擅长市场调查，透彻了解所经营的产品和服务。

（四）具备顽强的创业毅力

外贸创业要面对国际和国内的双重竞争，因此，外贸创业者要具备强烈的创业热情、饱满的自信、谨慎的态度、顽强的毅力和百折不挠的拼搏精神。创业热情可使创业者的聪明才智得以发挥、扬长补短；足够的自信心，能把握方向、果敢决策；谨慎的态度，有利于降低国际营销的风险，避免不必要的损失；坚强的毅力、百折不挠的精神，能让创业者不会感到无助，始终怀揣希望。另外，外贸创业涉及的面广、线长、环节多、风险大，与海外存在时差，耗时耗力，创业者须具备良好的身体素质，保持充沛的精力。

（五）具备出众的领导才能

一个成功的外贸创业者，应当具备出众的决断力、创新力和聚合力等领导才能。具备优秀价值观和人格的领导者，更容易使组织成员对其产生敬佩感和认同感。正直、公正、信念、恒心、毅力、进取精神等优秀的人格品质，无疑会大幅提升创业者的影响力和魅力，并拥有一批坚定的追随者和拥护者，使组织群体取得良好绩效。

（六）具备坚定的爱国立场

外贸创业过程中，往往代表的不仅仅是个人，而且还代表企业和国家形象。外贸创业者经常周旋于国内外复杂的社会关系之中，而国际政治经济形势瞬息万变，因此必须时刻关注国际国内政治经济形势，研究政策、法律法规和贸易惯例，在重大原则问题上，要立场坚定。此外，外贸创业者还应具备诚实守信、忠于职守的敬业精神和坚定的爱国情怀及正义立场。

需要指出的是，创业素质是可以培养的。2009 年 4 月 5 日，"德丰杰全球创业投资基金"创始人汤姆·威尔斯接受上海第一财经频道采访，当被问及"您认为创业者可以培养吗"时，他立刻给予了肯定的答复："当然。毋庸置疑，创业是可以学习的。"这说明，创业者所需要的素质是可以通过学习、培训和实践逐渐获得的。当然，创业素质的形成、锻炼和提升，都不可能立竿见影、一蹴而就，而应该是个循序渐进、潜移默化的过程，尤其是在创业实践中逐渐发展成熟的。

延伸阅读　　　　　　　创业素质的组合效应

加拿大多伦多 spinmaster 玩具公司的创始人是 3 位年轻人，拉比 28 岁，哈拉里 27 岁，瓦拉迪 29 岁。学绘画艺术专业的哈拉里和拉比，在招贴画创作上非常有创意。一次校园活动中，他俩的一张招贴画卖了 5 美元。数目虽小，却让他俩意识到，自己除了有艺术创作能力外，还具有一定的商业能力。大学毕业后，他俩用卖招贴画所挣的 1 万美元开了家玩具公司，推出一种独特的玻璃头饰，上市后即大受欢迎，一个月的销售额就达数十万美元。后来，学国际商贸的瓦拉迪的加盟，使玩具公司如虎添翼，接连推出魔棍橡胶水玩具、空压动力玩具飞机等产品，风靡欧美。如今，这家靠 1 万美元起步的小公司，年销售额达到 420 万美元。

成功关键：商业能力对于成功的关键因素，拉比总结为"一技之长"和"商业能力"，两者缺一不可。而许多国内的年轻创业者，以为只要在技术方面出类拔萃，就能占据竞争优势，却疏忽了商业能力的培养，最终因为不熟悉"游戏规则"而四处碰壁。因此，年轻的创业者要获得成功，必须技术、经营两手抓。如果觉得自己在商业能力上有所欠缺，不妨请专业人士帮忙。

资料来源　本刊编辑部：《商业能力——年轻人创业的必备素质》，载《大众创业》，2005（10）。

第三节　外贸创业者必备知识

外贸创业是一个系统工程，它要求创业者在外贸企业的战略定位、市场营销、生产组织、团队组建、财务管理等一系列领域有一定的知识积累。外贸创业者要做出正确决策和科学管理，必须掌握广博知识，具有一专多能的知识结构。创业实践证明，良好的知识结构对于成功创业具有决定性的作用。一般而言，外贸创业者需要具备外贸专业知识、国内外商法知识、涉外语言工具技能和社会知识等。

一、外贸专业知识

专业知识是企业中与经营方向密切相关的主要岗位或岗位群所要求的知识素质。只有对本行业的供需状况、市场前景以及从事本行业的专业知识和技能了然于胸，才能避免盲目性和投机性，争取最大的成功概率。在一个自己完全不了解的行业创业或者不具备所从事行业的专业知识，要想获得成功是不可想象的。当然，创业者也可借助他人特别是雇员的知识技能来办好自己的企业，但在创办自己的第一个企业时，从自己熟知的领域入手，才能避免"外行领导内行"的尴尬局面，提高创业的成功率。

外贸创业者要了解外贸企业的运作方式、战略管理、市场分析、人力资源建设、财务流程等内容，这是创建、运营好一家外贸企业的必备条件。最好通过在校期间学校的创业教育和社会实践获得，当然，还得在未来的外贸企业的实际经营中逐渐熟悉、掌握。

外贸创业者要掌握国际贸易业务知识和技能、国际市场营销的基本原理和方法。这应该是外贸创业者看家的本领。创业者应树立现代国际营销理念、营销思想，以市场为导向、以需定产、以销定产，在满足顾客需求的同时也要实现自身目标，争取双赢。同时，要掌握营销的策略、手段，用营销策略、手段保证营销理念的贯彻。营销手段应重实效，能解决实际问题。要善于利用交易会等传统贸易平台进行展览营销和利用互联网进行网络营销，获取商机。

二、国内外商法知识

外贸创业者必须时刻关注国际政治经济形势，研究政策、法律法规和贸易惯例。世界各国和地区都会制定法律、发布政策，采取一系列措施来管理本国的对外贸易活动。我国亦如此，通过制定有关法规，运用经济杠杆和采取必要的行政手段进行外贸管理。法律规范则体现在我国外贸的国内立法和正式参加或缔结的双边、多边的国际经贸公约、条约、协定（一般称国际商法）里。国际贸易惯例是国际组织或权威机构为减少贸易争端和规范贸易行为，根据国际贸易实践中逐渐形成某些被人们所公认并采用的一般贸易习惯做法制定成文的规则。这些规则，根据当事人意思自治的原则，被国际上普遍接受和广泛使用，而成为公认的国际贸易惯例。国内几部外贸基本法律法规如《对外贸易法》、《海关法》、《进出口商品检验法》、《外汇管理条例》、《对外贸易经营者备案登记办法》、《出口收汇核销管理办法》、《货物进出口管理条例》、《进出口关税条例》等，外贸创业者都必须了解。《联合国国际货物销售合同公约》、《跟单信用证统一惯例》（国际商会 600 号出版物 UCP600）、《托收统一规则》（国际商会 522 号出版物 URC522）、《国际贸易术语解释通则》（INCOTERMS 2010）是外贸创业者必须掌握的国际商法、国际贸易惯例。[1]

创业活动总是处在宏观的社会背景之下的，法律直接影响创业者的创业环境。外贸创业者在创业准备期，一定要熟悉相关政策、法律的内容，必须熟悉和了解市场、社会和企业等内外部环境的法律法规及其运行机制，了解经营中涉及的诸如专利、商标、合同和土地购置等其他法律问题，为我所用，从而为自己的创业提供方便。

三、涉外语言工具和技能

外贸企业的客户主要是外国人。外贸创业者除了有良好的母语表达能力外，还应具备良好的外语表达能力。通俗、风趣的语言，不但能达到好的表达效果，而且能创造交流业务的融洽气氛和互信共赢的客户关系。而书面表达，如写市场调查报告、汇报材料等，也是国际商务人员经常要做的工作。

外贸创业者要精通一门外语，甚至掌握多种外语。鉴于英语广泛运用于国际贸易界，必须熟练掌握。能读写，但不能听说的聋子英语、哑巴英语不行，有条件的话，应依据贸易对象结合个人兴趣，学习掌握第二门外语、第三门外语。

四、社会知识

创业作为一种社会性的活动，与整个社会有着千丝万缕的关系。对创业者而言，无论是融资、销售，还是宣传、合作，都离不开整个社会，甚至很多时候，创业者自身拥有的社会资源和人际关系，对创业活动形成关键性的影响。所以，创业者还应具备公共关系、人际交往等社会知识，有助于从理论和实际的最佳结合点上解决问题。[2]

需要指出的是，任何一名外贸创业者都不可能具备创业所需的全部知识。创业也不必、不可能等你完全学会了才开始。但在创业准备时对可能遇到的问题准备不充分或根本就没有思考对策及设计好退出机制，对来自各方面的风险因素浑然不知，往往会使创业者还没有走出多远即以失败告终。所以，创业者不是全才，但要着眼于全才，一个人创业的过程也就是补课学习的过程。

延伸阅读　　　　　　　　　　比尔·盖茨准备好了吗

1973 年，比尔·盖茨和利莱特一起考入了美国哈佛大学。当时大二的比尔·盖茨跟他商议一起退学，去开发 32bit 财务软件，因为比尔·盖茨认为此时他们学的教材已经教会了他们进位制路径转换问题。而利莱特认为，如果不学完大学的全部课程而去开发这个软件是不可能的。1992 年，利莱特获得了哈佛大学计算机系 bit 方面的博士学位，而比尔·盖茨在这一年的财产已经达到 65 亿美元，成为美国仅次于巴菲特的第二富翁。

当 1995 年利莱特认为自己已经具备了足够的知识储备，有能力开发 32bit 财务软件时，比尔·盖茨已经成功地开发出了 Ebit 财务软件，而速度要比 32bit 快 1 500 倍，并且在两周内便占领了全球市场，成为了世界首富。

通常，人们认为只有具备了精深的专业知识才可以开始创业。而事实上，先有了丰富的专业知识后才开始创业且走向成功的人并不多。大多数成功人士都是在知识不多时就直

---

① 马俊：《谈大学生外贸创业者的素质能力与培养》，载《职业时空》，2011（2）。
② 雷明：《创业者素质简析》，载《华章》，2010（27）。

接对准了目标，并在创业的过程中边做边学，有针对性地根据自己的需要补充知识。按照卡耐基的说法，人的成功只有15%取决于自身拥有的知识。因此，在创业的路上，边干边学更实际。

资料来源　李肖鸣：《大学生创业基础》，北京，清华大学出版社，2009。

第四节　成功必备的能力

能力素质是潜藏在人体身上的一种能动力，包括工作能力、组织能力、决策能力、应变能力和创新能力等，是影响创业者成功创业的一种智能要素。能力素质这座"冰山"是由"知识、技能"等水面以上的"应知、应会"部分，以及水面以下的"价值观、自我定位、驱动力、人格特质"等情感智力部分构成的。知识技能明显、突出且易衡量，但真正决定成功的，是隐藏在水面以下的因素，它们难以捕捉，不宜测量。能力素质是创业者具备的多种素质的综合，它是一个整体的、综合性的概念，在这一框架中，各种不同的知识、技能与职业素养共同作用、影响个体行为，其组合便构成了个体的能力素质结构。创业能力素质是一种特殊的能力素质，这种特殊能力往往影响创业活动的效率和创业的成功与否。

1992年，美国的一个研究部门对数千名企业老板与最高管理层人员的调查结果显示，创业家（或企业家）最重要的20项素质与能力按重要程度排列顺序如表2—1所示。

表2—1　　　　　创业家（或企业家）素质与能力排序表

序号	素质与能力内容	序号	素质与能力内容
1	财务管理经验与能力	11	行业及技术知识
2	交流与人际关系能力	12	领导与管理能力
3	激励下属的能力	13	对下属的培养与选择能力
4	远见与洞察能力	14	与重要客户建立关系的能力
5	自我激励与自我突破	15	创造性
6	决策与计划能力	16	组织能力
7	市场营销能力	17	向下级授权能力
8	建立各种关系的能力	18	个人适应能力
9	人事管理的水平	19	工作效率与时间管理水平
10	形成良好企业文化的能力	20	技术发展趋势预测能力

我国学者李学东、潘玉香研究指出，创业者若想获得成功，仅有创业欲望和创业意志，具备良好的道德素质还不行，还要具有以下超人的能力：

（1）敏锐的洞察能力。创业者看待事物、了解市场，要透过现象看本质，要能够发现问题、分析问题、解决问题。对事物的发生、发展情况要善于观察，要能够洞察出别人发现不了的问题。具备敏锐的洞察能力，能够提前发现问题，积极采取措施，变被动为主动，减少机会的丧失，使企业经营得更好。

（2）恰到好处的用人能力。企业经营的好坏，与用人的好坏有着非常直接的关系。现代企业无一不对人才的使用格外重视。企业的竞争实际上就是人才的竞争。创业者在创业之初就要将人才的使用纳入企业计划，当作一项十分重要的事情去抓。所需人才是否到位，到位人才是否能被得心应手地应用，企业在发展过程中是否能够留住人才，这些问题解决得好坏是检验创业者用人能力的尺子。新创建的企业要广泛吸纳人才，充分利用每一个人的长处，使其在企业中发挥最大作用。恰到好处的用人能力是创业者能力的一个方面。

（3）正确果断的决策能力。创业者在创业过程中，会遇到许多棘手的问题，每一个问题都需要创业者做出决断，决断结果的正确与否，会给企业带来一定的影响。决断好了获得的是利益，决断不好给企业带来的是损失。所以，创业者正确果断的决策能力也是非常重要的一个方面。创业者要想提高自己的决策能力，首先要对企业的各项事务有一个通盘的了解，熟悉全面情况；其次要有分析的头脑。当发生一件事需要你做出决断的时候，你要权衡利弊，有利于企业的事可以去做，不利于企业的事不去做，但其前提是不违反国家的法律。创业者提高自己的决策能力还需要知识和对事务处理的灵活性，以及对社会环境的认识和当时条件的具体情况。总之，你手中掌握的信息越多，对你的决策越有利。人的决策能力不是天生就有的，决策能力是在多次教训中逐渐增长的，是实践锻炼的结果。

（4）广泛的交际能力。创办企业不能闭关自守，要广泛地和外界联系。对于创业者来讲，对外交际能力是必不可少的。企业建立之初要和工商、税务、银行打交道，企业建立之后要和客户打交道，开工之后要和企业职工打交道，发展之后要和市场打交道等等。为了搞好各方面的关系，很多事情都需要创业者亲自出面，创业者的协调能力、语言表达能力、亲和能力、处理矛盾的能力、稳定关系的能力，甚至包括忍事能力等，都需要具备。不具备这些能力对外办事就会遇到困难，市场就开拓不了，经营资金就不能顺利到位，企业就得不到发展。创业者为了提高自己的交际能力，要有意识地锻炼自己，要以诚待人，要谦虚和蔼，要守信用。办事不能急躁，不能以我为中心。凡事要三思而后行，但也不优柔寡断。事实证明，大的创业家们都是出色的交际高手，他们有很多的朋友，交际范围非常广泛。在创业职业场上，人熟是一宝。创业者过不了对外交际这一关，创业是很难成功的。

此外，创业者应具备的超人能力还应包括多个方面，每个人的气质不一样，所处的环境不一样，所受的教育、所掌握的知识不一样，也就决定了每个人的能力不一样。对于创业者虽然要求的能力比较高，但并不是不具备所有的能力就不能创业，创业规模有大有小，经营规模越大，所需要的能力也就越高。对于大学生来讲，可以先从较小的规模干起，等到经验丰富了，交际的人员广泛了，再逐渐发展自己的企业。任何事情都是从小到大逐渐发展起来的，只要肯干就会有收获。①

创办一个成功的企业是每一个创业者的梦想，但兵无常法，水无常形，正如个人的成功其原因千差万别一样，创业企业的成功也并无定规可循，一切唯有靠不懈的努力，在实践中摸索，实践出真知。

延伸阅读　　　　　　　　创业的八大能力

第一个能力就是目标能力。首先，大家都想创业，谁不想当自己的老板呢？可是你还得问自己一个问题：为什么要创业？你有什么样的目标？想把它做成什么样的状态？我们

---

① 李学东、潘玉香：《大学生创业实务教程》，北京，经济科学出版社，2006。

不是为了创业而创业，而是为了做好一件事情，做大一件事情，并且前提是你在进行自我评估后发现这是有可能实现的，这个时候你才能够开始创业。如果说你都没有目标，只是一时的冲动，只是觉得你应该去干点什么，并且对所干的事情又没有太多的热爱，那创业就只不过成为一种风气，而不是现实，你也不一定能做成大的事情。就我个人而言，我当初做新东方的时候，有一个非常明确的目标，那个时候从北京大学把大学老师的工作辞退后出来做培训机构，我希望自己能做成一个真正有意义的培训机构，也正是有这个目标，新东方的培训事业才蒸蒸日上、不断前进。随着培训的开展，新东方的目标也在不断改变，从最初的做一个学校变成想在全中国各地开设新东方学校，到现在我们已经做成了美国上市公司。总而言之，你的目标是上升的，但基础是不会变的，比如说我最初做新东方的基础就是想做成一个有品牌、有品位、为学生的前途负责、让学生喜欢的培训学校，从本质上来说，新东方到今天依然是这样的。所以，我觉得目标能力对创业来说非常重要，而且你全心全意热爱这个目标的能力也非常重要。除此之外，你需要注意的一个问题是：你的这个目标一定是能够做大的，而不仅仅是为了自娱自乐。比如说你喜欢书法，就一下子去创立一个书法公司，这不太容易。

第二个能力是专业能力。如果你对一个专业不懂就去创业，失败的可能性也很大。就像你开了一个饭店，假如你自己不是厨师，又没有太雄厚的资金一下子请很多大厨师，就很难把控你这个饭店的质量，而且很容易被大厨师炒鱿鱼。比如你请了一个大厨师，他做的饭很好，招来很多顾客，这时候他一看自己的地位很重要，就反过来跟你要价，说不给更多的钱就不干，你一生气把他开了，这样一来你饭店的菜也做不好了，最后面临倒闭了。十几年前我开始做新东方的时候，周围的很多培训机构都是被优秀老师炒鱿鱼给炒倒了。也是因为他们课上得很好，学生很满意，老师就开始向老板要价，老板自己又不懂教学又咽不下这口气，最后老师都跑到别的培训机构去了，老板就只能把学校关掉了。新东方当初能做下来很重要的一个原因是我自己就是个大厨师，也就是说新东方当时开设的很多课程，我自己都能教，因此我的老师在拿到他们觉得比较满意的工资时，就不会跟我提出非分的要求，他们知道，一旦提出过分要求，我自己能把他们的课给上了，同时又不会对新东方造成太大伤害。所以，当你白手起家、身无分文，或者资金有限的时候，有一个重要前提：你必须是你创业的这个领域中的专家，是一个能控制住专业局面的人。比如你开一个软件设计公司，自己都不懂软件，你首先是把控不了质量，其次你把控不了人才，会很麻烦。这是第二点，就是原则上你必须在想创业的这个领域具备相当的专业知识、达到专业水平，才能有对专业的把控能力。

第三个能力是营销能力。一旦开始创业后，你该怎么做？比如说你的公司开了，产品也造出来了，下一步怎么办呢？如果产品造出来没人买的话，那公司白开了，有无数的公司都是开起来了最后却关门了，其根本之一就是它们不懂如何推销自己的产品，推销自己的公司品牌。因此，我们要做的是把公司"卖"出去：一个是卖公司的产品；另一个更重要的是随着产品的销售，卖出公司的品牌，就是说让大众认可你的公司品牌，让大家都知道这个产品是从你公司卖出来的。这就涉及营销，营销分两部分：实的营销和虚的营销。所谓实的营销，比如我做新东方，营销的是新东方的课程，告诉学生为什么要来上这个课，上完能有什么收获。但是无数的培训机构一直以来也在营销课程，却始终只是小机构，而新东方能做大，这是什么原因呢？很简单，因为我们营销了品牌。就是说，新东方开始不断有内涵，到最后人们不是因为听到新东方有什么课程来上课，而仅仅只是听到新东方三个字就来上课，这个时候品牌营销就算是成功了，这就是虚的营销。在中国做企业，品牌营销往往还跟个人营销结合在一起，就是说你个人的形象有时候能够代表企业形象，所以往往要把个人的道德、行为和企业的道德、行为结合起来。比如大家讲到新东方的时候会说，新东方就是俞敏洪，俞敏洪就是新东方，讲到联想公司的时候会说，联想就是柳传志，柳传志就是联想。因此，在中国，个人品牌的成长很大程度上就是企业品牌的成长，而企业品牌的成长倒过来也带动个人品牌的成长，这两个加起来形成你的公司强有力的虚的营销。加上你的产品本身也能被老百姓所接受，这样产品才会有价值。举个例子，一个生产鞋的公司，没有任何名气，尽管鞋的质量跟著名品牌鞋的质量不相上下，但品牌鞋卖 1 000 块，它这个也许只能卖 100 块，这中间差的 900 块钱是怎么来的呢？是品牌营销，你没品牌所以价格提不高。所以，一个公司要成功，品牌营销有时候甚至比产品营销还要重要，品牌营销的价值是无限的。这就是为什么我们中国造的包只能卖 1 000 元人民币，同样材质的包印上 LV 的标志之后就能卖 10 万元人民币，背后都是品牌价值在起作用。所以，利用营销能力把产品推销出去，把品牌推销出去，把你自己推销出去，变成了企业发展的一个重要手段，也是创业者必须具备的能力。

第四种能力叫转化能力。第一种转化是把科学技术转化成生产力，这是我们常说的一句话。你拥有了技术，拥有了能力，但没法转化成产品卖出去，这是不行的。像比尔·盖茨要是一辈子待在实验室的话，我估计他就是个穷光蛋了，他把自己的研究成果转化成了微软产品，推销到全世界，他就成了全世界的首富。所以，把科学技术转化成生产力、转化成产品的能力是非常重要的。第二种是转化你个人的能力，一般情况下，知识分子创业都有一个前提条件，就是能把在大学里学的专业知识转化为社会能力、管理能力。比如我从北大出来，完全不知道社会是什么样子，如果说抱着书生意气，抱着在学校里的那种单纯思想和行为方式去干事情，难度会比较大，即使在西方社会也是这样，更不用说在中国这样一个复杂的综合体里面。因此，如果你不能把大学里的专业能力转化为社会能力、管理能力，就会很麻烦，你管自己一个人的时候也许管得很好，但管一帮人并不一定，那么你就需要学会从管自己一个人转换成管一帮人，也就是说把专业能力转换成综合能力，把专业才能转化成领导才能。而这种转化是要经历很痛苦的过程的，我个人从北大出来，到最后觉得自己当了新东方的领导，管着 100 多人的团体管得比较得心应手，至少花了 5 年的时间。能力是能够成长的，现在我在新东方手下管着近 1 万人的教师和员工，依然没出现什么大的差错，表明了新东方管理能力的增加。所以，人的能力是在不断转化的，关键是你自己要努力去转化，比如有很多大学生性格很内向，不愿意跟社会人士打交道，那你要想创业的话，这个交道是不能不打的，不打的话你就封闭了自己，同时把可能成功的机会也封闭了。

第五个能力是社交能力。进入社会，首先你要理解社会，要理解别人为什么要这么做。比如我刚开始出来的时候，社会上那些风气三教九流啊，我完全不懂，跟他们打交道的时候觉得特别吃力，新东方的发展也处处受制于人，一会儿居委会的老太太来把我骂一顿，一会儿城管的人来了又把我罚一通，最后弄得没办法。我慢慢学会了使自己心态平和，去理解这些社会上的人，最后当你开始混迹于这个社会，并且思想和境界又超越这个社会的时候，你大概就能干出点事情来了。你不能显示出不愿意跟社会打交道的样子，但你看事情的眼光又是超越社会的，"大隐隐于市，小隐隐于山"就是这个概念，小的隐士、没有什么出息的隐士才跑到山里去隐居起来，不愿意跟社会打交道，那些大的圣人、智者都是在社会中跟人打交道而思想境界又超于社会的人。做企业也是这样，一个企业家，如果不能和社会同存却又不超越于社会，就会很麻烦，所以我觉得社交能力对一个企业家或创业者来说，十分重要。

第六个能力是用人的能力。仅仅一个人做事情不能叫创业，那叫个体户，所以想创业的话你就得找一帮人，你的合作伙伴，你的同事，你的下属，这些人，从一开始你就得用对了，挑了没有能力的人最后做不出事情来，挑了过于有能力的人最后跟你造反、老是跟你过不去，你也做不出事情来，把人招进来了就得让人服你，因此就得展示你的个人魅力，还得展示你的判断能力、设计能力，让大家觉得跟着你走是有前途的，哪怕在最艰难的时候大家也愿意跟着你。阿里巴巴的马云之所以能成功，很大程度归因于他的个人魅力，他有能力把一帮人聚在一起，给他们不高的工资，给他们承诺未来，这个未来到最后不知道能不能实现，但大家会有一个期盼。所以，用人能力是有巨大力量的，它是领导能力的一个典型体现。当刘邦打下天下，手下问他为什么能做到的时候，他说了这样一番话：其实我自己一点本领都没有，但我能够用萧何、韩信、张良等这样的人才，是他们帮助我打天下；项羽身边有一个范增，他都没有能力好好用上，最后一定被我抓起来。这就体现了领导能力的重要作用，一个孤军奋战的人也许能成为英雄，但他却不能成就事业。刘邦，不管他有没有打过仗，他都是我们心目中的英雄，还是领袖，因为他创建了一个几百年的帝国朝代，容纳了那么多的有识之士。所以，用人能力对我们来说是非常重要的，假如新东方没有相当一批人才，是做不到今天的，新东方有一句话叫做：一只土鳖带着一群海龟在这儿干，这只土鳖就是我，而海龟呢，就是围绕在我身边的新东方几十个高层管理者，他们大部分都是海外留学归来的。大家都知道，海归本身眼界是比较高的，很多人眼睛都是长在额头上的，是很容易看不起土鳖的，所以我就必须抱着为他们服务的心态，同时我自己的学习能力必须超强，在很多方面必须接近甚至超越他们，他们才会服你，才会跟着你干，当然，当你想做出一番大事业的时候，会发现身边的人越来越多，各种各样个性、想法的人越来越多，你要能把他们统一在一起，既要运用利益的杠杆，又要动用感情的杠杆、事业的杠杆把他们完美地结合在一起，是一件挺不容易的事情。

第七个能力就是把控能力。它包括几个方面：首先是对企业的把控，企业的发展速度是什么？发展节奏是什么？什么时候该增加投入？什么时候应该对产品进行研发？等等。其次是对人的把控，当一个人走进你的公司之后，他会根据自己的能力和贡献每天衡量自己到底应该得到什么，人与人之间永远会寻找一种平衡关系；人与人之间还有另外一种关系，就是每天都在衡量我在对方心中的分量到底有多重，当对方觉得你的分量重、他没有分量的时候，他是不会来跟你计较的，等到对方觉得他的才能、他的技术或者他的领导力已经达到能和你较劲的时候，对方不提出来，那他就是傻瓜。所以，人与人永远都是在一种平衡中间，而这种平衡需要你对人性进行很深刻的了解，并且随时把握每个人的动向，满足他们的需求，同时还能压制住他们不合理的要求和欲望，能够让他们跟你一条心、不断往前走。其实对人的把控能力、对环境的把控能力、对企业发展步骤的把控能力，构成了你创业是否成功的重要条件。

最后一个能力就是革新能力。所谓革新能力就是 reform、renovation 等这样的能力，也就是需要你不断把旧的东西去掉，把新的东西引进来，进行体制上的革新、制度上的革新、技术上的革新以及思想上的革新。从我自己做事情的过程来看，一个人或者一个企业家成长的过程，就是不断否定自己的过去，承认自己的现在，追求自己的未来的过程。一旦你觉得现在这样就已经挺好，做成这样已经不错，就不会有更大发展的空间。我在新东方，经历了无数次的否定，你看新东方从个体户发展到家族店，然后变成哥们合伙制，接着变成国内股份制有限公司，然后发展成国际股份制有限公司，最后变成美国上市公司，每一个步骤都是脱了一层皮的，因为每一次改变都意味着要进行大量的利益改革和结构改造，大量的人事改革和改造，如果你改不过来，企业就有可能面临崩溃。当初跟我一个时期做外语培训班的人，很多到现在依然是夫妻店，这是我 15 年以前的状态，但新东方迅速把夫妻店改变成了现代化的企业，每年培训 150 万学生。每一次的改革伴随着阵痛，但也伴随着发展，而改革还得把握好步骤，如果改得不好、改得太猛了，企业也有可能崩溃掉；但如果停滞不走，也会崩溃掉，这就像中国的社会政治经济改革，如果想一步到位，一下子把所有东西都变成现代化，那会有危险，但中国若不改，就会陈旧落后，也很危险。因此，每走一步都要小心，又不能不走。对创业的改革也非常重要，比如说在技术方面，你不更新的话，最后就会失去市场，也会失去机会，在这一点上我个人非常佩服 Steve Jobs——苹果公司的老总，他刚开始在苹果，后来被苹果公司弄出去之后他又做动画片，电影也做得很好，后来又开始研究 iPod，iPod 还在热销的时候他却又开始研究 iPhone，现在 iPhone 也在全世界热销了，所以每走一步，他的思想都是超前的，尽管 Steve Jobs 得了病，身体很不好，但他依然不失为一位创新、革新的英雄和时代的弄潮儿，我们要做企业就得向这样的人学习。

资料来源　新东方教育科技集团董事长兼总裁俞敏洪在多伦多大学创业论坛的讲话，http：//blog. sina. com. cn/s/blog_ 4711b54e0100d15m. html？tj=1。

第五节　你有管理的才能吗

管理的才能对于创业者而言必不可少。创业企业只有通过有效的管理，才能调动各项资源为之创造最大的效益。因此，准备创业者，必须对自己的管理才能有充分的客观认识。

以下一组测试，可以供创业者对自己的管理才能进行初步分析[①]。

一、测验一：变化

假如你已知道你的生活将发生如下变化，是否仍能愉快地从事管理工作？

1. 你将更多地涉及管理，而逐渐远离技术性工作。

2. 搞管理不能半途而废。即使你想再去搞你原来擅长的技术也很难，因为技术的发展太快了。

3. 你将从一个自己干什么都较有把握的领域，转向一个各方面都无把握的领域。

4. 你必须扩大知识面和接触范围，不能将兴趣集中于一个专业。

5. 你必须放弃在专业上所取得的成绩，为自己能支配更多的人及能够帮助其他专业人员取得成功而感到满足。

---

① http：//www. shippinghr. com/train/7. htm。

二、测验二：兴趣

1. 如果让你选择不同于现在的一份职业，你喜欢：

a. 医生   b. 勘探员

2. 你喜欢阅读哪一学科的书？

a. 地理学   b. 心理学

3. 你喜欢怎样度过一个周末的夜晚？

a. 看新家具   b. 和朋友打保龄球

4. 如果某人耽误你的时间，怎么办？

a. 心平气和   b. 往往会发火

5. 你喜欢做哪件事？

a. 会见陌生人   b. 看规模很大的展览

6. 你喜欢别人称赞你：

a. 善于合作   b. 足智多谋

7. 每样东西都放置得秩序井然，这对你：

a. 很重要   b. 无关紧要

8. 如果你强烈反对某个人，怎么办？

a. 力求统一，减少争论   b. 把分歧争论弄个水落石出

9. 你是否能容易地放下正在阅读的一部很吸引你的爱情小说？

a. 能   b. 不能

10. 在一出戏中，你喜欢演哪个角色？

a. 富兰克林   b. 拿破仑

c. 查理斯·凯特玲（工程师，电机的发明人）

三、测验三：适应

1. 你做出从事管理工作的决定，是否与你的能力、兴趣、品质、个性和目标相一致？是否比你从事技术工作更能充分施展你的才能，更能在成就感上满足你？

2. 你是否具有从事管理工作的较强的能力和必要的条件？是否准备将来投入管理工作中去？

3. 你肯定管理工作能使自己得到事业上的更大满足吗？

4. 你是否对本企业的情况有一个全面的了解？你熟悉不同部门的不同要求和不同管理方法吗？你是否很容易从这一部门转到另一部门工作？

5. 你已确立了今后 5～10 年的奋斗目标吗？你现在的工作更能达到你的目的吗？管理阶层中，你已意识到存在更残酷的竞争吗？你肯定自己能信心十足地参与这些竞争吗？

6. 你是否更注重人而不是工作？你更喜欢和别人合作吗？你能很容易地找到合作者吗？你愿意帮助别人吗？你确切了解人们为什么在社会中如此表现吗？

7. 你的同事和朋友认为你友善随和吗？假如你意识到帮助别人时要牺牲个人利益，你是否仍会这样做？朋友在大事上请教你吗？你乐意接受别人的帮助吗？

8. 你能在变化莫测的情况下灵活处理，在一时混乱的情况下镇定自如吗？当所有的情况都不顺心时，你仍能保持乐观吗？当对自己的决定尚无把握时，你觉得烦躁不安吗？

9. 你在工作中注重人的主观因素吗？你重视利用他人吗？

10. 你是否觉得同事会信任你？你能很容易地消除隔阂吗？

11. 你是否注意自己的行为举止？你是否有时发觉自己的言论像是来自别人的观点？你曾努力从别人的立场出发来寻求看待事物的方法吗？

12. 你觉得自己善于接触各种各样的人，并在用人时能人尽其才吗？

四、测验四：管理

你赞成还是反对下列说法？

1. 每个专业人员都有类似的个性和要求，应该同等对待，用一种方式领导他们。

2. 对专业人员来讲，最重要的报酬是得到更高的薪水。

3. 一个出色的管理人员，初次见到一位专业人员便能对他做出较准确的评价。

4. 萎靡、消极、牢骚满腹是因为缺少竞争对手或缺少个人爱好，而不是天生懒惰。

5. 管理人员不应顾及专业人员的情感。

6. 不要对专业人员的每项成果都加以赞扬。那样的话，他们将很难加以领导。

7. 使专业人员提高工作效率的最有效方法是常常告诫他们随时都有失去工作的危险。

8. 一组专业人员总比一个专业人员能更完善地解决问题。

9. 一个称职的管理人员必须像每个专业人员一样熟悉其专业。

10. 具体细致地了解本企业中每个人的个性，对防止士气低落大有益处。

11. 如果一个管理人员对某专业人员提出的问题答不上来，他应该说："我不知道，找到答案后我再通知你。"然后继续做自己的事。

12. 在做出与专业人员有关的决定前，管理人员应该让他们参与讨论。

13. 专业人员对要求他们提建议的管理人员并不太尊重。

14. 知己知彼是至关重要的。

15. 一个出色的管理人员应该当好参谋而不是一味监督。

16. 即使持反对意见，管理人员也应该坚持执行其上级的决定。

17. 管理人员不能授权给管理下的专业人员。

18. 重要的是分清每个专业人员的工作成绩，而不是赞赏专业人员所在的集体。

19. 一般来说，对专业人员要求分别对待。

20. 管理的最重要的作用之一是提供信息及减少失误。

五、测试说明

测验一：如果你的生活在发生上述的 4~5 种变化时仍能适应，那么你适合于管理工作。

测验二：适于搞管理工作的人，通常回答如下：1. a 2. b 3. b 4. a 5. a 6. a 7. b 8. a 9. a 10. a

测验三：上述 12 个问题中，你有 6 个以上回答是"是"，那就有可能领导一个企业。

测验四：说法较为正确的题号是：4, 10, 11, 12, 14, 15, 18, 19, 20。

一般而言，一个优秀的创业者，必须有从事管理工作、影响他人以及通过与下级的共同努力取得成就的强烈愿望，这也是实现高效管理、激发团队创业成功的原动力。以下我

们可以看看一个未来中小企业主的自我测验游戏：[①]

下面的自测题涉及了个人所能控制或施加影响的成功开创一个企业的重要因素。如果对你偶尔适用，记1分；若通常适用，记2分；若几乎总是适用，记3分。

1. 我清楚地了解个人和企业的目标。
2. 我能够迅速地完成任务。
3. 市场条件改变时，我可以迅速调整方向。
4. 我喜欢承担完成工作的责任。
5. 我喜欢单独做事和独立决策。
6. 我不怕有风险的环境。
7. 我能够从容地面对不确定性。
8. 我能够推销自己和我的经营思想。
9. 我从未因病停止过一天工作。
10. 我能够确立自己的目标和目的并努力去实现它们。
11. 我的家庭全力支持我的事业，他们知道这意味着长时间地艰苦工作。
12. 我欢迎批评——总能从别人那里学到有用的东西。
13. 我能够找到同我一起工作的正确人选。
14 我精力充沛，热情执着。
15. 我不浪费时间。

测试说明：总分30分以上为优，20~30分为良，20分以下为一般。高分并不能保证创业成功，但低分者若要从事这项事业肯定值得认真考虑。

创业之初，创业者的管理才能主要体现在创业团队的创建、组织和管理，创业者的个人魅力和管理风格对企业的发展影响很大。但当创业企业发展到一定阶段时，管理走向规范化则成为企业长足发展的基础保障。这就需要创业者善于通过构建一整套管理机制，形成一个规范化的管理系统，并突出管理的科学性和艺术性，为企业将来的长远发展找到最合适的管理模式。

延伸阅读　　　　　　　管理能力测试

分别给下列20个问题打1~5分，1分代表企业家不迎合的反应，5分代表企业家迎合的反应。根据你对工作思考的多少选择4、3、2分。你通过评估自己在这两个选择上的相对差异，以及对各答案感受的强烈程度来决定适合你的分数。

为使测试更加有意义，请一个对你的选择不存在既得利益或没有强烈的倾向的其他人，比如一个好朋友或同事，也同时与你一起作为测试者独立进行这个测试。我们很难对自己作完全客观的评价，因而需要一个不相干的第三者酌情打分来提供一个更为精确的观点。然后对比这两个分数——你测试得到的分数与你的朋友或同事给你的打分相对照。我们推测你的真实企业家才能，根据我们的经验，将处于两个分数之间。

1. 当你打牌输钱时，你是更加努力，还是想收牌以减少更大的损失呢？（如果你更加努力打5分，如果你在压力之下退缩就打1分）

2. 当你参加运动会或音乐会，你试图计算筹办者或业主的总收入吗？（如果你经常做

① ［美］科林·巴罗：《小型企业》，高俊山译，北京，中信出版社，1998。

打 5 分，如果你从未做过打 1 分）

3. 当事情变得很糟糕时，你的第一个欲望是找个人责怪他，还是寻找替代方案和解决办法呢？（如果你寻找替代方案和解决办法打 5 分，如果抱怨打 1 分）

4. 以你的朋友和同事为参照物，你将如何评价你的能力水平？（如果高打 5 分，如果低打 1 分）

5. 你在工作的路上、飞机上或医生的候诊室里幻想商机吗？（如果你经常这样做就给自己打 5 分，如果从不这样做打 1 分）

6. 回顾你人生历程中的重大变化——学业、工作、搬迁、关系。你是为这些变故烦恼和担心而无所作为，还是兴奋地期待它们，并能够通过一些调研作出那些艰难的选择呢？（如果你期望作出选择，并作好准备驾驭它们打 5 分，如果你由于担心而被压倒，并因为太费力而停止行动打 1 分）

7. 对于任何机会，你的第一考虑总是乐观的还是悲观的？（如果你总是乐观并能意识到危险打 5 分，如果你过于注重不利的方面而排斥考虑有利方面打 1 分）

8. 你最高兴的是忙的时候还是没事做的时候？（如果你总是忙的时候最高兴打 5 分，如果你总是没事做的时候最高兴打 1 分）

9. 你作为年长的孩子，经常有一份工作或者赚钱的计划和主意吗？（如果总是打 5 分，如果从不打 1 分）

10. 你年轻时，业余时间或暑假是打工，还是一个夏天什么也不做呢？（如果经常工作打分，如果从未做过打 1 分）

11. 你父母曾拥有一个中小企业吗？（如果他们经营中小企业多年打 5 分，如果他们从未经营过打 1 分）

12. 你曾经为一个中小企业工作超过一年时间吗？（如果超过一年时间打 5 分，如果不到一年时间打 1 分）

13. 你喜欢负责、支配和成为人们关注的中心吗？（如果你真的渴望这些事情打 5 分，如果你憎恶这些事情打 1 分）

14. 你对为一项投资如买房子而借钱融资有多轻松自在？（如果借债不是问题打 5 分，如果是很大的问题打 1 分）

15. 你的创造性怎样？（如果极具创造性打 5 分，如果完全没有创造性打 1 分）

16. 你是不得不把钱花到只剩下几元钱，还是很节约？（如果足够节约打 5 分，如果只剩几元打 1 分）

17. 当你在一个项目或任务上失败了，你是永远受其影响，还是激发你下次做得更好？（如果是对下次的激励打 5 分，如果给你留下永久的伤痛打 1 分）

18. 当你真正相信某个东西，不管是一个想法、一个产品还是一项服务，你能卖掉它吗？（如果几乎总是能卖掉打 5 分，如果不能卖掉打 1 分）

19. 在你现在所处的社会和商业环境中，你更经常是一个追随者还是领先者？（如果总是领先者打 5 分，如果总是追随者打 1 分）

20. 你在实施/遵守你的新年决定方面做得好吗？（你差不多总是实施/遵守它们打 5 分，如果从不这样做打 1 分）

给测试打分：

现在汇总你的分数。这里告诉你如何评价你的总分数：

80～100：去经营一个中小企业吧。如果你表现出一种渴求的意愿，那么你应能取得成功！

60～79：你很可能具备成功运作一个自己企业的能力，但要花些时间回头看你打分最低的问题，看能否修正一些倾向。

40～59：分数太低，不能经营中小企业。重新审视那些你打分低的问题，尽量放开倾向于你所喜欢的方面。

0～39：我们可能错了，但你很可能最适合做个雇员，或者选择一个其他的方向开展你的事业。

资料来源　　［英］科林·巴露、罗伯特·布朗：《小企业三部曲：创立、生存与发展》，宁光杰、李布，北京，机械工业出版社，1999。

思考题

1. 你是否有创业的想法？试着与同学讨论它的可行性。

2. 通过霍兰德职业兴趣测试了解自己的职业锚，并分析自己在创业素质上有哪些差距，寻找弥补的方法和途径，并制定自己的大学学习生涯规划。

3. 你了解外贸吗？通过阅读杂志、报纸、专业书籍和外贸专业网站等，进一步了解我国的外贸形势，分析我国外贸的比较优势及未来的发展方向。

案例分析题

一个贫困大学生的创业故事

困扰当代大学生创业很重要的一个问题是，先创业还是先就业？下面是一个真实的创业故事，请大家思考：

来自江西农村的一位贫困大学生，2001 年进入江西财经大学国际经贸学院学习，大学的学费靠贷款，但是他并没有抱怨。大学四年，学习成绩优异，并担任了班长，各方面都得到了发展。2005 年毕业后进入深圳一家外贸公司工作，一年后还清了所有贷款，之后离开公司。2006 年和同学一起创办一家外贸公司，做电子产品的出口业务，但是因为经验不足，公司亏损，之后关闭了公司。2007 年重新找了家外贸公司工作，得到领导的赏识并委以重任，然而因为这家公司管理问题，业绩始终没有起色，一年之后离开公司。2008 年与朋友共同创办了一家公司，进行手机的设计、生产、销售一条龙的业务，然而因为资金不到位，损失 100 万元，公司被迫关闭。2009 年重新从 soho 做起，慢慢发展，2010 年有员工 10 来人，办公面积 200 平方米，2011 年有员工 40 人，办公面积 900 平方米，年销售额 3 000 万元。

看完案例后，谈谈你的感想。

第三章　寻找创业机会

学习目的

1. 了解创业环境；
2. 了解创业机会的识别和捕捉；
3. 掌握创业资源的分析和利用；
4. 正确认识创业模式的选择。

开篇案例

海岛卖鞋

曾经有一家美国的制鞋公司寻找国外市场，公司总裁派了一名推销员到非洲某个海岛上的国家，让他了解一下能否向该国卖鞋。这个推销员到非洲后给总部发回一封电报说："这里的人都习惯赤脚，不穿鞋，这里没有市场。"随即这名推销员就离开了那里。总裁随后又派去另一名推销员。第二个推销员到非洲后也给总部发回一封电报，电报中说："在这里的发现让我异常兴奋，因为这里的人都是赤脚，还没有一人穿鞋，这里市场巨大。"于是他开始在岛上卖鞋……

该公司觉得情况有些蹊跷，于是总裁派出了第三个业务员。他到非洲呆了3个星期，发回一封电报：这里的人不穿鞋，但有脚疾，需要鞋。不过不需要我们生产的鞋，因为我们的鞋太窄，我们必须生产宽一些的鞋。这里的部落首领不让我们做买卖……我们只有向他的金库进一些贡，才能获准在这里经营。我们需要投入大约1.5万美元，他才能开放市场……因此，我建议公司应开辟这个小岛市场。该公司董事会采纳了这位业务员的建议，并通过适宜的营销组合，最终成功地开拓了这个小岛市场。

资料来源　任晓园：《从"小岛卖鞋"看市场营销》，载《合作经济与科技》，2007（14）。

如何在纷繁复杂的创业环境中发现、辨识和把握创业机会，是成功创业的第一步。当前，伴随着世界经济一体化进程，我国外贸发展趋势日益强劲，外贸企业创业面临前所未有的适宜创业的时代，社会外部环境已经为创业者提供了大量的创业机会和难得的创业条件。外贸创业者要善于发现和捕捉常人所不能看到的商机，并从众多的机会中寻找到确实利己的创业机会，进行仔细周全的评估，选择合适的创业模式付诸实践，实现从"找饭碗"到"造饭碗"的蜕变。创业的魅力还在于没有固定的模式，创业者要敢于站在成功创业者的经验之上，独辟蹊径，走出自己的特色创业之路。

第一节　创业环境分析

任何创业活动都是在一定的环境下进行的。对于创业者而言，创业成功与否，与创业环境有着极为密切的关系。当今中国社会处于复杂多变的转型时期，经济的、政治的、文化的等多重结构的不平衡，导致创业环境呈现复杂性、多变性等特点，认真分析和审视当前的创业环境，对成功创业很有必要。

一、何谓创业环境

所谓创业环境，实际上就是人们创业的内外部条件，它是由综合因素构成的整体，包括时代环境、地域环境、人际环境和物质环境等方面，它们在创业过程中互相联系，构筑了创业的活动平台。[①]

尽管对创业环境的定义及分类不尽相同，但从一般意义的创业角度看，创业环境可表现为社会环境与自然环境；对于创业者而言，创业环境可分为内部环境和外部环境。

社会环境主要指的是国情。从社会环境来说，一般而言，经济活跃期也是创业踊跃期，因为经济发展，客观上市场机遇较多，创业机会也就多；反之，创业的踊跃又会促进经济的发展。

自然环境是指创业的地理、资源、气候等自然状况。创业者在创业项目、创业区域等的选择上，都不可避免地要充分考虑自然环境对自身创业的影响。[②]

外部环境是指创业组织外部的各种创业条件的总和，是创业发展的保证。一个国家或地区的市场开发程度、政府的国际地位、信誉和工作效率、金融市场的有效性、劳动力市场的完善与否、法律制度是否健全等，形成了新创企业的外部宏观环境，对企业的生存和发展产生重要影响。具体来说，创业的宏观环境包括政治法律与政策环境、经济环境、社会文化环境、科技与教育环境等。

内部环境是指创业组织内部各种创业要素和资源的总和，如人员、资金、设施、技术、产品、生产、管理、运行等，它是创业者的家园，是创业活动的根基。创业者要善于从创业团队、资金及其来源、产品竞争力、技术开发水平、生产工艺、市场渠道能力、货源等方面找出自身的优势和劣势。只有将自身优势与外部机遇有机结合，才能创业成功。

《全球创业观察 2002 中国报告》对创业环境要素体系有一个较明确的界定，其概念模型把创业环境要素归纳为 9 个方面，即金融支持、政府政策、政府项目支持、教育培训、研究开发转移、商业和专业基础设施、国内市场开放程度、实体基础设施的可得性、文化与社会规范[③]。这为创业者正确理解创业环境提供了一个新的视角。

二、创业环境的调研分析

企业的创立、生产和经营活动都不可能孤立进行，而是与外部创业环境发生复杂的联系，并受到外部环境的制约。从这个意义上讲，创业者充分把握创业企业的外部环境显得尤为重要。因此，创业者从创业开始就要进行周密的市场调研和分析，了解当前和将来创业企业可能所处的环境状况，及时把握创业的有利条件和市场机会，为创业成功和未来企业的稳定发展提供依据和决策保障。

创业企业选择适宜的创业项目时，往往需要对宏观环境、行业环境和竞争环境等进行周密的调研分析。

创业者在投资决策前，须认真研究宏观环境的发展变化，否则很可能因不了解宏观环

① 张帆：《中美大学生创业环境的比较分析》，载《科学管理研究》，2010（1）。
② 林莉：《大学生创业环境分析》，载《经济师》，2010（9）。
③ 姜彦福：《全球创业观察 2002 中国报告》，北京，清华大学出版社，2003。

境的状况而使投资失败。一是国内外政治法律环境。对外向型企业创业而言，国际上的政局变化以及国际事件的发生，会直接影响到企业的运作。二是企业所处经济环境，包括对国民经济运行情况和发展态势的分析、对国内市场体系发育和发展情况的分析、对国家产业政策的分析等。三是企业所处的社会、文化、技术环境，特别是了解社会的文化风气，如价值观念、风俗习惯、生活方式、消费心理等。四是企业所处资源环境。掌握资源对企业生产经营活动的保证程度，以便最终确定企业最大可能的生产供应量和满足社会需要的程度。

任何一个创业企业都必然归类为某个或某几个行业。了解行业概况并预测行业趋势，可以得知新事业未来在市场中的地位以及可能遭遇竞争对手反击的程度。一般来说，行业环境分析主要关注两个问题：一是行业内的竞争程度及变化趋势；二是行业所处的生命周期。美国学者迈克尔·波特的"五种力量模型"反映了新创企业环境因素。他认为市场竞争者、潜在的进入者、供应商、消费者和替代品生产者决定了创业的竞争力，构成了行业环境因素。

创业者要立足市场，必须进行企业竞争环境的调查分析。一是对竞争对手总体情况的调查，如竞争对手企业的数量、分布、所属行业、生产规模、可供产品总量。二是对竞争对手竞争能力进行调研，如对其资金持有情况、企业规模、技术水平、技术装备情况、产品开发情况、服务工作情况、市场占有率等进行调查。三是对竞争对手发展的产品动向的调查。四是对潜在竞争对手的调查，如调查可能出现的新的竞争对手的情况和由弱变强的竞争对手的情况。在竞争环境调查的基础上，创业者可以有针对性地进行 SWOT 分析（优势、劣势、机会、威胁），制定市场竞争专门对策，增加决策成功率及规避风险。

三、我国外贸创业环境分析

当前，中国的市场正处于"双高"时期。一是市场增长率高，每年市场都在不断地扩大；二是市场变化率高，产品更新快，产业的成长和衰退都快。因此，对于创业企业来说，中国目前的市场环境是一个难得的机遇。

就外贸创业而言，日益强劲的外贸发展趋势无疑提供了创业土壤。"十一五"期间我国外贸总额年均增速超 50%。[①] 2010 年，我国对外贸易总额约 3 万亿美元，排名世界第二，仅次于美国。海关统计显示，2011 年我国外贸进出口总值 36 420.6 亿美元，同比增长 22.5%。[②] 中国产品在国际市场的产量和占有率逐渐攀高。与此同时，中国企业走向海外日渐成风。资料显示，截至 2008 年年底，中国 8 500 家境内投资主体共设立对外直接投资企业 12 000 家，分布在 174 个国家（地区），海外并购也频频出现。

虽然在全球经济增速放缓的背景下，我国外贸形势严峻，外贸企业尤其是中小外贸企业的经营环境趋紧，但我国日益成为世界新兴大市场，外贸发展更趋平衡的态势并未改变。

外贸发展和外向型经济的发展，催生了对外贸人才的极大需求，但现实情况是我国外贸人才面临严重的总量不足和结构失衡。中国社会科学院发布《中国"走出去"战略下

---

① 中国新闻网，http://www.chinanews.com/cj/2010/12-31/2759670.shtml。
② 新华网，http://news.xinhuanet.com/fortune/2012-01/10/c_111409326.htm。

外贸人才需求预测与供给对策研究》报告，指出外贸人才短板正阻碍着中国企业"走出去"的脚步。《中国人才发展报告（2010）》蓝皮书指出，2010年外贸人才需求总人数达到79.344万人，人才需求量相当大。根据教育部高校就业指导中心统计，中国每年高校经济类专业毕业生在13万人左右，即使13万人全部从事外贸工作，也仍然有很大的人才供需缺口。[①] 据一项调查发现，中国的创业构成比例大致如下：64% 批发/零售/贸易；46% 进出口；34% 服务业；24% 计算机；22% 咨询；10% 金融服务；6% 服装。

　　从这个意义上讲，我国外贸企业创业面临着前所未有的适宜创业的时代，社会外部环境已经为创业者提供了大量的创业机会和难得的创业条件。外贸创业者是外贸人才的中坚力量，应该顺应时代潮流，勇挑外贸创业的重担。

延伸阅读   创业环境对创业的影响

　　一、自然环境对创业的影响

　　自然环境包括气候环境、地理环境、水源环境、土地资源环境、地形地貌环境、空气环境、生产原料资源环境等。

　　创业者在创业之初，就要充分考虑自然环境对创业的影响。自然环境对创业的影响与创业者所选择的项目有关，如创业者拟建一座饲料加工厂，如果远离生产原料资源环境，就有可能使创业失败，或虽然将企业建起来，也会使原料的运输成本支出增加，因而降低企业经济效益。又如，生产矿泉水，要求水源环境要符合标准，天然的高质量的矿泉水不仅可以降低生产成本，还可以提高产品的品位，选择水源环境对于生产矿泉水的企业就至关重要。其他方面自然环境对创业的影响也是一样的。

　　二、社会环境对创业的影响

　　社会环境包括政治环境、市场环境、人力资源环境、交通环境等。社会环境对创业的影响往往更重要。

　　如法律环境，直接涉及国家对企业建立、发展的政策。哪些行业允许建立，哪些行业不允许建立；哪些行业国家给予鼓励政策，哪些行业国家限制发展；国家对于创办特殊行业有哪些规定、要求等。这些法律规定和相关政策对创业有着巨大影响，甚至起到决定性的作用。了解、熟悉国家法律规定和相关政策，对于创业者来讲是不可逾越的一关。因为我国是法治国家，创办企业是在相关法律规定的前提下进行的，这一点创业者必须清楚。

　　又如市场环境，对于创业者来说也是起着关键作用的重要因素。知己知彼，才能百战不殆。市场的需求是企业发展的根本，创业者在创业之前就要对市场情况做广泛深入的调查。不了解市场需求情况，盲目创建企业，最终结果是走向失败。

　　人力资源环境对于创业者来讲，也是影响企业生存和发展的一个重要因素。人力资源对于企业的影响最重要的有两条：一是人力资源市场能够提供可用的人力资源，包括是否能够满足企业对人力资源在健康程度、技术能力等方面的要求；二是人力资源在劳动报酬方面的要求。这两方面直接关系人力资源的劳动生产率和人力资源的使用成本。这两方面解决不好势必影响企业的生存和发展。我国改革开放以后，大批的国外企业涌入我国，在我国境内开办工厂，很重要的一个原因就是我国拥有大量的可供利用的廉价的劳动力。

　　总之，社会环境对创业的影响是多方面的，创业者要全面考虑。能利用的社会环境充

---

　　① 潘晨光：《中国人才发展报告（2010）》，北京，社会科学文献出版社，2010。

分利用，不能违反的要严格遵守。创业者对社会环境利用得越好，创业成功的可能性就越大。

资料来源　李学东、潘玉香：《大学生创业实务教程》，北京，经济科学出版社，2006。

第二节　创业机会评估

在某种程度上讲，创业就是发现市场需求，寻找创业机会，通过投资经营满足市场需求的活动。创业机会需要发现、捕捉和利用，创业者要善于把握稍纵即逝的投资创业机会。

一、创业机会及其特征

创业机会指的是创业的最有利时机。从广义上讲，社会上任何时候都存在着创业机会。但对于个人和企业而言，由于所处的环境、具备的条件不同，创业机会也不尽相同。创业者对于创业机会的认识和把握要注意以下几点：

（一）机会总是赋予有准备之人

一个人的创业首先需要有创业动机或创业想法，然后进行咨询和市场调研，寻找项目，寻求合作伙伴，了解创业需要进行的各种准备等。机会来临，如果没有充分准备，机会就会与你擦身而过。获得机会的多少与创业者自身素质密切相关，才能与机会结合是获得创业成功的基础。

（二）不怕没机会就怕没眼光

经常听到一些想创业的人抱怨："别人机遇好，我运气不好，没有机遇。""我要是早几年做就好了，现在做什么都难了。"这都是误解。创业机会无处不在，就看你能不能识别它。寻求机会是一种意识，这种意识来自于个人的深层次的思考，来自于创业的强烈愿望和独特眼光。

（三）创业机会要有积极的心态去发现

美国牛仔裤的发明人李维斯当初跟着一大批人去西部淘金，途中一条大河拦住了去路，许多人感到愤怒，但李维斯却说："棒极了！"他设法租了一条船给想过河的人摆渡，结果赚了不少钱。不久摆渡的生意被人抢走了，李维斯又说："棒极了！"因为采矿出汗很多，饮用水很紧张，于是别人采矿他卖水，又赚了不少钱。后来卖水的生意又被抢走了，李维斯又说："棒极了！"因为采矿时工人跪在地上，裤子的膝盖部分特别容易磨破，而矿区里却有许多被人抛弃的帆布帐篷，李维斯就把这些旧帐篷收集起来洗干净，做成裤子销售。"牛仔裤"就是这样诞生的。李维斯将问题当作机会，最终实现了致富梦想，得益于他有一种乐观、开朗的积极心态。

（四）创业机会的几个特点

一是现实性。在任何时候创业，都要符合现实环境、条件的要求，不能脱离实际。二是隐藏性。创业机会的存在是客观的，但它又是无形的，它隐藏在具体事物的后面，需要人们去发现。三是易逝性。俗话说"机不可失，时不再来"，讲的就是这个道理。四是偶然性。机会的存在是客观的、必然的，但对机会的发现和捕捉有很大的偶然性。[1]

---

[1]　李学东、潘玉香：《大学生创业实务教程》，北京，经济科学出版社，2006。

二、创业机会的来源

创业机会从何而来？一般而言，创业机会有五大来源：

（一）问题

创业的根本目的是满足顾客需求，而顾客需求在没有满足前就是问题。寻找创业机会的一个重要途径是善于去发现和体会自己和他人在需求方面的问题或生活中的难处。比如，上海有一位大学毕业生发现远在郊区的本校师生往返市区交通十分不便，便创办了一家客运公司，就是把问题转化为创业机会的成功案例。

（二）变化

创业的机会大都产生于不断变化的市场环境。环境变化了，市场需求、市场结构必然发生变化。比如居民收入水平提高，私人轿车的拥有量将不断增加，这就会派生出汽车销售、修理、配件、清洁、装潢、二手车交易等诸多创业机会。

（三）创造发明

创造发明提供了新产品、新服务，更好地满足顾客需求，同时也带来了创业机会。比如随着电脑的诞生，电脑维修、软件开发、电脑操作的培训、图文制作、信息服务等创业机会随之而来，即使你不发明新的东西，你也能成为销售和推广新产品的人，从而给你带来商机。

（四）竞争

弥补竞争对手的缺陷和不足，将成为创业机会。日本丰田公司在20世纪60年代进军美国市场时调查发现，美国人的消费观念、消费方式正在发生变化，那种把汽车视为地位象征的传统观念在逐渐削弱，汽车作为一种交通工具更重视其实用性、舒适性、经济性、便利性。于是花冠车（CORNA）以其外形小巧、经济实惠、舒适平稳、维修方便的优势终于敲开了美国市场的大门，步入成功之路。

（五）新知识、新技术的产生

新知识、新技术产生带来的创业机会较为普遍。例如，随着低碳意识的增强，围绕"低碳环保"就带来了许多创业机会。不少创业者借着"植物宠物"、"水培花卉"等项目走上了创业之路。需要注意的是，以新知识、新技术为基础的创新经常很难成功，因为一个领域的突破需要其他领域同时突破才能发挥其作用。惠普和英特尔公司坚持生产以新知识为基础的创新产品是成功的例子，但不具备雄厚技术力量以及并未在科研中长期处于领先地位者并不适用这种创业机会。

著名管理大师德鲁克主张通过系统的研究分析，来发掘可供创业的新点子。具体可以通过分析特殊事件、矛盾现象、作业程序、产业与市场结构变迁的趋势、人口统计资料的变化趋势、价值观与认识的变化、新知识的产生等，发掘创业机会，这也被看做创业机会的七大来源。

三、创业机会的分类

创业机会通常可分为三类，即技术机会、市场机会和政策机会。[①]

（一）创业的技术机会

创业的技术机会即技术变化带来的创业机会。这种常见的创业机会主要源自于新的科

---

① 王国红：《创业管理》，大连，大连理工大学出版社，2005。

技突破和进步。通常，技术上的任何变化，或多种技术的组合，都可能给创业者带来某种商业机会。例如，计算机网络技术的出现，使得信息系统的网络化、国际化、公众化成为现实，也使得电子商务得以迅速发展。另外，也带来计算机信息存取控制、病毒防范、防火墙设置等新的技术问题，需要通过特定的技术努力和商业努力来解决，这就是创业机会。

（二）创业的市场机会

市场机会主要有以下四类：一是市场上出现了与经济发展阶段相关的新需求。二是当期市场供给缺陷产生新的商业机会。例如，上海下岗女工发现有不少人忙得连下班后回家择菜、洗菜的时间和心情都没有。于是，她们就开始经营"净菜业务"，并红火了一阵。三是产业转移带来的市场机会。如最近我国西部省区面临着沿海某些产业向内地转移的创业契机。四是在比较差距中隐含的商机，如产品上的、技术上的、产业上的或市场经济制度完善程度上的差距，都隐含商机。

（三）创业的政策机会

创业的政策机会，实际上是政府政策变化所赐予创业者的商业机会。简言之，是政府给的创业机会。政策变化可能带来新的商业机会。改革开放 30 多年来，我国经济环境变化，经济体制转轨，经济结构调整，特别是加入世贸组织后，政府在变革中不断调整政策，而政策的某些变化，即可能给创业者带来新的商机。

延伸阅读　　　　　　　**礼维公司的分类市场调查**

以生产牛仔裤闻名世界的美国礼维公司，从 20 世纪 40 年代末期的累计销售额 800 万美元，到 80 年代的 20 亿美元，40 年时间增长 250 倍，得益于其分类市场调查。公司设有专门机构负责市场调查，在调查时应用心理学、统计学等知识和手段，按不同国别，分析消费者的心理和经济情况的变化、环境的影响、市场竞争条件和时尚趋势等，并据此制订出销售、生产计划。1974 年公司对联邦德国市场的调查表明，多数顾客首先要求合身，公司随即派人在该国各大学和工厂进行合身测验，一种颜色的裤子就定出 45 种尺寸，因而扩大了销路。公司根据市场调查，了解到美国青年喜欢合身、耐穿、价廉和时髦，故把合身、耐穿、价廉和时髦作为产品的主要目标，故而产品长期占据美国青年人的市场。近年来，在市场调查中，公司了解到许多美国女青年喜欢穿男裤，公司经过精心设计，推出了适合妇女要求的牛仔裤和便装裤，使妇女服装的销售额不断上升。如此，在美国及国际服装市场竞争相当激烈的情况下，礼维公司靠分类市场调查，其制订的生产与销售计划同市场上的实际销售量只差 1% ~3% 。

资料来源　龚曙明：《市场调查与预测》，北京，清华大学出版社、北京交通大学出版社，2005。

四、创业机会的辨识评估

创业机会辨识，就是要了解某个创业机会的方方面面，在众多的机会中进行分析、判断和筛选，发现利己的、可以利用的创业的商业机会。创业者的经验表明，抓不住机会无法创业，但抓错了机会则有害于创业，现实中也不乏这类例子。

（一）创业机会辨识的内容

一是创业机会的原始市场规模。多数市场机会有着成长的可能，但原始市场规模往往是极为有限的。分析、判断某一商业机会的原始市场规模极为重要，特别是原始市场规模决定着新创企业最初阶段的投资活动可能实现的销售规模，决定着创业利润。

二是创业机会存在的时间跨度。一切商业机会都只存在于一段有限的时间之内，这是由特定行业的商业性质决定的。在不同行业，这一时间的长度差别很大。一般而言，特定商业机会存在的时间跨度越长，新创企业调整自己、整合市场、与他人竞争的操作空间就越大。

三是创业机会的市场规模随时间增长的速度。客观地看，这一速度决定着利用某一商业机会创业的新创企业的成长速度，并与新创企业的成长速度存在着互动关系。一般而论，这一速度快，新创企业就会有可资利用的成长空间。

四是创业机会是不是较好的商业机会。不是所有的机会对创业者都具有同等价值。即便某个商业机会有着较大的原始市场规模，存在着较大的时间跨度，其市场规模也会随时间以较高的速度成长，创业者也需要进一步分析、判断该机会是不是较好的商业机会，是否适合自身进行创业。

（二）适宜的创业机会的特征

对创业者而言，适宜的创业机会一般有如下显著特征：

一是在前景市场中，以往的市场需求稳步且快速增长。不难设想，如果某个商业机会的市场需求不能稳步而快速增长，新创企业将不可能驻足于足够大的盈利空间之中，也就不可能迅速成长起来，在激烈的市场竞争中，新创企业无疑会纷纷落马，这对创业者是极为不利的。

二是创业者能够获得利用特定商业机会所需的关键资源。这里所称的资源，包括利用特定商业机会所需的技术资源、资本资源、财力资源、资讯资源、公共关系资源等。理性地看，某个商业机会再好，即便存在巨大的盈利空间，若创业者缺少利用该机会所需的关键资源，也无法利用这一机会。

三是创业者不会被锁定在"刚性的创业路径"上，而是可以中途校正自己的创业路径。原因在于，市场千变万化，科技日新月异，政府政策不断调整，创业者需要根据这些变化不断调整自己的创业路径。

四是创业者可以通过创造市场需求来创造新的利润空间，谋取额外的企业利润。四川成都彩虹电器集团发展微型电热器具之初，是通过创造市场需求来创造和扩大利润空间，占领市场，获得额外的企业利润的。尽管当时存在着对电热器具的市场需求，但如果企业不去创造市场对于微型电热器具的特定需求，就不可能获得市场的利润回报，也不可能获得较大、较快的发展。

五是创业风险明朗，且有一定数量的创业者能够承受相应的风险。在风险面前无所作为，是企业经营的大忌。如果某一商业机会的风险不明朗，无法搞清风险的具体来源及结构，那么创业者就无法把握风险、规避风险或抑制风险，就无法降低风险损失、提高风险收益。

六是创业机会符合某个创业者自身的现实性。即使是较好的机会，对于特定的创业者而言，也需要进一步分析其现实性，判断："这一机会是否是自己可以利用的机会？创业者是否值得利用这一机会？"[1]

---

① 王国红：《创业管理》，大连，大连理工大学出版社，2005。

延伸阅读　　　　　　　　**怎样发现创业机会**

变化就是机会。环境的变化，会给各行各业带来良机。变化可包括：产业结构的变化；科技进步；通信革新；政府放松管制；经济信息化、服务化；价值观与生活形态化；人口结构变化。以人口因素变化为例，可以有以下一些机会：为老年人提供健康保障用品；为独生子女服务的业务项目；为年轻女性和上班女性提供的用品；为家庭提供文化娱乐用品等。

从"低科技"中把握机会。随着科技的发展，开发高科技领域是时下热门的课题。例如，美国近年来设立的风险公司中，电脑占 25%，医疗和遗传基因占 16%，半导体、电子零件占 13%，通信占 9%。但是，创业机会并不只属于"高科技领域"，在运输、金融、保健、饮食、流通等这些所谓的"低科技领域"也有机会，关键在于开发。

集中盯住某些顾客的需要就会有机会。机会不能从全部顾客身上去找，因为共同需要容易认识，基本上已很难再找到突破口。而实际上每个人的需求都是有差异的，如果我们时常关注某些人的日常生活和工作，就会从中发现某些机会。如在寻找机会时，习惯把顾客分类，如政府职员、菜农、大学讲师、杂志编辑、小学生、单身女性、退休职工等，认真研究各类人员的需求特点并发现机会。

追求"负面"就会找到机会。所谓追求"负面"，就是着眼于那些大家"苦恼的事"和"困扰的事"。人们总是迫切希望解决这些"苦恼"、"困扰"，如果能提供解决的办法，实际上就是找到了机会。例如，双职工家庭没有时间照顾小孩，于是有了家庭托儿所；没有时间买菜，就产生了送菜公司。

资料来源　王国红：《创业管理》，大连，大连理工大学出版社，2005。

五、创业机会的选择

对特定的创业者而言，理性地判断一个创业机会是否适合自己发展，必须重点关注以下问题：

（1）是否拥有利用该机会所需的关键资源，诸如相应的企业运作能力、技术设计与制造能力、营销渠道、公共关系等。面对某个商业机会，企图利用这一机会的创业者不一定拥有所需的全部资源，但必须拥有利用这一机会的关键资源；否则，要么创业无法起步，要么在创业中会受制于人。

（2）是否能够"架桥"跨越"资源缺口"。在特定的机会面前，多数情况下，企业不可能拥有所需的全部资源，但必须有能力在资源的拥有者与自身之间架起桥梁，以弥补相应的资源缺口。如某掌上电脑产销公司，自身没有研制开发该类产品的能力，但有能力动员相应的设计公司和制造厂商加入自己的创新与创业活动。该公司将自己的设计思想按契约传递给某家专业设计公司，设计公司为其设计出了符合功能要求的产品方案；将生产订单委托给某些制造企业后，制造企业为其生产出消费者满意的产品。这就是架桥跨越资源缺口、成功创业的典型。

（3）是否有能力与竞争力量抗衡。现实中，某个商业机会逐渐显露时，不少创业者、竞争者蜂拥而上的现象十分平常。假若某个创业者想利用特定机会并获得成功，就必须具备与其他创业者、竞争者进行竞争的能力。典型的例子，如四川成都彩虹电器集团发展电热毯产品，即二次创业之初，国内同期有上百家企业参与了电热毯市场的商业机会竞争。但由于"彩虹"有强于他人的创业精神和创新能力，结果在几轮竞争之后，"彩虹"成了这一产品制造业的龙头企业。

（4）是否存在可以创造的新增市场以及可以占有的远景市场。理性地看，某个商业机会是否值得创业者利用，除了要有足够大的原始市场规模之外，其市场也应是可创造、可扩展的，具有足够的成长性，存在远景市场。创业者真正可把握的是"可创造的市场部分"，而不是"顺其自然成长的市场部分"。例如，目前一些创业者热衷于"网络增值服务"创业，其原因就在于网络增值服务市场是可创造的。只要创业者巧妙地提供"鼠标加水泥"的增值服务产品，就可能培育起博大的网络增值服务前景市场。

（5）是否可以承受利用机会的风险。显然，创业者要想利用某个商业机会，他就必须具备利用该机会的风险承受能力，包括承受相应的技术风险、财务风险、市场风险、政策风险、法律风险和宏观环境风险的能力。就特定的创业者而言，如果不可承受利用机会所带来的风险，硬要"甘冒风险、知难而进"，那在创业之初就可能自取灭亡。

此外，因为创业者资源有限，不可能去追逐所面临的每一个机会，必须去选择那些回报潜力最大并有能力去利用和利用好的机会。在选择创业机会的过程中，需要对创业机会的大小、投资额、利润回报、风险大小等作评估和权衡，为决策提供依据。创业者在选择机会时不能应用单一要素和绝对标准，必须综合考虑，在对各种机会进行相互比较之后再做出选择。

第三节　创业资源分析

创业机会识别与创业资源密不可分。Kirzner（1973）认为，机会代表着一种通过资源整合、满足市场需求以实现市场价值的可能性。[①] 从这个意义上讲，机会识别的实质是创业者判断是否能够获取足够的资源来支持可能的创业活动。因此，创业机会的存在，本质上是部分创业者能够发现和利用特定资源的价值。

一、创业资源与资源基础论

创业资源是指新创企业在创造价值的过程中需要的特定资产，包括有形与无形的资产，它是企业创立以及成长过程中不可缺少的基础和必要条件。创业企业对创业资源的获取与整合贯穿于创业过程的始终。

创业资源管理涉及对资源的获取、分配和组织，包括资金管理、人才分配、时间协调、营销管理等。资源的利用对于企业成长的关系在战略研究理论中通常称为资源基础论（Resource-based Theory）。资源基础论认为，资源是企业能力的来源，企业能力是企业核心竞争力的来源，核心竞争力是竞争优势的基础。因此，资源基础论为企业的资源整合和核心竞争力的构建之间搭起了一个过渡的桥梁，指明了资源整合的途径和思路。

二、创业资源的特征维度

创业资源主要表现形式为：创业人才、创业资本、创业机会、创业技术和创业管理等。创业资源的特征主要可以分为以下7个维度：[②]

（一）政策资源

从我国的创业环境看，创业活动需要相应的政策扶持，只有在政策允许和鼓励下，企

---

① Kirzner, I. M., Competition and Entrepreneurship. Chicago, IL: University of Chicago Press, 1973.
② 林嵩：《创业资源的获取与整合——创业过程的一个解读视角》，载《经济问题探索》，2007（6）；胡文静：《我国中小企业成长动态分析——基于创业资源获取与整合视角》，载《现代商贸工业》，2011（7）。

业才能获得更多的国内外人才、贷款和投资、各种服务与优惠等。

（二）信息资源

对于新创企业来说，由于竞争十分激烈，更需要丰富、及时、准确的信息，以争取到更多的生产要素资源。由专业机构提供的信息资源可以为创业者制定研发、采购、生产和销售的决策提供指导和参考。

（三）社会资源

社会网络资源是多维度的，能够提供企业正常运转所需的各种资源。创业者往往通过利用其个人的社会关系网络，加大个人社会关系网络节点间的相互作用以获取创业必要的市场信息和创业机会。例如，创业者所做的决定通常是基于亲友或咨询机构的建议。社会网络资源对新企业的成长起着至关重要的作用。

（四）资金资源

资金资源对于任何一个企业都非常重要。对新创企业来说，无论是产品研发还是生产销售，都需要大量资金，如何有效吸收资金资源是每个创业者必须关注的问题。缺乏资金资源是创业起步时期需要面对的一个关键障碍。美国小企业管理局（SMB）调查显示，80%的创业企业夭折是创业初期资金链条断裂所致。

（五）人力资源

高素质人才的获取和开发，是现代企业可持续发展的关键，特别是高科技创业企业，因为其更大的知识比重，人才资源则更为重要。

（六）科技资源

对于新创企业来说，积极引进寻找有商业价值的科技成果，加强和科研院所的产学研合作，将有助于加快产品研发速度，为企业的市场竞争提供有力优势。

（七）管理资源

如何对信息、资金、技术和人才等因素进行有效管理，整合及优化各种企业资源并使其实现增值和可持续发展，这对创业企业来说无疑极为重要。因此，拥有一套完整而高效的管理制度，是新创企业宝贵的资源。

三、创业者资源检视

创业者在面对创业机会时，要善于对自身资源进行检视，分析这些资源在怎样的运作下才能成为创业成功的有效资源。创业者资源可分为内部资源和外部资源两种，都需要创业者去挖掘和开发利用。

（一）创业者内部资源

内部资源主要是创业者个人的能力，其所拥有的生产资料、知识技能等，也就是个人所拥有的有形资源和无形资源，包括健康的身体、资产的存流量、人际关系网、心理品质、知识结构及个人品牌等。在很多情况下，创业者的无形资源决定有形资源的开发和利用。能否将创业者身上的"一根草"变成创业的"法宝"，全在创业者如何将自己的资源优势开发和利用为创业资源。

（二）创业者外部资源

外部资源主要包括创业的资本、技术、人才和管理。四者共同作用，形成创业产品和创业市场，并决定创业利润的水平高低和创业资本的累积能力，进而左右企业的发展速度，但极少有创业企业能同时拥有这些资源。外部资源的创立，最重要的是人脉资源的创立，体现在创业者构建其人际网络或社会网络的能力。

需要指出的是，资源的多寡是相对的，成功的创业者一般着眼于最小化使用资源并控制资源，而不是贪图完全拥有资源。为了合理利用和控制资源，创业者要竭力设计精巧的创意，采取用资谨慎的战略。

四、创业资源的整合利用

从一定意义上讲，创业的过程其实就是资源整合的过程。创业者获取创业资源的最终目的，就是通过对不同资源的整合和利用，追逐并实现创业机会，提高创业绩效并获得创业成功。Timmons 创业模型也强调创业机会、创业资源和创业团队等 3 要素间的动态性、连续性和互动性，认为创业过程由创业机会所启动，在创业团队取得必要的资源之后，创业计划方能顺利开展。[①]

当然，资源在未被企业整合利用前都是零碎的，如果要发挥其使用价值，企业就得提升资源整合能力，对有价值的资源进行识别和绑聚，科学有效地开发、利用起来，才能产生效益，带来利润。

资源整合过程可以分为资源识别、资源获取和资源开发等三个部分。[②] 其中，资源识别指企业对初始资源和关键资源进行识别，并依据企业目标确定企业的资源需求；资源获取指企业通过外部获取、内部培养等方式获得所需的资源；资源开发指企业实现资源向能力的转化并实施利用，从而实现企业的价值创造。企业资源整合能力是基于信息和知识的、企业特有的，并且通过组织资源之间复杂的相互作用而随时间发展的有形和无形的流程，是企业竞争优势的必然要求。[③]

延伸阅读　　　"美特斯邦威"和"谭木匠"商业模式的选择与创新

"美特斯邦威"创办于 1995 年。当时，创业者周成建仅仅是温州妙果寺服装市场的一位普通个体户。但是，周成建认识到休闲服饰在未来有长足的发展空间，便果断地退出了仍然火爆的妙果寺服装市场，投入 50 万元资金，自创了洋味十足的"美特斯邦威"品牌。其产品迎合年轻消费者的需求，走时尚路线，"不走寻常路"，迅速成为国内颇具影响和特色的休闲服饰企业，年销售额达 30 亿元。"谭木匠"集团由董事长谭传华创办，创业之初主要生产民间传统的木制梳子，创立品牌"谭木匠"。该公司在经营中赋予产品十足的中国传统文化韵味，其产品用料精细、做工考究、古朴典雅，市场份额逐步扩大，"谭木匠"商标被国家工商行政管理总局认定为驰名商标。

这两家企业经营的产品虽然大相径庭，但创业之初共同遇到的都是缺乏资金、缺少技术实力，更没有什么官方背景和垄断资源，是同期千百万创业企业中的普通一员。10 多年过去后，许多创业企业消失了，更多企业默默无闻、停滞不前，但这两家企业却逐步发展壮大，成为各自行业中的佼佼者。独特商业模式的选择与实施是成功的关键。

美特斯邦威自创品牌后，有限的资金成为企业发展的最大瓶颈，如果仍然沿用传统的经营方式，为满足市场需求就要购买大量的机器设备扩大生产，而如果把有限的资金用于建立工厂，自己建立终端销售渠道，既无法实现大规模生产和销售，又影响了其他工作的

---

① Timmons, J. A., New Venture Creation: Entrepreneurship for the 21st Century, 5ed. Singapore: McGraw – Hill, 1999.
② 蔡莉：《新创企业资源整合过程模型》，载《科学学与科学技术管理》，2007（2）。
③ 王建中：《创业环境、资源整合能力与创业绩效关系结构模型构建》，载《商场现代化》，2011（35）。

顺利进行，同时品牌的创建也就化为泡影。周成建"不走寻常路"的理念使其开始了自己独特的虚拟经营模式，企业倾注所有资源，全力打造和强化企业的核心竞争力。美特斯邦威抓住服装企业经营中的关键环节，精心打造品牌，聘请郭富城、周杰伦作为企业品牌形象代言人；同时，聘请具有国际水准的顶级设计师根据市场状况，设计各种款式的迎合市场需求的休闲服饰，提升了设计水平。企业还与广东、江苏、浙江等地的100多家服装加工企业建立长期合作关系，这些强大产能为美特斯邦威定牌生产。这样，生产环节就委托其他企业外包出去了。同时，采取特许连锁方式，通过"共担风险，实现双赢"在全国各个区域招募加盟商，建立美特斯邦威专卖店，到目前全国已有1 000多家美特斯邦威专卖店。这样，企业把销售环节也外包出去了。

谭木匠用一把木梳打天下，把一件不起眼的小产品赋予浓郁的文化品位，企业做得个性十足。1997年，企业发展遇到资金瓶颈，银行认为生产木梳的企业没啥出息，并没把这家小企业纳入贷款范围。谭木匠公司面对困难，及时策划，在《重庆商报》上刊登"企业招聘银行"的广告，向社会诉求企业发展所遇的资金困难和未来发展前景，使得银行竞相和企业接触并向谭木匠公司主动提供贷款。这一举措既是一次成功的企业公关活动，也解决了企业发展的资金瓶颈。企业通过全力打造"谭木匠"品牌，塑造了高品质的具有中国传统文化内涵的木梳产品形象，产品在市场上具有较高的美誉度。在此基础上，企业通过虚拟经营的方式利用外部资源，在全国招募和遴选经销商，逐步在全国建立了500多家特许加盟店，建立了覆盖全国的销售渠道。虽然谭木匠的年销售收入仅亿元左右，但是却进入了一个几乎没有同类竞争的领域，成了该行业的"隐形冠军"。

国外理论界在20世纪末提出的虚拟经营的企业发展理论，被美特斯邦威和谭木匠很好地运用于企业实践。通过虚拟经营，企业整合和充分利用了外部资源，从而把有限的资金用在企业发展的关键环节，有效培育和打造了企业核心竞争力。

资料来源 徐世伟：《草根企业的虚拟经营与信息化建设》，载《经济管理（新管理）》，2007（12）。

第四节　创业模式的选择

因创业机会、创业环境及创业者本身素质等各有不同，创业的模式也是千差万别的。无论选择哪种创业模式，创业者都要善于从自身的特点出发，选择适宜的创业经营方式。外贸企业创业有其特殊性，其创业模式需要在创业的实践中不断检验和创新。

一、不同的创业模式分析

不同的创业环境、创新视角下乃至在不同的区域文化影响下，往往都会呈现出不同的创业模式。

（一）不同创业环境下的创业模式

创业环境不同直接导致创业者的创业模式不同。摩立特集团的研究结果认为，创业通常有四种典型的模式：在大学或科研机构开发的研究成果，在风险资本下使其商业化的经典模式，这是一种典型的硅谷高科技创业模式；支柱企业模式，即俗称的企业内部创业，是由现有企业的员工发现商机后创办新企业或由现有企业分拆而成，新企业与母公司是共生性的关系；事件驱动型创业模式，往往是因发生大规模的经济事件或产业事件而失业的人员，远走他乡或创造自己的企业；本地英雄模式，这是一种只靠个人非凡的商业才能创立企业的模式。

（二）不同创业角色下的创业模式

根据创业者进行创业时的不同的个性特征、对市场机会把握的类型不同，从创业者的角度可把创业划分为：具备技术、市场和管理上的创新能力，可以在一定程度上促使市场机会发生的创新者的创业模式；善于抓住市场机会的利润机会觉察者的创业模式；勇于迎接不确定风险的挑战，有很强的风险偏好的不确定风险负担者的创业模式。

（三）不同创意来源下的创业模式

克里斯汀将创业模式分为复制自己熟悉或工作过的某公司经营模式的复制型创业模式；模仿已取得创业成功的企业的模仿型创业模式；以自己拥有的专业或已有技术成果为核心竞争力来进行创业活动的演进型创业模式；只是根据一些创新构想所进行的价值创造型创业模式。

（四）不同创新层次下的创业模式

我国学者刘建军基于不同的创新层次将创业分为：基于技术创新成果，也可能是基于工艺创新等非技术创新成果的产品创新的创业模式；基于市场营销模式创新的创业模式；基于有别于已有厂商的企业组织管理体系的创业组织管理创新的创业模式。

（五）不同创新视角下的创业模式

根据不同的创新视角把创业模式划分为：新产品创业、新资源创业、新市场创业、新生产方法创业和创业新组织创业。创业中推出一种消费者还不熟悉的产品或与过去产品有本质区别的新产品叫新产品创业；创业中开创新的资源叫新资源创业；创业中开辟某一国家（地区）或者一特定产业部门尚未进入的市场叫新市场创业；创业中采用由工艺创新或生产技术创新所引发的新生产方法叫新生产方法创业；创业中建立或打破某种垄断的产业组织形式叫新组织创业。

（六）不同区域文化的创业模式

中关村、深圳和温州三地民众因创业文化不同，形成了三种不同的地域创业模式：建立在科技转化冲动基础上的中关村创业模式；具有强烈的开拓意识和创业精神的移民创业文化的深圳创业模式；具有"人人都要当老板"的农民企业家创业文化的温州模式。

此外，与政府和市场关系不同，合作伙伴不同等，也派生出不同的创业模式。如高校毕业生接受政府"天使基金"，享受政府提供各类资源的政府扶持型的创业模式；浙江省高校毕业生在"模拟环境"、"模拟实操环境"或"混合环境"下进行市场化运作的企业创业，属于市场拉动型的创业模式；拥有技术资源的个人与拥有资金资源的企业进行合作的个人+ 企业模式；投资商把钱投到有专业技术和企业管理才能的个人，而这种个人熟悉各种创业投资品种、金融工具与合作规律，形成个人+ 投资商模式等等。[①]

二、创业企业的经营形式

独资企业、合伙企业和公司是企业的三种基本法律形式。创业究竟采取哪种经营形式取决于不同的因素，要视具体情况而定。

（一）个人独资企业

独资企业是由单个人出资、独立经营并承担法律责任的企业。这种企业在法律上称为

---

① 王尹芬：《不同创业模式下大学生创业路径的选择》，载《企业导报》，2011（1）。

自然人企业，通常规模较小。

独资企业是一种很有吸引力的组织形式，大部分中小企业尤其是在创业初期，创业者都喜欢采用这种组织形式。据"中国私营企业研究课题组"的抽样调查资料，我国由个人独资投资设立的企业占调查总数的 47.3%。

独资企业设立的条件：投资人为一个自然人；有合法的企业名称；有投资人申报的出资；有固定的生产经营场所和必要的生产经营条件；有必要的从业人员。

独资企业的优势：创办手续简单，易于组建、经营和终止；筹办费用最低；所有税后利润都归自己所有；享受优惠税收待遇，企业主只交个人收入税；不必对外公开任何信息；没有专门的法规制约，行政干预少；可以随自己的意愿按照个人的方式经营企业，实现个人目标。

独资企业的缺点：业主对企业债务承担无限责任，如果破产，业主的一切个人财产都要用来偿债；个人资金有限，筹措资金的能力弱；个人能力有限，可能会感到很孤独；企业与所有者是统一体，企业的存在取决于业主本人；社会地位相对较低，留不住人才。虽然有种种不利之处，但为了避免最坏的情况发生，可以从法律上将个人财产划归自己的子女、配偶所有，当然还可以通过保险得到保护；对于个人能力、资金及其他问题都可以采取相应的措施以弥补其不足。

采取独资形式之前的准备：为企业在银行开一单独的账户；向会计师或税务检查员询问哪些经营费用可以减税；如果投资，对所有的设备进行完全保险；购买个人伤病保险。

（二）合伙企业

合伙企业是指依法设立的由各合伙人订立合伙协议，共同出资、合伙经营、共享收益、共担风险，并对合伙企业债务承担无限连带责任的营利性组织。

为扩大企业规模和资金来源，创业者往往选择创办合伙企业，采取合伙经营。合伙经营实际上是一种单一业主联合，通过这种组织方式共同承担与个人财产相关联的法律责任。大多数成功的合伙关系建立时，合伙者往往可能是朋友，也可能是贸易伙伴。比如，由精通技术的合伙者负责企业的生产，善于交往的合伙者负责销售。合伙企业要想成功，合伙者必须互相信任，做到密切配合。

合伙经营的优点：可以获得较高的启动资本（假定合伙人都投入资金）；合伙人之间可以互相增强信心，并能够分担责任；合伙人之间形成技能互补，如某一合伙者专长于某种技术，另一合伙者具有管理天赋，还有人善于理财，以及提出新思想；与有限公司相比，资本、资产、经营范围等不受限制。

合伙经营的缺点：不论是谁的过失，每个合伙人都对企业的债务负责；可能发生合伙人之间的个人冲突；除非另有约定，只要任一合伙去世或破产，合伙关系即自动解除。

（三）公司制企业

公司是企业的三种基本法律形式中最复杂也是最符合现代企业制度的一种。公司与独资企业和合伙企业的最基本区别在于：公司是法人企业，而独资企业和合伙企业是自然人企业；公司的财产属于公司所有，不是股东个人所有；公司的经营业务由公司自己的组织机构执行，与股东本人没有直接关系；公司是法人，在法律上具有独立的人格，有权以自己的名义从事经营活动并参与其他有关的民事活动。

公司制企业的优点：一是股东的有限责任，企业的所有者或股票投资者以一定价格购买股权，这些投资是他们对企业承担的全部责任。二是筹集资金便捷，可以通过发行股票和债券吸收大量游资。三是企业寿命可以延续很久，公司的生存与任何股东或高级职员的命运无关。四是所有权转移相对比较方便。五是所有者与经营者逐渐分离，公司的经营管理职能转由各种专业人员承担，他们往往是各个领域的行家里手，可以更有效地管理企业。

公司制企业的缺点：一是组建工作较复杂，开办费用高。二是企业承担双重税负。三是由于所有者与经营者分离，公司的经营业绩与管理人员的所得和前途没有直接关系，对管理人员的激励因素会逐渐削弱。四是接受政府的监督管理，投入营业后必须逐年向政府报告财务情况。五是公司要有经营活动的记录并向政府报告，且要向股东提供年度财务报告，企业内部的机密难以保密。

三、几种常见的创业途径

（一）从零开始

这是一种自我积累式创业。在中国，许多创业者都出身贫寒，并没有太多资金投入，而是凭着一股韧劲、一股吃苦耐劳的精神，历经磨难，百折不挠，经过曲曲折折的路才获创业的成功。例如，被誉为"中国皮鞋美容之王"的罗福欢，在大学里学的是市场营销，毕业后干的却是擦鞋的工作。但他从摆地摊起步，如今他的星级擦鞋店已开到了成都高档小区。

（二）投资新建型创业

这是一种靠自有资金或以资产抵押贷款投入的创业途径，也是广为采用的创业途径。选择这种创业途径，关键是要规避或减少投资风险。为此，必须注意做到：一是选好项目，要选择那些需求量大、有市场前景的项目。二是要做好市场调查。三是要做好项目可行性论证。四是要做好投资效益分析和投资概算。五是要量力而行。

（三）技术投入型创业

这种创业途径，多是科技人员、大学教师以自己拥有的发明、专利产品为依托，建厂创业。由于创业者多是科学技术人员，缺少经营管理经验，因此，选配职业经理人进行经营管理就显得非常必要。

（四）合伙创业

既可以是几个志同道合的人共同出资创业，也可以是志趣相投的出资人和有管理经验的人共同创业，还可以是有资金的人与有技术、有发明的人合伙创业。这种创业除了搞好市场调查和项目可行性论证外，很重要的一条是要处理好合伙人之间责、权、利，特别是利益关系。①

四、外贸 SOHO 创业模式的思考

外贸创业具有其特殊性，外贸创业的模式也千差万别。其中，SOHO 模式在外贸领域并不陌生，即将办公室放在家里或独自租用一个小办公室，一个人顶起创业的天空。外贸SOHO 模式是外贸自主创业的有效模式，根据合作形式的不同，有多种操作方法，以下以出口商代理形式为例探讨该模式的特点：

---

① 王玉杰：《论创业的内涵、价值及实施途径的研究》，载《中国集体经济》，2011（16）。

（一）外贸 SOHO 模式及特点

SOHO 的创业者其实是自雇的外贸业务员，有相当的自主权利。其主要特点：一是资金投入少，风险较小。SOHO 模式的投资一般只要一台计算机、一部传真机、一条宽带，有固定住所便可以开始办公。由于依托国内生产厂家、出口企业或外贸公司，减少了投资的风险。二是 SOHO 创业者的核心工作在于搜索到合适的客户。三是要求创业者需具备良好的业务能力，包括国际贸易的实操能力、英语沟通能力和互联网应用能力。四是需要依托关系良好的供应商，创业者只是以代理形式提供客户及相关的售后服务。五是盈利模式可以是佣金也可以是差价。

（二）外贸 SOHO 模式下的风险

首先，客户的资信问题。国外买家地处遥远，要调查难度较大。一般在签订合同时要求外商款到发货，如果外商坚持发货后付款，建议采用佣金的盈利方式，这样可以把风险转嫁给供应商，避免财货两空的较大风险。其次，供应商产品质量问题。建议坚持以样品买卖的形式签订合同，在客户确认样品后做好质量监督，保证客户利益，也减少自己被退货索赔的风险。最后，国家政策的问题。创业者由于经验不足，对国家政策了解不够，对于进出口贸易限制、海关查验等要求不明确，容易造成交货时间延误，由此造成损失外商也会要求索赔。

（三）外贸 SOHO 模式适合国贸专业的学生创业

一是因为外贸 SOHO 模式属于知识型创业，国贸专业学生有专业技能的优势。二是对于外贸创业而言，在创业资金缺乏时，需要运用投资少、风险低的创业模式。三是国贸专业学生熟悉电子商务运作，创业信息渠道畅通。四是外贸市场仍有空间，国贸专业学生创业发展前景广阔。

（四）采用外贸 SOHO 模式创业应注意的问题

一是增强个人心理素质，提高自律能力。要有较强的自律意识，克服孤独和散漫的心理。二是要强化业务能力，提高服务水平。操作外贸实务的时候应谨慎细心，不断提高业务水平和处理问题的能力。三是与供应商建立良好互利关系。四是提高客户开发能力，增强核心竞争力。五是增强风险防范意识，选用可靠的盈利模式。六是时刻把握行业动态，持续发展开拓前景。

（五）SOHO 创业的模式创新

随着市场透明度增高，商品的价格越来越透明化，外贸 SOHO 模式的竞争也越来越激烈。SOHO 创业者不能满足现有的模式，必须不断完善并形成规模。比如，可以注册个人的产品商标，去工商部门注册一个自己专用的商标，所有的产品都用这个商标，这样可以避免以后被工厂撇开，直接和客户打交道的可能。另外，还可以注册离岸公司。如果有了足够的客户和供应商，就得考虑结算款项的快捷、安全、可掌控。这时可以注册一个我国香港离岸公司，可以在国内的外资银行开立外币账户，并在国内自由操作结算业务。①

---

① 　陈蓉：《高校国际贸易专业实践创业教育的突破口——外贸 SOHO 模式的思考》，载《经济师》，2010（2）。

思考题

1. 分析近五年我国的外贸形势，评估外贸创业环境。

2. 提出一个小的创业设想，如贩卖书籍或者衣服等，然后付诸实践，并进行总结分析。

3. 什么是创业模式？与同学讨论，成功的创业模式必须具备哪些要素？

案例分析题

敦煌网王树彤　外贸创业真实的故事

我始终有一个梦想：带领千千万万的普通人创业，轻轻松松做外贸网商。

说是梦想，事实上经过这些年的努力，我已经和我的同事们一步一个脚印，和广大在网上寻找商机的创业者一起，逐渐把这一梦想变成了现实。我希望今年能够跟更多有志成为外贸网商的朋友一起，分担草创时期的辛苦，也分享收获成功的喜悦。在这里，我让大家认识一些勇敢的人，一些有智慧的人，一些有耐力的人，更是一些你我身边的普通人，认识这个正在逐步扩大，渐成规模的外贸网商群体。

最近，有个叫李猛的小伙子一下子出了名。CCTV财经频道的《商道》节目因为他在敦煌网上卖渔具而采访了他，进而他便成为媒体追捧的大学生成功创业者的典型。《商道》节目是中午播出的，按理说并不是黄金时段，但敦煌网的热线电话却在节目播出的当口被打爆了。李猛的榜样效应，使得许多正在寻找创业之路的年轻人看到了方向。

通过这档《商道》节目，很多人偶然认识了李猛这个在网络上闷声大发财的大学生创业者，同时也仿佛在一夜之间听说了有敦煌网这样一个在线外贸交易平台。事实上，敦煌网创办至今已有五年多，在敦煌网上有着许许多多默默无闻的创业者，他们也像李猛一样，正靠着自己的勤奋和坚持，努力实现自己的财富梦想。

李猛是北京第二外国语学院的毕业生，原本想去迪拜一闯天下，如今在敦煌网上的外贸生意却做得顺风顺水。李猛主要做渔具的小额出口，他的产品不仅质量有保证，而且价格只有国外产品的五分之一到十分之一，在欧美市场很受欢迎，一年下来有几十万美元的流水。依托敦煌网这样一个在线外贸平台，他成为一个新兴行当中的一员 外贸网商，一端连着国内的中小企业，另一端则是海外的中小买家。他在网上找到3家国内的企业，通过线上沟通和实地考察，最终发展成为他的主要供应商。在海外，他的客户则有100多家，分布在欧美和澳大利亚，其中有转角商店和中小型百货连锁店等，当然也有海外的网店向他订货。

确实，这里我提到一个新的行当外贸网商。我相信，很快中国就会有数十万级的外贸型网商群体。他们会在从事着一种中国人还很陌生的在线外贸。他们是独立创业者，也许是小型外贸企业。他们中很多人根本就没有体面的办公室，更不用到义乌等各种商城去租门面。他们只靠两三台电脑，就能和数十数百个从未谋面的海外小店主建立业务联系，对方下单，一两周货物就能通过海运和空运的方式直接递送到内华达州的某个小店。这样的网商，他们或许还在做着淘宝生意，面向海外终端消费者的海外 eBay 平台生意，以及加上批发型的在线外贸生意。他们构成了一个典型的中国网商形象，内贸加外贸，批发带零售，而一切都是在线上完成。

大学刚毕业不久的创业者李猛如今已经是一个五人公司的小企业主了。我记得有一本讲成功学的书曾经提到一个"一万个小时"的概念，就是说如果你想要达到一个成功的境界，就需要付出一万个小时的一个努力，或者是需要你比别人先付出一万个小时的努力。我想，作为正在崛起的一代外贸网商，李猛确实是抓住了先机，先付出了一万个小时的努力。

资料来源　http：//news.163.com/10/0723/16/6C9QQN9N000146BC.html。

问题：你如何看待外贸网商的创业机会？从以上案例你得到什么启发？

第四章 创业计划书的制定

学习目的

1. 了解如何撰写创业计划书；
2. 了解创业计划书包含的内容；
3. 了解如何完善创业计划书。

开篇案例

校园眼镜店：一个始于创业计划书的成功行动

杨丽娜是天津工业大学的硕士研究生，她与天津科技大学的几个同学成立的公司，叫"上海平远眼镜有限公司"。除了眼镜批发配送外，公司还在天津科技大学的新校区开了第一家零售店，经营状况很好。

其实最早的想法只是为了参加挑战杯创业大赛。但经过市场调研、反复论证，她们被自己的创业计划书打动了：做眼镜中间商是完全可以实现的创业设想。于是，2004年初她们在上海成立了公司。为什么要远到上海注册，杨丽娜是和同学经过反复调研后决定的，因为中国大部分眼镜公司中间商的总部都在上海。

当初为了参加比赛构思创业项目时，杨丽娜不是没有想过高新技术类的产品，但她读了一些关于风险投资的书后发现，一些投资商在国外一般是投向高新技术，可是他们到国内来了之后，投向高新技术能获得回报的不多，因此许多风险投资家开始转向传统产业。而此时正好有一个毕业生进入了眼镜行业，杨丽娜由此了解到了眼镜行业的不少特点和规则：这个行业市场巨大，且正处在高速成长期。目前，中国有3亿多人戴眼镜，眼镜年需求量在1亿副以上；2003年，中国眼镜工业产值145亿元；5年后，其产值预计将突破300亿元。

创业团队在调研中还发现，就是这么一个非常普及的小产品，到目前还没有公认的品牌（除一些太阳镜外）。她们在同学中做了一个小调查，发现大家只知道近视眼镜的店面品牌，却几乎没有人能说出产品本身的品牌。这个问卷结果更加坚定了她们的想法：创造自己的眼镜品牌。

她们决定先从中间商做起。虽然眼镜的零售竞争激烈，但在中间商阶段竞争还不是非常充分。不过她们随后发现，要建立自己的品牌，还需要直接的市场反馈，于是，她们调整计划实现"前向一体化"，既做中间商也做零售商，这是目前眼镜行业还没有人尝试的销售模式。

2004年9月，第一分店在天津科技大学的新校区开张纳客。20万元的资金是以合资形式注入的，选址在新校区也是她们动了一番脑筋后定的。大学生是眼镜消费的主要人群，但是各种眼镜店已经把坐落在城市中的大学包围，只有新校区一般都在市郊，眼镜市场是空白。

她们聘请了一位专业配镜师。开店一个多月后，同学们不仅认可这个店了，而且没有一个同学因为配得不好找上门来。公司开展的配送中间业务也打开了市场。目前，甘肃、陕西、江苏、安徽都已经有"平远"的产品，连一向挑剔的零售商竟然都说："你们的产品质量真好。"杨丽娜说这是严把进货关得来的。

目前公司的5个高管人员中，有3个是在校学生，另外两个也是2004年夏天刚刚毕业的。说起创业的酸甜苦辣，杨丽娜说：经常会有许多意想不到的事发生。

做一个产品要有品牌，当初设计商标时，她们几个人设计了几百种组合方案，然后筛选出30多种，又请周围的同学挑或是拿着方案随机让同学们选，从中选出了4种视觉冲击力最强的。但当她们把这4种方案满怀信心地拿到一个商标注册咨询公司去时，没想到最被同学看好的"2.0"商标竟然首先被淘汰，因为眼镜商标不能有数字。经过几轮挑选，最后她们的商标确定为"INOUS"，字面含义是"一诺"，标识是字母"O"中一个斜着的椭圆形，像一只眼睛在看着世界。这只小眼睛已经刻在了"平远"销售的每一副眼镜的镜腿上。

杨丽娜觉得在创业中最难的是把同学的热情变成现实，因为实际经验太少。此外，团队的合作也是最重要的。刚开始时，大家经常各持己见，常争得翻天覆地。比如，在确定什么是同学更换眼镜的原因时，有的人坚持认为是时尚的因素。可是后来经过调查，损坏率高、度数的变化快才是学生重新购买眼镜的两个主要原因，而时尚是次要的因素。

就这样在一次次磨砺中，大家逐渐达成了一致——"平远"的目标是建立中国的眼镜品牌，获得经济和社会效益。对于社会效益，她们这样解释：一个眼镜消费大国没有本土品牌，我们就是要填补这一空白。

她们有一套吸引风险投资的设想：现自有运营资金50万元，据测算，若注入风险资金200万元，则计划投资回收期为10个月，第2年预计盈利512万元，第5年预计盈利1 434万元，风险投资者在第5年撤出风险投资的前提下将获得1 450万元的投资回报。

目前，她们已经看好南京、天津等地新建的大学城，准备开第二家零售分店。

资料来源　李新玲：《校园眼镜店：一个始于创业计划书的成功行动》，载《中国青年报》，2004-11-08。

凡事预则立，不预则废。创业计划书是创业崛起的行动纲领，是创业者"圆梦"的决心。在创办企业前，创业者不仅要明确创业投资的方向，而且要对创业所涉及的各种问题进行深入的调查分析和冷静的战略思考，做到有的放矢，使创业计划具有可实施性。

第一节　创业计划书的撰写

创业计划书是由创业者准备的书面计划，分析和描述创办一个新的风险企业时所需的各种因素。创业计划书是整个创业过程的灵魂，往往决定了投资交易的成败。特别是对初创的风险企业来说，创业计划书的撰写尤为重要。

一、创业计划书的作用

（一）为创业团队理清思路及凝聚共识

一个酝酿中的创业项目，往往比较模糊。通过制定创业计划书，可以对这一项目及创业前景有更清晰的认识。因此，创业计划书首先是对创业项目、创业企业及创业者自身进行评估，把计划中要创立的项目和企业推销给了创业者自己。

（二）向潜在投资人展示商机及可行性

创业计划书的主要目的之一就是筹集资金。一份成功的创业计划书，能有效地把计划中的风险企业推销给风险投资家，获得风险资本。对已建的风险企业来说，创业项目计划书可以使企业的出资者以及供应商、销售商等了解企业的经营状况和经营目标，说服出资者（原有的或新来的）为企业的进一步发展提供资金。

（三）为确立创业战略及发展规划提供依据

许多创业企业在一不缺乏创业资本二不缺乏创业技术的情况下，往往因为缺乏准确的创业战略而使企业走向夭折。因此，创业计划书要在详尽分析的基础上，拟定企业的创业战略及目标，并作为未来检视执行成效及行进方向的依据。

创业战略是在创业资源的基础上，描述未来方向的总体构想，它决定着创业企业未来的成长轨道以及资源配置的取向。创业战略主要包括创业企业的核心能力战略和企业定位。核心能力战略不仅决定着创业企业能否存续，而且决定创业企业能否实现成功的跨越和进一步发展；企业定位则包括创业产品定位和创业市场定位，决定着创业企业能否成功地进入并立足市场，进而拓展市场。

确立创业目标时，一般考虑如下因素（6M）：商品（Merchandise），即所要卖的商品与服务最重要的那些利益是什么；市场（Markets），即要影响的群体是谁；动机（Motives），即他们为何要买，或者为何不买；信息（Messages），即所传达的主要想法、信息与态度是什么；媒介（Media），即怎样才能到达这些潜在顾客；测定（Measurements），即以什么准则测定所传达的效果和所要预期达成的目标。对这些因素的分析，将作为创业项目分配资源并设定目标优先级的依据。

二、创业计划书的类型和使用时机

创业计划书可以分成三种类型：摘要式创业计划书、完整的创业计划书和营业用创业计划书。

（一）摘要式创业计划书

对草创初期的企业而言，采用这种计划书比较合适。因为新企业不像成熟企业，有那么多历史可以叙述，也没有那么多的产品要说明。以下几种情况适合采用：

企业初成立：很快能完成，修改比较容易。

银行贷款：银行一般要求创业企业提供书面创业计划书，以作为资金贷款申请的一部分。

创业者本身具有知名度：如果创业者本身在该行业已有较好的名气，那么一份简短的创业计划书便足以让投资者或银行接受了。

试探投资者的兴趣：创业的点子很多，风险资本家表示，他们一开始比较喜欢看短一点的创业计划书。

（二）完整的创业计划书

对行之有年的公司来说，把所有重要的主题深入地写出，也会是一大挑战。以下两种情况一般适用这种计划书：

寻求贷款：对于想要获得贷款的公司来说，先用摘要式创业计划书来作为敲门砖，但在筹款的过程中还有必要用到完整的创业计划书。因为摘要式创业计划书无法提供专业投资家所想要看到的深度内容。

　　寻求策略伙伴：寻求与大企业合作的小公司，须准备一份完整的创业计划书。因为对于大公司而言，得到类似机会比它们可以利用的机会多，所以要尽可能仔细地去审查。这时候，一份完整的创业计划书便可以让小公司获得这样的机会。

　　（三）营业用创业计划书

　　公司之所以必须做这样的计划书，原因有二：一是对于复杂程度相当高，而且正在成长的公司而言，一份创业计划书必须包含很多重要议题在内，才能称为完整。二是集中事业与工作的焦点，就如同快速成长的公司一样，经营团队也必须把焦点集中于重要议题上。这两者一样重要。

　　这类计划书须深入地描述配销、生产等环节的详细内容，为企业的发展定下比较具体的方向和重点，从而让员工了解公司的期待，并激励他们为共同的目标而努力。这样，在公司快速成长时，计划书就能够有效地使每个人的工作不致偏离正轨。对于一个发展中的企业，专业的创业计划书既是寻找投资的必备材料，也是企业对自身的现状及未来发展战略全面思索和重新定位的过程。

三、创业计划书的撰写原则

　　（一）市场导向

　　要充分认知企业的利润来自于市场需求，没有依据明确的市场需求分析，所撰写的创业计划书将是空泛的、无说服力的。

　　（二）客观实际

　　一切数据要尽量客观、实际，切勿凭主观估计。通常，创业者容易高估市场潜量或报酬，而低估经营成本。在创业经营计划书中，创业者应尽量呈现出客观、可供参考的数据与文献资料。

　　（三）呈现竞争优势与投资利益

　　要呈现出具体的竞争优势，并明确提出投资者的利益所在。而且要显示创业者获取利润的强烈意图，而不仅是追求企业的发展而已。

　　（四）呈现经营能力

　　要尽量展现经营团队的企业经营管理能力与丰富的经验背景，并显示对于该企业、市场、产品、技术，以及未来经营运作策略已有完全的准备。

　　（五）一致性

　　计划书前后基本假设或预测估算要相互呼应，也就是前后逻辑要合理。例如，财务预估必须根据市场分析与技术分析所得的结果，方能进行各种报表的规划。

　　（六）明确性

　　明确指出企业的市场机会与竞争威胁，尽量以具体资料作证。同时，分析可能的解决方法，而不是含糊交代。另外，要明确说明所采用的任何假设、财务预估方法与会计方法，同时也应说明市场需求分析所依据的调查方法与事实证据。

　　（七）完整性

　　应完整包括企业经营的各项职能要点，尽量提供投资者评估所需的各项资料信息，并附上其他参考佐证的资料。用词应简单明了，切勿繁琐，过于冗长。①

---

　　① 李学东、潘玉香：《大学生创业实务教程》，北京，经济科学出版社，2006。

四、创业计划书的编写步骤

撰写创业计划书是一个展望创业项目的未来前景、细致探索其中的合理思路、确认实施项目所需的各种必要资源，再寻求所需支持的设计过程，一般可分为经验学习、创业构思、市场调研、方案起草、文稿修饰和检查定稿等六个阶段。

经验学习是撰写创业计划书的基础。创业者可以借鉴一些成功创业企业的创业方案，为写作提供理论指导和案例支撑。

创业构思是撰写创业计划书的灵魂。创业者对商机的判断、对创业灵感的捕捉、对商业模式的选择及对市场前景的估算等，形成了与众不同的创业构思，这是撰写创业计划书的内驱动力。

市场调研是撰写创业计划书的关键。别人的成功经验是否可资借鉴，创业点子是否符合实际，实施创业的内外部环境是否可行，创业面临的各种困难如何解决等，这些都必须在市场调研中加以澄清，也是起草创业计划书的关键。

方案起草是撰写创业计划书的重点。创业计划书的整体设计、内容框架、主要内容等，都要通过文字、数据、图表等形式反映出来，并在撰写过程中对创业思路、发展战略、方案举措等进行充分论证，形成一个完整的体系。

文稿修饰是撰写创业计划书的保障。检查是否存在错别字等明显错误，对最主要的东西形成精致的摘要，编写索引和目录，并保证目录中的信息流是有逻辑的和现实的，以便投资者可以较容易地查阅各章节。

检查定稿是确保创业计划书质量的重要关口。重点检查以下内容：创业计划书是否显示出已进行过完整的市场分析？是否显示出创业思路容易被投资者领会和认可？是否显示出你具有管理公司的经验？能否打消投资者对产品（服务）的疑虑？

第二节　创业计划书包含的内容

一、创业计划书的内容框架

创业计划书有相对固定的格式，它几乎包括投资商所有感兴趣的内容。一般来说，一份完整的创业计划书的内容框架如表4—1所示。

需要注意的是，并非任何创业方案或创业计划书都要完全包括上述全部内容。创业思路和项目不同，相互之间差异也就很大。

二、创业计划书的正文内容

（一）关于商机的描述

商机来源：商机源于某种未被充分满足的需求。

创意来源：灵感往往源自对生活与工作的深度体验。

商业模式：提出令人信服的盈利模式和商业逻辑。

市场估算：提出需求的量化与精算模型。

需求满足：满足需求的方案能够被大范围复制和接受。

首创说明：阐明以往需求未被满足的背景成因（为何别人没有看见商机或无法满足需求）。

表4—1   创业计划书的内容框架

构 成		内 容	作 用
封面		创业计划书名称、组织名称、核心人员、撰写时间、计划书适用时间段等	计划书名片
摘要		创业计划书主要内容概述	计划书精髓
目录		创业计划书提纲	结构框架
前言		创业的背景、目的、方法、意义等的说明	背景与过程
正文	商机及产品介绍	顾客需求、市场规模、产品（包括服务）定义、产品功能、技术含量、产品创新、顾客价值、竞争优势	展示商机及把握商机的载体
	环境分析	宏观环境、行业与市场环境、企业内部环境、竞争环境	适应创业环境
	综合分析	关键成功要素和SWOT综合分析	环境分析的结论
	企业战略	企业使命、发展战略、竞争战略、核心竞争力	企业发展整体方略
	营销策划	STP战略、品牌策划、营销重点	营销的整体部署
	营销组合	产品策略、价格策略、渠道策略及促销策略	营销的具体策略
	生产运作	产品研发、原料供应、生产技术和流程、生产条件要求及现状	生产水平和能力
	经营管理	业务流程、组织结构、人力资源管理、创业团队展示	企业内部运行方式
	财务管理	经营业绩预测、财务报表及分析、融资（额度、对象、方式、回报、退出）、投资（资金使用、监管）	公司资金运作方式
	风险管理	风险预测、风险分析、风险防范	预测和防范风险
项目启动计划		人员安排、资金设备计划、时间计划、地点选择	创业启动安排
附件		数据资料、问卷样本及其他背景材料	提高可信度

资料来源 http://www.doc88.com/p-23145229758.html。

（二）关于环境分析——目的和意义

宏观环境分析：也叫PEST分析，即政治、经济、文化和技术等环境因素分析，其目的在于发现宏观环境中存在哪些对企业有利和不利的因素，以使企业善加利用有利因素和设法规避不利因素。

行业环境分析：行业发展现状及其趋势，分析目的在于了解行业现状，发现行业机会和威胁。分析工具一般采用"波特五力模型"，即分析供应商的议价能力、购买者的议价能力、潜在竞争者进入的能力、替代品的替代能力、行业内竞争者现在的竞争能力的不同组合变化对行业利润潜力变化的影响。

市场分析：也就是顾客分析，分析顾客是谁、在哪里、有什么需求、有什么特征、其购买力如何、采取何种购买方式等。分析的目的在于以此为依据制定有针对性的营销策略。

竞争分析：分析竞争者是谁、实力如何、有何优势和劣势、其战略意图是什么、对于你发起的进攻会如何反应等。分析的目的在于以此为依据制定相应的竞争策略。

企业自身分析：介绍企业的现状，分析企业自身的优势和劣势。分析的目的在于根据分析结果制定相应策略，发挥和提升自身的优势，避免和弥补自身的不足，打造自己的核心竞争力，进而占据较有利的竞争地位。

（三）关于产品的描述

目标市场：产品或服务是针对谁提供的？

产品定义：产品是什么？属于什么品类？

核心产品：产品或服务提供的核心利益是什么？满足哪些需求？

产品描述：产品形体如何？有哪些功能？为顾客提供哪些价值？

产品创新：与市场已有产品或服务有什么差异？

竞争优势：与市场同类产品或替代产品相比有什么优势？

技术含量：产品技术是否先进和成熟？技术含量是否足够高？

产品生产：哪些事自己做？哪些通过外包或策略联盟合作？

（四）关于综合分析

关键成功要素分析：分析企业成功所必须具备的关键要素，据此来审视企业是否具备这些要素或具备到何种程度，创业计划必须提出这些关键成功要素的解决方案。

SWOT分析：在环境分析的基础上进行汇总分析的工具，通过对宏观环境、行业和市场的分析发现企业面临的机会和威胁，通过对竞争者和企业自身的对比分析可以发现企业的优势和劣势。

（五）关于企业战略

战略理念：包括企业的价值观、使命、信念、行为准则或公司宗旨、基本经营方针等。

战略定位：就是确定企业"是什么和干什么"，包括目标顾客定位、业务范围定位、行业定位、价值链定位和市场区域定位。

战略目标：包括市场与商品构成目标、组织构建目标、企业规模以及设备投资目标、业绩目标。

企业发展模式：市场如何逐步扩大？业务发展路径是什么？

企业竞争战略：企业采取何种方式与竞争对手展开竞争？是成本领先战略，还是差异化战略及何种差异化？

企业核心竞争力构建：企业是否具备某种优势，这种优势是竞争对手无法在短期内模仿的，而且对企业获取有利竞争地位起到决定性的作用。如具备什么技术、模式、专利、品牌或可以设置什么进入障碍等。企业如何获取和维持这种优势？

（六）关于营销策划及组合

市场细分：根据顾客需求的某些特征或变量对顾客群进行分类。

目标市场：选择你打算进入的细分市场，去满足这些细分市场顾客的需求。

市场定位：根据竞争者现有产品在市场上所处的地位和顾客对产品某些属性的重视程度，塑造出本企业产品与众不同的鲜明个性或形象并传递给目标顾客，使该产品在细分市场上占有强有力的竞争位置。

品牌策划：通过对品牌要素的设计和组合，为你的品牌塑造个性，使其人格化和富有生命力，进而通过适当的手段传播出去，以达到为顾客认可的目的。

（七）关于生产运作

技术研发：展示你的技术研发能力，规划你的产品研发、工艺研发进程。

原材料供应：分析你的原材料需求，选择供应商，制定原材料供应的保障措施。

生产条件分析：分析生产所必备的条件，检查现有生产条件，制定完善成产条件的策略和计划（生产场所、设备、设施、工具、人员等通过何种方式落实）。

效益分析：估算你的生产能力、产量产值、生产成本等。

（八）关于经营管理

业务流程：你的主要业务流程有哪些？

组织结构：设置你的部门分工协作方式，描述部门的职能及所扮演的角色，画出公司的整体组织结构图。

人力资源管理：设计你各个部门内部的岗位，制定岗位之间分工协作方式，设计人员招聘和配置方式，制定关键绩效考核标准和方式，制定企业拟采取的主要激励手段（如员工薪酬、福利、股权、个人发展等制度）。

创业团队展示：人员构成，包括学历、专业、专长、经历、行业经验、行业认识水平、创业者特质等。

（九）关于财务管理

经营业绩预测：预测你未来的销售量、销售额、利润、成本及费用支出、融资及投资方向和额度等。

财务报表：在经营预测的基础上编制未来 3 ~ 5 年的利润表、资产负债表和现金流量表。

对财务报表进行分析：给出关键财务指标数据，如销售利润率、资产负债率、投资回报率、盈亏平衡点等。

融资说明：选择你准备说服的投资者，说明你融资的额度以及融资的方式和条件、融资后的股权结构，选择投资回报的方式和预计回报的额度，设计投资者退出投资的渠道。

投资说明：说明资金使用的项目、额度预算以及资金使用的控制和监督机制。

（十）关于风险管理

风险识别：分析创业过程中可能出现的风险的种类和风险产生的原因。

风险分析：分析各类风险出现的可能性和出现后造成的影响有多大。

风险应对：制定防范分类风险的措施和风险出现后的应对措施。

延伸阅读　　　　　　创业计划书应具备的十大要素

1. 能否点出令人眼睛一亮的商机或创意？　　　　商机介绍及分析

2. 能否清楚简明地界定提供的产品或服务？　　　产品或服务介绍

3. 能否证明市场具有广泛性和持久性？　　　　　市场分析和预测

4. 能否证明产品技术有足够的优势且已足够成熟？　技术分析和展示

5. 能否证明生产运作切实可行？　　　　　　　　生产运作管理

6. 能否证明本团队执行本计划胜算足够大？　　　团队分析与营销策划

7. 能否证明商业模式确实可行且不易被模仿？　　核心竞争力分析和构建

8. 能否证明财务运作具有可行性？　　　　　　　财务分析和管理

9. 能否保证公司运作具有可持续性？　　　　　　企业战略及经营管理

10. 能否让百忙中的投资者一目了然，迅速抓住重点？　计划书摘要和布局

三、创业计划书的关注重点

（一）关注产品，说清楚为什么要做

创业计划书应提供所有与企业的产品或服务有关的细节，包括企业所实施的所有调

查。这些问题包括：产品正处于什么样的发展阶段？它的独特性怎样？企业分销产品的方法是什么？谁会使用企业的产品？产品的生产成本是多少？企业发展新的现代化产品的计划是什么？制定创业计划书的目的不仅要让出资者相信企业的产品将产生革命性的影响，同时也要使他们相信企业有证明它的论据。

（二）敢于竞争，突出独特优势

创业计划书应细致分析竞争对手的情况。竞争对手都是谁？竞争对手的产品与本企业的产品相比，有哪些优劣势？竞争对手所采用的营销策略是什么？本企业相对于每个竞争者所具有的竞争优势在哪？计划书要使它的读者相信，本企业不仅是行业中的有力竞争者，而且将来还会是确定行业标准的领先者。此外，还应阐明竞争者给本企业带来的风险以及本企业所采取的应变策略。

（三）了解市场，阐明市场机会与切入点

创业计划书要给投资者提供企业对目标市场的深入分析和理解。要细致分析经济、地理、职业以及心理等因素对消费者选择购买本企业产品这一行为的影响，以及各个因素所起的作用。同时，还应包括主要的营销计划及企业的销售战略等。

（四）表明行动的方针，分析问题及对策

创业计划书应该明确：企业如何把产品推向市场？如何设计生产线，如何组装产品？企业生产需要哪些原料？企业拥有哪些生产资源，还需要什么生产资源？生产和设备的成本是多少？行动计划应该无懈可击。

（五）展示你的管理队伍，展示可持续发展的竞争战略

把一个思想转化为一个成功的风险企业，关键就是要有一支强有力的管理队伍。创业计划团队的最佳组合，往往包括专业技术人员、市场调查人员、营销策划人员、财务分析人员、公关执行人员和创意表述人员。

（六）出色的计划摘要，提供投入、产出与盈利预测

计划摘要相当于公司创业计划书的封面，应写得引人入胜，让读者有兴趣并渴望得到更多的信息。计划摘要是创业者写的最后一部分内容，却是出资者首先要看的内容，它是对公司的能力、竞争对手、营销和财务战略、管理队伍、盈利预期等情况的简明生动的概括，这部分做得好才可以把投资者吸引住。

四、外贸企业创业计划书需要说明的细节问题

由于外贸企业创业的特殊性，其创业计划书还需要特别关注以下细节问题：

（一）外贸主营业务、产品及发展方向的确定分析

随着全球市场一体化的深入和生产商自营出口量的增多，这种内外压力使得单纯的外贸公司的利润空间越来越有限。因此，从外贸发展的长远看，培养自己的高附加值产品，提供竞争性的价格将是外贸企业能够在市场生存和做强的根本途径。这就需要外贸创业企业进行充分的市场调研，特别是重点关注对国际市场需求及国内同行竞争情况的分析，从而确定企业的外贸主营业务及产品，并对发展方向、目标战略等进行有效评估。

（二）外贸平台建设的设计

外贸企业的发展，离不开外贸平台建设。因此，在创业计划书的撰写过程中，有必要对外贸平台建设情况多加笔墨。外贸平台的建设涉及以下领域：一是去行政机关进行注册、登记，包括到工商、税务、外经贸局、海关、外汇管理局、商检局完成相关手续的办

理。二是外贸部门的组建，一般由业务员、财会人员（负责核销、退税）、单证员、质检员等组成。三是货运代理和快递公司的选择，目前大多数外贸企业的相关业务都是委托中介公司来完成的，如货物的进出口报关、商品法定检验及办理货物运输保险等。四是企业形象的建立，如网站、产品规格、样品陈列等，这是开拓外贸业务的"名片"，外商往往以此来了解其未来合作伙伴。五是参加外贸行业协会，其主要功能是为企业提供市场最新动态，包括国家最新外贸政策变化以及进出口操作实际注意事项等，特别是随着国际贸易争端纷起，企业在遭受困难时，由协会出面更有利于解决。

（三）国际市场开拓的途径选择

外贸创业企业需要解决的最大问题是拥有合适的产品和真实的客户需求，这都有赖于国际市场的开拓，主要途径包括：参加会展，对外宣传企业产品及服务，了解客户需求；参加政府组团的国外区域性会展；通过建立公司网站、关键词搜索、B2B 注册会员等方式，联系确定真实的采购商；新老客户的介绍。在撰写外贸企业创业计划书时，要根据企业管理团队的特点、自身掌握的客户资源等实际情况，详尽分析本企业开拓国际市场的途径和可行性。

（四）国际市场开拓的前期投入分析

国际市场开拓的前期投入一般包括：参展费，如参加国内外专业、综合性展会的摊位费、布展费、参展人员交通食宿费等。打样费，由于打样不是大批量生产，往往产生原料的大量浪费，使得打样成本增加，特别是如果客户要求打样的订单较多，累计费用也是一笔大的投入；打样的数量相对不大，但是样品的质量非常重要，直接关系到后续大的订单。寄样费，包括国内和国际部分，一般国内费用较低，也较少。网络宣传费，包括网站建设运营费用及参与 B2B 电子商务平台等费用。此外，还有一些必要的差旅、公关费。外贸企业创业者在撰写创业计划书时，要根据拟创业企业的规模、性质和特点，以及本企业拟采用的主要措施，对前期开拓国际市场需要的相关费用进行合理估算，给出比较精确的支付安排和解决方案。

延伸阅读　　　　　　　　　　**创业计划书的一般格式**

目录

摘要

1. 执行总结

1.1 项目背景

1.2 目标规划

1.3 市场前景

2. 市场分析

2.1 客户分析

2.2 需求分析

2.3 竞争分析

2.3.1 竞争优势

2.3.2 竞争对手

3. 公司概述

3.1 公司

3.2 总体战略

3.3 发展战略

3.3.1 初期战略

3.3.2 中期战略

3.3.3 终极战略

3.4 人力资源组织

3.5 财务管理制度

3.6 企业文化

3.7 服务概述

4. 组织管理体系

4.1 组织机构

4.2 部门职责

4.3 管理模式

5. 投资策略

5.1 股份募资

5.2 项目融资

6. 营销战略

6.1 营销目标

6.2 营销模式

6.3 产品流动模式

7. 财务分析

7.1 营业费用预算

7.2 销售预算

7.3 现金流量表

7.4 盈亏分析

8. 风险分析

8.1 机遇

8.2 风险及策略

9. 退出策略

附录：市场调查问卷

第三节　创业计划书的完善

　　一份成功的创业计划书，一般有以下评定标准：一是可支持性，即说明可以开展创业的充足理由是什么；二是可操作性，即说明如何保证创业成功；三是可盈利性，即说明能否带来预期的投资回报；四是可持续性，即说明创业能生存多久。

　　成功的创业计划应该清楚、简洁，要展示市场调查和市场容量，了解顾客的需要并引导顾客，解释他们为什么会掏钱买你的产品及服务，解释为什么你最合适做这件事，并在头脑中要有一个投资退出策略。而不应该拿出一些与产业标准相去甚远的数据，或者进入一个拥塞的市场且忽视竞争威胁而过分乐观。创业计划书中常见的问题有：

（1）过于技术性的文件。创业计划书应该以普通人的口吻来撰写，并避免使用过多术语和无休止的缩写，要易于阅读和理解。

（2）焦点不够清晰。成功的概念通常是简单的，而成功的创业者一般将注意力集中在一个有限的市场和产品线上。覆盖范围太大的计划书和试图同时做太多事情的公司是没有吸引力的。

（3）荒谬的估值。过于昂贵的东西会被直接扔进垃圾桶。此类计划的起点往往是一个愚蠢的结论，然后向前推理，基础则是疯狂的未来预期或是胡编乱造的比较。其实，估值应该基于投资者真正支付金额的合理估算。

（4）难以置信的利润。声称你的公司将很快达到35%的营运利润率和100%的资本回报率，这样的计划书是不足取信的。带着现实和保守的态度，才能使你获得认真对待。

（5）缺乏竞争对手。所有有能力的创业者都非常了解他们所面临的竞争情况。如果他们说没有竞争，那就是自欺欺人。一个可靠的创业计划书含有很多关于竞争对手的详细情况，以及为什么这项方案具有真正的竞争优势。

（6）没有得到凸显的数字。融资要求、预期回报率和现金流预测，这些都必须具有吸引力和足够的野心，否则就是浪费时间。没人会下大力气去运作一个永远超不过夫妻小店规模的项目。数字应该在一开始就以一种简单的形式出现。不要把它们"埋"在计划书的后面。

（7）期望过于完美的陈述。每一种情况都会有缺陷。如果一个投资者找的是没有缺点的计划，那他将永远没有投资对象。投资者往往比较喜欢具有已知问题的交易，因为这样的话，问题就可以得到解决，而且可以通过调整价格来弥补。

（8）过多的附录和数据表。如果申请贷款的话，这些可能是必需的，但投资者通常根据几个重点来做出决定。如果投资者真的对方案感兴趣，那所有的参考证据和背景材料都可以随后奉上，不宜让配料喧宾夺主。

（9）模糊的管理团队。这一内容应该是诚实和完整的，它可能是整个方案中最为重要的一部分。投资者非常想了解那些将这一切变为现实的所有者和个人。模糊或过于简短的简历会使人产生怀疑。

需要指出的是，据美国《公司》杂志对500家发展最快公司中的100家所做的调查发现，只有28%的创业者制订了全面的计划；1%的创业者根本没有制订经营计划。创业者在创业之初最需要的也许是敏锐的洞察力和快速的反应能力，而不单单是描绘未来5年的发展战略。从这个意义上讲，太全面完备的战略计划往往不适合创业者，因为再周密的创业计划书也难免有顾及不到之处。因此，创业者在按创业计划书逐项进行工作并努力付诸实践的过程中，要不断地调整修订计划以臻完善，使之真正成为整个创业过程中的"行动指南"。

延伸阅读　　　　　　创业计划书的"十要"与"三忌"

要精简。以2~3页的执行大纲为绪言，主体内容以7~10页为佳。注重企业内部经营计划和预算的笔墨。

要第一时间让读者知道公司的业务类型，可别在最后一页才提及经验性质。

要声明公司的目标。

要阐述为达到目标所制定的策略与战术。

要陈述公司需要多少资金？用多久？怎么用？

要有一个清晰和符合逻辑的让投资者撤资的策略。

要提交企业的经营风险。

要有具体资料，有根据和有针对性的数据必不可少。

要将企业计划书附上一个吸引人但得体的封面。

要预备额外的拷贝件以作快述阅读之用，还要准备好财务分析数据。

忌用过于技术化的用词来形容产品或生产营运过程，尽可能用通俗易懂的条款，使阅读容易接受。

忌用含糊不清或无确实根据的陈述或结算表。比如，不要仅粗略说"销售在未来两年会翻两番"，或在没有细则陈述的情况下就说"要增加生产线"等。

忌过分的保密条款以及对不泄密协议的痴迷。这一类硬邦邦的法律文书往往令人相当不愉快，尤其是当它们来自初创企业时。

资料来源　http：//wenku.baidu.com/view/80f94ec14028915f804dc2c2.html。

思考题

1. 你是否有过创业的想法？有没有形成较为完整的创业思路并尝试进行论证？有何收获？

2. 你身边有没有同学参加挑战杯创业设计大赛？你认为创业计划书常见的一般问题是什么，如何避免？

3. 对一个你熟悉的外贸企业创业者进行访谈，了解其在撰写创业计划书时重点关注的问题及解决方案。

案例分析题

获全球创业精神大奖的 17 岁女孩的创业计划书

17 岁的北京高中女孩孙鑫雨，以出色的"水晶水果吧商业计划书"，与世界各国的 25 名青少年共同赢得了全球创业精神大奖。在 25 名获奖者中，孙鑫雨年龄最小。4 月 26 日，孙鑫雨和她的母亲受邀参加了在美国纽约举办的美国国家创业指导基金会第 12 届年度创业精神颁奖晚会。

在纽约度过"五一"长假回北京后，孙鑫雨第一时间接受了记者的采访。记者递过名片后，意想不到的是，孙鑫雨也递上自己的名片，名字的后面是"店长"，店的名称是"北京市克里斯多尔水果吧"，经营项目包括"自助水果餐、水果冰淇淋和水果鲜榨汁"，名片上还包括世界创业实验室（elab.icxo.com）自己的电话、电子邮箱以及假定的店址。

原来，这是孙鑫雨专门为配套商业计划书制定的名片。据孙鑫雨介绍，她还制作了许多推广"水果吧"的海报。

"在美国的 7 天，我一直激动、兴奋。"孙鑫雨说，通过获奖和出国，开阔了眼界，同时，也从别的获奖者的商业计划书中学到了很多。"也许某一天我真的会去创业，把我这个商业计划书付诸实施。"

据此次活动的举办方之一———北京光华慈善基金会的创业培训部经理方昱南介绍，

2004 年 7 月，孙鑫雨在学校的推荐下参加了由美国国家创业指导基金会（以下简称 NFTE）和北京光华慈善基金会（以下简称 BCF）以及北京市崇文区妇联共同举办的"首届中国青年创业夏令营"活动。

夏令营期间，NFTE 认证创业教师将商业知识教授给了 40 多个中国孩子。通过组织形式多样的谈判、销售、企业参观、创业者演讲、小组讨论以及商业计划书演示等活动后，教师要求孩子们试着撰写商业计划书。

孙鑫雨通过对学校以及周围的餐厅实地调查发现，许多学生在校内或者校外吃午饭，这些地方都不提供水果，而学生有午餐后吃水果的需求。因此，她找到的商机是"在学校旁边开一家水果吧，解决学生吃水果难的问题"。孙鑫雨做出了一份详细的"水晶水果吧商业计划书"，里面包括财务规划，如创业成本、月度销售预测、利润情况等，以及详细的宣传推广计划。

方昱南说，孙鑫雨完成的商业计划书想法独特、可操作性强，于是，BCF 将她的商业计划书送交 NFTE 参加全球优秀商业计划书评奖活动。全球 150 多份参选的优秀商业计划书中，孙鑫雨最终脱颖而出，成为了全球创业精神大奖的获奖者之一。

"这个活动和这次获奖改变了她的性格。"孙鑫雨的母亲连丽娟高兴地说。

孙鑫雨可以说是生活在一个贫困家庭，母亲早年下岗，父亲患有慢性病，"贫困造成了她性格内向，有时自卑。这次获奖后，感觉她容光焕发，比以前自信多了。"她的母亲非常欣慰。

资料来源　http：//www.bookbao.com/view/201003/13/id_XODgyOTk=.html。

调查本地高校食堂，制定一份水果吧创业计划书，并分析其可行性。

第五章　外贸企业创业融资

学习目的

1. 了解创业资金筹措的重要性；
2. 了解创业资金的主要融资渠道；
3. 根据企业不同成长阶段安排融资方案；
4. 提升创业者资金筹措的能力。

开篇案例

奥文的创业

奥文（Owen）酷爱编程，在大学期间，他研究开发了一套语音识别软件，能够较为准确地识别人的发音，最主要的是他的软件小，占用电脑的资源也不多。奥文本可以将软件卖给一家著名的软件公司，但最后他毅然选择了自己创业。奥文结识的一位风险投资商愿意投资100万美元，同时要求拥有30%的股权。正当奥文犹豫不决之时，另一位投资商愿出50万美元，只要求10%的股权。经过权衡后，奥文选择了后者，他认为，如果公司有了发展，另外20%的股份价值肯定超过50万美元。但是，事情的发展并不像他想象的那样简单，公司很快就用完了投资的50万美元。尽管公司运转良好，但奥文很难在短时间内找到投资的合作者，公司不得不在两个月后解体。奥文现在常常想，要是再有50万美元该多好呀！

资料来源　李良智：《创业管理学》，北京，中国社会科学出版社，2007。

创业初始，寻找资金是关键的一步。成立注册公司、购买设备、租赁厂房和办公室以及各种商务活动的开展，都需要资金的支持和投入。企业一旦没有了资金，就像一个人贫血，有气而无力，心有余而力不足；又如战场上将士弹尽粮绝，接下来的只有壮烈牺牲了。因此，创业者如何摆脱创业前期的资金困难，实现新创企业向成长期的过渡，是创业能否成功的第一步，也是关系到企业能否生存与发展的关键点。

第一节　创业融资的来源

一般来说，创业资金的主要来源包括：以自有资金为主的个人资金、商业银行贷款、政府机构的资助与支持、风险投资基金等。但是，就目前我国的情况而言，由于银行对中小企业惜贷，创业资金主要依靠个人资金。

一、个人资金

个人资金主要有创业者自有资金、亲朋好友的资金以及"天使基金"。

（一）自有资金

自有资金是创业者资金的重要来源，据调查显示，我国目前创业资金大约70%为自有资金，它往往是企业的起步基金。自有资金的优点在于：处置自由，不会受外界的干涉；不用承担利息风险。缺点在于可能自有资金规模不足，无法满足创业起步需要。

（二）朋友和家人资金

很多创业者在刚开始创业的时候，往往从家人或者亲朋好友处筹集资金。之所以这样，主要原因是由于企业新创，面临很大的不确定性，市场知名度不高，很难从投资者或者银行获得资金，而亲朋好友对于创业者本人的信息较为了解，有时也碍于人情，愿意借款给创业者。在我国，创业者起步资金依靠亲戚朋友借款的很多。当然，在向亲戚朋友借款时，应该说明借款的用途，或者详细说明创业项目的前景，如果他们有投资意愿，也可以一起合作投资。

延伸阅读　　　　　　　　　　**马云：个人创业者应依赖家人、亲戚和朋友**

阿里巴巴创始人兼董事局主席马云在 2009 年亚太经合组织（APEC）中小企业峰会上谈到中小企业普遍面临融资难的困境时，劝告所有的中小企业不要依赖政府和银行，而是要依赖家人、亲戚和朋友。

马云呼吁各国政府给予中小企业必要的财政援助，毕竟所有的大型企业都是由中小企业发展而来的，今日的中小企业可能就是明日的 eBay、谷歌和 UPS 之类的巨企。

马云自己对创业及企业成长过程中的艰辛有切身的体验。他于 1999 年创办阿里巴巴集团，如今阿里巴巴已是全球领先的电子商务服务集团，其多元化互联网业务包括企业间国际贸易、网上零售和支付平台，以及云端计算服务等五大类。集团在中国、日本、韩国、英国及美国拥有超过 17 000 名员工。

马云说，虽然从银行贷款一直困难重重，但他从来没有因此放缓公司业务的扩展。银行表示无法贷款给中小企业是因为不了解这些企业，马云质疑银行并未能够有效地倾听中小企业的心声。

他反问道："请问，银行总裁或主席可曾参加过中小企业峰会？没有，他们参加的是总裁峰会。"

"假如银行不倾听中小企业的心声，不和中小企业进行交流，它们怎么能了解中小企业需要的贷款额是 5 万美元而不是 2 000 万美元？"

对此，与会的新加坡星展银行企业银行业务部总监王开源指出，中小企业可以从政府和银行那里获得必要的财政援助。不过，她也承认，金融危机之后，一些银行由于自身因素而收紧信贷，而其他银行也纷纷仿效，因而造成中小企业流动资金吃紧。

"道理很简单，没有哪家银行愿意贷款给那些业务前景不太明朗的企业，以便它们有钱偿还其他银行的贷款。"

资料来源　http：//www.nbcyy.com/show.aspx? nid=4995。

（三）天使投资者

天使投资者是指对创业企业进行投资的个人，一般多为一些高收入者，如律师、医生、会计师、企业家等。一般来说，他们对每个企业的投资额度都较小，他们对企业所在的行业、创业者本人较为熟悉。天使投资者与其他类型投资者的区别之一在于：他们除了出于回报之外，还介入新创企业的管理之中，提供技能、管理思想和经验。

二、银行贷款

这是目前创业者最主要、最流行的融资方式，主要有抵押贷款、信用贷款、贴现贷款、担保贷款等。银行贷款一般都显得比较单一，且渠道繁琐、复杂，还要经过多级部门的审批，申请周期特别长，但是银行作为一个"金库"，成为创业者们首选的合适对象。

第一，抵押贷款是创业融资的主要方式之一。抵押贷款是贷款人通过向银行抵押房产等固定资产，而获得个人资金的一种行为。目前，银行为减少贷款的风险，一般都要求贷款人用实物进行抵押，从而发放贷款，这也是创业获得银行贷款的一种相对容易的方式。

第二，信用贷款也是创业融资的一种方式，也逐渐成为社会的一种发展趋势。银行根据贷款个人过去和现在的诚信情况，考虑是否对其发放贷款。由于我国现阶段的个人诚信档案还不是很完善，所以很难靠个人的诚信来获得银行的贷款，除非有某些特殊的情况，否则很难得到银行的放贷；但随着市场经济逐步深入，信用贷款也会成为一种重要的融资方式。

第三，贴现贷款。贴现贷款是银行按照贷款人要求的贷款数量，按利息计算而从中扣除一定数量的金额，然后将剩余的金额放贷给贷款人，到期之日，贷款人则把贷款全额（包含了利息）归还给银行，而银行就可以获得相应的差额（即利息）收入的一种融资行为。

第四，扶持性贷款担保。国家为支持西部地区发展，给创业者以政策上优厚的待遇，充当创业者贷款的担保人，从而使创业者更容易地获得银行贷款。

第五，担保贷款也是一种重要的融资方式。贷款人获得两个或两个人以上的信用担保，从而获得银行贷款。创业者要注意，必须找到合适的担保人，否则银行是不会放贷的。

银行贷款虽为一种较好的融资方式，但由于其程序复杂，以及申请周期长，所以很多创业者都不能及时地从银行得到贷款，不能及时补给创业资金的紧缺。所以，创业者应该放开眼界，多管齐下，寻找更广阔的融资方式，实现融资渠道的多样化发展。

三、政府机构的资助与支持

由于各国政府都认识到新创企业对于就业创造、社会稳定、市场效率、技术创新、经济增长等方面的重要作用，因此都很重视对创业企业的扶持，只不过，在资助形式和程度上存在差异。

在我国，目前政府对于新创企业的资助和支持主要有：

（一）政府担保

政府担保资助一般常用于企业初创阶段，政府通常不直接向创业企业出资，而是针对企业向银行贷款的困难，为初创企业提供担保，由商业银行向新创企业进行贷款。这种贷款因为政府要承担连带责任，所以需要得到政府相关部门的审批。

（二）担保基金

此项资金专项用于支持建立中小企业信用担保基金，加快建立健全信用担保体系，放大信用担保额度，提升担保服务能力，资金虽然是用于担保机构，但是本质是为中小企业服务。

（三）中小企业创新基金

中小企业创新基金是经国务院批准设立的一项专门用于培育、扶持和促进科技型中小企业技术创新的政府专项基金，中央财政拨款及其银行存款利息是其资金来源。创新基金面向的是在中国境内注册的各类中小企业，其支持的项目要符合国家产业技术政策、有较高创新水平和较强市场竞争力、有较好的潜在经济效益和社会效益、有望形成新兴产业的高新技术企业，具有健全的财务管理制度；企业已在所在地工商行政管理机关依法登记注册，具备企业法人资格；企业职工人数原则上不超过 500 人，其中具有大专以上学历的科技人员占职工总数的比例不低于 30% 。

（四）大学生（留学生）创业基金

中国大学生创业基金是由全国工商联、教育部、团中央发起的，统战部、人力资源和社会保障部、民政部共同发起成立，以"关心、扶持、资助大学生（含归国留学生）自主创业、成就梦想"为宗旨，为有创业梦想的大学生筹措资助资金，通过建立资本市场与大学生创业项目的良性互动机制，每年在各高校推选优秀创业项目的基础上，为大学生创业计划实施提供资金资助，缓解大学生创业资金匮乏的问题。

延伸阅读　　　　　　　　**大学生创业基金申报条件**

企业条件	法人资格	1. 具备独立法人资格（企业法人营业执照） 2. 法人代码 3. 无偿资助项目，注册资金 30 万元以上
	中小型	职工人数不超过 500 人
	科技型	1. 大专以上人员占职工总数的比例不低于 30% 2. 直接研发人员占职工总数的比例不低于 10% 3. 每年高新产品研发经费不低于销售额的 5%
	财务良好	资产负债率不超过 70%
	其他	1. 外商（包括港澳台）拥有股权 2. 上市企业拥有股权 3. 市场开拓能力，经营管理水平，持续的创新意识
项目条件	主营范围内	必须在企业法人营业执照规定的主营范围内
	项目指南内	1. 符合《项目指南》，最好定位在 3、4 级目录 2. 不得是《项目指南》明确不支持的项目
	技术含量高	至少处于国内领先水平
	市场前景好	1. 必须以生产、销售、营利为目的 2. 有较强的市场竞争力 3. 产品盈利能力较强
	自主创新强	1. 有自主知识产权 2. 引进、合作项目必须有企业自己的技术贡献
	新增投资额	1. 贷款贴息项目：不超过 3 000 万元 2. 无偿资助项目：不超过 1 000 万元
	实施周期	1. 贷款贴息项目：自申报日期起 1~3 年 2. 无偿资助项目：自申报日期起 2 年
	地方资金	无偿资助项目必须有 50% 以上的地方匹配资金
申请额度限制		1. 无偿资助项目：不得超过企业净资产；新增投资中，企业应有等额以上自有资金匹配；一般不超过 100 万元，重大项目不超过 200 万元 2. 贴息贷款项目：一般不超过 100 万元，重大项目不超过 200 万元

资料来源　www. innofund. gov. cn。

（五）政府的税收优惠

税收优惠是各国对于新创企业普遍实行的鼓励政策，虽然不是直接进行资金支持，实质上也为创业者提供了资金的融通。根据《财政部、国家税务总局关于支持和促进就业有关税收政策的通知》（财税［2010］84 号）规定，对持《就业失业登记证》（注明"自主创业税收政策"或附着《高校毕业生自主创业证》）人员从事个体经营（除建筑业、娱乐业以及销售不动产、转让土地使用权、广告业、房屋中介、桑拿、按摩、网吧、氧吧外）的，在 3 年内按每户每年 8 000 元为限额依次扣减其当年实际应缴纳的营业税、城市维护建设税、教育费附加和个人所得税。纳税人年度应缴纳税款小于上述扣减限额的，以其实际缴纳的税款为限；大于上述扣减限额的，应以上述扣减限额为限。

四、民间借贷

民间借贷是指公民之间、公民与法人之间、公民与其他组织之间，区别于金融机构贷款业务的借贷。只要借贷双方当事人意思表示真实，借贷即可认定有效，同时因借贷产生的抵押相应有效，但利率不得超过人民银行规定的相关利率。其主要形式有：

（一）低利率互助型借贷

这种形式也就是民间常见的"帮困济贫"，主要是城乡居民、个体私营企业主之间用自有闲置资金进行的无偿或有偿的相互借贷行为。相互熟悉、相互信任的借贷双方直接见面，约定借款金额、期限、利息，口头约定或打个借条，用于个人之间，主要是亲友之间临时性资金调剂，金额从几百元到数万元，企业之间金额从数万元到数百万元，有的甚至单笔达上千万元。此种借贷借款期限灵活，有不定期、几天、几个月，借贷双方私交好时期限可以长达几年。互助型借贷基本不考虑盈利或只有微小利益。借款的用途主要是解决生活、生产急需。

（二）企业集资型借贷

企业集资型借贷主要分为企业集资和社会集资。企业集资，主要是企业向股东、职工借债或以入股的方式筹措资金，以满足生产经营的需要。也有部分企业向员工收取所谓"工作保证金"，一方面稳定员工工作和防范经营风险，另一方面也达到集资的目的；还有些企业委托职工以个人名义，用个人房产作抵押取得贷款后由企业使用，利息由企业支付。企业集资的利率、股息一般相当或略高于银行同期贷款利率。社会集资，主要是一些规模较大的民营企业由于暂时资金周转不灵，面向社会进行季节性集资。也有个别房地产开发企业，为逃避一些正规的规费，或因为不具有开发资质，将社会购房者编造为本企业职工，进行虚假集资建房，购房者所交首付款成为建房的集资款项。还有基层政府出面融资，是指为保证行政区域属下的重点项目建设正常进行，以政府名义向特定对象集资。

（三）发放高息型借贷

这种借贷的融资主体主要是个体及民营中小企业，以关系和信誉为基础，筹措资金多用于生产资金的周转。资金相对比较富裕的个体户和中小企业主，在暂时没有新的资金投向的情况下，为了给闲置资金寻求新的"出路"，向一些资金匮乏且又急需资金的企业及个人提供高息借贷。这种以信用交易为特征、利率水平较高的借贷是民间借贷的最主要方式。这种借贷利率根据借款的主体、借款的用途、借款的时间长短、借款的急缓程度而定，大部分在商业银行同期利率 4 倍以内，月利率从 8‰～30‰。

（四）不规范的中介借贷

这些中介公司对外公开的身份是"投资咨询"、"投资顾问"、"投资管理"、"财务管理"和"财务顾问"公司等，它们借助于正规中介机构从事融资行为或以非正规中介机构为依托进行民间借贷。另外，也有民间注册成立担保公司的，为企业（多为中小企业）、个体私营业主、自然人借款提供担保。

民间借贷具有手续简单、时效性强、灵活、投资者自我约束等优点。但是民间借贷也存在一些问题：一是借贷手续不完善，具有一定的盲目性、不规范性。一旦出现信用风险引起经济纠纷，就会因手续不完备而无法得到法律救济。二是缺乏制约保障机制，容易出现纠纷。当贷款拖期或者还不上时，放贷者出于利益考虑，往往采取一些非正常手段收贷，很容易导致亲疏怨恨，酿成祸患，引发纠纷事件。三是民间借贷活动资金运作的规范化程度低、风险控制手段薄弱，从而为一些不法分子从事诈骗洗钱活动提供了可乘之机。四是不利于企业长期稳定发展。民间借贷立足借贷双方的个人关系，一般只用于弥补短期的资金缺口，资金供给和使用依附于短期的经济关系，对于长期的市场变化缺乏预测，市场的波动以及经营中的未曾预计的种种因素的出现，都会影响借贷关系的顺利完结。

延伸阅读　　　　　　　　　　　　　　**标　会**

民间标会，是我国民间一种十分古老的信用互助形式，普通百姓如遇结婚、生病、盖房等急需用款时，互相帮助且互利互惠。标会始于何时无从考证，有资料显示，20世纪30年代中期是它的鼎盛时期。国外学术界称之为轮转储蓄与信贷协会（Rotating Savings and Credit Association），是一种重要的非正式金融制度，由发起人（称会头）邀请若干人（称会脚）参加，约定时间按期举行，每次各缴一定数量的会款，轮流交由一个人使用。会头优先无偿使用第一次会款，以后依不同方式确定次序，轮流交会脚使用，每个会脚都中标后完成一个周期。

资料来源　http://baike.baidu.com/view/3800822.htm。

五、风险投资

风险资本又称为创业资本，对于其定义，学术界还存在不同的看法，按照美国全美风险投资协会的定义，风险投资是由职业金融家投入到新兴的、发展迅速的、具有潜在巨大竞争优势的企业中的一种权益资本。

风险资本的一般来源有以下几种：一是各类基金，包括公司退休基金（养老金）、公共退休基金和捐赠基金。二是富有的家族和个人，也就是天使基金。三是银行控股公司，银行控股公司是风险资本市场最早的投资者，也是最大的投资者。四是大型企业，一些大型企业出于对未来发展战略的考虑，愿意向一些与自己战略利益相关的风险企业进行风险投资，或者在企业内部建立风险投资基金，由于在实践中风险投资为企业发展起到了很好的效果，因此，很多大型企业都设立了一定的风险投资业务。五是保险公司。六是投资银行。七是一些非银行金融机构。

风险投资具有以下几个方面的特点：

（1）风险投资是股权融资，无需任何担保；

（2）风险投资是一种管理与资金相融合的投资，是专家融资；

（3）风险投资是一种低流动性的中长期投资；

（4）风险投资是一种高风险与高收益并存的投资。

风险投资与其他融资来源相比较，具有以下优势：

（1）无需创业者的资产抵押担保，手续相对简单；

（2）因为风险投资是股权融资，新创企业没有债务负担，也免去了利息等财务费用；

（3）风险投资具有管理与融资相结合的特性，可以得到专家的建议，降低创业企业的经营风险。

但是，风险投资对于项目的选取有非常严格的要求，如是否为高科技项目，团队是否优秀，具体的商业和盈利模式等，都有一套严格的评价体系，要经过多次考察，而且在程序上要经过编制商业计划书、递交申请文件、洽谈、风险投资机构考察项目、签署法律文件等环节，历时较长。

延伸阅读　　　　　　　　　　说服投资人

现在，要得到相当数量的资本，非找投资人不可。这是眼下的新兴融资方向，也是将来的发展趋势。

一位理性的投资者，尤其是风险投资家，在面对创业者时重点考察的是他的商业能力与商业潜质，其中包括性格优势（如自信、成熟、有条理性、务实性、责任心、商业经验等）和项目优势（项目前景、项目竞争优势、项目回报等）。考察性格优势和项目优势最好的方法就是审读项目说明会上演示的创业计划书。因此，学会写好一份创业计划书，对于创业者能否成功融资意义重大。这不仅有助于创业者控制风险，而且有助于创业者提高融资成功率。

在撰写创业计划书时，创业者需要注意的原则是：

（1）开门见山，打动人心。要开门见山地切入主题，用真实、简洁的语言描述你的想法，不要浪费时间去讲与主题无关的内容，并要表现你的语言的煽动力，从而展现你的领导才能。

（2）注意细节，自信诚恳。尽可能地搜集更多资料，对于市场前景、竞争优势、回报分析等要从多角度加以分析和总结，对于可能出现的困难或问题要有足够的认识和预估，同时准备多位顾客的事前采购协议，帮助投资者强化项目可行性认识。

（3）脉络清楚，条理分明。尽可能按照如何实现营业循环和盈利来设计创业计划书，这样能够让你的条理性更清楚。投资者往往会在创业计划书看了一半的时候，向你提问前面或后面的问题，甚至是你没有想到的新问题。如果没有成熟的思考脉络，很可能无言以对。

资料来源　马晨：《创业初期如何融资》，http://www.fabang.com/a/20110302/2576212.html。

六、其他资金来源

（一）典当融资

典当融资是指创业者在短期资金需求中利用典当行救急的特点，以质押或抵押的方式，从典当行获得资金的一种快速、便捷的融资方式。这是一种"以物换钱"的融资方式。

与银行贷款相比，典当贷款成本高、贷款规模小，但典当也有银行贷款所无法相比的优势。

第一，与银行对借款人的资信条件近乎苛刻的要求相比，典当行对客户的信用要求几乎为零，典当行只注重典当物品是否货真价实。而且一般商业银行只做不动产抵押，而典当行则可以动产与不动产质押二者兼为。

第二，到典当行典当物品的起点低，千元、百元的物品都可以当。与银行相反，典当行更注重对个人客户和中小企业服务。

第三，与银行贷款手续繁杂、审批周期长相比，典当贷款手续十分简便，大多立等可取，即使是不动产抵押，也比银行要便捷许多。

第四，客户向银行借款时，贷款的用途不能超越银行指定的范围。而典当行则不问贷款的用途，资金使用起来十分自由。

当然，典当融资也有自身的一些缺点，除贷款月利率外，典当贷款还需要缴纳较高的综合费用，包括保管费、保险费、典当交易的成本支出等，因此它的融资成本高于银行贷款。

（二）融资租赁

融资租赁指出租人在承租人支付一定报酬（通常为定期支付的租金）的条件下，授予承租人在约定的期限内占有和使用租赁资产（不动产和动产）权利的一种契约。事实上，租赁本身就是承租人和出租人之间就不同形式的资产租赁行为而达成的一种协议。

对于租赁双方来说，出租方一般是专门从事租赁活动的租赁公司，所从事的融资租赁业务实质上是一种融资活动；承租方主要是为了更新设备或新建生产线，由于自有资金不足而从租赁公司租入设备，所进行的实质上是一种融资活动。

融资租赁具有如下优点：

一是承租人不必像一般性购买那样立即支付大量的资金就可取得所需要的资产或设备，因此，融资租赁能帮助企业解决资金短缺和想要扩大生产的问题。企业通过先付很少的资金得到自己所需的生产设备或资产后，通过投入生产，可以用设备所生产的产品出售所得支付所需偿还的租金。这样，可以减轻购置资产的现金流量压力。

二是可以减少资产折旧的风险。在当今这个科技不断进步、生产效率不断提高的时代，资产的无形损耗是一种必然产生的经济现象，对企业的发展有着重大的影响。任何拥有设备的单位都得承担设备的无形损耗，而租赁则有助于减少这种损耗，有助于企业充分利用资源。

三是融资租赁容易获得。如果从银行等金融机构筹措资金，通常要受到严格的限制，想要获得贷款的条件非常苛刻，租赁协议中各项条款的要求则宽松很多。此外，租赁业务大多都是通过专业性的公司来进行的，租赁公司的专业特长及经验能为承租人找到更有利的客户。

四是实现"融资"与"融物"的统一，使得融资速度更快，企业能够更快地投入生产。

尽管融资租赁存在以上优点，但是也存在一些缺点：①融资租赁的资金成本较高。一般来说，租赁费要高于债券利息。公司经营不景气时，租金支出将是一项沉重的财务负担。②租期长，一般不可撤销，企业资金运用受到制约。

延伸阅读　　　　　　　　如何打开投资者的钱袋子

你有一个很好的创业点子，但是却苦于缺乏资金让它成真。或者，公司规划出一个全新的产品，但是需要外界有人愿意合作投资……怎么样才能说服别人投资你的点子？这时候，你需要准备一场口头报告，以解答潜在投资者的问题，给他们留下深刻印象，最后成功说服他们把钱从口袋里拿出来。

问题一：机会在哪里？公司想要解决的问题是什么？例如，网络旅行社希望提供乘客自行订机票的管道，以节省时间和付给一般旅行社的费用。

问题二：为什么在解决这个问题上，公司可以做得很好？也就是，公司的竞争优势何在？例如，公司握有一种新药的专利权，可以阻断对手跟进。

问题三：为什么公司的团队有资格来做这件事？团队有什么能力？团队过去有什么优良记录？

问题四：经营模式为何？也就是，计划如何通过这个点子创造营收。

问题五：为什么执行这个点子规模会越来越大？点子不是只能成功一次或一下子，而是能够持续、大量地获得成功。

问题六：为什么会有顾客？清楚定义目标顾客是谁，提供市场研究的数据、公司进行过试卖的成果等，证据越扎实越好。

问题七：将来如何与顾客接触联系？首先是如何找到顾客（例如，通过零售店面、DM 或网络），其次是如何与他们保持联系（换句话说，如何能让顾客长期地重复上门）。这个问题是所有问题中最需要投入心血思考和回答的。

问题八：执行团队里是否有明星？例如，公司拥有一名超级业务员，过去几乎他卖什么产品，什么产品就会卖得很好。

问题九：竞争对手情况如何？对手在哪些方面做得很好，哪些方面又做得不好，这个部分的说明越明确越好。而且最好不要告诉潜在投资者，这个点子不可能会出现对手。

问题十：风险在哪里？每个点子都会有对手，也都会有风险，主动提出会让潜在投资者更放心，觉得公司对他们诚实说明了事实，自己也诚实面对现实。

问题十一：利润会有多少？估算点子的投资报酬率。当然大家都会希望这个数字能够高一些，但是也不要高到不切实际。同时要估算，如果竞争对手增加，利润可能会如何改变。

问题十二：投资者将来如何获利了结？举例而言，5 年后，投资者可以拿到多少钱抽身。

资料来源　http：//h.795.com.cn/30ea0693/a/13739.html。

第二节　创业不同阶段融资特征

企业不同成长周期潜在的风险、融资的需求以及融资的能力各不相同，不同成长阶段所需资金特点也不一样，不同来源的融资渠道对于不同成长阶段的企业偏爱程度不一，同时不同阶段的企业选择不同的融资方式，融资成本和效率也不一样。因此，创业者须从企业成长的战略高度出发，整体筹划，针对性地开展融资活动。

一般而言，创业企业可以将成长周期划分为：种子期、创立期、生存期、成长期、扩张期和成熟期，以下主要介绍种子期、创立期、成长期和成熟期的融资需求特征：

一、种子期的融资需求特征

种子期项目的显著特点是：团队不完善，自有启动资金不足，项目缺乏细节规划，管理高度集权，财务混乱等，甚至很多是没有团队，没有启动资金，只有一个宽泛的商业计划，一切存在于创业者的脑海里。因还没有注册为企业，不具备法人资格，对于资金的需求主要体现为企业的开办费用、可行性研究费用、市场调研费用和一些技术研发费用。总的来说，这段时间资金的需求较少，没有必要也没有可能进行大的外部融资。在这个阶段，"企业"往往只是创意，风险较大，承担风险的能力有限，"企业"还没有任何的收入，资金相对匮乏，因此，融资主要依靠亲朋好友的资金支持。

在融资过程中，创业者要筛选各种机会，根据内部条件和外部机会，选择合适的投资者。如果是向天使投资者或者风险资本融资，需要制定一份详细的商业计划书，在计划书中要对创业企业的发展空间、运营模式、资金需求计划和融资结构进行分析，对未来的增长机会和未来价值进行细致分析估计。

延伸阅读　　　　　　　　融资推销时讨论的话题

在向家人朋友做融资推销时，需要讲到的内容跟面对专业天使投资人类似，主要包括：

你的创意是什么？

你打算把产品销售给谁？

为什么你和你的公司能够成功？

你要钱做什么？

你需要多少钱？

你打算出让多少股份？

跟家人朋友的会谈通常是在提问中结束，另外他们还需要更多的时间消化你讲的内容。

在推销的时候，你要展示出专业性，更重要的是你对公司业务的知识以及对前景的激情。尤其是你的产品还没有做出来之前，你要告诉他们，你正在解决一个巨大的问题、开拓一个巨大的潜在市场，而你对所从事的事业充满激情，并且你的产品至少是受到欢迎的。沟通这些问题时，是在一次正式的会谈上，还是在过年过节的家庭聚会上都没什么关系。

不管你融资的对象是不是你的兄弟、姐妹、叔叔、妈妈，你都应该将信息完全披露给他们，如果他们了解了你商业计划中的危险，至少晚上你就睡得着了，因为你把全部信息都告诉他们了。你要明白无误地告诉他们，你有可能亏得一无所有，如果他们不能承担投资损失，就不要接受他们的投资。

资料来源　桂曙光：《如何找第一笔天使投资》，http：//people. pedaily. cn/u/53/20110418209296. shtml。

二、创立期的融资需求特征

一旦企业注册成立，创业者就要着手组织货源、联系买家或者组织生产。在这一时期，资金的需求量相对加大。外贸企业与一般企业相比较，如果不自己直接生产，那么资金的需求量相对较少，但是与前一阶段相比较，公司需要购买基础办公设备，支付订金、销售渠道的铺设费、保险费、运输费、招待费、差旅费、邮寄费、通讯费；如果创办的是加工贸易型企业，那么还需要购买机器设备、扩建厂房、购买生产资料，甚至还有后续的产品研发等费用。依靠创业者自有资金往往无法为这些业务的开展提供支持，而且，在企业成长的初始阶段，由于没有经营记录和信用记录，无法从银行取得足够的贷款。在这一阶段，创业者往往采取通过向新的投资者（如邀请入伙）或机构进行权益融资的方式支持新创企业的运行。在这一时期，引进的权益资本主要会对股权的比例提出要求，不会直接干预企业的运行。

值得注意的是，企业不能等到需要资金的时候才去寻找融资渠道，应当有一个长远的融资战略规划，合理预测企业所需要的资金，并在恰当的时机提出资金需求进行融资。只有这样才说明企业对现金流有很好的控制，可以获得外部投资人的信任，从而增强企业的融资能力。

三、成长期的融资需求特征

经历了创立期以后，企业开始有了稳定的货源和一定的销售渠道，形成了与外贸经营相关的资源和能力，产品和服务得到了顾客或者下游企业的认可。产品和服务的销售迅速增长，企业开始实现规模经营，营销范围扩大，营销渠道增多，而且对于成长期的企业来讲，市场份额和规模显得特别重要，因此需要大量的资金组织生产、进行营销推广。然而，由于产品刚打入国际市场，市场知名度还没有形成，如果是加工贸易型企业，产品可能出现积压，现金流出大于现金流入，因此，企业在这一阶段会面临资金困难的局面。

企业在保存资产、保持好企业现金流、控制库存的前提下，需要多渠道进行融资以弥补现金流的不足。这时融资组合显得非常重要，可以选择权益融资，如引进风险资金、机构投资，甚至可以通过资本市场融资。也可以选择债务融资，相对前两个阶段，由于企业在市场上有了经营记录，拥有一定的资产，甚至在业界取得了同行的认可，可以通过抵押或者联保的方式向商业银行申请贷款。企业还应当根据实际情况适当利用一些创新融资方式，如典当、租赁、保理、透支、票据贴现等。

四、成熟期的融资需求特征

当企业发展到成熟阶段时，资本总额已经大大扩张，其中自有资本的比重相对初创期和成长期更高，因此负债融资能力必然会增强，企业也已经有足够的资信吸引银行借款并进行其他债券融资。由于我国对发行债券的条件非常严格，成熟期小企业负债融资的主要来源仍然是银行，与银行的联系是企业在前两个阶段逐渐建立起来的，这种长期的合作关系使得企业可以获得优惠的贷款利率和条件。

另外，成熟期小企业除了可以运用前两个阶段的融资方式（如票据融资、融资租赁、典当融资及保理业务）外，也可以积极与商业银行合作，开展一些创新金融业务，如"出口退税质押贷款"、"订单质押贷款"、"应收账款抵押贷款"、"保全仓库业务"、"联保协议贷款"、"业主私产质押贷款"等。尽管小企业在成熟期具备了负债融资能力，低经营风险也要求配比高财务风险的融资战略，但并非所采用的负债比率越高越好，事实上也要恰当地控制其总风险，避免破产危机。成熟期的小企业的主要问题并不在于生存，而在于如何延长成熟期。所以，处于成熟期的企业不可过度举债，一则此时企业通过前阶段的积累有了一定的权益资金，对外界举债筹集的资金并不十分依赖；再则，企业销售额和利润虽然在增长，但速度减慢是企业逐渐萎缩的前兆，如果没有非常有利的投资项目，过度负债没有必要，那样只会增加企业的成本和风险。成熟期小企业最重要的融资特征是企业开始全面考虑融资结构及其带来的企业治理问题，企业的融资结构应当符合企业的整体发展战略，充分考虑各种要素的影响，并根据企业需要调整融资结构，提高融资效率。

第三节　外贸企业融资的特有形式

外贸企业融资具有多样性的特征，即有多种融资方式。比较常见的分类有：第一种是根据银行提供融资的对象不同分为进口贸易融资、出口贸易融资和中间商贸易融资；第二种是根据与国际结算密切程度不同，分为传统的外贸企业融资和非传统的外贸企业融资。

一、进口贸易融资

进口贸易融资通常是银行向进口商提供的资金融通，包括开证授信额度、进口押汇、假远期信用证以及提货担保等。

（一）开证授信额度

开证授信额度是指银行为帮助进口商融通资金而对一些资信较好、有一定清偿能力的进口商，根据其提供的质押品和担保情况，核定的一个相应的开证额度。进口商在每次申请开立信用证时可获得免收或减收开证保证金的优惠，是银行给客户核定的减免保证金开证的最高限额。只要信用证金额在开证授信额度的余额之内，进口商就不用向开证行交纳保证金，也无需提供担保或其他抵押品。开证授信额度对进口商而言由于减收或者免收保证金，因此缓解了资金压力，促进了资金周转，实际上是对进口商的一种短期信用融资。

在外贸实务中，开证额度可以分为普通开证额度和一次性开证额度。普通开证额度是能够循环使用的，客户在银行核定的额度内可以无限次使用，待信用证使用完毕或者注销之后自动恢复相应额度。一次性开证额度是由开证行核准后一次性有效的额度。

（二）进口押汇

进口押汇是指进出口双方签订买卖合同之后，进口方向进口地银行申请向出口方开立保证付款文件，开证行将此文件寄送给出口商，出口商见证后，将货物发送给进口商的过程。也就是说，商业银行为进口商开立信用保证文件的这一过程称为进口押汇。

进口商通过信用保证文件的开立，可以延长付款期限，不必在出口商发货之前支付货款，即使在出口商发货后，也要等到单据到达自己手中才履行付款义务。这样，进口商减少了资金占用的时间，节省了资金占用的成本，同时，出口商愿意接受这种延长付款期限，是以开证行保证到期付款为条件的。因此，进口押汇是开证行向进口商提供的一种资金融通，以帮助进口商解决资金周转问题的融资行为。此外，由于进口押汇可以实现在不支付货款的条件下取得物权单据、提货、转卖，从而可以使进口商把握市场先机；如果遇到更好的投资机会，使用进口押汇既可以保证贸易实现，又可以赚取投资收益，实现优化资金管理的目的。进口押汇期限一般不超过 90 天，所以可理解为一种短期贷款。进口押汇的款项一般只能用于履行信用证或托收项下的对外付款。

（三）假远期信用证

假远期信用证是信用证支付方式中的一种，它是指开证银行应进口商请求，在开出信用证中规定受益人开立远期汇票，由付款行进行贴现，并规定一切利息和费用由进口企业承担的信用证，即远期汇票即期付款，并由进口企业向融资银行支付贴现费用。这种远期汇票即期付款的信用证既能满足出口商希望即期得到货款的需求，又符合进口商希望远期支付货款的需求。采用假远期信用证作为支付方式，对进口商来讲，可由银行提供周转资金的便利，但须支付利息；对出口商来讲，可即期获得汇票的款项，但要承担汇票到期前被追索的风险。

（四）提货担保

提货担保是指当信用证项下正本货运单据尚未收到，而货物已到港时，进口商可向银行申请开立提货担保函，交给承运单位先予提货，待取得正本单据后，再以正本单据换回原提货担保函。一旦发生风险，由担保行承担；同时进口商也要向银行提供到期付款赎单的保证。提货担保属于银行信用。提货担保通常适用于进出口两地距离较近，货物与单据同时到达进口方，甚至由于银行审单的原因而使货物早于单据到达的情况。提货担保允许进口商在未支付信用证金额的情况下凭银行担保先行提货报关，是银行在贸易项下对进口商提供的一种信用便利，实质上是银行提供给进口商的一种融资。

实务中，需要注意的是，进口商一旦办理了提货担保，就不能挑剔信用证项下的单据文件而提出拒付或延付。

针对进口商的贸易融资，除了以上四种以外还包括信托收据、进口代付（信用证再融资业务）等，这里不作详述。

二、出口贸易融资

出口贸易融资通常是银行向出口商提供的资金融通，主要形式有出口押汇、票据贴现、打包放款以及无抵押贷款和抵押贷款等。

（一）出口押汇

出口押汇是指出口商在向出口地银行提交信用证项下单据议付时，银行根据出口商的申请，凭其提交的全套单证相符的单据作为质押进行审核，审核无误后，参照票面金额将款项垫付给出口商，然后向开证行寄单索汇，并向出口商收取押汇利息和银行费用并保留追索权的一种短期出口融资业务。利用出口押汇，出口商能在国外收汇到达之前提前从银行得到垫款，解决资金周转困难的问题，加速资金周转。出口押汇可以分为出口信用证押汇和出口托收押汇。前者属于银行信用，安全性相对较高，而后者完全依靠进口商的信用状况，属于商业信用，风险较大。所以，外贸企业要取得出口托收押汇必须有良好的信誉和盈利能力。

实务中，出口企业一般在以下几种情况下选用出口押汇融资方式：第一，发货后收款前遇到临时资金周转困难；第二，发货后收款前遇到新的投资机会，且预期收益率肯定高于押汇利率；第三，预期汇率升值时。

（二）票据贴现

票据贴现是指出口商将自己手中未到期的商业票据、银行承兑票据或短期债券卖给银行或贴现公司，银行或贴现公司收进这些未到期的票据或短期债券，按票面金额扣除贴现日以后的利息后付给现款，到票据到期时再向出票人收款。因此，对出口商来说，贴现是将未到期的票据卖给银行获得流动性的行为，这样可提前收回垫支在商业信用上的资金。票据贴现可以解决出口商的资金短缺问题，加速资金周转。

实务中，由于银行信用更加可靠，所以银行承兑汇票贴现是贸易融资业务中风险最小的。

（三）打包放款

打包放款是指在国际贸易中，银行凭以出口商为受益人的信用证为抵押，向该出口商提供主要用于支付生产或收购信用证项下产品的开支及其他从属费用的贷款。打包放款是银行给出口商提供的一种装船前融资，该贷款专门用于出口商在出运货物之前各环节的费用，如采购原料、生产或购买、组织货物、装货等环节，以保证出口贸易得以顺利进行。

在实务中，出口商要想以这种方式融资，需要杜绝以下情况的发生：组织货源无效，未在信用证期限内备货装运；打包放款挪作他用；与进口商串通骗取打包放款资金。否则，不但不能再次取得贷款，而且企业信誉将受到严重影响。

（四）无抵押贷款和抵押贷款

无抵押贷款又称无担保贷款，是指出口商不需要任何抵押物，凭借自身信用向银行申请用于生产出口商品的贷款。无抵押贷款利率一般稍高于有抵押贷款，因为该贷款没有物品作抵押，银行面临的风险较大，一般情况下，银行只对信誉好的大中型外贸企业提供此种贷款。抵押贷款是指出口商以一定的抵押品作为物品保证向银行取得的贷款。抵押品通常包括有价证券、国债、各种股票、房地产以及货物的提单、栈单或其他各种证明物品所有权的单据。贷款到期，借款者必须如数归还，否则银行有权处理其抵押品，作为一种补偿。无抵押贷款和抵押贷款均可以满足出口商支付采购、生产、储运费用的资金需求，解决财务困难。

除了以上四种形式以外，针对出口商的贸易融资方式还有红条款信用证，即在信用证上加列特别条款，规定受益人在货物装运或者提交正式单据之前，可以要求授权付款的银行预先支付一部分资金给出口商，议付时再予以扣除该部分资金。该条款通常被称做"预支条款"，通常是根据开证申请人的特别要求添加的，为醒目习惯上以红字标识该条款，因此称该种融资方式为"红条款信用证"。它实际上是进口商为了增强谈判的筹码，而为出口商提供的融资，在这种富有吸引力的付款方式下，进口商可以获得紧俏商品或者趁机压低货价等好处。

三、中间商贸易融资

中间商贸易融资通常是银行向中间商提供的资金融通，主要形式有可转让信用证和背对背信用证。

（一）可转让信用证

可转让信用证是指信用证上注有"可转让"字样的信用证，该信用证受益人有权将信用证的全部或部分转让给一个或数个第三者（即第二受益人）使用。可转让信用证的受益人一般是中间商，第二受益人则是实际供货商。受益人可以要求信用证中的授权银行（转让行），向第二受益人开出新证，新证由原开证行承担付款责任。原证条款不变，但其中信用证金额、商品单价可以减少，有效期和装运期可以提前，投保比例可以增加，申请人可以变成原受益人。可转让信用证只能转让一次，即第二受益人不能再转让给新的受益人。在使用过程中，当第二受益人向转让行交单后，第一受益人有权以自己的发票和汇票替换第二受益人的发票和汇票，以取得原证和新证之间的差额。

（二）背对背信用证

背对背信用证是指受益人以原证为抵押，要求银行以原证为基础，另开立一张内容相似的信用证，即两张信用证。原证受益人是中间商，新证的受益人则是实际供货商。背对背信用证通常由中间商申请开给实际供货商。背对背信用证的使用方式与可转让信用证相似，所不同的是原证开证行并未授权受益人转让，因而也不对新证负责。

四、非传统外贸企业融资

上面所介绍的进口贸易融资、出口贸易融资及中间商贸易融资都是传统结算方式下的资金融通，所以统称为传统外贸企业融资。非传统外贸企业融资则指在非传统的、创新的国际结算方式下的新型融资方式，主要包括结构性贸易融资、国际保理、福费廷和出口信贷等。

（一）结构性贸易融资

结构性贸易融资是指创造性地利用传统贸易融资方式与现代创新的融资方式，将整个贸易流程作为融资对象，通过对这些融资方式进行搭配组合，使进出口商在承担适度风险的基础上获得全程的融资服务，从而减少自身的资金占压。目前，国际贸易的迅速发展已经成为影响我国经济增长的一个重要因素，与此同时，进出口双方的资金瓶颈也越来越显露出来。国际贸易正逐渐向长期化、资本化方向发展，传统单一的融资方式已不能适应国际贸易发展的要求，这就要求不仅需要引入新的国际贸易融资方式，也要通过搭配组合不同的贸易融资方式，最大限度地满足进出口双方的融资需求，并相应降低总体融资风险，达到促进国际贸易发展的目的。结构性贸易融资通过优化组合各种融资方式，取长补短，使可供选择的融资方式增加；此外，该方式通过有效的搭配可以达到降低融资成本的目的，但是多种方式的选择往往会使融资成本增加，这就需要外贸企业在权衡成本和风险的过程中找到一个最佳平衡点，即所谓融资策略。

（二）国际保理

国际保理又称为承购应收账款，是指在以商业信用出口货物时，出口商交货后把应收账款的发票和装运单据转让给保理商，即可取得应收取的大部分贷款，日后一旦发生进口商不付或逾期付款，则由保理商承担付款责任。在保理业务中，保理商承担第一付款责任。国际保理是一项为进出口贸易提供综合性信息和财务服务的新业务。

以中国银行为例，它目前开展的保理业务分国际和国内两类，其国内保理业务包括"应收账款买断"和"应收账款收购及代收"两种。"应收账款买断"是以买断客户的应收账款为基础，为客户提供包括贸易融资、销售分账户管理、应收账款的催收和信用风险控制及坏账担保等服务。

（三）福费廷

福费廷又称为"票据买断"，是指融资商从出口商那里无追索地购买已经承兑的，并通常由进口商所在地银行担保的远期汇票或本票的业务。对于出口商来说，福费廷是一种高效的融资方式，不仅不占用信用额度，而且无需提供担保。利用福费廷，出口商可以获得以下好处：第一，贴现银行以无追索权形式贴现远期票据，使出口商快速收到款项，获得资金融通，提高资金效率；第二，由于延期付款的风险已经转嫁给贴现银行，出口商不必再承担与出口贸易有关的国家风险、资金转移风险及商业信用风险；第三，出口商可以提前办理出口收汇核销专用联，办理出口收汇核销和出口退税手续，改善财务状况；第四，出口商利用福费廷方式可为国外买方提供延期付款的信贷条件，增强出口商品的竞争力。总之，福费廷业务将远期应收账款变成了现金销售收入，有效地解决了应收账款的资金占用问题和对应收账款的回收管理问题。

国际保理与福费廷比较大的区别在于：第一，福费庭是在信用证项下的，买断的可以是金融票据或者商业票据，而国际保理的对象只有商业票据。第二，福费庭是对票据的买断，通常无追索权，而国际保理是对债权的贴现，保有追索权。

（四）出口信贷

出口信贷是一种国际信贷方式，它是一国政府为支持和扩大本国大型设备等产品的出口，增强国际竞争力，对出口产品给予利息补贴、提供出口信用保险及信贷担保，鼓励本国的银行或非银行金融机构对本国的出口商或外国的进口商提供利率较低的贷款，以解决本国出口商资金周转的困难，或满足国外进口商对本国出口商支付货款需要的一种国际信贷方式。出口信贷名称的由来就是因为这种贷款由出口方提供，并且以推动出口为目的。出口信贷可根据贷款对象的不同分为出口卖方信贷和出口买方信贷。

出口卖方信贷是出口方银行向本国出口商提供的商业贷款。出口商（卖方）以此贷款为垫付资金，允许进口商（买方）赊购自己的产品和设备。出口商（卖方）一般将利息等资金成本费用计入出口货价中，将贷款成本转移给进口商（买方）。出口买方信贷是出口国政府支持出口方银行直接向进口商或进口商银行提供信贷支持，以供进口商购买技术和设备，并支付有关费用。出口买方信贷一般由出口国出口信用保险机构提供出口买方信贷保险。

另外，还有利率更为优惠的对外优惠贷款，它属于政府优惠贷款项目，以及利率介于买方信贷与政府优贷之间的优惠的买方信贷。

五、其他外贸企业融资方式

除了上述各种贸易融资方式以外，可供外贸企业选择的方式还有银行贷款和国际项目融资。银行贷款是每个企业融资的常用方法，针对外贸企业的特点，银行贷款也将转化为新的方式，如做国际大型项目时申请的银团贷款。银团贷款又称为辛迪加贷款，是由获准经营贷款业务的一家或数家银行牵头，多家银行与非银行金融机构参加而组成的银行集团采用同一贷款协议，按商定的期限和条件向同一借款人提供融资的贷款方式。国际银团是由不同国家的多家银行组成的银行集团。

至于国际项目融资，也通常适用于国际上资金需求量巨大的项目。例如，中国进出口银行为支持"走出去"战略的实施参与很多国际大型项目融资，推动了外贸企业的发展。国际项目融资是指含有国际因素的融资人对项目公司所建设的项目提供贷款或者其他形式的投资，项目公司以项目建成后生产经营所获利润来偿还融资人贷款或其他形式投资的交易。项目融资需要考虑的因素包括利率、期限、收费标准和适用客户，是许多大型外贸企业融资今后发展的方向。

第四节　外贸创业企业融资策略

融资方式选择是影响中小企业发展的一个重要因素[①]。如何把握融资规模以及各种融资方式的利用时机、条件、成本和风险，对于外贸企业的生存与发展尤其重要。

一、外贸创业企业融资的原则

虽然不同的企业在发展的不同阶段，在融资规模和和融资方式上存在差异，但是，无论采取何种融资方式，都要遵循一定的原则，这些原则主要有：

（一）融资成本最小原则

通常情况下，各种融资方式的融资成本的排列顺序依次为财政融资、商业融资、内部融资、银行融资、债券融资和股票融资。但这仅是一个大致的融资成本排序，在具体运作中，还要视具体情况而定，如股票融资，普通股和优先股的融资成本是不同的。

对于外贸企业而言，由于国际资本市场并不是一个完善的资本市场，各国政府广泛、深入的经济干预使得统一的国际资本市场细分为众多的差异化市场，不同来源的资本成本

---

① 陈晓红、吴云迪：《创业与中小企业管理》，北京，清华大学出版社，2009。

并不只因风险不同而不同，某些来源的资本可以得到政府的补贴，另一些则要缴纳税收，利用不同融资方式所筹措的资金所承担的税负也往往不相同，这就为企业实行全球融资成本最低化提供了良好的契机。企业为了实现融资成本最低化，主要通过避免或减少纳税，尽量利用各种补贴贷款和争取当地信贷配额等策略。

延伸阅读　　　　　　　　　　　**融资省钱的窍门**

许多人在创业初期往往求"资"若渴，为了筹集创业启动资金，根本不考虑筹资成本和自己实际的资金需求情况。但是，如今市场竞争使经营利润率越来越低，除了非法经营以外很难取得超常暴利。因此，广大创业者在融资时一定要考虑成本，掌握创业融资省钱的窍门。

一、巧选银行，贷款也要货比三家

按照金融监管部门的规定，各家银行发放商业贷款时可以在一定范围内上浮或下浮贷款利率，比如许多地方银行的贷款利率可以上浮30%。其实到银行贷款和去市场买东西一样，挑挑拣拣，货比三家才能选到物美价廉的商品。相对来说，国有商业银行的贷款利率要低一些，但手续要求比较严格，如果你的贷款手续完备，为了节省筹资成本，可以采用个人"询价招标"的方式，对各银行的贷款利率以及其他额外收费情况进行比较，从中选择一家成本低的银行办理抵押、质押或担保贷款。

二、合理挪用住房贷款也能创业

如果你有购房意向并且手中有一笔足够的购房款，这时你可以将这笔购房款"挪用"于创业，然后向银行申请办理住房按揭贷款。住房贷款是商业贷款中利率最低的品种，如5年以内住房贷款年利率为4.77%，而普通3~5年商业贷款的年利率为5.58%，办理住房贷款曲线用于创业成本更低。如果创业者已经购买住房，也可以用现房做抵押办理普通商业贷款，这种贷款不限用途，可以当做创业启动资金。

三、精打细算，合理选择贷款期限

银行贷款一般分为短期贷款和中长期贷款，贷款期限越长利率越高，如果创业者资金使用需求的时间不是太长，应尽量选择短期贷款，比如原打算办理两年期贷款可以一年一贷，这样可以节省利息支出。另外，创业融资也要关注利率的走势情况，如果利率趋势走高，应抢在加息之前办理贷款；如果利率走势趋降，在资金需求不急的情况下则应暂缓办理贷款，等降息后再适时办理。

四、用好政策，享受银行和政府的低息待遇

创业贷款是近年来银行推出的一项新业务，凡是具有一定生产经营能力或已经从事生产经营活动的个人，因创业或再创业需要，均可以向开办此项业务的银行申请专项创业贷款。创业贷款的期限一般为1年，最长不超过3年，按照有关规定，创业贷款的利率不得向上浮动，并且可按银行规定的同档次利率下浮20%；许多地区推出的下岗失业人员创业贷款还可以享受60%的政府贴息；有的地区对困难职工进行家政服务、卫生保健、养老服务等微利创业还实行政府全额贴息。

五、亲情借款，成本最低的创业"贷款"

创业初期最需要的是低成本资金支持，如果比较亲近的亲朋好友在银行存有定期存款或国债，这时你可以和他们协商借款，按照存款利率支付利息，并可以适当上浮，让你非常方便快捷地筹集到创业资金，亲朋好友也可以得到比银行略高的利息，可以说两全其美。不过，这需要借款人有良好的信誉，必要时可以找担保人或用房产证、股票、金银饰品等做抵押，以解除亲朋好友的后顾之忧。

六、提前还贷，提高资金使用效率

创业过程中，如果因效益提高、货款回笼以及淡季经营、压缩投入等原因致使经营资金出现闲置，这时可以向贷款银行提出变更贷款方式和年限的申请，直至部分或全部提前偿还贷款。贷款变更或偿还后，银行会根据贷款时间和贷款金额据实收取利息，从而降低贷款人的利息负担，提高资金使用效率。

资料来源 http：//china. findlaw. cn/gongsifalv/rongzi/chuangyerongzi/38003. html。

（二）融资风险最低原则

企业在融资过程中，应该事先测算融资收益，同时分析风险，测定风险损失最大值。如果预期收入大于预期损失，而且损失也在企业能够承受的范围内，那么融资行为可行；反之，如果收益小于损失，则要慎重考虑。

各国投资者为避免风险，总是倾向于将资金分散地投到众多国家多种资产上来获取利益，因为分散投资将有助于分散风险。同样，外贸企业也应在国际范围内拓宽融资的选择渠道，不过分依赖单一或几个金融市场。这样，既可减少企业融资的总体风险，又能通过融资活动，与全球各地金融机构建立联系，拓宽金融和经济信息来源。

（三）融资规模合理原则

企业融资需要付出融资成本，如果融资过多，不但可能造成资金的闲置浪费，增加融资成本，还可能导致企业负担过重，因为还本付息影响企业正常经营，增加风险。如果融资不足，可能影响到企业的正常经营，甚至影响企业的生存。

对于外贸企业而言，应该在经验和财务分析的基础上，结合企业不同阶段以及不同的融资方式特点，合理选择融资方式，确定融资额。

（四）融资与贸易方式相结合原则

不同的贸易方式有其各自的特点，因而它们对贸易结算和融资的要求不同。以特殊贸易为例，特殊贸易是现代国际贸易发展过程中出现的一种灵活、新型的贸易方式。它主要包括对销贸易、补偿贸易、加工贸易、记账贸易等。这些贸易形式的出现和发展为国际经济合作增加了新的内容。特别是对发展中国家外贸企业而言，这些特殊贸易的蓬勃发展对改善国家的经济状况，推动发达国家向发展中国家资本输出、技术转移，以及对发展中国家内部产业结构的调整都产生了重大的影响，从而推动了世界经济的发展。

二、传统贸易融资工具选择

企业在为自身出口贸易产品选择融资工具时需要根据各种贸易的特点不同、公司的资金状况不同来安排不同的融资工具。如何选择与自身业务相适应的融资品种是进出口企业必须面对的，也是常常受其困扰的问题。选择不当不仅会使融资增加困难或增加融资成本，而且由于融资期限与业务的周期不匹配造成资金链的断裂，从而会造成企业的业务无法继续进行。

根据以上对各种国际贸易融资工具、融资决策原则的分析比较，具体来看，融资策略选择可分为以下几种情况：

其一，对于生产周期长、金额大的出口产品，贸易信贷、打包贷款都是很好的选择。中小型企业由于较难得到贸易信贷，可以选择打包贷款，如果其出口产品属于机电类，则可以申请出口卖方信贷。这几种融资工具融资期限较长，基本上可以满足出口企业对资金的需求。

其二，对于流通性较强的大宗商品，特别是具有一定国际市场的初级产品，例如钢材、有色金属及原料、黑色金属及原料、煤炭、建材、石油化工产品、焦炭、橡胶、纸浆等大宗货物，以及大豆、玉米等农产品，仓单融资比较适合。但是特制商品、专业机械设备、纺织服装、家用电器等商品，由于抵押价值不易评估、流通性差，不宜作为仓单融资的抵押对象。

其三，对于付款期较长、金额较大的出口产品，国际保理、福费庭业务比较适合。其中对于信用证项下较适于福费庭，托收（D/A）和赊销（O/A）则适于选择国际保理。尤其对于一些风险较大的国家和地区或金额较大的出口业务，银行是不愿意提供其他方式融资的，这样以上两种方法就成为企业的选择。但是二者也有其不利的一面，即两种方式不能提供出运前信贷。如果生产周期较长，则可以考虑和贸易信贷或打包贷款相结合使用的结构性贸易融资方式。

其四，对于一般性、单笔金额不大、生产周期不长、付款期限也不长的经常性贸易，可以选择票据贴现的方式进行融资。此方式手续简单，付款快捷，较适用于信用证、托收（D/P）或采用票付项下的出口。但是这种方式银行有较大的选择性，即银行出于对风险的控制，不会对所有的票据都进行贴现。同时，此方式也同样无法解决出运前的资金问题。

三、结构性贸易融资选择

结构性贸易融资是根据项目的实际情况专门设计而成的。每个项目融资方案都是将若干融资工具组合，这些融资工具既可以单独使用，亦可以组合使用，如出口信贷、银团贷款、出口信用保险、福费廷、国际保理、银行保函等。

根据以上各种工具特点可以组合出很多种不同的结构性贸易融资工具，但是有些组合是没有意义的。在实际中运用较多的为以下一些：

模式1：福费廷+出口卖方信贷。

融资目标：侧重于降低融资成本。

设计构思：根据国际惯例，卖方信贷一般要求进口商支付15%的定金，只对出口企业提供其余85%的合同金额，以免出口企业怠于对进口商的信用进行调查，但对于一些发展中国家的进口商来说，15%的合同金额的现金确实是一笔很大的款项，现汇支付可能存在很大的困难，为了使交易成功，可引入福费廷来解决前期15%的定金问题。采用此种模式便可实现对进口商提供合同额全额的延期付款，有利于提高成交率，出口企业就15%的合同额得到即期收汇且能避免汇率风险。

模式缺陷：由于卖方信贷多以人民币支付，出口企业对合同金额的85%部分面临收汇和汇率风险，应采取规避风险的措施。出口企业需帮助进口商确定一家福费廷担保银行，这往往有困难。

注意事项：进口商银行开出远期票据时，该票据的面值应大于15%的合同金额，出口企业才能足额取得15%的合同款项，因为出口企业实际得到的现汇款项是票面金额减去贴现的利息。公式为：票面金额=15%定金额+贴现利息。关于贴现息的多少，出口企业应事先同包买商联系。

模式 2：福费廷+出口信用保险+出口卖方信贷。

该模式基本上同模式 1 相同，区别在于模式 1 只适用于信誉好的大公司。我国的卖方信贷一般要求出口企业投保出口信用保险，因此信用一般的企业更适用于模式 2。值得注意的是，出口企业投保出口信用保险应当对进口商保密，以防呆账死账损失发生。

模式 3：福费廷+出口买方信贷。

融资目标：能较好地兼顾融资成本和汇率风险防范。

设计构思：出口买方信贷一般也要求进口商支付 15% 的定金，引入福费廷可解决此笔现汇支付的困难，进口商不需要支付现汇便可得到需要的产品，而对出口企业来说，则完全将合同金额即期收汇，把汇率风险和收汇风险全部转嫁出去。

模式缺陷：出口企业申请出口买方信贷条件严格，程序复杂。

模式 4：福费廷+出口信用保险+出口买方信贷。

该模式和模式 3 基本相同，区别在于模式 3 只适用于信用高的大公司。我国的买方信贷一般要求出口企业投保出口信用保险，因此信用一般的企业更适用于模式 4，但因要投保相应地会增加部分融资成本。

模式 5：出口卖方信贷+福费廷。

融资目标：侧重于防范汇率及收汇风险。

设计构思：用卖方信贷来满足出口企业的前期生产资金需要，当发货完毕，取得全套债权凭证，然后将全套债权凭证的票据通过福费廷业务卖断给包买商，而将得到的无追索权款项优先偿还银行的出口卖方信贷。采用此模式能减轻出口企业的债务负担，消除出口企业的收汇和汇率风险，并能提前偿还卖方信贷，加快出口卖方信贷的周转速度，支持更多的产品出口，这对缓和我国出口信贷资金不足的状况有现实意义。

模式缺陷：该模式较适合于生产中不需要外汇资金的出口项目，出口企业的融资成本较高。出口企业很难找到令包买商满意的进口方担保银行，以较高费用的福费廷融资提前偿还政策性优惠贷款会影响其出口收益。

注意事项：如果出口企业生产过程中需要外汇资金进口设备、原材料和技术，可争取以外币发放的出口卖方信贷。

模式 6：出口卖方信贷+出口信用保险+出口买方信贷。

融资目标：能较理想地降低融资成本并消除收汇及汇率风险。

设计思路：用出口卖方信贷解决出口企业前期生产资金，用出口买方信贷来支持出口项目的延期付款，出口企业得到货款后，先偿还卖方的信贷借款。该模式可简化出口企业的融资操作手续，将出口企业的卖方信贷借款的担保改为履约担保，即只要出口企业能按时履行合同，它就肯定能从银行获得支付，并偿还出口卖方信贷，出口企业取得二者之间的差额，融资成本低且无风险。

模式缺陷：该模式组合成功后操作过程简单，但组合的过程却非常复杂，该模式动用了所有的政策性融资工具，而每一种融资都有严格的申请条件。在我国政策性资金不足的情况下，不易得到实现，出口企业也很难同时满足所有的申请条件。

模式 7：出口信用保险+国内银团贷款。

融资目标：侧重于降低收汇风险。

设计构思：出口企业投保出口信用保险，然后以保单为抵押，取得国内银团的商业贷款支持，满足出口项目的前期资金需求，以延（分）期付款方式与进口商成交。该模式能满足出口企业较大数额的资金需求，借用外汇资金时，不需要申请外债指标。

模式缺陷：出口企业投保出口信用保险后，仍面临部分收汇风险和汇率风险，需要采用保值措施，或投保汇率变动特别险。另外，出口信用保险只承保70%~90%的合同款项，出口企业只以保单为担保不能取得100%的合同金额的国内银团贷款，还需要就差额部分提供其他担保，如财产担保和保证人担保等。

模式8：国内银团贷款+福费廷。

融资目标：侧重于防止收汇及汇率风险。

设计构思：是纯商业性融资工具的组合使用，适用于申请政策性融资工具困难时使用。出口企业以自己的资产为抵押取得国内银团贷款满足前期资金需要，与进口商协商叙做福费廷业务，再用取得的现金偿还国内银团贷款。出口企业能将所有风险转嫁出去。

模式缺陷：出口企业的融资成本高。出口企业必须具有一定的实力和知名度，否则国内银团和福费廷业务都难以做成。

模式9：出口信用保险+国际银团贷款。

融资目标：侧重于降低融资成本。

设计构思：出口企业投保出口信用保险，以保单为抵押，选定一家牵头银行在国际金融市场上组织外币银团贷款。该模式适用于生产过程需要大额外汇资金的情况。利用这一模式可筹得成本相对较低的外汇资金。

模式缺陷：出口信用保险一般是保密的，而采取该模式在国际金融市场上筹资，很容易将出口企业已投保出口信用保险的情况泄露出去，从而出现进口商赖账现象，这将对出口信用保险机构产生不良影响，所以该模式的采用可能遭到保险机构的反对而难以实现。在国际金融市场上筹资面临汇率风险，需采取防范措施。另外，出口企业只能保证部分收汇，尚存在部分收汇风险，且需申请外债指标。

模式10：国际银团贷款+福费廷。

融资目标：改善出口商现金流和财务报表的无追索权。

设计构思：也是纯商业性组合模式，出口企业以自己的资产为担保，或以其他保证人作担保，委托牵头银行在国际金融市场上融通外币资金，可满足出口企业对进口设备、技术和原材料的大额外币资金需求，交易时与进口商做福费廷业务，取得资金后归还国际银团贷款。出口企业可把所有风险转嫁给包买商。

模式缺陷：融资成本高，出口企业需两次寻找担保人，非高知名度的企业一般难以做到，和模式9一样，利用国际银团贷款融资需要申请外债指标。

注意事项：如果出口企业不能取得外债指标，可利用或组建海外子公司的办法组织国际银团贷款。

模式11：国内银团贷款+出口信用保险+出口买方信贷。

融资目标：能兼顾降低融资成本和避免汇率风险两个方面。

设计构思：该模式也是考虑到出口买方信贷要求进口商提供15%合同额的定金这一情况设计的。为了避免进口商现汇支付15%合同额的定金，出口企业可在国内金融市场上组织银团贷款，而对该部分金额给予进口商延（分）期支付的便利，以促成交易成功。

模式缺陷：出口企业仍面临部分收汇和汇率风险，应就该部分采取保值措施。

注意事项：该模式适用于交易额特大的情况，交易额不巨大时，就没有必要组织银团贷款，申请一般贷款即可。

模式 12：国际银团贷款+出口买方信贷。

融资目标：能兼顾降低融资成本和规避汇率风险两个方面。

设计构思：适用于生产过程中，出口企业需要大量进口设备、物资的情况，就 15%的合同额给予进口商延期付款便利，出口企业在国际金融市场上筹集外币银团贷款满足自己的需要，有利于提高成交率。

模式缺陷：出口企业仍面临部分收汇和汇率风险，需采用保值措施，另外出口企业需申请外债指标。

思考题

1. 以某些创业者为例，了解他们是如何解决创业融资问题的，然后说明这些融资方法的利弊，并结合案例，说明其融资方式对你的启示。

2. 假设你要开设一家 SOHO 外贸公司，请你确定经营方向，并结合公司发展目标或战略，列出未来 3 年的成本、利润和现金流，然后选择最佳融资方式，并在全班阐述。

3. 请你对商业银行负责企业贷款的人员进行访谈。询问小企业贷款所需的文件资料、程序、具体应承担的义务，以及应该注意的问题，并将你的调查结果在班上讲述。

案例分析题

出口信用保险保单融资

A 公司出口机械设备，结算方式为 5 年期的延期付款信用证，同时向中国出口信用保险公司投保了出口信用险。虽然已获得开证行承兑（每半年付一次款），可是考虑到开证行及其所在国家风险较大及人民币的升值压力，A 公司迫切希望将该信用证下的出口应收款项转让给银行以锁定成本，但又面临两个难题：（1）开证行资信不佳，无银行愿意买入其承付的票据；（2）A 公司授信额度不足，无法办理贴现。经推荐，A 公司向银行申请办理无追索权的中长期保单融资业务，实现了及时收款。

资料来源 http://www.zhizaoye.net/news/tzrz/rongzi/2011-08-03/5093.html。

试结合案例，分析出口融资产品的类型及融资方式。

第六章 提升营销能力

学习目的

1. 了解创业营销的基本概念；
2. 掌握基本的国际市场分析与调研能力；
3. 熟悉国际营销的基本渠道；
4. 了解外贸企业基本营销策略。

开篇案例

达瑞的创业之路

达瑞出生于美国的一个中产阶级家庭。父母对他生活上要求很严，平时很少给他零花钱。达瑞 8 岁的时候，有一天，他想去看电影。因为没有钱，他面临一个基本的问题，是向爸妈要钱还是自己挣钱，最后他选择了后者。他自己调制了一种汽水，把它放在街边，向过路的行人出售。可那时正是寒冷的冬天，没有人前来购买，只有两个人例外——他的爸爸和妈妈。

后来他得到了和一个非常成功的商人谈话的机会。当他对商人讲述了自己的"破产史"后，商人给了他两个重要的建议：一是尝试为别人解决一个难题，那么你就能赚到许多钱；二是把精力集中在你知道的、你会的和你拥有的东西上。

这两个建议是关键。因为对于一个 8 岁的孩子而言，他不会做的事情有很多。于是他穿过大街小巷不停地思考，人们会有什么难题，他又如何解决，他又会如何利用这个机会，帮他们解决难题。

这其实不容易。好点子似乎都躲起来了，他什么办法都想不出来。但是有一天，父亲无意中为他指出了一条正路。吃早餐时他让达瑞取报纸。这里必须补充一点，美国的送报员总是把报纸从花园篱笆的一个特制管子里塞进来。假如你想穿睡衣舒舒服服地吃早饭和看报纸的话，就必须离开温暖的房间，冒着寒风到房子的入口处去取。不管天气如何都是如此。虽然有时候只要走二三十米路，但也是一件非常麻烦的事情。

达瑞给父亲取报纸的时候一个主意诞生了。当天他就挨个按响邻居的门铃，对他们说，每个月只需要付给他 1 美元，他就每天把报纸塞到他们的房门底下。大多数人都同意了，达瑞有了 70 个顾客。当他在一个月后第一次赚到钱的时候，他觉得简直就是飞上了天。

高兴的同时他并没有满足于现状，他还在寻找新的机会。成功了一次后，他很快就找到了其他机会。他让他的顾客每天把垃圾袋放在门前，然后由他运到垃圾桶里——每个月加 1 美元。他喂宠物、看房子、给植物浇水，但是他从来不以小时计费，因为用其他方法计费挣钱更多。

9 岁时他开始使用父亲的计算机。他学着写广告，而且他开始把孩子能挣钱的方法写下来。因为他不断有新主意，所以很快就有了很多积蓄。他母亲帮他记账，好让他知道什么时候该向谁收钱。他也雇孩子帮他的忙，然后把收入的一半付给他们，如此一来，钱如潮水般涌进了他的腰包。

一个出版商注意到了他，并说服他为此写了一本书，书名为《儿童挣钱的250个主意》。由此，达瑞12岁的时候就已经成为一个畅销书作家。后来电视台"发现"了他，邀请他参加了许多儿童节目。人们发现，他在电视里表现得非常自然，受到许多观众的欢迎。15岁的时候他有了自己的谈话节目。现在，他通过做电视节目以及广告挣的钱已令很多人难以置信。

17岁的时候，达瑞已经拥有了几百万美元。

资料来源　郭小平、祝君红：《创业营销》，北京，清华大学出版社，2009。

任何企业的运营都离不开一个关键环节——营销。营销大师菲利普·科特勒认为：营销并不是以精明的方式兜售自己的产品或服务，而是一门创造真正顾客价值的艺术。成功的创业行动以及创业前的准备，更有赖于你对自己以及你即将推出的产品或服务的成功营销，今天的创业行动几乎无法脱离营销活动而可以获得成功！

第一节　创业营销概览

通常，创业企业营销主要有以下几个步骤：市场机会分析，营销信息管理，市场细分与定位，制定产品、价格、销售渠道等营销组合策略等。

一、市场机会分析

营销处在一个变化莫测的复杂市场环境中。这一环境中的其他角色（供应商、营销中介、顾客、竞争者、公众和其他人）都在不同的程度上与企业进行合作或竞争，主要的环境因素（人口、经济、自然、技术、政治和文化因素）形成机会和威胁并影响企业为顾客提供服务及建立良好关系的能力（如图6—1所示）。

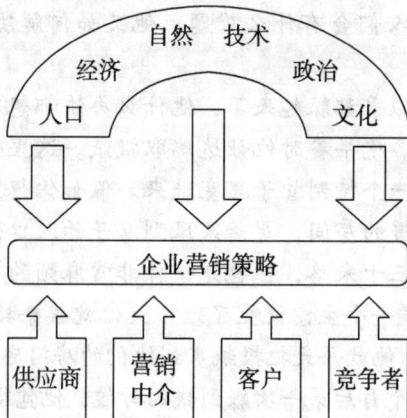

图6—1　营销环境

市场机会是指在特定市场环境条件下，市场上存在或新出现的尚未充分满足或完全没有得到满足的消费需求。创业企业需要对其时间长度、空间边界、需求量的大小等进一步深入分析，并对这种机会进行商业化、市场化评估。[1]

---

[1]　郭小平、祝君红：《创业营销》，北京，清华大学出版社，2009。

培养商机发掘能力需要：一是机会意识，时时、处处、事事考虑是否有商机，是否潜藏着发展的机会；二是发现商机的慧眼，即需要掌握和具备发现商机的方法和技巧；三是创新思维的培养，一个人的思维能力，特别是创造性思维能力，或者说是创意思维能力在发现商机，特别是创造市场商机方面发挥着决定性的作用。

延伸阅读　　　　　　　　　　　**施乐：适应动荡的市场环境**

50 年前，施乐发明了可以使用普通白纸的办公复印机。在接下来的几十年里，公司凭借其发明的全速复印机统治了它所开创的产业。"施乐"几乎成为了复印的通用名称，如"我马上为你施乐这些东西"。施乐在数年里击退了竞争对手一轮又一轮的进攻，并在竞争激烈的复印行业中成为领导者。施乐公司 1998 年的利润增长率达到了 20%，公司的股价也在快速增长。

但接下来，施乐的发展状况却越来越糟。这个极具传奇色彩公司的股票和时运都急转直下。仅仅在 18 个月里，施乐公司市场价值的损失就高达 380 亿美元。到 2001 年中期，公司的股价从 1999 年的近 70 亿美元降到了不足 5 美元。曾经占据统治地位的市场领导者发现自己已经处于破产边缘。世界开始迅速实现数字化的时候，施乐没能跟上这种变化。

在全球的数字环境中，用户不再依赖施乐的旗舰产品——独立复印机来共享信和文档。用户可以制作电子文档并通过电子化的方式共享，而不是取出并分发一沓又一沓的黑白文档。随着数字技术的日益发展，施乐的用户和竞争对手都发生了变化。公司试图为那些高级信息技术管理者开发和销售文件管理系统，而不仅仅是把复印机卖给那些设备销售经理；施乐不再与复印设备的竞争对手进行正面交锋，如夏普、佳能、理光，而是与那些信息技术公司相竞争，如惠普、IBM。

在濒临崩溃的灰色日子里，施乐公司对自己进行了重新的思考、定位和创新。施乐公司采取了具有标志性意义的变革，而不再把自己定位于"复印公司"这一角色。事实上，公司也不再制造独立复印机，取而代之的是施乐把自己定位于"全球文件管理技术和服务企业的领导者"。据施乐公司的最新年报称，"施乐公司最近完成的任务是帮助企业和个人更好地管理他们的文件"。

作为一种新型思维的结果，施乐目前提供一系列客户需要的产品、软件和服务，这些都可以帮助客户管理文件和信息。在近 3 年中，施乐引进了 100 多款创新和多功能产品，也包括彩色打印机和发布系统、数字出版，以及"图书工厂"。公司还向客户提供一系列咨询和外包服务。因此，施乐不再是一家古板守旧的公司，这得益于符合实际且效果显著的转变，从而使施乐又一次在行业内牢牢站稳了脚跟。事实上，《财富》杂志最近将施乐公司列为全球计算机行业最受尊敬的企业；2008 年施乐获得了超过 230 项的突出成就奖，这些奖项来自全球范围内的主流行业出版物和独立调查研究公司。

资料来源　[美]加里·阿姆斯特朗、菲利普·科特勒：《市场营销学》，赵占波、何志毅译，北京，机械工业出版社，2011。

二、营销信息管理

为了给客户创造价值并与之建立良好的客户关系，营销人员首先必须及时并深入地了解客户的需求和需要。企业可以使用这些客户洞察的信息去发展竞争优势。营销专家指出："在今天充满竞争的世界里，竞争优势的比赛实际上是一场获取客户和市场洞察的比赛。"良好的营销信息是获取这种洞察的来源。①

延伸阅读　　　　　　　　**后来居上的 iPod**

iPod 并不是第一款数字音乐播放器，但苹果却是第一家可以把它做得非常好的公司。苹果公司的研究显示了消费者希望购买什么样的数字音乐播放器，他们希望把所有的歌曲都载入播放器并且希望个人音乐播放器比较素雅。这个观点得出了两个重要的设计目标：将播放器设计得如一副牌一样大小，使播放器可以存 1 000 多首歌。苹果产品在设计上增加了视觉冲击效果和实用性，这是其取得巨大成功的秘诀。iPod 不断扩大的产品线目前已经获得了超过 75% 的市场份额。

除了关于普通消费者、竞争对手和市场的营销情报信息外，营销人员还经常需要做一些更为正式的研究，以便为解决某些特定问题及营销策略的制定提供依据。因此，营销者需要进行专门的市场调研（如图 6—2 所示）。通过系统地设计、搜集、分析和提交关于一个组织的具体营销情况的数据报告，可以帮助营销者理解客户的购买动机、购买行为和客户满意度；评估市场潜力和市场份额；衡量定价、产品、渠道和促销行为的效果。

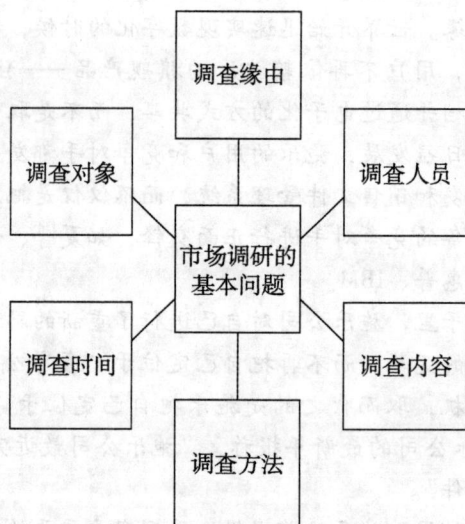

图6—2　市场调研的基本问题

三、市场细分与定位

现在企业纷纷意识到它们不可能对市场中的所有购买者产生吸引力，或者至少用同一种方式不可能对所有购买者产生吸引力。购买者的数量太庞大，种类太分散，他们的需要和购买实际有太多的不同。此外，企业本身为市场中不同细分客户提供服务的能力也各有不同。

因此，大多数企业已经从大众市场营销转移到了目标市场营销——辨识出细分市场，选择其一或者其中更多，开发为他们量身定做的产品和营销项目。不同于分散其营销努力，企业正关注于那些和它们所创造的最好价值更有关系的购买者。②

---

① ［美］加里·阿姆斯特朗、菲利普·科特勒：《市场营销学》，赵占波、何志毅译，北京，机械工业出版社，2011。

② ［美］加里·阿姆斯特朗、菲利普·科特勒：《市场营销学》，赵占波、何志毅译，北京，机械工业出版社，2011。

延伸阅读   **哈雷摩托的女顾客**

女性客户是摩托车消费中增长最快的细分市场。哈雷—戴维森摩托车的女性拥有者的数量在过去的20年中翻了三倍，女性购买者在新哈雷—戴维森的购买力当中占了12%。因此，这家公司正在努力将女人从车子的后座拉到驾驶座上。它推出了一些更适合女性的产品，对摩托车的造型加以改进以使其符合女性娇小的身形，并且提供指导手册和课程来教会女人如何处理她们的车子。以女性为目标的广告以及其他营销材料迎合了这个品牌确定的力量感，只是又多了较为柔和的边边角角。

与传统女性的形象不同，哈雷—戴维森倡导的是"喜欢接受挑战和冒险感觉的强大、独立的女性"，在对女性的营销中，哈雷—戴维森忠于其经得起实地检验的硬汉形象。"他们不一定要添加更大的镜子以便女人来化妆……他们不是想把哈雷摩托卖给女人，而是想要把它们卖给想驾驶哈雷摩托的女人。"

资料来源 ［美］加里·阿姆斯特朗、菲利普·科特勒：《市场营销学》，赵占波、何志毅译，北京，机械工业出版社，2011。

企业在决定进入哪个细分市场之后，还必须决定在这些市场中它想取得什么样的地位。定位涉及向顾客头脑中灌输一种品牌的特殊利益以及该产品与其他产品的区别（如图6—3所示）。

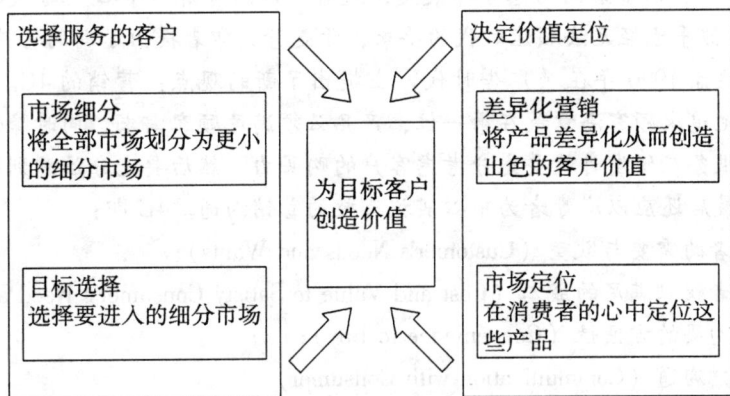

图6—3　市场细分与定位

市场定位通常由以下三个步骤组成：第一是识别据以定位的可能性竞争优势；第二是选择正确的竞争优势；第三是选择一个总体的市场地位战略。

四、制定营销组合策略

营销组合指的是企业在选定的目标市场上，综合考虑环境、能力、竞争状况，对企业自身可以控制的因素加以最佳组合和运用，以完成企业的目的与任务。市场营销的主要目的是满足消费者的需要，而消费者的需要很多，要满足消费者需要所应采取的措施也很多，因此，企业在开展市场营销活动时，就必须把握住那些基本性措施，合理组合，并充分发挥整体优势和效果。

20世纪的60年代，美国学者麦卡锡提出了著名的4P营销组合策略，即产品（Product）、价格（Price）、渠道（Place）和促销（Promotion）（如图6—4所示）。他认为一次成功和完整的市场营销活动，意味着以适当的价格、适当的渠道和适当的促销手段，将适当的产品和服务投放到特定市场的行为。

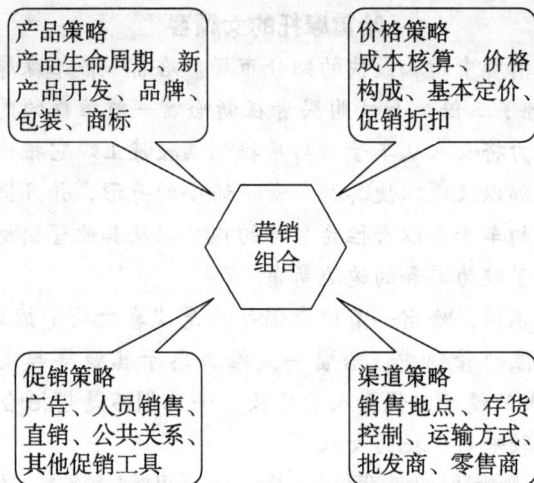

图6—4   4P营销组合策略

延伸阅读   **从4P理论到4C理论**

在以消费者为核心的商业世界中，厂商所面临的最大挑战之一便是：这是一个充满"个性化"的社会，消费者的形态差异太大，随着"以消费者为中心"时代的来临，传统的营销组合4P似乎已经无法顺应时代的要求，于是营销学者提出了新的营销要素。

劳特朗先生于1990年在《广告时代》上提出了新的观点：营销的4C。4C理论强调企业首先应该把追求顾客满意放在第一位，产品必须满足顾客需求，同时降低顾客的购买成本，产品和服务在研发时就要充分考虑客户的购买力，然后要充分注意到顾客购买过程中的便利性，最后还应以消费者为中心实施有效的营销沟通。4C即：

（1）消费者的需要与欲望（Customer's Needs and Wants）；

（2）消费者获取满足的成本（Cost and Value to Satisfy Consumer's Need and Wants）；

（3）用户购买的方便性（Convenience to Buy）；

（4）与用户沟通（Communication with Consumer）。

有人甚至认为在新时期的营销活动中，应当用"4C"来取代"4P"。但许多学者仍然认为，"4C"的提出只是进一步明确了企业营销策略的基本前提和指导思想，从操作层面上讲，仍然必须通过"4P"为代表的营销活动来具体运作。所以，"4C"只是深化了"4P"，而不是取代"4P"。"4P"仍然是目前为止对营销策略组合最为简洁明了的诠释。

资料来源   http：//edu. 21cn. com/emba/g_31_1010575-1. htm。

第二节 国际市场选择与调研

国际营销管理涉及的不只是对国外市场的营销管理，它还涉及在国外市场开展的营销活动。从全面的观点看，这些方面涉及内容广泛的国外市场进入战略。我们发现出口营销是国际营销的一个主要方面，单凭这一点，出口营销就可以成为另一种重要的市场进入模式。[①]

---

① ［美］奥尔巴姆、杜尔、斯特兰斯科夫：《国际营销和出口管理》，张新生、吴侨玲译，北京，中国人民大学出版社，2007。

延伸阅读　　　　　　　　**公司做好了进入国外市场的准备了吗**

制订营销计划和战略最基本的第一步是公司需要评估其进入国际市场的准备程度。任何一家公司，无论其规模和经验怎样，都必须确定它到底做了哪些准备以便采取行动。

有若干决策辅助工具能够帮助企业确定其准备程度，评估的主要领域包括：

● 在国内外市场的竞争力；

● 从事国际营销的动力；

● 公司内部决策能力；

● 服务于国外市场产品的准备程度；

● 出口业务对公司整体战略的影响。

这些决策辅助工具对那些正在考虑最初的出口业务的中小型公司而言尤其有用。

资料来源　http：//globaledge. msu. edu/Reference-Desk/Export-Tutorials。

对进入国外市场的准备程度所做的分析为我们提供了一个很好的决策出发点，这种市场进入方式是通过出口或通过战略联盟等其他形式的国际营销来实现的。但是它只是一个开始。公司不应该将它的决策仅仅建立在这类分析上面。下一步将是对竞争优势以及机会（类似 SWOT 分析）等的综合分析。竞争优势可以提供在新的市场上取得成功所要的利基。

简而言之，出口计划和战略的制定有三个显著部分：

（1）目标：出口公司有其希望实现并且能用做评估进展标准的目标。公司目标的基础是发现和衡量市场机会。

（2）计划：这涉及制订战略和战术层面的营销组合计划。

（3）组织：组织发展意味着将公司的资源集中起来以便实施营销组合。

图 6—5 为战略出口计划流程。

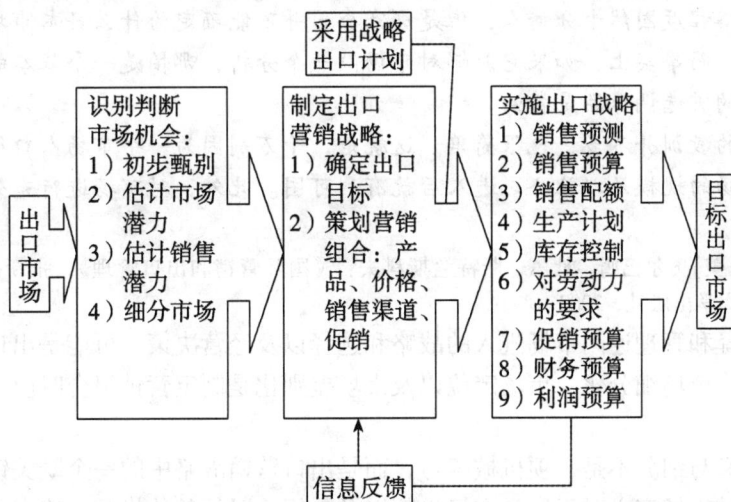

图 6—5　战略出口计划流程

一、出口市场的选择

制定国际营销战略的一个重要步骤就是出口市场的选择：对机会进行评估的过程导致了对参与竞争的国外市场的选择。这个过程需要对公司是否有能力满足一个预期的市场所必需的条件进行评估（或者相反，公司是否有能力改变市场所必需的条件）。此外，市场的选择也不能纯粹依靠营销来决定；对公司的技能、能力以及目标进行更全面的思考要求必须在整体的战略框架下进行市场的选择过程。由于以下三个原因，最初确定或者作为扩张计划的一部分确定可以进入的正确市场是非常重要的。

（1）目标市场是在制订国外营销计划之前确定的，因此构成了营销的成本。

（2）市场的性质和位置将影响公司协调这些市场的能力。

（3）在适当的国外市场建立基地可以成为产品打入全球市场战略的一个主要特点。①

延伸阅读　　　　　　　　　不充分和高估的市场

一个公司可能犯下的最糟糕的错误就是进入市场之前确定其产品或服务是否存在市场。市场可能不像预期的那样有希望或者对市场故意进行了不适当的评估。

亚洲市场在规模评估方面存在一个问题，例如，由于购买力和偏好不同，亚洲中产阶级的准确规模很难判断。一个20世纪90年代末由马尼拉的营销合作企业所做并广泛引用的研究将这些消费者分成三组：家庭年收入超过3万美元的过度拥有者，家庭年收入超过1.8万美元的一般拥有者，以及新近跨过贫困线进入消费行列的新拥有者（Tripathi et al.，1998）。据估计，到2000年，除日本人之外的亚洲人在过度拥有者、一般拥有者和新拥有者这三组消费群体中的人数分别是1 600万、7 500万和1.5亿。至1998年年中，这样的估计显然是夸大其词的。

在中国，公司很容易高估市场规模。许多公司把中国看做一个拥有13亿人口的大市场。综合来说，这或许是真的。但对于许多企业所销售的产品来说，其市场只是中国东部沿海城市的2亿~2.5亿中产阶层（Andruss，2011）。

有许多例子表明个别公司根据不适当的市场做出错误的判断（Ricks，1999）。据报道，一家美国公司当了解到在日本买不到番茄酱后就向那里运送了大量的番茄酱。日本市场的规模和富裕程度固然十分诱人，但是那家公司并不能确定为什么日本市场上没有销售番茄酱的原因。而事实上，如果它能够对市场做一个分析，哪怕是一个基本的分析，它也会发现日本人的首选调味品是酱油。

可以汲取的教训并不多，也很简单。这就是，千万别因为一个市场人口很多就想当然地认为这个市场的规模足以让公司进入后就有利可图。此外，对市场进行充分的分析也是必不可少的。

资料来源　[美]奥尔巴姆、杜尔、斯特兰斯科夫：《国际营销和出口管理》，张新生、吴侨玲译，北京，中国人民大学出版社，2007。

市场的选择和管理连同市场进入的战略和选择以及经营决策，可能是出口营销问题中最集中的部分。市场细分化、市场定位以及市场差别化是制定营销组合时应用的一些传统分析工具。

市场的定义与细分不是一项机械练习，而是出口营销战略中的一个既关键又复杂的组成部分。正确的市场定义对于衡量市场份额以及履行情况的其他指标、确定目标市场顾客以及他们的需求、鉴别重要的竞争显然非常关键。市场定义问题不可避免地会引出市场细分问题。鉴于大部分市场都各不相同，市场细分意味着将一特定的产品或服务市场分解成

---

① [美] 奥尔巴姆、杜尔、斯特兰斯科夫：《国际营销和出口管理》，张新生、吴侨玲译，北京，中国人民大学出版社，2007。

对营销策略反应不同的若干顾客细分市场。通过这种做法，公司能够使其营销策略适合每一个特殊细分市场的需要，以期获得比实施针对整个市场的统一战略可能获得的利润更多。

在出口营销中，通常根据出口的国家来给市场定义以及对其进行描述。这在众多潜在的市场层面中只是一个层面。为了使分析更有价值，应该在多层面上对市场行为进行分析，包括对诸如渠道、顾客细分、利用的场合及地理因素的分析。人们经常只根据一个方面就得出市场定义（如顾客群体），因而极有可能与根据其他方面得出的定义发生冲突（如产品功能）。竞争者也给出市场定义，但是他们的定义可能常常互不相符。而对竞争者的市场定义熟视无睹会导致在未来的竞争行动中不是失去机会就是失去阵地。

市场定义和细分的方法是多种多样的，但是有一点值得注意，任何根据特定的基础进行细分的决定应该根据以下情况来评价：

（1）可测量性。可测量性是指细分市场可以确定的程度以及细分市场的规模和购买力可以测量的程度。在出口营销管理中，诸如文化特征这样的重要质量指标在直觉上就是比较诱人的国家细分基础，但是由于概念和衡量上的问题使用起来却是非常困难的。

（2）可接近性。可接近性是指所产生的细分市场能够有效地到达并且被服务的程度。在出口营销中，由于缺乏足够的语言技巧、民族主义的态度、出口商难以理解国外的媒体制度（结构和形式）等原因，交流问题在公司到达最终用户方面构成了明显的困难（对于公司到达国外经销商经常也是一样）。

（3）收益性。收益性是指所产生的细分市场大得足以或者有利可图得足以值得公司考虑给予单独营销努力的程度。在出口营销中，由于需要适应当地市场的特殊需要和需求，对市场进行细分可能会涉及极高的成本，如关税、法律限制等都可能影响产品的规格和成本。

（4）可操作性。可操作性是指能够制订有效的方案以吸引并服务细分市场的程度。可以测量、可以接近并且有潜在盈利可能的细分市场，除非能够为每一个细分市场都制定并实施营销规划，否则细分是毫无意义的。

表6—1 列示了出口市场细分的各种基础。

表6—1 　　　　　　　　　　　　　　出口市场细分的各种基础

	一般的市场指标	特殊的市场指标
国家市场角度	人口统计学及人口特征 社会经济特征 政治特征 文化特征	经济与法律的约束 市场条件 与产品有关的文化和生活方式特征 行为特征：消费及使用模式
顾客市场角度	人口统计学特征 年龄、性别、生命周期 宗教、民族等 社会经济特征：收入、职业、教育等 消费心理学特征：人格	态度、忠诚模式、追求的利益等

在实施积极的或主动的市场选择策略时，可以运用两种截然不同的筛选出口市场程

序：扩张性方法和收缩性方法。

（1）扩张性方法。通常，这种方法将本国的市场或目前的核心市场作为其出发点。市场选择是根据各国在政治、社会、经济或文化性质构成之间存在的相似性做出的，因此，出口营销人员从一个市场向另一个市场扩张时，对产品以及出口营销的其他参数只需做最低限度的调整。这是一种根据经验做出的市场选择。明显的例子是斯堪的纳维亚地区（丹麦、挪威和瑞典）、不列颠群岛（英国和爱尔兰）、南太平洋地区（澳大利亚和新西兰）以及北美洲大陆（美国、加拿大和墨西哥）邻国之间的巨大贸易倾向。同时，贸易政策上的接近也可以作为市场选择的基础。就欧洲而言，欧盟和欧洲自由贸易联盟就是相关的例证。由于处在一个贸易集团内部（如自由贸易区或共同市场），出口商在向外寻找机会之前，很自然就会首先在那些海关关税及其他贸易政策正在统一或正在被逐渐取消的市场寻找机会。从贸易政策的角度看，出口商在所有的成员国中最起码拥有一种国内市场的环境。当然，其他壁垒，如文化和技术壁垒，可能仍然会存在。

（2）收缩性方法。使用收缩性方法时，最佳的市场选择从全部或众多的国家市场开始，最终将根据政治、经济、语言或其他标准将这些国家市场分解并按地区重新归类。收缩性方法涉及对所有市场进行系统的筛选，进而立即排除那些最没有希望的市场，而对于那些比较有希望的市场做进一步的调查研究。为此，必须规定相关的排除或淘汰因素。正如前面已经讨论过的那样，两套因素是：①一般的市场指标；②特殊的市场指标。Root（1994）提倡一种相似的过程，这个过程的基础是，确定那些对于公司的普通产品而言最有销售潜力的国家市场。从最初的筛选开始，然后对少数预期的目标国家的市场潜力进行评估。最后一个阶段是，为市场潜力大的国家评估公司的销售潜力。收缩性方法的流程如图6—6所示。

二、国际营销调研

在任何市场选择的过程中，掌握市场信息是基本的条件。从总体上看，国际市场和产品的信息是过量的，关键的问题在于如何对所需的相关信息进行有效的识别。一般而言，大型、国际化程度高的企业可以通过建立一个正式的决策支持系统来解决信息识别问题，并满足和支持其对市场选择的决策需要。但对于中小企业，正式的决策系统难以得到，企业仍然或多或少地面临着传统的信息缺乏问题。另外，互联网不断发展带来的信息爆炸又使得所有企业的信息获得变得更容易。

这里主要的问题仍然是信息的采集。信息的采集包括寻找既有信息的信息源和筛选获得进一步信息的研究方法。通常国际营销调研的过程，以确定对信息的要求和"问题的定义"（包括确定研究目标）开始，以提交报告并支持管理层指定决策告终（如图6—7所示）。国际营销调研与一般市场调研在总体方法上并无差别。①

这个过程可以由所谓的内部研究团队在内部执行，也可以由外部研究组织来进行。非内部研究行业比较大。据统计，2002年，在研究服务方面的开支超过160亿美元。居前15位的营销/公共意见/广告研究机构约占105亿美元或总额的66%。② 这些企业的母国包

---

① ［美］奥尔巴姆、杜尔、斯特兰斯科夫：《国际营销和出口管理》，张新生、吴侨玲译，北京，中国人民大学出版社，2007。
② Honomichl, J., Acquisitions Help Firms' Global Share Increase. Marketing News, H1-H32, 18 August, 2003.

```
                    ┌─────────────┐
                    │  所有国家    │
                    └──────┬──────┘
            ┌──────────────┴──────────────┐
            │ 初步甄别：                    │
            │ 1）消费者或用户的描述          │
            │ 2）市场规模的直接估计          │
            │ 3）市场规模的指标             │
            └──────────────┬──────────────┘
                  ◇────────┴────────◇      ┌──────────┐
                  决定接受或拒绝        ───→ │ 不合格国家 │
                  ◇─────────────────◇      └──────────┘
                    ┌──────┴──────┐
                    │ 预期的目标国家 │
                    └──────┬──────┘
            ┌──────────────┴──────────────┐
            │ 估计公司的销售潜力：           │
            │ 1）从上往下估计               │
            │ 2）从下往上估计               │
            └──────────────┬──────────────┘
                  ◇────────┴────────◇      ┌──────────┐
                  决定接受或拒绝        ───→ │ 不合格国家 │
                  ◇─────────────────◇      └──────────┘
                    ┌──────┴───────┐
                    │ 市场潜力大的国家 │
                    └──────┬───────┘
            ┌──────────────┴──────────────┐
            │ 估计公司的销售潜力：           │
            │ 1）进入条件                  │
            │ 2）竞争审核                  │
            │ 3）分销渠道                  │
            │ 4）消费者或用户              │
            └──────────────┬──────────────┘
    ┌──────────┐   ◇───────┴────────◇      ┌──────────┐
    │ 次要的目标市场 │←─ 决定接受或拒绝    ───→ │ 不合格国家 │
    └──────────┘   ◇─────────────────◇      └──────────┘
                         ┌──┴──┐
                         │ 目标 │
                         │ 国家 │
                         └─────┘
```

图6—6　收缩性方法流程

括荷兰、日本、德国、意大利、法国、英国和美国等。另外，其他国家也有研究行业。比如，2002年，中国大约有400家研究机构，其中大部分都是小型公司。但是，随着中国市场的发展，出现在前25位的许多研究机构将仍然存在。[①] 这些机构包括私营企业、证券公司、政府和大学。

（一）明确调研目的

调研往往是在某个问题或机会的推动下开展的。公司开展调研活动可能是由于第一次计划进入某个国外市场，比如麦当劳在中国建立特许店。公司还可能计划在另一个国家推销一种新产品，比如宝洁公司在某个国家推销一种可回收尿布，而该公司在这个国家销售其护发产品已经几十年了。公司的管理层要将问题的真正本质和他们需要作出的决策与调研人员进行充分沟通，使调研人员明白谁是决策者以及他们期望从调研项目中得到什么结果，这是非常重要的。这可以使调研人员更好地理解调研的目的，并且有助于他们提出更

---

① Lee, B., Saklani, S., and Tatterson, D., Top Prospects: State of the MR Industry. Marketing News, 12, 10 June, 2002.

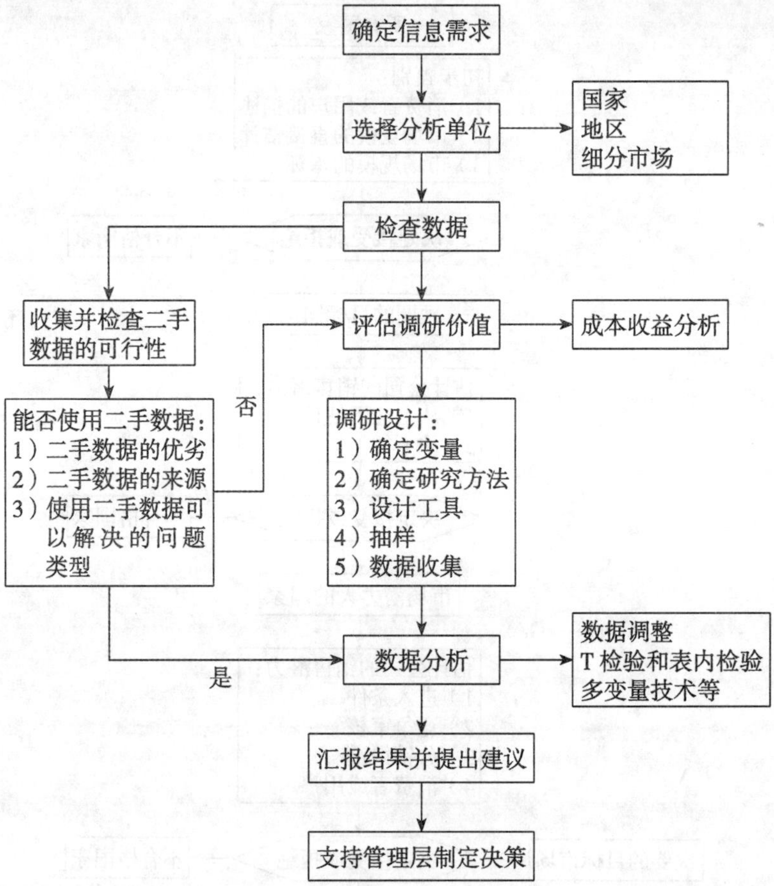

```
                        ┌──────────────┐
                        │  确定信息需求  │
                        └──────┬───────┘
                               ↓
                        ┌──────────────┐        ┌──────────┐
                        │  选择分析单位  │───────→│ 国家     │
                        └──────┬───────┘        │ 地区     │
                               ↓                │ 细分市场 │
                        ┌──────────────┐        └──────────┘
              ┌────────→│   检查数据    │
              │         └──────┬───────┘
   ┌──────────┴──────┐         ↓
   │  收集并检查二手    │  ┌──────────────┐        ┌──────────────┐
   │  数据的可行性      │←─│  评估调研价值  │───────→│  成本收益分析  │
   └──────────┬──────┘  └──────┬───────┘        └──────────────┘
              ↓                 ↓  否
   ┌─────────────────┐  ┌──────────────┐
   │ 能否使用二手数据： │  │  调研设计：    │
   │ 1）二手数据的优劣 │  │ 1）确定变量   │
   │ 2）二手数据的来源 │  │ 2）确定研究方法│
   │ 3）使用二手数据可 │  │ 3）设计工具   │
   │    以解决的问题   │  │ 4）抽样      │
   │    类型          │  │ 5）数据收集   │
   └─────────────────┘  └──────┬───────┘
              │    是           ↓
              │         ┌──────────────┐        ┌──────────────┐
              └────────→│   数据分析    │───────→│ 数据调整       │
                        └──────┬───────┘        │ T检验和表内检验│
                               ↓                │ 多变量技术等   │
                        ┌──────────────┐        └──────────────┘
                        │汇报结果并提出建议│
                        └──────┬───────┘
                               ↓
                        ┌──────────────┐
                        │支持管理层制定决策│
                        └──────────────┘
```

图6—7　国际营销调研流程

实用的调研建议。[①]

（二）确定信息需求

明确调研目的之后就要将需要解决的主要问题分离出来，并根据解决问题所需要的信息来做出决策。例如，可口可乐公司刚开始在印度销售可乐的时候，它没有能够战胜Thums Up这样一个地方性大众品牌。为了在市场上取得立足之地，可口可乐也采用了Thums Up的瓶装方式。尽管如此，可乐的市场份额也没有得到提高。该公司没有考虑Thums Up所具有的强大的品牌忠诚度，并没有根据此种情况对自己的产品进行定位。在国际营销中，不能找出问题的根本原因可能会使代价极为高昂。

明确信息需求的第二步就是做出公司关于全球化决策需要何种信息的决定。

所需的信息可分为以下三类：

第一类信息有助于制定与公司市场导向有关的决策。例如，想要走向国际化的公司有许多可供选择的方案，最简单的途径是向目标国家出口产品。一些公司（比如麦当劳）决定实行特许经营或授权经营，而有些公司最喜欢建立部分或全部归自己所有的分支机构。

---

① ［美］库马尔：《国际营销调研》，陈宝明译，北京，中国人民大学出版社，2005。

第二类信息有助于制定与公司战略导向有关的决策。公司的战略导向有助于形成在国际市场上的扩张计划。有些公司只是把国际化经营看做处理国内市场过剩产品的一种途径，这些公司并不会为国际市场设计任何专门的战略，而其他的一些公司却能满足所处国外市场的特殊需要。

第三类信息有助于人们找到像定价政策、产品定位和促销方面的特定问题的解决方案。调研人员对于需要解决的问题应该有明确的认识。在调研过程这个阶段，调研人员应警惕不要掉入自我参照标准（Self-reference Criterion）的陷阱。自我参照标准可能导致调研人员忽视重要的问题，并会导致调研设计方案有严重的缺陷。

（三）选择分析单位

国际营销调研的一个重要的方面是作出分析单位的决定。在国际营销调研中，调研人员在宏观和微观层次上对于分析单位都有明确的认识是很重要的。宏观层次的单位由大的单元所组成，比如国家和城市。微观层次的单位是由公司、客户和特定市场细分所组成的。问题就在于是在全世界范围内寻找信息，还是在某个区域、国家群体、特定的国家还是特定的城市寻找信息。这些要素中的每一个都可以定义为一个分析单位。

（四）信息来源

信息来源可以根据途径的不同分为内部来源和外部来源。内部来源包括：销售和成本记录，企业员工已获得的知识（例如，公司经理、工程师、销售代表与客户、竞争对手或政府官员等接触中获取的信息）。这些内部来源经常足以为公司的当前决策提供充分可靠的信息支持。遗憾的是，不少公司并没有充分利用这些数据甚至忽视了这些内部信息渠道。

外部来源包括原始信息来源和二级信息来源。利用原始信息来源是指通过观察、可控实验、调查和其他技术，从具有相关信息的对象那里直接取得所需信息。利用二级信息来源是指从政府出版物、书刊杂志、新闻、贸易简报、对手公司内刊、贸易组织出版物和各种出版的研究报告中获取信息。通过原始信息来源，人们通常就能够得到国际营销人员解决问题所需的部分甚至全部信息。

在市场选择的最初阶段，出口商/国际营销人员通常容易取得大量的二手资料，尤其是关于市场指标的数据，可以方便地通过该国政府机构或国际（超国家）组织提供的常规或特别报告中获得。主要的超国家组织包括联合国（UN）、经济合作与发展组织（OECD）、欧洲联盟（EU）、东南亚国家联盟（ASEAN）、世界贸易组织（WTO）、世界银行（WBG）和国际货币基金组织（IMF）。除了出具包含历史数据和当前数据的报告外，其中的一些组织还提供包括经济预测、展望、趋势等方面信息的报告。这些报告在出版的刊物上可以找到或者在提供方的网站上就可以下载。

国家政府机构通常是出口商和国际营销人员获得基本信息和其他有用报告的主要来源。这些机构既包括出口商所在国，也包括潜在市场所在国政府设立的机构。它们可能不仅能够提供全球的经济指标和对特定国家的分析，还能提供对于某一种特定商业活动或特定领域问题的已有研究成果。进行国际市场分析的初步措施通常是和目标国的大使馆或使领馆取得联系。州、省等地方政府也能提供一些有用的官方数据。港务局是热心提供此类资料的政府机构之一。一些著名的港务局，如美国的旧金山、荷兰的鹿特丹、澳大利亚的悉尼和中国的香港，对外国出口商的帮助服务都使它们获益匪浅。

非政府组织是出口商的另一个重要信息来源。大型商业银行和投资公司通常都会设有国际部，定期收集和发布有用的统计数据。例如，美国银行（Bank of America）设有世界信息服务部（World Information Services），可以提供国家展望、国家数据预测和国家风险监控等服务。运输公司、广告公司、大型会计师事务所等希望在自己专业领域得到业务的服务性企业，不仅乐于提供国外市场的信息，还愿意提供出口、融资、保险、货运产品等相关技术方面的信息。普华永道会计师事务所在许多国家发布一系列指南性出版物就是一个例子。普华永道在许多国家都设有公司或办事处。这些指南为企业进行境外经营提供了多方面的指导。包括商会在内的各种商业、贸易和专业协会也可能成为相关数据的一个来源。例如，美国的商业国际公司（Business International Corporation）和英国的经济学人智库（Economist Intelligence Unit）每年出版许多报告，其中一些是定期的系列报告，对国际营销/出口商很有帮助。除此之外，商业营销研究公司、大学和其他研究机构等也都会通过各种形式发布其研究成果。

二级来源并不总能为国际营销决策提供充分的信息，至少它们不应该被作为唯一信息渠道而依靠。但企业仍应当重视收集、处理、分析和解释二手信息，即使在基础研究和一手资料不可或缺的情况下，二手资料也可以提供背景信息作为参考使用。掌握充分准确的二手信息不仅可以避免进行不必要的基础研究从而节约成本；即使需要进行基础研究，已获得的背景知识也有助于合理地计划和开展研究。国际营销所面临的问题通常不是寻找数据，而是筛选、评估、解释和利用那些既得的数据。

利用二手数据并不是没有限度和不存在隐患的。二手数据的有效性、可靠性和可比性都需要检验。从不同市场上得到的数据，信息量、聚合程度和详细程度都不同。同时，数据的可信程度也是需要检验的问题。因此，在使用二手数据的时候，应重视这些信息是谁、为什么目的和怎样收集的。掌握这些情况有助于出口商正确估计所得数据的价值。

20世纪90年代以来，互联网的高速发展使其越发成为一种快捷、高效而低成本的电子通信手段。国际营销商现在能够利用的数据库已经为数众多，而互联网进一步使得今天的商业企业能够接触不少以往难以获得的信息。然而运用互联网也需要注意，不同站点所提供的信息在准确性、完整性和传播性上差异很大，因此国际营销商需要经常关注互联网，确保得到最新和最有用的信息。

（五）数据的等价性

在国际营销调研中需要处理的一个问题就是数据的等价性（如图6—8所示）。首先，需要证明所研究的对象是否是等价的。其次，要评估所研究概念的测量的等价性。最后，还要考虑在每个国家或文化中所研究的样本的等价性。①

例如，一个化妆品公司想要同时进入几个国家，且该公司将目标客户群定位于城市的职业女性，并要求调研人员研究这些国家的市场潜力。这听起来似乎很简单，但是当调研人员开始实际进行抽样程序时就不是这么回事了。城市的定义是什么？表6—2给出了世界上部分国家对于城市的定义。

---

① ［美］库马尔：《国际营销调研》，陈宝明译，北京，中国人民大学出版社，2005。

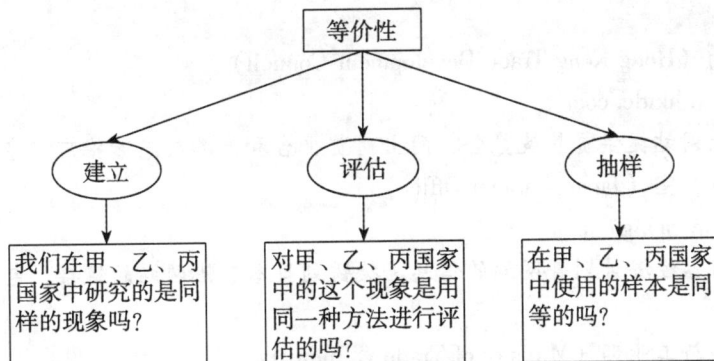

图6—8 数据的等价性

表6—2   部分国家对于城市的定义

国家	城市的定义
丹麦	有200个以上居民的居住地
阿尔巴尼亚	有400个以上居民的居住地
加拿大	有1 000个以上居民或者每平方公里人口密度超过400人的地区
德国	有2 000个以上居民的居住地
美国	城市化地区或者有2 500个以上居民的地区
印度	有7 000个以上居民的居住地
瑞士	有10 000个以上居民的居住地
日本	城市人口在50 000以上并且60%以上的房屋都在主要的建筑区域，60%以上的人口（包括家属）从事制造、贸易或其他具有城市特征的商业活动。市内具有地方官所认为城市应该具有的基础设施和环境
新加坡	整个国家

资料来源 World Population 1983（Washington, D. C.：U. S. Bureau of Census, 1983），577-86, and Susan P. Douglas and C. Samuel Craig, International Marketing Research（Englewood Cliffs, NJ：Prentice Hall, 1983），80。

因此，调研人员需要找到从每个国家取得同等数据的途径，同时又要满足主办方的要求。这是国际营销调研与国内营销调研显著不同的一个地方。

延伸阅读   网上亚洲

如果一家国际营销商或出口商对亚洲市场感兴趣，以下是一些可以参考的互联网站点：

亚洲开发银行（Asian Development Bank）

http：//beta. adb. org/main

亚行首页，有67个成员，包括新闻、焦点、统计等信息。

东南亚国家联盟（ASEAN）

http：//www. aseansec. org

东盟官方网站，介绍了东南亚国家联盟的历史和其每个成员国的经济、社会发展情况。

香港贸发局（Hong Kong Trade Development Council）

http：//www. hktdc. com

香港贸发局网站提供贸易展览会、网上商贸平台和产品杂志等推广信息。

日本内阁办公室（Japan Cabinet Office）

http：//www. cao. go. jp

并入了原日本经济计划署网站的信息，提供到日本其他网站的链接，包含日本政府多方面的信息。

新加坡贸易与工业部（Ministry of Trade & Industry）

http：//app. mti. gov. sg

提供关于新加坡经济、贸易、产业等多方面的相关数据与企业信息。

马来西亚工业总会（Federation of Malaysian Manufactures）

http：//fmm. org. my

马来西亚最大的私营部门经济组织，提供丰富的经济数据与企业信息。

菲律宾统计局（National Statistics Office，Republic of the Philippines）

http：//census. gov. ph

菲律宾统计局官方网站，可以获得菲律宾经济、社会等各方面的官方统计数据。

以上列出的网站只是一些例子。世界其他地方的类似信息同样可以从网上获得。随着时间的推移，可以利用的信息的类型会发生变化，数据的及时性和质量也会得到改善。电子数据库的发展也使得营销信息的范围从最新的产品研发信息到学术界的新理念、贸易新闻和国际贸易统计数据的更新。

资料来源　《全球 WWW 网址指南》编写组：《全球 WWW 网址指南》，上海，上海科学技术出版社，2003。

（六）调研设计

二手数据用于得到调研计划的最初假设。这些尝试性的结论可以用来进行成本—效益分析。如果研究证明在经济上是可行的，调研人员就开始进行调研设计。对调研方法的选择取决于调研的性质。调研的类型可以分为以下三大类：

1. 探索性调研

探索性调研是指人们对问题的一般性质、可能的决策方案选择以及需要考虑的相关变量进行深入调查时使用的调研方式。

2. 描述性调研

描述性调研的目的是提供对市场环境某些方面的准确及时描述。市场调研中很大比例都是描述性调研。

3. 因果性调研

因果性调研是指当有必要在两个或更多的相关变量之外进行推导并且调研人员需要表明一个变量导致或决定了其他变量的值时所采用的调研方式。

确定了整体调研策略以后，下一步是进行研究设计。研究设计是明确取得所需信息的方法和程序。它是开展研究和取得数据的组织框架或计划。简而言之，对于一个确定的方法体系，研究设计是唯一的。

（七）工具设计与数据获取

明确了信息的需求、选择了策略方法以后，下一步研究人员关心的就是调研的工具和数据收集的方法了。无论是在哪种方法体系下，研究者都有很多数据收集技术可以运用。

大体上，数据收集的过程离不开交流或观测这两种。交流可以通过人际、信件、电话、电子邮件或互联网等方式进行。通常，交流会利用到以上多种方式，被称为调查。当然，也可以利用观察当前和过去行为的方法取得数据。根据以往的行为的不同，观测的技术包括分析二手资料（如公司记录、外部出版物等）和观察物理痕迹（如侵蚀和增长）。根据所提问题的结构和直接程度（掩饰或非掩饰）的不同，市场研究可被划分为"定性"和"定量"两类。

不是每种数据收集的方法都可以在所有的国家使用。例如，在墨西哥，如果想要了解一般民众的整体情况就不能用电话进行调查，因为墨西哥的电话普及率很低——在首都墨西哥城普及率大约为55% ～ 60%；瓜达拉哈拉（Guadalajara）和蒙特里（Monterey）不到50%；其他城市大约为35%。因此，在墨西哥调查的最好方式是挨家挨户地亲自上门访问（Namakaforoosh，1994）。在整个拉丁美洲，家庭电话普及率都不高。因此，研究人员多采用个人访问。在欧洲，由于国与国之间的差异，在不同国家有不同的"最佳"数据收集方法。在葡萄牙所做的调查中，3/4都是以面访的形式完成的（Andruss，2000b）。而在人均受教育水平很高的北欧国家，发函调查的形式更为普遍。

在某些地方，被咨询的人、进行咨询的人以及研究管理人员的性别也是一个潜在的问题。比如，在一些主要的伊斯兰国家情况尤其如此，在那儿女性管理人员或女性项目主管露脸的机会不是很多。在一些伊斯兰国家女性可以获得研究项目，如埃及，但是在沙特阿拉伯则完全禁止（Jarvis，2002）。随着时间的推移，利用互联网来进行数据收集会使这个问题得到一定程度的缓和。

同时，调查问卷设计的一个重要方面是使用测量尺度来获取关于受访者的态度、偏好和行为的有关信息。尺度是创建一个连续统一区间的过程，根据所拥有测量到的特征数量来确定对象在这一区间中的位置。所使用的尺度可以分为以下不同的类型：

（1）定名尺度：在某个特征上是相同的，数字的任何比较都没有意义。这一类型中的对象是相互独立的，在这一类型上可以进行的唯一操作是对每一类别进行总体计数。受访者的性别或婚姻状况就是一个例子。

（2）定序尺度：根据某个一般变量对其中的对象进行排列和组织。在这一类型中可以提供的唯一信息就是有多少个已知变量。对象之间的差异数量是未知的。在田径比赛中最后的名次排序就是这种测量的一个例子。

（3）定距尺度：用于排列对象的数字还表示所测量特征的增量是相同的。对象之间的差别是可以比较的。如人的收入、物体的重量等等。

（4）定比尺度：也是一种定距尺度，但是有一个有意义的零点。这是允许对绝对数量进行比较的唯一测量手段。

对于国际营销人员来说，在选择了所使用的尺度类型后，调查问卷设计还需要注意一些问题。比如，在受教育水平很低的国家中，调研人员需要使用一些创新性的方法来向受访者告知调查的目的。调研人员还需要注意受访者在调查中表现出偏见的一些典型趋势。研究表明，日本人倾向于中性，所以测量尺度就要设计成没有中间值以迫使他们做出回答。《读者文摘》（Reader's Digest）很多年前曾做过的一项研究（Ricks，1999）发现，法国和前联邦德国消费者购买的意大利面竟比意大利还多。这个"错误的发现"要归咎于问题的提法。调查只问及了消费者对品牌和袋装意大利面的购买情况。而在意大利本国，人们都喜欢大批量地购买散装的面条。

更广泛地说，调查中应该尝试利用多种方法。尽管结构化问卷是营销研究者熟悉的调查工具，但文化的特征往往是只可意会不可言传的，如果忽视了一些重要的细微差别，问卷很可能问不出关键信息。结构化问卷通常解释不了消费者前因后果的购买或消费，因为它一般都假定不存在这种行为并且假定人们能够回忆起他们的购买行为。简而言之，可能理解缺乏深度。如果将定性方法与传统的定量方法结合起来，研究过程的适应性就会更强。

语言是问卷设计和研究实施中的另一个重要问题。研究者身上总是带着某种文化的烙印。他用某种语言构思研究并初步写成问卷，又要将问卷翻译成另一种语言，调查完全不同文化背景的被访者，这必然会导致许多问题。避免这类问题的通常做法是进行"翻译和倒译"。最理想的情况是由一个"局外人"倒过来进行翻译和重新翻译。这种过程很可能会增加成本并耗费更多的时间，但它的确有效。

（八）抽样与实施数据收集

市场研究很少会对相关人群进行普查。市场研究人员往往要综合考虑企业资源、成本收益等情况，从而只对相关人群的一部分进行调查，即进行抽样调查。设计抽样的方案，研究者需要明确三方面内容：①将从何处抽取样本；②抽样的过程；③样本的大小。在明确问题阶段，研究者已经确定了相关人群总体，同时该群体应该是所涉及产品购买决策的关键决策者。例如，如果调查是关于销售某种蛋糕组合的，那么就应该拜访家庭主妇。抽样设计必须与其相一致，这样抽样得到的数据才能用于推断总体人群的情况。

抽样的下一步就是确定抽样框。在国际环境下，用于组成抽样框而得到的人口清单可能会产生问题。在部分国家中电话还未得到普遍使用，而不发达国家也没有一个全面的可供调查人员从中划出一系列名字的选民名单。在更多的情况下，调研人员采用的是非概率的抽样方法。然后，调查人员就可以作出在哪些地理范围内进行抽样的决定。其出发点就是保证人口中所有异质群体都能得到充分代表。抽样技术多种多样。非概率抽样包括便利抽样、判断抽样、定额抽样和雪球抽样等。概率抽样包括简单的随机抽样、分层抽样以及整群抽样等。

以上步骤结束后，调研就进入了数据收集的实施阶段。无论是观察法还是交流法，数据收集都要与人打交道，这就提出了如何管理好调查人员的问题。数据收集的成本会很高。

组织上的问题集中在两个方面：

（1）调研在公司内部实行集权化或分散化的程度。调研的组织是采用集权化还是分散化的形式，实质上是决定调研采用标准化还是适应性策略的问题。公司的规模和出口销售的重要程度也会对组织形式产生影响。

（2）公司是自行进行调研还是外包给专业公司调研。如果外包给市场研究公司，也会存在一些潜在问题，如不同语言间的交流、项目材料的翻译等。究竟是采用内部调研还是外部购买取得所需信息也会受到公司规模的影响。其他的考虑因素还包括已经涉足的国内重要市场的数量等。许多出口商内部并没有能胜任对国外市场进行系统研究的专业人员。除非是利用二手资料的案头研究，否则聘请专业市场研究公司或购买研究报告会是较好的办法，因为出口商对目标国当地环境不熟悉，公司内也不具备精通多种语言的人才。此外，为了进行一项国际市场研究而雇用一批永久员工，公司可能会得不偿失。

（九）数据分析

取得资料后，需要对其进行分析整理。原始状态的数据对任何人都没有意义。在多国调查研究中，数据分析的第一步是准备数据。需要对数据进行校订、编码和制表，并且调研人员应确保数据的质量和可信性。在这一阶段，调研人员要检查是否存在含糊不清、访谈者的错误、不一致、缺乏合作以及不合理的回答等问题。在编码中主要的问题是要保证抽样数据尽可能地可比，以利于多国之间的分析。数据一旦得到编码和编辑，调研人员就要检查数据的可信性。然后，调研人员就可以进行国内和跨国的数据分析了。就像在国内研究中一样，为了分析数据，可以采用单变量或多元技术。在数据分析中所使用的各种单变量技术包括列联表、T检验以及方差分析。多元技术包括协方差分析、回归分析、判别分析、联合分析、聚类分析、因子分析以及多维排列等。但是，应该注意避免用过分复杂的工具处理并不复杂的数据。分析工具应与数据的质量相适应。例如，发展中国家的市场往往很不成熟，一般没有必要花很大成本从中取得"高质量的数据"并进行严格分析。

（十）汇报结果

市场研究以明确问题开始，以提交报告告终。研究报告应包括研究所做的一切及研究结论，结论陈述可以是书面的，也可以是口头的，这取决于客户的偏好。如果可能的话，还应清晰、准确和诚实地提出行动建议。研究报告应具有完整性和简洁性。完整性是指报告能用读者易懂的语言提供其需要的全部信息。简洁性是指报告内容经过精选，避免事无巨细。完整性和简洁性往往是相互冲突的，需要研究者权衡。市场研究报告的篇幅控制、美观性和陈述技巧等都很重要。但如果不能启发读者、增进他们对市场的认识，即使其他方面做得再好，报告也没有意义。

第三节　国际营销渠道管理

一个公司的国际营销渠道是分销渠道的路径。通过这一路径，公司的产品可以到达消费者或用户那里。从公司的观点看，分销结构由两个部分组成：一种是目前在国外市场上正在运作的营销渠道；另一种是通过其首先到达市场的营销渠道。因此，进入任何一个国外市场的分销结构都包括所有公司在任何特定时间使用的所有的营销代理及机构、它们的能力以及它们所覆盖的地理范围。

在制定市场进入的模式时，公司必须为两种东西的流动做计划。当公司的产品经过分销渠道时，就会出现两种流动：①交易流；②物流。交易流，即所有权流动，是由分销渠道成员通过谈判达成促成一系列销售交易，最终把产品的所有权转让给最后的买主来实现的。物流是通过一系列的实物运动和储藏将产品转移到最终的购买者手中。在整个国际营销渠道中，这两个部分（交易流和物流）趋于一致。但是，例外也是有的。比如，使用一个出口代理时，涉及的只是交易成分；但是当一个出口商介入这两种交易时，二者的重合一致就很典型了。在这两种流动中，所有权的流动对管理层来讲也许更重要一些。因为，所有权本身带有风险与控制。这并不是说有形分销（供应链管理、后勤）不重要。

恰恰相反，也许存在物流对交易产生一定影响的例证。一个公司也许能够完成一项特定的销售，而这种情况的出现只能是因为它所使用的分销渠道把其产品传送到了买主那里。对于买主来讲，这些产品是在其所需要的时间、地点，以合理的成本成交的。在类似的情形下，那些售后服务也是很重要的，因为这种售后服务的表现会影响公司今后的出口销量。

在一个特定的营销的分销渠道中开展交易和物流活动时会涉及许多具体的机构。各种类型的独立公司和海外营业部等营销组织都很重要。除此之外，还有另外一些类型的组织，如银行、运输公司和广告公司，它们为国际营销人员提供有益和必要的服务，虽然这些机构和代理不是营销渠道的成员，但它们是辅助性机构或服务性组织。这些由国外市场上将生产者同使用该公司产品的最终用户或消费者联结起来的各种营销组织构成的体系就是国际营销分销渠道。[①]

一、市场进入策略

进入外国市场，在最初和以后的阶段，都应使用符合公司战略目标的策略。从战略前景来看，公司在国外的业务或市场扩张中所采取的国际营销策略均会影响市场进入的模式。选择市场进入模式是为了推动公司进入一个特定的外国市场所采取的国际策略。当一个公司意识到它不再仅靠国内销售来完成其目标时，这个公司即已成为一家真正的国际营销商（而不是一个临时的出口商），该公司就正式走上了"国际化"的道路，即便其只是从事出口业务。人们发现，出口也许是最佳的国际学习经历，它可以使一个公司变得更加成熟，并且使它可以从事国际营销的其他业务，比如在海外市场建立生产设施。

国际市场进入策略（营销渠道策略）应被视为一个综合计划，这一计划提出公司的目标、资源和政策，旨在指导公司在未来一段时间的国际营销业务。对于涉足国际营销的新公司或进入特定国际市场的新公司来讲，市场进入策略的规划前景应该是3~5年，公司在这样长的一段时间内可以在国外市场上实现可持续发展。[②]

企业可以有多种方式进入国际市场，如出口进入方式，包括间接出口、直接出口；契约进入方式，包括许可证、特许经营、管理合同、合同制造、交钥匙工程；投资进入方式，包括合资经营和独资经营（如图6—9所示）。选择特定的进入方式可反映出企业在目标市场上想获得什么利益、如何获得这种利益等战略意图。[③]

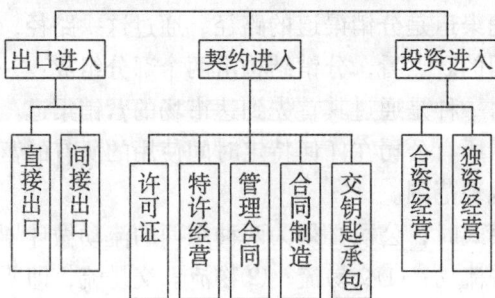

图6—9　国际市场进入方式

　　①　[美]奥尔巴姆、杜尔、斯特兰斯科夫：《国际营销和出口管理》，张新生、吴侨玲译，北京，中国人民大学出版社，2007。
　　②　[美]奥尔巴姆、杜尔、斯特兰斯科夫：《国际营销和出口管理》，张新生、吴侨玲译，北京，中国人民大学出版社，2007。
　　③　陈红进：《国际营销培训教程——有效获取国际订单》，上海，上海交通大学出版社，2007。

（一）出口进入

长期以来，出口一直被作为企业进入国际市场的重要方式。从宏观角度看，由于出口有利于增加国内就业、增加国家外汇收入、提高本国企业的国际竞争力，因此，出口一直受到各国政府的鼓励。同时，从企业的角度看，为了降低国内竞争所带来的风险和进行自身扩张，各国的企业也都选择出口这一满足国外市场需求最简单和最容易的途径。出口方式有许多优点：第一，由于出口面临的政治风险最小，它常被企业作为进入国际市场的初始方式；第二，当本国的市场潜力未能准确探知时，出口方式可以起到投石问路的作用；第三，当企业发现目标市场具有吸引力时，可以利用出口为将来直接投资积累经验；第四，当目标市场的政治、经济状况恶化时，可以以极低的成本终止与这一市场的业务关系。当然，出口模式也有一些缺点，例如，汇率的波动和政府贸易政策的变动会给出口企业的收益带来负面效果。除此之外，出口企业也常常会发现难以对目标市场的变动做出迅速的反应，对营销活动的控制也较差。

出口进入有两种方式：

1. 间接出口

间接出口是指企业通过本国的中间商从事产品的出口。间接出口，企业可以在不增加固定资产投资的前提下出口产品，开业费用低，风险小，而且不影响销售利润。况且，企业可借助此方式，逐步积累经验，为以后转化为直接出口奠定基础。

间接出口的渠道有：

（1）国内出口商。中间商购买制造商的产品，并自己负责把产品销往国外。

（2）国内出口代理公司。代理商替企业寻找国外购买者，同时抽取一定的佣金。贸易公司亦属此类。

（3）出口管理公司。中间商管理企业的出口业务，同时收取一定费用。

（4）合作组织。合作组织代表几个制造商进行出口活动，初级产品制造商常常利用这种出口方式。

（5）外资企业驻中国采购处。一些外国企业的大型批发商、零售商和国际贸易公司往往在其他国家设有采购处。

企业采用间接出口的优点是：可以利用国内其他组织机构在国外的分销渠道和经验，迅速将产品销售到国外市场；可以在一定程度上解脱在出口贸易资金方面的负担，而且不必承担外汇风险以及各种信贷风险；由于产品是通过中间商销售到国际市场的，因此企业不需要设立专门的出口机构，不需要增加国际市场营销人员，这样便节省了投资。当然，间接出口也有其一定的局限性：企业没有亲自进行海外经营和销售，无法取得直接经验和国际市场信息，而这些经验和信息对从事国际营销工作来说是十分重要的。因此，间接出口主要是一些缺乏足够力量的中小型生产企业采用的方式。对于资源雄厚、经验丰富的大型企业来讲，间接出口的方式只是同时所采取的几种出口方式中的一种。

延伸阅读　　　　　　　　　　　**日本的一般贸易公司**

Mitsui Bussan 公司在 20 世纪 90 年代中期是日本最大的贸易公司之一。它还是三井株式会社的核心公司——集团公司之一，由董事会以相互拥有股票的形式实现共同拥有，控制日本的商业。三井公司和其他一般贸易公司——三菱、住友商事（Sumitomo）、丸红商事（富洋（Fuyo）株式会社的一部分）、伊藤忠商事（Itochu）和 Nissho Iawai（Sanwa,

日本三和）——在 1994 年的销售额大约为 100 万亿日元，这大约相当于日本当年 GDP 的 25%。

但是，庞大的销售额在那年所创造出的联合净利润却少于 450 亿日元。对于西方人来说，贸易公司就像史前的恐龙一样，它们作为中间人的核心业务受到攻击，因为日本越来越希望可以与供应商和消费者直接交易（The Economist，1995a）。

综合商社是世界上最大的"万事通"，但是却没有能力控制其中任何一件事。简而言之，它们似乎可以做好许多事情，但是几乎没有真正做好。在不同的阶段，它们开展不同的业务，例如：接受委托代理，代表客户从事进出口贸易；做经销商，以自己的名义进行贸易；做不同株式会社成员之间交易的中间人；为较小的株式会社成员理财；投资信托公司管理者；风险资本家；项目开发与管理者；咨询顾问。它们喜欢参与到石油公司、发电机行业、电信行业、电视台与卫星通信行业。

很显然，这些公司承担着西方的集团企业所避之不及的风险与管理方面的挑战。但是，综合商社有进入新领域的传统。它们的核心竞争力似乎建立在它们的客户们对"海外"知识的缺乏上。一旦有一天，无知的头脑被开化，这些交易将全部结束，这就像 20 世纪 70 年代许多日本汽车和电子公司所做的那样。这将导致贸易公司转移到新的领域。

资料来源　［美］奥尔巴姆、杜尔、斯特兰斯科夫：《国际营销和出口管理》，张新生、吴侨玲译，北京，中国人民大学出版社，2007。

2. 直接出口

直接出口是指不通过本国中间商，但可以通过目标国家的中间商来从事产品的出口。在直接出口方式下，企业的一系列重要活动都是由自身完成的。这些活动包括调查目标市场、寻找买主、联系分销商、准备海关文件、安排运输与保险等。直接出口使企业部分或全部控制国外营销规划。它可以从目标市场快捷地获取更多的信息，并针对市场需求制定及修正营销规划。采取直接出口的方式，企业才算是真正开始从事国际市场营销。

企业的直接出口可以有五种方式：

（1）设立国内出口部门。该部门负责实际的对外销售工作。它有可能演变成为独立的出口部门，负责企业所有有关出口的业务，甚至还可能成为企业的销售子公司，单独计算盈利。

（2）国外经销商和代理商。国外经销商直接购买企业产品，拥有产品所有权；而国外代理商是代表企业在国际市场推销企业产品，不占有产品，但要抽取佣金。在企业不了解国外市场又想尽快进入国际市场时，可以把产品卖给国外经销商，或委托国外代理商代售。

（3）设立驻外办事处。设立办事处实质上是企业跨国化的前奏。办事处可以从事生产、销售、服务等一条龙服务。其优点：一是可以更直接地接触市场，信息回馈准确迅速；二是可以避免代理商的三心二意，而集中力量攻占某个市场。其缺点是设立国外办事处需要大量投资。

（4）建立国外营销子公司。国外营销子公司的职能与驻外办事处相似，所不同的是，子公司是作为一个独立的当地公司建立的，而且在法律和赋税、财务上都有其独立性，这说明企业已更深入地介入了国际营销活动。

（5）电子商务。随着互联网的发展，一些公司现在越来越依赖于互联网，它们把互联网作为向国外市场出口的一种途径，这就是电子商务。对于那些可以直接向国外市场销售产品，或者可以把产品直接销售给国内市场上那些从事出口交易的中介公司来说，互联网具有潜在的好处。尽管 B2C 的业务量将会随着使用互联网人数的增加而增加，但是，同 B2C 相比，互联网似乎更适合于 B2B 的营销活动。互联网对所有类型的公司都是开放的，这些公司包括制造商、批发商、"常规"零售商、服务公司，以及那些建立在网络基础之上并且全部业务均利用网络的公司（即所谓的 dot-coms 公司），比如 Amazon. com 公司和阿里巴巴公司。互联网是一种既可以取代其他诸如直接邮购、电话订购以及人员推销技术又可以补充这些技术的工具。然而，由于互联网是一种较新的技术，国际营销人员在使用它时应该有所选择，并且也要谨慎。在此方面，目前仍然存在许多需要解决的法律问题，这些问题可以影响到由于使用互联网而建立起来的各种关系。

　　企业利用直接出口进入国际市场有助于提高企业的国际营销业务水平，但也有其缺点：企业要增加国际市场营销人员，或增设负责出口的专门机构，这样就增加了市场营销费用。企业必须亲自经营出口业务，工作量大，责任较重。从事直接出口时，还会遇到各种国际问题，如外国政府对产品的要求、货币汇率的变化等。

延伸阅读　　　　　　　　　　　　**雀巢是如何做的**

　　1. 取得订货单

　　工作方法：自 2000 年 7 月起，美国的商店所有者可通过一个全新的网站 NestleEZOrder，订购雀巢巧克力以及其他产品。

　　好处：雀巢希望消除那 10 万张来自零售店的电话和传真订货单。这将减少人工数据录入，减少 90% 的加工成本，使每份订货单成本降为 21 美分。

　　2. 获得配料

　　工作方法：雀巢的采购人员以前是一国一国地购买可可豆和其他原料，对同行是以什么价格购买同样的产品得不到任何信息。现在，他们可以通过网络共享信息，从而挑选提供最优惠价格的供应商。

　　好处：雀巢减少了 2/3 的供应商，减少了最多 20% 的采购成本。

　　3. 生产巧克力

　　工作方法：雀巢向来自己加工可可油和可可粉，自己生产大多数的巧克力。网络使得雀巢与供应商有了更好的沟通，利用外部资源来生产成了更好的选择。

　　好处：1999 年，意大利和马来西亚的外部承包商获得了生产雀巢原料巧克力的订货单。以后这种交易将更多，因为 2000 年雀巢计划卖掉 86 个工厂中的 1/3。

　　4. 削减存货

　　工作方法：在过去，雀巢要猜测一次促销可以卖出多少奇巧或者 Crunch 巧克力棒。今天，与超市和其他零售商电子联系，就可以提供给雀巢精确及时的关于购买趋势的信息。

　　好处：雀巢由于根据需求来调整产量从而减少了 15% 的存货。

　　5. 营销糖果棒

　　工作方法：雀巢花 12 亿美元来进行传统的印刷广告和电视广告。在两年内，其中的超过 20% 的广告将放到网上进行。

　　好处：新的营销手段包括建立一个巧克力爱好者的网站，上面有建议、食谱和有关巧克力的乐趣的赞歌。雀巢的咖啡、意大利食品和婴儿营养品也设有类似的网站。

资料来源 严卫京：《美国〈商业周刊〉精粹：透视网络经济》，北京，中国对外经济贸易出版社，2001。

（二）契约进入

契约进入是指国际化企业与目标国家的法人单位之间建立长期的非股权联系，前者向后者转让技术或技能。

1. 许可证进入

在许可证进入方式下，企业在一定时期内向一外国法人单位（如企业）转让其工业产权，如专利、商标、产品配方、公司名称或其他有价值的无形资产的使用权，获得提成费用或其他补偿。许可证合同的核心就是无形资产使用权的转移。许可证进入方式是一种低成本的进入模式。其优势是：绕过了进口壁垒，如关税、配额等困扰，同时其政治风险比股权投资小。当企业由于风险过高或者资源方面的限制而不愿在目标市场直接投资时，许可证不失为一种好的替代模式。许可证进入模式也有许多不利的方面，例如，企业不一定拥有国外客户感兴趣的技术、商标等无形资产。同时，这种方式限制了企业对国际目标市场容量的充分利用，并且还有可能因为权利义务问题陷入纠纷、诉讼。鉴于许可证进入方式存在的这些弊端，企业在签订许可证合同时应明确规定双方的权利和义务条款。

2. 特许经营进入

这种方式是指企业（许可方）将商业制度及其他产权诸如专利、商标、包装、产品配方、公司名称、技术诀窍和管理服务等无形资产许可给独立的企业或个人（特许方）。被特许方用特许方的无形资产投入经营，遵循特许方制定的方针和程序。作为回报，被特许方除向特许方支付初始费用以外，还应定期按照销售额的一定比例支付报酬。特许经营进入方式与许可证进入方式很相似。所不同的是，特许方要给予被特许方以生产和管理方面的帮助，例如，提供设备、帮助培训、融通资金、参与一般管理等。其优点和许可证进入也很相似，但是特许方对被特许方的经营具有一定的控制权。它有权检查被特许方各方面的经营，如果被特许方未能达到协议标准和销售量或损害其产品形象时，特许方有权终止合同。特许进入方式的缺点是：特许方的盈利有限；特许方很难保证被特许方按合同所约定的质量来提供产品和服务，这使得特许方很难在各个市场上保证一致的品质形象；把被特许方培养成自己未来强劲的竞争对手。

3. 合同制造进入

合同制造进入方式是指企业向外国企业提供零部件由其组装，或向外国企业提供详细的规格标准由其仿制，由企业自身保留营销责任的一种方式。利用合同制造进入方式，企业将生产的工作与责任转移给了合同的对方，将精力集中在营销上，因而是一种有效的扩展国际市场方式。但这种模式同时存在如下缺点：一是有可能把合作伙伴培养成潜在的竞争对手；二是有可能失去对产品生产过程的控制；三是有可能因为对方的延期交货导致本企业的营销活动无法按计划进行。

4. 管理合同进入

这种进入方式是指管理公司以合同形式承担另一公司的部分或全部管理任务，以提取管理费、一部分利润或以某一特定价格购买该公司的股票作为报酬。这种进入方式可以保证企业在合营企业中的经营控制权。管理合同进入方式具有许多优点，企业可以利用管理技巧而不发生现金流来获取收入，还可以通过管理活动与目标市场国的企业和政府接触，为未来的营销活动提供机会。但这种方式的主要缺点是具有阶段性，即一旦合同中约定的任务完成，企业就必须离开东道国，除非又有新的管理合同签订。

5. 交钥匙承包进入

这种方式是指企业通过与外国企业签订合同并完成某一大型项目，然后将该项目交付给对方的方式进入外国市场。企业的责任一般包括项目的设计、建造，在交付项目之后提供服务，如提供管理和培训工人，为对方经营该项目作准备。交钥匙合同除了发生在企业之间外，许多是就某些大型公共基础设施如医院、公路、码头等与外国政府签订的。交钥匙进入方式最具吸引力之处在于，它所签订的合同往往是大型的长期项目，且利润颇丰。但正是由于其长期性，也就使得这类项目的不确定性因素增加，如遭遇政治风险。对企业来说，预期外国政府的变化对项目结果的影响往往是很困难的。

（三）投资进入

随着经济全球化及各国经济的发展，越来越多的企业将对外直接投资作为进入外国市场的主要方式。直接投资是指直接参与国外被投资企业的经营活动，即投资者对国外企业不仅拥有所有权，而且对国外企业的经营活动拥有实际的控制权。对外投资可以分为两种形式：合资经营和独资经营。

1. 合资经营

它是指与目标国家的企业联合投资，共同经营，共同分享股权及管理权，共担风险。合资经营的好处是：投资者可以利用合作伙伴的专门技能和当地的分销网络，从而有利于开拓国际市场；有利于获取当地的市场信息，以对市场变化作出迅速灵活的反应；当地政府易于接受和欢迎这种模式，因为它可以使东道国政府在保持主权的条件下发展经济。合资经营的缺陷是：合资经营会在诸如社会文化差异、零部件来源、转移价格、市场分配、产品定价、年金控制、研发及管理方式等方面发生问题。双方经常会就投资决策、市场营销和财务控制等问题发生争端，有碍于跨国公司执行全球统一协调战略。

2. 独资经营

独资经营不一定需要拥有100%的公司所有权，主要是拥有完全的管理权与控制权，一般只需拥有90%左右的产权便可。独资经营的方式可以是单纯的装配，也可以是复杂的制造活动。它是企业进行国外生产的最高阶段，意味着企业在国外市场上单独控制着一个企业的生产和营销。其做法主要有两种：一是在市场上收购一个现成的企业；二是在当地投资，从头开始建立一个新企业。收购的方式可以快速进入一个新的市场，其主要优点是：可以利用国外现成的人、财、物和各种既有优势，此外，购买国外企业对现金的需求不是很大，因为企业可以通过发行股票支付这一购买。其缺点是：要使外国企业并入总公司的管理体系，是一件费时、费力而且不一定有成效的工作。建立新企业的方式要求国际企业的管理人员花费更多的时间和精力，但有时这是在当地投资的唯一选择。因为国际企业在某些国家找不到合适的现成企业并对其收购，或者东道国政府不允许外来企业在本国收购现成企业。

独资经营可以使国际企业独享利润，避免与当地合作伙伴发生冲突而能将自己的经营目标与管理思想一以贯之；能更直接、更全面地积累国际营销经验，并将独资企业更有效地纳入其全球营销体系之中。但是由于这种方式投入的资本远较其他方式多，风险亦大，相对合营企业较难取得当地资源支持和政府部门及社会公众的认同。

延伸阅读   **中国中小企业出口现状**

在一次中小企业出口渠道调查中，发现95%以上的企业采用间接出口渠道，60%的企业采用直接出口与间接出口相结合的方式，只有不到10%的企业采用直接出口方式。

1. 间接渠道

对于大部分采用间接出口渠道的企业而言，既有劣势也有优势。间接出口的主要方式有：

（1）配套生产。Philips 在全球生产、销售的 DVD，沃尔玛2005年全球销售的900万台 DVD，以及60%左右的国产知名电子产品，它们的遥控器均出自哈尔滨市一个名不见经传的小企业——海格集团。该公司成立于1989年，其生产的全集成红外接收器（电器遥控器）填补了国内空白，已经与很多国际知名品牌一起行销全球。与跨国公司合作为海格集团带来的最直接的好处是每年超过50%的增长速度。

（2）贴牌生产。东南沿海地区是我国中小企为跨国公司做 OEM（原始设备生产商）最早的发生地。在广东省，一些小家电生产线，就像展览会一样，会源源不断地涌出许多国际知名品牌产品。现在，OEM 生产已从广东发展到"珠三角"、"长三角"以及内地很多地方，产品门类也由小家电、服装、食品、仪器设备发展到笔记本等 IT 产品。

（3）通过外国固定的大客户设在产地的采购机制。外国巨型连锁以及大型跨国企业，为保证稳定可靠的货源，经常在产地设立专门的机构。生产厂家可以与这些机构挂钩，向它们销售产品而达到出口的目的。

（4）通过专营国际商务的贸易公司。这种公司不从事生产，专门从事采购和销售。它们不仅熟悉市场，有丰富的国际贸易经验，而且财力比较雄厚，能够提供网络式的有效售后服务。

2. 直接渠道

直接渠道是工业分销的主要类型。例如，大型设备、专用工具及技术复杂需要提供专门服务的产品，都采用直接分销，消费品中有部分也采用直接分销，诸如鲜活商品等。

目前我国不少出口产品只卖给中国香港、台湾的中间商，然后中间商再出口到最终目标市场国。这样就造成我国生产企业与外国经销商、代理商的营销脱节，无法获得来自最终消费者的反馈信息，不利于企业根据顾客的需求不断调整市场营销策略，以保护和扩大市场占有率。而对自己建立的渠道还存在不管市场，只抓销售大户，轻视对经销商服务的现象。对我国中小企业来说，不同企业应采取不同的销售渠道策略：

（1）对生产规模小、没有外销渠道的企业应以间接出口为主，通过国内的出口商代理出口，这样企业所承担的风险、经营成本相对较少。

（2）有自营出口权的生产企业应从扩大直销渠道入手，改变过去由外贸公司—国外进口商—中间商—批发商—零售商分销的繁琐模式，采取建立国内出口部、设立国外销售公司或子公司、派遣出口销售代表、寻求国外代理商或经销商等手段直接争取一些大的国际采购商（如沃尔玛）集中采购，减少中间环节，降低流通费用，提高产品的价格竞争力。

（3）对具有一定生产规模的企业则应采取贸易先行、产业跟进的策略。在某一国家和地区市场上，在占领稳定的市场份额和形成销售网络的前提下，采取境外投资办厂的方式，以海外生产为主、国内出口为辅，降低政治风险，减少贸易摩擦，规避贸易壁垒。

资料来源　陈红进：《国际营销培训教程——有效获取国际订单》，上海，上海交通大学出版社，2007。

二、影响市场进入方式的因素

（一）外部因素

影响企业进入国际市场方式选择的外部因素包括目标国家的市场因素、目标国家的环境因素、目标国家的生产因素和国内因素。其中，前三个因素是国外的外部因素，第四个因素是国内的外部因素。

1. 目标国家的市场因素

目标国家的市场因素包括市场规模、市场竞争结构和营销基础设施三个方面。从市场规模方面来看，如果目标国家的市场规模较大，或者市场潜力较大，则企业可以考虑投资进入；反之，则可以考虑出口进入或契约进入，以保证企业资源的有效使用。从竞争结构方面来看，如果目标国家的市场竞争结构属自由竞争，则以出口进入为宜；如果是垄断竞争或者寡头垄断型竞争结构，则应考虑契约进入或投资进入。从营销基础设施方面来看，如果目标国家的营销基础设施较好且较容易获得，则可采用出口进入；反之，则应考虑契约进入或直接投资进入。

2. 目标国家的环境因素

目标国家的环境因素包括政治环境、经济环境、社会文化环境、地理环境四个方面。从政治环境方面来看，如果目标国家的政局稳定、法制健全、贸易与投资政策较为宽松，则可以考虑投资进入；反之，则以出口进入或契约进入为宜。从经济环境方面来看，如果目标国家的国民生产总值和人均国民收入较高，国际收支保持平衡，汇率稳定，则可以考虑直接投资进入；反之，则以出口进入和契约进入为宜。从社会文化环境方面来看，如果目标国家的社会文化和公司所在国家的社会文化差异较大，则应对投资持谨慎态度，在开始时以出口进入和契约进入为宜；反之，则可以考虑直接投资。从地理环境方面来看，如果目标国家和公司所在国家距离遥远，则可以考虑契约进入或投资进入，因为这样可以省去长途运输所带来的高额成本。

3. 目标国家的生产因素

生产因素是指企业组织生产所必需的各项生产要素（如原材料、劳动力、资金、基础设施等）的可获得性和价格。如果企业在母国的生产成本加上运至目标国家市场的运费低于在目标国家生产所需花费的成本，则应采取出口进入；否则，应考虑契约进入和投资进入。

4. 国内因素

国内因素主要包括本国市场竞争结构、生产要素和环境因素三个方面。从本国市场竞争结构方面来看，如果本国市场竞争结构属于垄断竞争或寡头垄断，企业可以考虑以契约或投资进入外国市场；如果本国市场竞争结构属于自由竞争，则企业可以考虑出口进入。从生产要素方面来看，如果本国的生产要素价格便宜且容易获得，则企业可以采用先在本国生产然后向国外出口的方式进入外国市场；反之，则应采用契约进入或直接投资进入。从环境因素方面来看，如果公司母国政府对出口采取鼓励和扶持政策，或对企业向境外投资有严格的约束，则可以采用出口进入；反之，则可以考虑契约进入或直接投资进入。

（二）内部因素

1. 产品因素

如果企业生产的产品价值高，技术复杂，则以出口进入为宜，因为高价值的产品在国际市场上可能需求不足，同时还可能由于当地技术基础无法达标和配套而难以在当地生产。如果企业生产的产品属低值易耗品，如日用化工品、食品和饮料等，则可以在许多国家建厂生产。另外，如果用户对企业所生产的产品的售后服务要求较高，则一般以契约进入或投资进入为宜，以保证使用户满意。

2. 资源和投入因素

如果企业的资金较为充足，技术较为先进，且积累了较丰富的国际市场营销经验，则可以采用直接投资进入国际市场；反之，则以出口进入和契约进入为宜，待企业实力增强，积累了一定的国际市场营销经验以后再采取直接投资方式进入。

延伸阅读　　　　　　　　　　国际生产折中理论

1977 年，英国瑞丁大学教授邓宁（J. H. Dunning）在《贸易、经济活动的区位和跨国企业：折中理论方法探索》中提出了国际生产折中理论。1981 年，他在《国际生产和跨国企业》一书中对折中理论又进行了进一步阐述。折中理论的分析过程与主要结论可以归纳为以下四个方面：一是跨国公司是市场不完全性的产物，市场不完全导致跨国公司拥有所有权特定优势，该优势是对外直接投资的必要条件。二是所有权优势还不足以说明企业对外直接投资的动因，还必须引入内部化优势才能说明对外直接投资为什么优于许可证贸易。三是仅仅考虑所有权优势和内部化优势仍不足以说明企业为什么把生产地点设在国外而不是在国内生产并出口产品，必须引入区位优势，才能说明企业在对外直接投资和出口之间的选择。四是企业拥有的所有权优势（Ownership）、内部化优势（Internalization）和区位优势（Location），决定了企业对外直接投资的动因和条件。而这三个决定国际企业行为和国际直接投资的最基本要素就构成了所谓的 OLI 模式。

1. 所有权优势

所有权优势是发生国际投资的必要条件，指一国企业拥有或是能获得的国外所没有或无法获得的特定优势。其中包括技术优势、企业规模、组织管理能力和金融与货币优势等。

2. 内部化优势

内部化优势是为避免不完全市场给企业带来的影响而将其拥有的资产加以内部化所拥有的优势。

3. 区位优势

区位优势是指投资的国家或地区对投资者来说在投资环境方面所具有的优势。它包括直接区位优势（即东道国的有利因素）和间接区位优势（即投资国的不利因素）。

"折中理论"进一步认为，所有权优势、内部化优势和区位优势的组合不仅能说明国际企业或跨国公司是否具有直接投资的优势，而且还可以帮助企业选择国际营销的途径和建立优势的方式。表6—3是邓宁教授提出的选择方案。

表 6—3　　　　　　　　　　　邓宁教授提出的选择方案

方式	所有权优势	内部化优势	区位优势
国际直接投资	√	√	√
出口	√	√	×
技术转让	√	×	×

注："√"代表具有或应用某种优势；"×"代表缺乏或丧失某种优势。

资料来源　高湘一：《跨国公司经营与管理》，北京，中国商务出版社，2006。

第四节　外贸出口营销策略

一、关键成功因素

制定策略，不能漠视关键成功因素。关键成功因素指的是一件事情或者完成一个项目过程中，那些影响全局甚至决定最后结果的因素。在《哈佛管理制度全集》中，把企业策略咨询分为两个步骤：首先就是确定所处行业的关键成功因素；其次是在对企业所处的行业背景、企业资源和能力等进行调查的基础上，制定企业的市场—产品—商业模式策略和执行方案。可见，任何一个思考策略的人都不能漠视企业和行业的关键成功因素分析。[①]

图 6—10 所展示的 10 个方面几乎是缺一不可的。比如，如果缺乏有效的市场推广能力，那么企业很可能只能依赖老客户发展业务。虽然老客户是企业的主要销售来源，但是老客户在一段时间内的业务潜力是有限的。而且老客户也会因为各种原因而不断流失，造成企业销售不稳定。另外，在市场竞争比较激烈的情况下，对于初进入某个行业的企业来说，没有市场推广，很难带来新客户，必然发展会比较缓慢，而且，现在的客户可以非常快速和方便地获得很多供应商的信息，如果你不善于推广，被淹没在供应商信息的海洋中，不能被客户发现和注意，你如何得到商机呢？

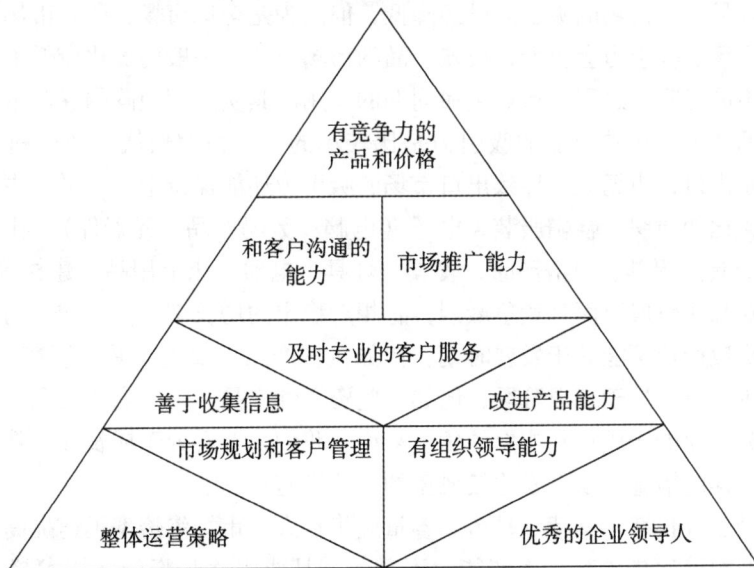

图 6—10　关键成功因素

资料来源　黄泰山、冯斌：《出口营销策略》，北京，中国海关出版社，2008。

[①] 黄泰山、冯斌：《出口营销策略》，北京，中国海关出版社，2008。

当然，这 10 个方面是普通意义上的归纳，还可根据自身企业的情况做具体思考。为了使我们对出口营销的关键成功因素认识得更准确、更有实际参考价值，我们把制定策略过程中通常不能省略的 4 个过程也纳入到关键成功因素的分析中来。

第一个不能省略的过程是投资决策分析，也就是对目前考虑的业务究竟是加大投资还是减少投资，还是使用其他策略。这种分析常使用的工具是通用矩阵，如图 6—11 所示。

市场吸引力		企业竞争力	
	高	中	低
高	尽量扩大投资，谋求主导地位	市场细分以追求主导地位	专门化，采取购并策略
中	选择细分市场大力投入	选择细分市场专门化	专门化，谋求小块市场份额
低	维持地位	减少投资	集中于竞争对手盈利业务，或放弃

图 6—11 通用矩阵

对于一般的出口企业来说，尤其是制造型企业，业务种类相对单一，而且因为是出口，所以产品会相对成熟，只有少量产品是新产品。同时，如果是新产品也一般会和原来的产品互补，否则制造两种不太互补的产品并且要同时出口，挑战是比较大的。所以，我们把大部分出口型企业的位置定位到图 6—11 中的圆圈所表示的位置中去，即企业竞争地位比较强，否则只做国内市场就可以了，从事出口必须要有品质更好的产品和更好的服务，而且出口企业一般能在 3～5 年就做到 1 亿元人民币左右的销售规模，比国内市场发展要快得多。另外，市场的吸引力已经降低，但因为是全球市场，所以市场的规模相对比较大，否则市场的吸引力会更低，成熟产品的市场成长性一般已经比较低了。

第二个不能省略的过程是行业生命周期的应用。其实通用矩阵的纵轴本身也包含了行业生命周期的考虑。成熟行业的吸引力是比较小的，因为增长低，平均利润低，竞争激烈。但因为是出口，市场大，导致出口市场的吸引力还能保持中等水平。中国目前大多数的出口产品，比如纺织、鞋帽服装、电子（电脑、数码产品、元器件）、礼品、文具、家用消费品（家具、厨具、卫浴产品、餐具、灯具、电器、床上用品、建材等）、汽车零配件、五金相对都比较成熟而且竞争激烈，有相对稳定的增长率，高速增长的时期已经过去了。另外，少数产业可能处于发展时期，比如机械产品（交通工具、制造设备）、电讯设备等。还有少数行业处于衰退阶段，比如一些资源性产品、一些高污染和高耗能的产品行业。从大部分行业处于成长和成熟的角度来说，我们来看看处于成长和成熟阶段的行业该采取一些什么样的措施。以下是比较典型的一些措施：

如行业处于成长期，其特点是市场容量逐步扩大，市场渗透率迅速提高，产品价格不断降低；生产规模逐步提高，生产能力不足；产品成本逐步降低；技术趋于稳定，标准化，质量改进；消费者认知度逐步提高，产品从高收入者向大众消费扩散；企业数量增加。此时战略对策的焦点是重视市场开发和提高市场份额。市场方面的重点是建立商标信誉，开拓销售渠道；生产经营方面是改进产品质量，增加产品品种；财务方面的重点是聚集资源支持生产；研发方面的重点是提高产品质量和功能。此时的关键成功因素是工艺创新、创立品牌、建立销售网络。

　　如行业处于成熟期，其特点是市场逐步饱和；大规模生产，出现剩余产能；产品成本最低；技术稳定，质量稳定，标准化减少了产品差异；消费者全面认同，重复购买；企业众多，价格竞争激烈；企业进入门槛很低，盈利减少。此时的策略重点是：提高质量、信誉，形成特色以挤占市场；市场方面的重点是保护现有市场，渗透进入他人市场，加强和客户关系；生产经营方面的重点是降低成本，控制成本，提高生产效率；研发重点是降低成本，开发新品种。此时的关键成功因素是通过资本密集达到规模效应、降低成本、提高质量、产品升级。

　　第三个不能省略的过程是行业分析，不同类型行业的关键成功因素的侧重点不一样。

　　从普遍性来讲，表6—4概括了一般行业的基本关键成功因素。

表6—4　　　　　　　　　　　　　　**一般行业的基本关键成功因素**

行　业	关键成功因素
技术类行业	科研人才
	产品创新能力
	在既定技术上的转化能力
	工艺创新能力
	较多的经验和诀窍
资源加工类行业	对资源的掌控能力
	取得资源的成本
	财务融资能力
制造业	有技能的劳工
	低成本产品设计
	灵活地生产系列产品
	低成本生产（获得规模效应）
	固定资产的利用率
消费品行业	销售网络
	品牌号召力
	口碑传播力
	网络传播管理
	危机公关能力
销售和分销行业	销售与沟通技巧
	有冲击力和推动力的广告
	顾客服务
	有吸引力的款式/包装或舒适的购买环境
	技术支持
	能影响甚至控制的分销网络
商业服务性行业	公司声誉/形象
	礼貌热情的员工
	前期的客户与无形资产积累
	客户服务人员的专业水准
	与利益相关机构的合作网络

　　第四个不能省略的过程是基础战略选择。基础战略主要是指所有企业必须做出选择而

不可以忽略的策略，包括产品领先策略、总体成本领先策略、差异化/增值服务策略、集中资源策略、客户锁定策略等。这些策略适用于 4P 营销理论提出的基本问题，在后面将讨论这些策略在出口企业中的应用。

二、出口企业营销策略

前面讨论了出口企业的关键成功因素，接下来就是如何实现的问题。这其中往往包含一些具体的策略。

（一）领导人素质和能力提高策略

对于个人的成功，最大的障碍就是我们的思维，并且是过去错误的思维。人的智力差距很小，造成差距的主要原因是过去的经验给人错误观念、错误思维。同样，作为企业，相同行业同等规模的企业的人力资源一般不会相差太大，业绩差距很大的主要原因也是在企业领导人管理观念和思维上。

那么对于领导人来说，如何提高自己素质和能力呢？

方法一是结交高素质、高能力、高成就的企业家、管理专家、行业专家做朋友。他们的经验分享、他们的事迹、他们的精神力量会给我们很大的启发和推动力量。

方法二是聘请行业内的专家作为自己的参谋，提高决策的质量。有时候对智慧资源的投资回报是最高的，正如个人对自己的教育训练投资也是回报最高的。

方法三是寻找最快的提升企业领导人决策和领导能力的方法和途径。首先是市场中已经存在的而且比较受到推崇的培训学习班。它们往往由国内比较著名的高校或者商学院推出。比如清华经管学院、北大光华管理学院、中欧国际商学院、长江商学院等推出的企业领导人课程。其次是优先考虑提升领导人需要具备的核心能力。比如战略思考、判断能力、授权、激励能力、学习能力、绩效管理能力等现在的学习方法、学习资源、训练手段等都比较丰富，所以领导人需要管理好自己的时间来学习，更需要借助外部的资源来学习。在竞争激烈的今天，领导者面临更新观念、提高技能的挑战，因此需要不断学习、创新学习和终生学习，通过不断地学习以不断超越自我，使组织获得长效可持续发展的重要砝码。

方法四是领导人要建立自己个人和企业的愿景和信念。愿景是潜藏在人们心中的一股无形的感召力量。智慧的领导应为组织成员提供一个清晰而明确的愿景，并积极推动以愿景为导向的团队合作。有了正确的愿景，还要为愿景的实现建立一些规则和原则，特别是需要一些信念来支撑我们在实现愿景的过程中克服困难的动力和理由。

方法五是培养接班人，培养企业各个部门和关键岗位上的领导人。当企业的关键岗位上的领导人都能够胜任时，企业的经营运转才不会出现大问题。

（二）市场推广策略

目前国际贸易中，常用的推广手段包括展览（Exhibition）、B2B 网络推广，Google 搜索引擎广告和直邮推广（Direct Marketing）。有效但可能被忽略的推广手段还有主动接洽（Contacting）、参加专业会议与论坛（Forum & Conference）、联盟营销（Hand-in-hand Marketing）、请合作伙伴介绍新客户（Introducing）、行业媒体广告（Advertising on Media）。以上推广方式可以简称为出口推广的 ABCDEFGHI。

那么在出口推广方面有哪些策略性方法呢？以下是几种实际运用中较为有效的推广策略：

其一是把展览推广做到行业内数一数二的水平。即使短期内做不到，1~2 年做不到，那么 3 年或者 5 年也一定要做到。目前很多出口企业主要的推广方式是展览，但是我们发现很多企业做展览非常不专业。比如不会选择展览，没有注意选择展位，没有对展览进行前期策划，展位看起来随意而寒酸，参展人员也没得到培训，在客户面前不专业，缺乏沟通技巧，展后不会跟踪等等，这些都会极大影响展览推广的效果。国际上很多著名的展览，包括广州交易会，都是有很大客流量的，能够在这样的场合抓住客户，几乎完全取决于展览的专业程度，而这个专业程度的衡量标准就是比竞争对手更专业。

其二是把网络推广做到专业水平。具体来说，主要是把 B2B 推广、搜索引擎推广和行业网站推广做好。有很多企业也做 B2B 推广、搜索引擎推广，但都不专业，如同展览也缺乏专业水平一样，这时候你也会输给竞争对手。网络推广的理想境界是网络上的潜在客户在主要的搜索引擎、B2B 和行业网站中都能发现你，并且被你传播的信息所吸引，而如何做到专业，则需要出口企业加强相关方面的学习与培训。

其三是建立企业的客户数据库并充分利用。建立客户数据库，一个最必要的价值在于即使所有的业务员因为特殊原因流失，企业也不会因此就客户全失，因为所有的客户信息还在，关系还在，只要衔接方法适当，生意就可能继续。另外，建立客户数据库非常有利于业务的促进，因为有了客户数据库，才能把客户分类，然后进行逐个跟踪，推动销售员加强和客户的沟通联系。建立客户数据库还有一个好处是可以进行直邮营销，不断加强客户对我们的印象和记忆。除此之外，假如企业设立建立一个潜在大客户数据库的目标，还可以督促企业不断发现和挖掘各行业各目标市场的大客户，给业务员良好的信息支持，促进业务员获得大客户、大订单。

其四是培养内部专业的营销推广人员，而不仅仅是销售人员。事在人为，要做好企业的营销推广工作少不了专业、认真负责的推广人员。这样的人员市场上其实并不太多，因为"营销"的概念出现在出口贸易领域也只是近 10 年的事情，所以企业需要鼓励员工自我学习，敢于实践，并争取成为行业内最优秀的出口营销推广专家之一，为企业和个人发展打下坚实基础。

其五是每年都尝试新的推广方法，推动企业的营销进步。随着各个推广渠道得到大家广泛的使用，单一渠道推广的效果也逐渐下降，因此推广创新就变得十分必要。通俗一些讲，大家都会的东西从竞争力的角度讲等于大家都不会，所以我们要敢于尝试和使用新的推广方式。

延伸阅读　　　　　　　　　　**欧洲展览概况**

欧洲、美国、日本是与我国贸易量最大的地区与国家，也是我国企业出国展览集中的地区。据统计，我国企业出国展览项目最多的国家中，德国位列第一，美国位列第二，日本位列第三。欧洲已成为我国企业出国办展览最集中的地区。其中德国、意大利和法国作为中国企业参展最多的欧洲国家，位列于中国企业出国展览项目最多的 10 个国家之中。

德国：

国际上具有领先地位的博览会约有 2/3 在德国举行，即德国每年承办 130 个国际国内专业博览会。德国举办博览会的城市有 20 多个，其中中国企业参展最多的有科隆、汉诺威、法兰克福、杜塞尔多夫、柏林、纽伦堡、莱比锡等。

德国科隆国际博览会是中国企业参展最多的博览会，迄今为止来自中国的 800 多家展商和 3 500 名专业观众定期参加科隆博览会，参展面积达 8 000 多平方米。

德国汉诺威展览会拥有世界上最大的展览场地，总占地 100 多万平方米，是世界展览会的发源地，已有 800 余年举办展览的历史。由于地处德国东部，其面向东欧市场的独特优势更有利于中国企业参与。

法国：

法国每年举办全国性国内展和国际展约为 175 个，其中专业展 120 个左右。法国大型展览会的国际参与程度正在不断提高，有些世界著名的展会，其力争上游参展商超过总数的 50%。与德国由展馆自己组织展览会的形式不同，法国的展览会采取展馆与展览组织分离的形式。

中国企业到欧洲去办展览的四大理由：

（1）展览的成败最主要在于观众的质量，欧洲展的绝大部分是普通观众不能入内的专业展，专业观众包括贸易商、采购商、批发商、科研教育人士、官员等，他们素质高，很多都能参与企业的决策。

（2）国际化程度高，辐射全球，如科隆博览会有 50% 的展商和 30% 的观众来自国外，高度国际化使欧洲展览会成为国际商业活动的重心。

（3）展会组织与服务高度专业化。

（4）展期短（一般为 3~6 天），可减少企业费用负担。

资料来源　陈鲁梅：《会展策划与管理》，北京，化学工业出版社，2009。

（三）产品改进与研发策略

没有研发的企业没有未来，哪怕是一家投资公司，不需要生产甚至不需要过多的宣传推广。但事实上，如果这样的公司不研究选择项目或者公司技术，不研究行业的方法，不研究快速识别优质项目和企业的方法，是很难持续取得良好收益的。因为好的项目或者企业也会有多家投资公司感兴趣，此时你如何出价和同行竞争，如果建立在公司研究过这些问题的基础上，胜算必定会更大。以下同样有几点产品改进与研发的策略可供参考：

首先是成立专门的研发队伍，并分拨研发预算，而且要督促使用这些预算。对于很多大企业来说，研发已经成为必不可少的一个环节。然而对于中小企业来说，研发是非常有价值的策略之一，因为中小企业常常忽视这一点，而这一点却又事关长久竞争力。从整体来看，目前几乎所有产品都面临产品复杂度增加、产品生命周期缩短、定制化产品比例提高、产品趋于低价、全球化后出现更大的市场以及更多的竞争者。在这样的环境下，不论企业要应对哪种趋势，都必须以提升研发竞争力为核心，特别是对制造业而言，在美、日等技术高度成熟以及越南、印度等低成本的两头夹击下，研发效能更是企业唯一的支撑点。根据国外研究显示，就企业推出一项新产品而言，生产过程中投入的料、工、费大约占总成本的 85%，设计、开发与测试等研发项目投入之人力成本，只占全部成本的 10%，然而一件新产品成本高低，主要是由研发作业决定的，生产一项产品需投入哪些材料、人工，有 90% 是在研发过程中决定的。由此可知，研发费用虽然不是产品成本的主要项目，但是研发作业的质量却是决定产品成本高低最主要的因素。

其次是制订研究开发计划，特别是市场难点攻关计划。由于科技的发达，每一天在全球各地的研究机构都有新的材料、技术问世，这为我们进行技术攻关提供了很好的外部条件。但我们不可能把新的技术全部纳入到企业或者产品中来，而要在客户和企业内部需要的指导下，结合内外资源进行技术攻关。

最后是整合社会资源，推进企业的研发。中国目前有很多的研究院所和科研机构，有大学的，有中国科学院的，有各部委的，还有国家级的。如能将社会上的那些科技和研发资源为我所用，往往能够少走很多弯路，节约研发时间和研发成本。

（四）产品竞争力和价格策略

不可否认，产品的竞争力和价格，和我们的研发策略、推广策略息息相关，但只有研发和推广还不能完全解决产品竞争力的问题。

为此我们不妨先研究一下产品竞争力。产品是一个综合性的概念，如表6—5所示。产品竞争力可以分为一般竞争力、相对竞争力和综合竞争力。一般竞争力可以看成把市场上的同类产品逐个比较，材料、功能、价格等逐一比较，看看哪个产品性价比更高。相对竞争力是指相同的产品对不同的客户的吸引力不一样。不同的客户包括客户需求本身的不同和客户掌握的信息的不同，后者为信息不对称。综合竞争力就是加入企业的售前、售中和售后服务，甚至企业形象后，相同产品的竞争力会发生改变。通常我们说的产品竞争力是指综合竞争力。很多销售人员经常会说我们的产品怎么会不如竞争对手的产品，却很少反省自己的服务是否提供到位，是否把产品卖给了"正确"的客户。正确的客户包括我们的产品对客户更适合（不一定是更好）和信息暂时还不对称的客户。

表6—5   **产品的维度**

保证书		附加服务				使用说明书
		包装				
		产品核心				
额外配件 可获得性	品牌名称	功能特点	样式		商标	安装帮助
		设计	外观			
		标签				
		售后服务				

搞清楚了产品竞争力，那么有哪些针对产品竞争力的策略选择呢？

首先是根据自己企业的技术和资源能力定位客户。我们说正确的客户包含我们能满足其需求的客户，还有就是信息不对称的客户。这意味着发展中国家和发展落后国家还有很大的市场和"正确"的客户。实际情况也是如此，很多出口企业，明显感觉到在发展中国家的销售利润要高一些。比如中欧、东欧、南美、非洲等国家，利润普遍比销售到发达国家还要高。这种情况在很长一段时间内还将存在，原因是这些地区本身的信息基础建设还不够发达，还有就是这些地区的语言不是以英语为主，那么在获取中国商品信息方面也不是很方便，会造成掌握的信息不如欧美买家充分。

其次是加强售前服务，而且要把售前服务当做策略来抓，让所有接触到的客户最大程度地转化为真正的客户。大家知道在买家决定购买之前，如果你的服务更好，买家潜意识中会提高对你的企业的信心和产品的兴趣。不论是对现有的客户，还是对首次联系的潜在客户，如果在与他们的沟通中，始终将优质服务的理念贯穿其中，接不到订单的情况肯定会比不这样做的企业少得多。如何做好售前服务呢？主要的关键因素包括专业的技术支持、及时的信息沟通、迅速改进产品、图文并茂信息丰富的销售资料、娴熟的沟通技巧、对客户个性化的接待和建议等等。

除了定位"正确"的客户、加强售前服务外，还要加强对客户的配套服务，特别是大客户。我们知道国际买家很多都不是单一产品的进口商，往往经营很多产品，有的多达上万种，比如很多出口商耳熟能详的沃尔玛（Wal-mart）、家乐福（Carrefour）、史泰博（Staples）等。当企业出现产品同质化时，对于专业的客户则需要企业尽可能提供一些便利和解决客户尽量多的问题。这时配套的价值就体现出来了。如果一家供应商能够提供多种产品，而另一家只能提供单一产品，在产品和服务没有很大差别的情况下，一般是能够提供多种产品的企业更容易获得客户的青睐，因为客户可享受"一站式"采购的便利，削减一些看不见的采购成本，提高企业的竞争力。

延伸阅读　　　　　　　　　　　　**标准化与适应性**

　　标准化或者适应性问题可以表现为物理核心（如尺寸、功能、颜色）、包装以及辅助服务。在一个极端，一个公司将通过仅提供一种形式的某种产品以达到标准化，这种形式的产品可能与国内市场销售的产品并无二致。这种做法是"全球产品战略"的实质。所谓全球产品是设计达到以下两种标准之一的产品：①国内市场的偏好；②出口市场的最低共同特性。在另一个极端，适应性的重点在于个性化，它通过公司为顾客定制产品、服务来满足国外市场中个人购买者或团体购买者的特殊需要。

　　一个出口商是否应该使它的产品全球化或标准化？这个问题没有明确的答案，甚至完全的标准化也是不可能的。当然，使一种产品概念——比如速食食品、简易使用方法、最先进的电子等标准化是可能的。总体来说，不管怎样，某种类型的强制性适应可能是必需的，或者自愿的改变（微小或者重大的）很可能是有利可图的。全球性产品的例子包括可口可乐、索尼电视机、麦当劳餐厅、Levi 牛仔以及肯德基等。事实上，每一种产品都需要一定的改变来适应国外市场的情况。

　　从一个购买者的观点来看，一个产品不应该差不多是他想要的，而应该正是他想要的。这对产品个性化的策略提出了建议。不管怎样，从一个销售者的角度来看，标准化经营可以降低成本。关键的问题出现了：销售者所希望的降低成本和购买者对个性化产品的兴趣通过一个怎样的度来衡量？市场标准化可以被接受的程度，或者需要的个性化的程度——部分取决于是哪种产品。图6—12 按照两种维度整理出了一个产品的样本。水平维度——消费者偏好的产品——在一个连续区间把产品从标准化到针对性分了类。垂直维度——产品改变的比率——覆盖了改变比率从低到高的一段范围。

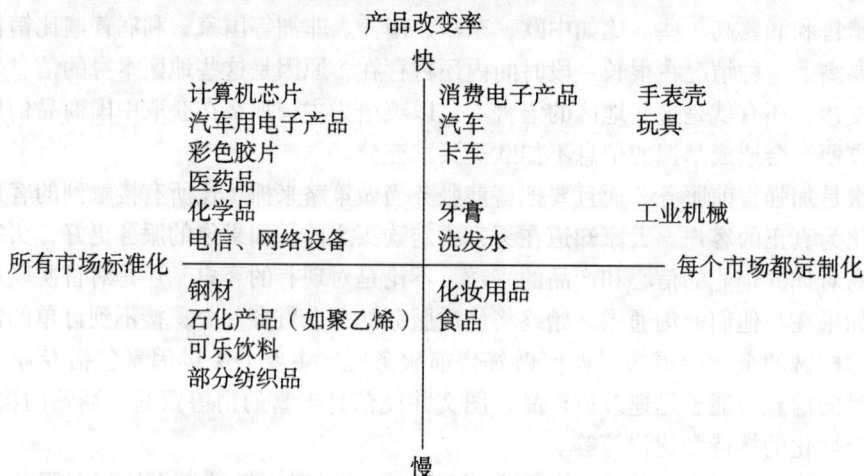

图 6—12　按照两种维度整理出的一个产品的样本

　　资料来源　[美]奥尔巴姆、杜尔、斯特兰斯科夫：《国际营销和出口管理》，张新生、吴侨玲译，北京，中国人民大学出版社，2007。

没有任何其他营销工具能像定价策略那样对公司的销售与利润产生直接和巨大的影响。因为顾客和竞争对手在大多数情况下都会对价格调整做出相应的反应，所以价格调整所造成的影响比营销组合的其他要素更直接、更迅速。通常，成本、市场环境与顾客购买行为（需求或价值观）、竞争、法律和政治因素、公司总体政策等都是影响出口定价的基本因素。在制定国外市场价格策略时，出口企业都过多地依赖成本作为决策基础。在某些情况下，它们总是试图收回所有成本，即使这种政策会导致无法实现销量最大化或促使竞争者进入并夺取市场。而在另一些情况下，它们则采用大致接近边际（直接）成本的定价方法。这种方法假设利润来自本国销售并且比其他方法产生的利润更大，这是因为大的销售量导致固定设备和劳动力的充分利用，进而减少了单位固定成本。国外市场可以用来销售多余的产品（或消化多余的产能），价格则不高于直接成本。不幸的是，这会引起国际上频繁的倾销指控，从而导致外国政府随意对进口货物实施限制，因而这种策略是短视的。此外，这种策略还有可能被认为是掠夺性定价，从而可能违反外国的反托拉斯法律。

无论是全部成本还是边际成本，基于成本定价的策略都过于简化了出口营销中的定价过程，在出口市场上可以有效使用的定价策略事实上有许多（Stottinger，2001）。定价并非是在成本与交易（市场、顾客或消费者）所允许的成本和上限之间制定一个卖价这么简单的问题，也并非是数学上很精确的问题，而是统计学上的概率问题。这种对竞争者或对手的预测与反应就是所谓的策略，它对定价的重要性就如同纸牌游戏一样。

成本与价值之间的差距为制定定价策略提供了可能性。何种策略更适合公司取决于战略选择下的目标，诸如投资回报率、市场份额占有率、适应竞争环境、实现预定的销售目标等。以下是几种重要的、能在出口市场有效使用的定价策略：

1. 市场撇脂定价法

尽可能使短期利润最大化，然后将这项业务撤除，可能是一个简单但不常见的目标。这涉及市场撇脂策略，即通过产品的特殊性，在短期制定尽可能高的价格，而不必担心公司在国外市场的长期地位。这种高价一直实行到小市场的利润被"吸干"为止。然后降价以挖掘第二个市场的利润。然而，这种策略并未考虑公司在这个领域的长远地位。公司之所以使用这种策略是因为它认为产品在一个或几个国外市场没有长远的未来，或是成本太高，竞争者会进入并最终夺走市场。

2. 需求曲线下移

这种策略与上述策略相似，所不同的是在需求曲线下移的情况下，公司降价比它在考虑到潜在竞争时降价更快、更多。采用这种策略的公司希望在国外竞争者进入市场之前，就作为一个高效率的生产商以最佳的产量在国外市场确立自己的地位。这种策略通常被引入技术创新的公司所采用。它首先将价格定在市场能够负担的水平上，然后从容不迫地由此过渡到成本定价法。节奏快慢要适度，慢要慢得足以获得利润，快要快得足以阻止竞争者进入市场。采用这种策略的公司因为已经在市场上站住脚，所以正在试图收回市场开发成本。

3. 渗透定价法

这种策略涉及把价格定得很低，低得足以迅速创造大片市场。定价时重点考虑价值而非成本因素。渗透定价法假设：如果定价最终能够带来更多的市场份额，则销量增加的效果能够使成本降低到足以产生利润的程度。在成本快速下降的产业中，渗透定价法可以加速成本下降过程。这种策略同时假设需求弹性大，或者价格是国外购买者考虑的主要因素。对于那些面对的是不太发达的国家的需求状况的跨国公司而言，这种策略比撇脂策略更适合。

扩张定价法是渗透定价法的一种极端形式。它与渗透定价法的唯一不同是它的定价更低，以便吸引更多的顾客，这些顾客在价格非常低的情况下是潜在的购买者。这种策略假设：①需求的价格弹性高；②产量的增长极易导致成本的下降。这可以以经验曲线定价法为基础。

4. 先发制人定价法

先发制人定价法的目标是制定足够低的价格以防止竞争出现，因此价格会接近单位总成本。由于产量的增长带来成本的下降，所以仍然可以向购买者提供更低的价格。如果是出于阻止潜在竞争者的必要，甚至可以暂时把价格定在低于总成本的水平上。它的设想是，从长远的角度看，通过市场的主导地位仍然能够盈利。这种方法也可以使用经验曲线。

5. 驱逐定价法

驱逐定价法的目的是在国际市场上驱逐已有的竞争者。低成本的大生产商可以有意识地用这种定价法来驱逐行业中收益不大的弱小生产商。由于这对发展中国家的企业特别是小企业和新兴企业具有毁灭性的打击，所以这种策略会减缓经济增长，并因此阻碍潜在大市场的发展。

先发制人定价法和驱逐定价法都与国际市场中的"倾销"问题紧密相关。事实上，它们是否仅仅只是倾销的变体取决于国内或者"本国"市场的价格。虽然最初用来占领国外市场并阻止或者驱逐竞争者，但使用时必须极其谨慎。因为危机随时都会出现，外国政府可能会对产品的进口和销售进行限制，也可能随后对该生产者完全关闭市场。更重要的是，一旦顾客习惯于低价，那么以后想要把价格提到盈利水平，即便不是不可能，也会极其困难。

定价策略在最终分析中有不同的方式，但是没有一种主要的策略或程序将适用于所有的情况和所有的国外市场（Myers and Cavusgil, 1996）。定价策略实际上是一个拥有尽可能多的信息的问题，即获得对不同市场的不同层次的消费者而言的产品成本和价值的信息。掌握这些信息并加以智慧地运用，出口企业在潜在盈利市场的定价风险就可以大大降低。虽然公司非常重视全球范围的定价，但是不可思议的是，绝大多数出口公司并未采用更系统化的方法来分析与价格有关的问题。在定价时，公司选择固定的或灵活的成本加利润的方法。计算方法和目标的确定实际上是关系到国际经验的问题。国际分销系统的规模和设计将促成最终的方案。价格策略的制定通常受最高管理层的监督（Stottinger, 2001）。

（五）客户服务水平提高策略

必须承认，开发新客户主要依靠有效的宣传推广、有竞争力的产品和良好的售前服务。一旦新客户成为老客户，那么单个客户成长的唯一关键成功原因取决于我们的服务水平，而宣传推广、市场规划的影响则比较有限，并且此时整体运营的核心任务是如何为老客户提供更加省心、省力和体贴的服务。

在现在的国际贸易中，大客户基本上已经名花有主，那么我们是否能够留住自己的客户，并且通过提供比竞争对手更好的服务来吸引其他的大客户。在营销界，有这样一些著名的说法深刻地表达了提供服务留住老客户的价值和意义：

- 开发一个新客户的成本是维护一个老客户成本的 5 倍以上；
- 向新客户推销产品的成功率是 15%，向现有客户推销产品的成功率是 50%；
- 客户忠诚度如果下降 5%，则企业利润下降 25%；
- 50% 以上的客户流失是因为他们对服务不满意。

提高服务水平的第一个建议是客户未成交真实原因管理。企业需要管理接触到但没有成交的那些客户的障碍和成交了后来又流失走了的真正原因。针对这些原因，有选择性地进行改进，那么必然能在将来对新客户的吸引力有所加强，甚至原来未成交的客户也可能回头。但是，一般来讲，很少有客户把没成交的真实原因告知企业，这时候需要我们即使不成交也和客户保持良好的关系，通过积极地沟通，探索真实的原因，并虚心听取客户的建议。

提高服务水平的第二个建议是年度服务提升计划，并把年度服务提升计划作为制度固定下来。老客户是企业的生命线，所以必须回报老客户，而通过年度服务提升计划是最有效的一种方式。年度服务提升计划可以是未成交或者流失客户真实原因分析的后续行动。但列入年度计划就凸显对老客户服务的重视，也才上升到"提供企业持续发展动力"的战略高度。

提高服务水平的第三个建议是树立企业的服务文化。服务的本质是通过帮助别人解决问题实现自己的价值，只是在这个过程中我们需要积极主动地获得客人的好感，并通过创新客户服务方式来降低成本、提高收益、提升客户的过程体验。

（六）市场规划和客户管理策略

市场规划的核心功能是确定重点的市场并制订市场开发计划。客户管理的核心是管理客户的价值。对很多出口企业而言，客户和市场的关系尤其紧密。既然市场规划的核心是确定重点的市场和制订开发计划，那么什么是重点的市场呢？当然是最有利可图的市场，这里的利可以是市场份额，也可以是利润，也可以是当前企业最需要的一些其他目标。

如何确立最有利可图的市场呢？常规的方法是做市场调研和分析，比如调查每个市场的市场容量、竞争情况、消费者需求、市场增长度，然后分析潜在的机会。调查的方法可以是直接地深入市场，还可以是获得二手信息，互联网是其中很重要的工具，另外比较好的方法就是直接询问了解这些市场的业务员，这些业务员可以是本公司的，也可以不是本公司的。显然这些常规的调查方法需要付出很多的时间和精力，对于很多中小企业来说，就会力不从心。实际上，有一些经验和规律可以帮助企业确立哪些是较有利可图的市场。

大家知道美国是世界上最大的单一市场，而且由于市场竞争激烈，美国市场基本形成了大公司垄断的局面，小公司往往在一些创新的行业、细分市场上可以生存发展。这意味着如果我们能够获得一些美国客户，那么可以在很大程度上增加公司产品的销售。另外，美国这个市场是比较容易接受新的供应商和新产品的，没有特别大的市场障碍。

循着这个思路，我们会发现世界上的一些经济强国都是很大的市场，比如日本、法国、德国、英国、西班牙等市场。当然大市场不一定就是最有利可图的市场，因为还有一个开发难度的问题，比如我们的产品能否满足客户的要求、是否有当地市场要求的认证、是否能够找到方便的接触客户的渠道等等。一旦没有了市场开发的限制条件，这些比较大的市场就容易变成最有利可图的市场。

如果已经选择了最有利可图的市场，那么接下来就是如何制订开发这个市场的计划。一般来说，开发某个局部市场，常常要涉及如下几个方面：

（1）针对该市场进行产品开发。不同市场的消费者对于产品的包装、颜色、品质、尺寸、材料、款式等是有不同的偏好的。如何有针对性地开发产品，在实际操作过程中最有效的方法是从客户那里获得资讯，然后是考察市场，看看消费者在购买什么样的产品。

（2）确定市场开发基本策略：产品吸引型、针对推广型、低价策略。对于同质化很厉害的行业，从其他方面来吸引顾客会更有效，比如更精准和精确的推广、更专业和体贴的服务、更好的客户沟通技巧等。

（3）决策以项目还是部门的形式来负责该市场的开发。对于较大的一些市场，最好是组织专门的部门来开发，这样更有战斗力。如果不是很大的市场，可以项目的形式进行开发。

（4）制定营销推广策略。在以展览和网络为核心推广手段的基础上，可以组合其他的推广方式。同时，应研究和确定重点区域市场中最大的经销商和零售商，并与之建立合作关系。通过与其沟通来获得目标客户的兴趣和信任，提供个性化的服务以赢得客户的订单。

（5）选择合适的销售人员，并给予培训方面的支持，提高销售人员能力。如果是重点市场，一定要选取有潜质或者经验的业务人员来销售，因为同质化情况下，服务是决定客户是否购买的关键因素。

（6）制定相关的激励措施，激发业务员的潜力。作为一个现代管理者，一定不能忽视激励措施对于业务员的积极作用。同时，激励措施并不能只是销售提成，而且还应包括培训机会、晋升标准、员工个人荣誉、关怀员工家庭、在员工需要帮助的时候提供支持等。

（7）建立过程跟踪和支持机制，定期检查开发进展和发现隐形问题。这个需要负责该市场开发的业务人员定期汇报业务开发的进展、碰到的问题和下一步计划。

我们对整体市场进行分析与筛选后，对局部市场可以参考以上7个方面来制订具体的开发计划。但是，在实际运行过程中，还需要把各种不同市场中的资源进行整合，注重重点市场和非重点市场的协调发展，把有限的资源分配到各个重点市场中去。当资源协调发生困难时，往往需遵循一些原则来提高决策质量，比如大客户优先原则、注重长期效应原则等。

市场规划和开发计划中，很重要的一个部分是客户管理。目前很多企业在客户管理上犯了很基本的错误，包括：

（1）没有公司的全体客户档案，甚至连公司全部客户的名单都没有，更不用说哪几个国家有哪几个客户这样的问题。

（2）没有进行客户分级。所有客户可能销售部内部知道如何对待，但整个公司没有以大客户的待遇对待大客户，造成对大客户的服务跟不上，大客户就可能不满意。

（3）没有进行客户分析。客户的类型是怎样的，价格敏感性如何，对行业的了解如何，客户自身的销售渠道是怎样的，客户内部的决策流程是怎样的等等，对这些都不是很清楚，当然就无法为客户提供让他感觉特别"体贴"的服务了。

（4）对于客户的满意度或者进展没有跟踪。有的出口企业的客户全部散落在各个业务员手中，哪个客户出现了怎样的状况，甚至投奔其他供应商了，公司都不是很清楚，等到半年或者一年过去了才发现，怎么很多客户发展得并不理想。

如果能够改正以上4个错误，客户管理的关键性作用——提高客户满意度，挖掘客户价值就体现出来了。所以，客户管理也就未必那么难，关键的事情做好了，客户管理80%的价值就体现出来了。

针对市场规划和客户管理的问题，还有一点是非常重要的。很多出口企业对产品在国外如何被传递、出售和使用知之甚少。当企业不了解市场，而只能被国外进口商牵着鼻子走的时候，还谈什么议价能力呢？的确仅仅是个加工车间而已。尤其是那些重点的市场和客户一定要去考察、去拜访，不仅仅能更加了解市场，而且能够和客户结成更好的合作关系，甚至能发现在国内和客户沟通时发现不了的商业机会。可以说，在同一行业中，出口领先的企业往往比其他企业在国外市场走得多，对国外客户拜访得多。

（七）整体运营策略

整体运营策略主要是针对如下问题来设计的一系列策略或者其综合，这些问题关系到企业是否能生存、是否能发展、是否能持续发展、是否能取得行业地位、是否会成为伟大的企业等等：

- 如何保证企业的资金不断？
- 如何建立企业的品牌和商誉？
- 如何提高市场占有率和利润？
- 如何培养企业核心竞争力？
- 如何协调各个部门共同为客户提供最好的服务？
- 如何培养稳定的人才队伍？
- 如何保持企业的持续发展？
- 企业为什么存在和为什么要发展？

那么有哪些策略可以保证企业的资金链不断呢？企业安全基金是个不得不提的策略，也就是企业不能把全部的资金拿出来做长线或者单项目投资，风险太大，最好留有3~6个月的备用资金，使得企业在6~12个月内没有什么收入也不需要“输血”。另外就是改善商业模式，使资金回收加快。比如，零售企业几乎不可能出现资金链问题，因为客户总是现金付款，而供应商却有很长的应付周期。即使零售不赚钱，企业的现金流也可以创造巨大的财务收益。资金方面的第三个策略应该是减少企业的每月开支和成本。如果本来每个月的开支是30万元，那么100万元只能开支3个月多一点。但如果每个月的开支能降低到20万元，那么企业就能多支持2个月的时间，2个月的时间足以改变企业的命运。

在企业的品牌和商誉方面，企业有哪些策略呢？首先是有相对深入的品牌和商誉的规划，而且商誉要先于品牌。在商业世界中，信任永远是最基础和最珍贵的，而建设企业的商誉可以更好地获得客户的信任，也能够更好地获得客户的忠诚，甚至获得客户的除购买产品之外的帮助，因为客户总是倾向于回报那些在努力获得自己信任的企业。那么出口企业在品牌和商誉方面有什么特别的关注呢？其实把握好企业形象、品质保障和及时交货率，就已经能够树立很好的商誉了。企业形象方面至少要在工厂的外观、参展时的展台设计、和客户接触时的人员形象等方面体现出来。其次比较好的策略是加强传播，很多大型企业除了有营销部门外，还有公关部门，其实它们的核心职能都是传播，只是使用的方法和形式不一样，前者更多的是通过策划、媒体、活动，而后者更多地侧重于事件、新闻，并借助各个传播机构、政府机构等的力量。出口企业的传播需要注意选择合适的传播渠道，例如关键性的展会、影响力较大的网络媒体，这些渠道可以提高针对性。最后是传播内容的设计，需让受众能够有深刻的印象和购买的冲动，因此无论是在展会上，还是在网站上、在企业的宣传手册上，甚至在企业的邀请函上，都有必要对其中的传播元素进行精心设计，加强传播的效果。

　　在企业市场占有率和利润方面，我们有哪些策略呢？首先是大客户策略，企业一定要有2~3个大客户来提升企业的销售，对于出口型的企业，这一点尤为重要。那么如何抓住和获得大客户就是令企业关心的问题了，这个问题相对复杂一些，是一个需要持续进行的系统工程，简单来说企业要着力于两个关键问题上：一是企业需要有克服一切困难获得至少一个世界知名大客户的决心。事实上大客户相对有更高的要求，会提出更苛刻的条件，需要经过漫长的考核和挑选，所以必然会考验供应商的耐心、细心、实力和效率，更重要的是考验供应商的决心，因为有决心才会有更多的准备、投入和坚持。二是企业需要掌握和大客户打交道的技巧。比如了解大客户目前的采购动机，了解客户选择供应商的标准等等。其次是品质超越策略。在没有完全理解和确认产品的品质已经不会出现实质性差异的前提下，不放弃对产品品质的研究和改良。接下来的策略是基于核心产品为客户提供配套的产品，提高客户购买金额和增加客户黏性。第四个策略是每年制定成本降低的目标。我们常常发现如果没有设定目标——每年要把采购成本降低多少百分比，成本一定会上升。同时，很多企业把利润解释为收入减掉成本，虽然没错，但是未必有很大的启发价值。因为企业的收入有各种类型，成本也有各种类型。而且很多企业不重视无形的收入和无形的成本。比如把产品的包装做得更好，看似增加成本，但可以提高消费者价值，收入也能大幅增加；而增加收入可能带来几倍的成本，比如把劣质产品充好销售出去，收入增加了，但是可能减少客户未来很多的订单。

　　在提高企业的市场竞争力方面有哪些策略，我们不能不首先介绍被企业界广为承认的《竞争战略》（迈克尔·波特著）和《战略地图》（罗伯特·卡普兰、大卫·诺顿著）提出的策略：

　　（1）产品领先策略：主要指我们的产品在某几个方面特别是市场重视的几个方面明显领先于竞争对手。例如，IBM的笔记本在稳定性方面是领先的，Google在搜索速度和准确度方面是领先的。而这些领先的产品绝对是企业竞争力的重要因素。如果我们的产品在某些方面不是明显领先于竞争对手，那么就要求领先的这些方面对客户来说是特别重要的方面，否则也不带来明显的竞争力。

　　（2）总体成本领先策略：主要指在产品很大程度上同质的情况下，让客户感觉到成本上领先。比如产品价格领先，或者产品一样，但有更多的附加服务，如免费设计、免费赠送配件等。当然总体成本还包括延迟发货造成的客户成本等。虽然质量问题或者延迟发货引发的成本不好计算，但实际上只要把握"如果在价格上面我们无法有明显的差距，那么我们一定要在服务上和别人有明显的差距"这一点，我们就把握了总体成本领先策略的精神，而无需用数字去计算总体成本究竟是多少。

　　（3）为客户提供解决方案：主要是为客户提供全方位的服务，甚至是自己不擅长、需要整合外部资源才能提供的服务。整体解决方案为客户提供了很大的方便和时间的节省，而且经常还带来金钱上的节省。在出口营销领域，能够用到整体解决方案的情况往往是：为客户提供多种配套产品让客户一站式采购；为客户提供设计、打样、测试、制造等一条龙服务；为客户提供门到门的物流服务，甚至包括金融服务；根据客户的需求量身定制产品并提供安装、培训和售后服务。

（4）差异化策略：产品领先或者总体成本领先也是一种差异化策略，但这里的差异化策略更多强调的是提供不同的产品、服务，甚至定位不同的客户群体，也包括采用不同的营销方式和销售渠道。

（5）集中资源策略：把资源集中在某个焦点上面，产生巨大的聚变效应，像激光一样。比如格力，就是资源集中策略的典型。既然格力在销售突破 100 亿元的时候仍然坚持集中在空调领域，那么对于其他企业来说，如果在行业内的份额没有超过 5%，集中资源都是应该要重点考虑的。

（6）客户锁定策略：这种策略实现的途径主要是客户如果使用其他产品来替代自己的产品，会发现非常不方便或者几乎不可能。比如微软的 Windows 操作系统，如果某一天使用了别的操作系统，可能很多以前使用的软件无法使用了，以前的文件无法打开了。

以上 6 个策略事实上也容易被大家接受和理解，难在企业如何把这些策略和自己的实际情况相结合，还有就是在企业选择了其中的某些竞争策略后如何贯彻和执行到位。这两个问题一般借助咨询公司的力量，分析企业的实际情况，然后制定可以执行的策略并监督执行。

用什么样的策略来协调各个部门共同为客户提供最佳服务呢？这不得不从协调的杠杆来考虑，因为我们不希望各个部门之间每天都需要不停地协调，而且还要上一级的参与，所以协调各个部门的优先策略是建立部门合作共识和原则，遇到问题需要协调时参考这些大的原则来决定事情，可能会简单很多。其次的策略是通过利益捆绑来协调。大家的利益一致才可以目标一致，才可以使努力的方向一致。比较好的利益捆绑方式就是把部门负责人的奖金的一部分（比如 30% ~40%）根据公司整体的效益来发放，而还有一部分（比如 20% ~30%）根据部门协作的评估结果来发放。

企业在培养人才队伍方面，如何保持持续发展和为什么存在呢？企业如果理解了存在的意义，往往就解决了持续发展的最大动力问题，如同当一个人有了理想和追求后，他个人在没有实现理想和追求前都会追求持续发展，而个人发展的最快捷的方式就是提升自己，企业也是这样。持续发展的最好途径就是建立良好的人才队伍，并建立人才培养、发展的制度和文化，甚至把人才的培养和团队的建立作为企业领导人的第一要务。从某种程度上说，领导人只要设计好企业的商业模式、对市场保持敏感并不断培养相适应和自我成长的团队，就在很大程度上解决了企业的持续成长问题。而人才的培养和自我成长也和企业存在的意义息息相关，高级人才往往更可能追求崇高的使命。

（八）部门管理者选择策略

业务部门经理在企业的发展中具有十分重要的位置，而且获得或者培养一个优秀的部门经理对企业有明显的战略价值。前面我们提到对于企业领导人而言团队建设是首要任务之一，而团队建设中的首要任务是获得优秀的部门管理者。下面要说明两个问题：首先是怎样才是一个优秀的部门管理者；其次是如何获得。

对于从事海外业务来讲，优秀的部门管理者或部门经理一般至少需要具备以下4个条件：

（1）有本行业的经验。其中最重要的是对产品的结构、工艺、市场状况了解和有销售或采购方面的经验，也就是对外沟通的经验。一般希望有3年以上的经验。

（2）沟通和协调能力，包括和部门人员沟通、和其他部门协调的能力。这种能力虽然不好量化，但是能够通过接触来判断。

（3）责任心或者职业精神。能够把公司要求的本职工作做好并且尽最大努力来培养团队、开发业务。

（4）能持续学习，提高自己的能力和思维水平，应对不断变化的市场局面。

那么如何获得一个优秀的部门管理者呢？首先可以考虑市场招聘或者猎头推荐。目前的市场招聘途径有很多，比如使用招聘网站、行业杂志上登招聘广告、短期的Google/Baidu文字招聘广告等，另外还可以使用猎头猎取或者定向参加一些人才聚集的会议去发现人才。其次是内部培养和提拔。从企业的长远发展角度来说，必须有从内部培养出中层甚至高层管理人员的机制和文化，否则这样的企业谈不上成功。领导人要物色好的人才，更要建设培养人才的机制和文化。

（九）针对客户沟通能力的策略选择

针对海外客户的沟通能力的重要性不言而喻，那么有哪些策略选择可以提高企业整体上的和客户沟通的能力呢？

其一是在业务人员的挑选上。根据很多人力资源专家的意见，沟通能力相对是比较难培养的，很多时候要靠业务员有意识地提高和长期训练。所以，如果要整体提高和客户的沟通水平，直接选择那些本身具有良好沟通能力的业务员是一个很好的策略。当然因为是和海外客户沟通，所以对外语有一定的要求。

其二是企业也提供一些培训，来提高业务员的沟通技巧。沟通能力首先和性格有关系，其次就是经验了。而提供一些培训可以加快业务员沟通能力的提高。培训可以是外部培训也可以是内部培训。

其三是可以针对不同的区域市场，选择不同外语专长的业务人员。经验表明，如果能够让客户和会客户母语的销售员沟通，往往可以在很大程度上提高客户的兴趣，也为客户创造方便。

其四是公司高层人员很重视与客户的沟通。这是满足客户的一种心理需要。客户往往认为高层出面沟通显示对客户的重视，同时更多的问题可以由高层直接决策，提高了沟通的效率。

其五是提高服务水平。其实提高服务水平是最好的沟通，通过提高服务水平可以让人真正体会到"此时无声胜有声"的境界。

（十）信息情报策略

如果说石油是工业经济时代的血液，那么信息情报则是知识经济时代的血液，所以重视信息情报对出口营销的价值犹如工业经济时代重视石油的开发。

那么对于开拓国际市场，哪些信息情报是我们最需要的呢？这些情报可分为几个大类及若干小类（见表6—6）。

表6—6 国际市场情报分类

市场信息情报	1. 行业信息：行业格局的变化、新的技术和工艺、产品的发展趋势
	2. 区域市场信息：主要的经销商及其规模、主要的用户、主要的经营活动地点
	3. 企业客户信息：销售规模、采购决策流程、历史采购情况
	4. 客户个人信息：教育背景和工作经历、成长背景、喜好和性格
	5. 竞争对手信息：战略规划、产品研发情况、近期的市场计划、主要客户
人才与技术资源情报	1. 行业有哪些关键性的人才
	2. 竞争对手在使用哪些新的技术和工艺
金融信息情报	1. 汇率的调整情报
	2. 银行利息变化的情报
	3. 期货的价格
	4. 影响股票价格的重要信息情报

那么有哪些策略可以加强对情报的获取和利用呢？首先建议企业每年有一定的信息情报预算，用于购买或者寻找对于当前经营来说最重要的一些情报，比如上面提到的一些信息情报。其次是加强从互联网获取信息情报。现在的互联网几乎和实际世界的变化是同步的，使用互联网能为直接获得许多有用的情报节省大量的时间，有时还能节省金钱。更为重要的是互联网在资料的广度、方便性方面几乎无可比拟。所以，实际上如果企业仅仅充分使用互联网来收集信息情报都已经能比国内的竞争对手在掌握市场和竞争情报方面领先很多了。然后是重视对目标市场信息的收集，特别是一些主要的大市场。比如主要的经销商和用户，他们的主要情况等，也就是上面提到的区域市场信息。只有把一个市场的主要客户、竞争者搞清楚了，才能称得上对这个市场有了深入的认识，否则还是停留在表面上。现在很多国家的海关信息可以帮助我们获得该市场的主要买家信息，但很多出口商却从来没有使用过。另外还可以聘请一些在目标市场留学的留学生帮助收集一些市场信息，现实且廉价。最后是跟踪竞争对手的动态，比如新推出的产品、一系列的营销活动等。常用的收集竞争对手信息的方法包括通过老客户获得、以客户的身份询问情况、招聘竞争对手的关键人员等。

思考题

1. 关注一家当地的外贸企业，了解其在外贸业务中采取的营销手段及其主要市场，并结合本章知识，对其未来业务拓展提出建议。

2. 假如你是一家企业的经营者，在组织协调对海外目标市场的调研工作中应该采取哪些步骤？需要解决哪些重要的问题？

3. 选择一个工业化程度较高的国家和一个相对欠发达的国家，请比较：对一个在这两个市场上销售一种价格比较低廉产品的外国制造商来说，选择何种分销渠道更加合适，他需要考虑哪些重要的决定因素。

案例分析题

佳能何以将施乐挑落马下

从1959年发明世界上第一台复印机开始，美国施乐公司到20世纪70年代初一直保持着世界复印机市场的垄断地位。同时，施乐公司为了阻止竞争公司的加入，先后为其研发的复印机申请了500多项专利，几乎囊括了复印机的全部部件和所有关键技术环节。当时美国的专利保护有效期为10年，施乐复印机关键技术的专利保护期限截至1976年。在此之前，施乐已经明显地感觉到了来自潜在竞争者的压力，其中最大的挑战来自日本的佳能公司。施乐开展了竞争情报研究，经调查发现，有一项制造复印机的关键技术佳能并不能够掌握，在日本只有一家小型公司才有，为此施乐觉得高枕无忧了。但是，佳能没有消极等待，也没有盲目地正面对抗，而是通过调查，花3年时间开发出自己的复印技术，又花3年时间生产了第一款小型办公和家用复印机产品，并且联合日本理光同时杀进复印机市场，绕过了施乐设置的壁垒。更令人震惊的是，当施乐的专利保护期刚过去，佳能就提出了挑战，佳能以施乐的成本价来销售复印机。关键原因就是那家日本小型公司为了日本国家利益，无偿把佳能不能掌握的技术转让给了佳能。1976—1981年，施乐在复印机市场的份额从82%直线下降到35%，虽然后来施乐也曾从佳能手中夺取部分的市场份额，但再也没有动摇过佳能在这个市场中领导者的地位。2000年后，佳能出人意料地连续3年保持了净销售额和净收入的双增长，并创历史新高，保持着这个行业的霸主地位。

问题：

（1）基于以上案例，你认为在当前的国际市场营销环境中，决定企业市场地位的因素有哪些，有哪些新的关键因素出现。

（2）在许多行业由跨国巨头主导的环境下，创业企业应该如何寻找利基市场，并取得市场领先地位。

第七章 跨文化沟通能力

学习目的

1. 了解跨文化沟通的基本内涵；
2. 了解跨文化沟通的主要障碍，掌握跨文化沟通策略和技巧；
3. 增进学习者对自我沟通能力的认知；
4. 提升学习者有效的跨文化沟通的能力。

开篇案例

茶叶价格，是降还是不降

大卫·艾弗森是密尔沃基（美国威斯康星州一城市）的一家超市的经理。他很急切地想跟世界上发展最迅速的经济体之一的中国建立贸易关系。通过一名中国员工吴新，大卫达成一项协议，从中国浙江一家进出口公司进口 2 400 包两盎司包装的茶叶。

到货时正值感恩节的高峰期。大卫自己也喜欢喝茶，他对茶叶的质量很满意。茶叶的包装也比他预期的要好。他预计超市的茶叶销量会很不错，他甚至还让吴新为茶叶写了一些双语广告，在当地的报纸和电台上发布。然而，由于交易的量小，每包的价格相当高。财务部建议大卫将茶叶的价格提高，比一般的国产和进口茶叶都略高一些。浙江进出口公司的代表盛先生却不同意，他建议大卫先降低价格出售，等到该中国品牌打响后，双方就可以薄利多销，获得更多的利润。大卫不想亏本出售，于是他决定按照财务部的建议来做。

三周后，盛先生从中国打电话给大卫，得知那批茶叶的销售并不景气，已经被收回仓库。盛先生再次建议大卫降价出售，但大卫似乎已经对这个项目失去兴趣。几个月过去了，盛先生也没能引起大卫的合作兴趣，这件事情也就告一段落。

资料来源　窦卫霖：《跨文化商务交流案例分析》，79 页，北京，对外经济贸易大学出版社，2007。

经济全球化的趋势、国际商务活动的日益频繁，越来越显示出对多元文化理解的必要性和跨文化沟通能力的重要性。可以说，跨文化意识和跨文化沟通能力意味着直接的经济效益。不管是引进来还是走出去，不同文化背景的商务人员之间的文化冲突现象也日益增多，中外双方在经营管理中由于文化隔阂产生的矛盾也日趋突出。国际商务人员不仅要准确认知物质文化、精神文化和制度文化差异对主要商务活动的显性和隐性影响，还要探寻如何跨越文化差异的障碍，在两种文化的结合点上，寻求和创立一种双方都能认同和接纳的、发挥两种文化优势的沟通模式。

第一节　了解跨文化沟通

跨文化沟通（Cross-Cultural Communication），通常是指不同文化背景的人之间发生的沟通行为。因为地域不同、种族不同等因素导致文化差异，因此，跨文化沟通可能发生在国家间，也可能发生在不同的文化群体之间。所谓跨文化沟通，通常是在这样一种情况下发生的：信息的发出者是一种文化的成员，而接受者是另一种文化的成员。

一、概念来由

跨文化沟通概念的来由，源于经济的全球化，国际交流首先是文化的交流。所有的国际政治外交、企业国际化经营、民间文化交流与融合，都需要面对文化的普遍性与多样性，研究不同对象的特征，从而获得交流的效果。

因为文化差异的存在，进入一个新文化的人群，在适应的过程中往往还会遭遇文化冲击（Cultural Shock）。如今很多政府机构与企业组织就积极研究跨文化沟通。

在以往的国际政治外交活动中，出现过很多受欢迎的领导人夫人，很多积极的"夫人外交"的案例，其根本原因是除了女性的和善角色以外，一般比较了解对方的文化特色，而且交流的民间风格，导致很多积极的效应。

在企业的国际化经营中，也有一些失败的案例，比如被写入哈佛 MBA 案例库的迪斯尼乐园在法国投资失败，就是源于母国文化中心主义，或者"自我参照准则"（SRC）。

延伸阅读　　　　　　　　迪士尼在法国的麻烦

1992 年 4 月，欧洲迪士尼乐园向欧洲游客敞开了大门。而现实让迪士尼管理者大吃一惊，欧洲人不像日本人那样，为"米老鼠"神魂颠倒。而且迪士尼及其顾问们也没能预见到即将来临的经济衰退，贷款利率极高及一些货币相对于法郎的贬值，还有 1991 年的海湾战争给度假旅游来了个急刹车；再加上自身存在的问题，开业两年后，乐园已经亏损了 9 亿多美元。游园人数、购物消费都远远低于预期。

欧洲迪士尼乐园的一些做法也使法国民众充满敌意：在早期广告中并没有强调众多诱人的娱乐项目，而是炫耀其规模，这反而激发了法国人的爱国情结，他们把迪士尼看成美帝国主义的象征。甚至法国农民走上街头，抗议法国政府以优惠价格出售当地的土地。法国人对"迪士尼构想"以及美国童话人物充满嘲讽，因为他们有自己的惹人喜爱的漫画人物。例如，戴头盔的高卢勇士 Asterix.。迪士尼管理者确信自己无所不知，从而导致对当地文化麻木不仁：在园内禁酒；禁止带宠物进入；认为欧洲人不吃早餐，导致早餐供应紧张且对食品种类不满意：350 个座位的餐厅，却要接待 2 500 人，没有顾客想要吃的肉和鸡蛋……

资料来源　http：//www. doc88. com/p-463113407969. html。

即便是同在中国，不同省份，语言可能不同；南方北方也有气候差异、饮食差异，交流中会遇到个性差异，也会出现"水土不服"的说法，其实就是跨文化沟通中的适应问题。

二、影响跨文化沟通的主要因素

（一）感知

感知的意义范围很广，主要意思是客观事物通过感觉器官在人脑中的直接反映。感知与文化有很密切的关系。一方面，人们对外部刺激的反应，对外部环境的倾向性，接受外部信息的优先次序，是由文化决定的；另一方面，当感知形成后（指感知过程的结果——知觉），它又会对文化的发展以及跨文化的沟通产生影响。

在跨文化沟通过程中，研究感知或知觉对沟通的显性和隐性影响具有十分重要的意义。人们在沟通过程中存在的种种障碍和差异，主要是由感知方式的差异所造成的。要进行有效的沟通，我们必须了解来自不同文化环境中人们感知世界的不同方式。

（二）成见

成见即定见，指对人或事物所抱的固定不变的看法。建立在一定的认识和价值观的基础上，而且因为认识僵化才导致了成见的形成。

当我们突然进入一种有着很少我们所熟悉的符号和行为的情境的时候，我们就会经历一种令人烦恼不安的情境——文化冲击。我们会因此而感到焦虑不安，甚至茫然不知所措。在这种情况下，成见常常就油然而生了。成见不是不可避免的，但它常比悬而未决或模棱两可的状态容易接受得多。由于我们大多数人都很怠惰，不愿意发展了解不同境遇中其他人的必要的能力，我们就心安理得地根据错误的信息来减少悬念状态带来的不安和痛苦。然而，问题是：成见作为我们头脑中的图像，常常是僵化的、难以改变的，以其作为防卫的机制则是不妥当的，而且常常是极为不利的。我们必须认识到，凡此种种成见，对于成功地进行跨文化沟通是全然无益的。

（三）民族中心主义

民族中心主义（Ethnocentrism）是人们作为某一特定文化中成员所表现出来的优越感。它是一种以自身的文化价值和标准去解释和判断其他文化环境中的群体——他们的环境、他们的沟通的一种趋向。民族中心主义将从自身文化发展出来的价值和理论应用于其他团体和人群；其意味着偏见或曲解，以意识判定群体优劣，再以群体优劣意识判定个人特性。

所有的人都经历了促使民族中心主义心态发展的社会过程。人们通过受教育知道了"如何行事"的准则，通过观察知道了周围人的行为方式，对某一特定的制度和体系也越来越熟悉。从一种文化的角度看，假定另一种文化能选择"最好的方式"去行事似乎是不合理的。因而，我们对文化差异很大的人们之间的沟通，在早期是抱否定态度的。

延伸阅读　　　　　　　　　　　　　**消费者民族中心主义**

消费者民族中心主义（Consumer Ethnocentrism Tendency，CET）这一概念是美国学者希姆普（Shimp）和沙玛（Sharma）在1987年提出的，同时他们完成了消费者民族中心主义专用量表（Consumer Ethnocentrism Tendency Scale，CETSCALE），证实了美国消费者存在民族性倾向。众多研究发现，消费者对进口品牌或国产品牌的评价受诸多或客观或主观因素的影响，其中，消费者往往对国产货给予更正面的评价，这种评价是因为每个消费者都有与生俱来的对国货的偏好或对进口货的偏见，这是消费的民族本位现象，即消费者民族中心主义。简单地说，消费行为中的民族性偏好这一现象上升为学术概念便称为消费者民族中心主义。

消费者民族中心主义程度的强弱可以通过消费者民族中心主义专用量表这一指标来进行度量。CETSCALRE采用李氏7点量表（完全同意赋值7分，完全不同意赋值1分），对17个满足0.50可靠性标准的代表CETSCALRE尺度的语句进行测试，总分值域为17~119。值越大，说明消费者民族中心主义程度越强，对国产品牌评价越高；值越小，说明消费者民族中心主义程度越弱，消费者更倾向于购买外国品牌。

资料来源　孙韩高、张鹏：《消费者民族中心主义在营销战略中的应用》，载《市场论坛》，2006（4）。

（四）缺乏共感

共感是指不以外界客观的或个人主观的参照标准，而是设身处地地从对方的参照标准去体会其内心感受，领悟其思想、观念、态度和情感，从而准确地理解对方的境况。

缺乏共感的主要原因是人们经常是站在自己的立场而不是他人的立场上理解、认识和评价事物的。缺乏共感也是由许多原因造成的。第一，在正常情况下，设身处地地站在他人立场上是十分困难的，尤其是文化的因素加入之后，这个过程就更加复杂了。第二，显示优越感的沟通态度，也阻碍了共感的产生。如果一个人总是强调自己管理方法的科学性，固执己见，那么我们就很难与之产生共感。第三，缺乏先前对于某个群体、阶级或个人的了解也会阻碍共感的发展。如果从来没有在国外的企业工作过或从事过管理，也就没有机会了解他人的文化，我们就很容易误解他人的行为。这种知识的缺乏，可能致使我们从某些不完全与行为背后的真正动机相联系的行为中得出结论。第四，我们头脑中所具有的与人种和文化相关的成见也是达到共感的潜在的抑制因素。

第二节 沟通的基础知识

什么是沟通呢？

不妨先静下心来想想未来你一天工作的情形。试着想一下每一个问题、工作、会议以及你工作范围内的每件事。

首先，别忘记你打出去的电话和约定的客户，或者即将到来的外商谈判团。接着，你批阅了一些文件，然后撰写年度工作报告。你浏览了那份部门经理提交的关于改善某项工作流程的备忘录，于是你做好心理准备，要为这件事开个会，集思广益。接下去，你会点击浏览网页页面，看看最近发生了什么重大新闻……

尽管这只是假想中的一天，但在现实生活中，你一定会遇到诸如此类的问题，上述的每一件事，都可以称之为沟通。

一、沟通的含义

沟通是人们经常使用的一个词。但究竟什么是沟通，却众说纷纭。据统计，一般人认为的"沟通的定义"竟逾100种之多。

延伸阅读　　　　　　　　　**众说纷纭话"沟通"**

《韦氏大辞典》认为，沟通就是"文字、文句或消息之交通，思想或意见之交换"。

《大英百科全书》认为，沟通就是"用任何方法彼此交换信息，即指一个人与另一个人之间用视觉、符号、电话、电报、收音机、电视或其他工具为媒介，所从事之交换消息的方法"。

西蒙认为，沟通"可视为任何一种程序，借此程序，组织中的每一个成员，将其所决定的意见或建议，传递给其他有关成员"。

拉什维尔认为，沟通就是"什么人说什么，由什么路线传至什么人，达到什么效果"。

……

从管理学的角度，特别是领导工作职能特性的要求出发，综合各种有关沟通的定义，把沟通定义为：沟通是人们在互动过程中通过某种途径或方式将一定的信息从发送者传递给接受者，并获取理解的过程。[①]

沟通首先是意义上的传递。如果信息和想法没有被传递到，则意味着沟通没有发生。

---

①　凡禹：《沟通技能的训练》，4页，北京，北京工业大学出版社，2010。

也就是说，说话者没有听众或写作者没有读者都不能构成沟通。

其次要使沟通成功，意义不仅需要被传递，还需要被理解。如果写给你的一封信使用的是你一窍不通的法语，那么不经翻译就无法称之为沟通。沟通是意义上的传递与理解。完美的沟通，如果其存在的话，应是经过传递后被接受者感知到的信息与发送者的信息完全一致。

沟通的信息是包罗万象的。在沟通中，我们不仅传递信息，而且还表达赞赏、不快之情，或者提出自己的意见观点。这样沟通信息就可分为：事实、情感、价值观、意见观点。如果信息接受者对信息类型的理解与发送者不一致，就有可能导致沟通障碍和信息失真。沟通者要完整理解传递来的信息，既获取事实，又分析发送者的价值观、个人态度，这样才能达到有效的沟通。

二、沟通的类型

"横看成岭侧成峰，远近高低各不同。"依据不同的划分标准，可以把沟通分为不同的类型。

（一）浅层沟通和深层沟通

根据沟通时信息涉及人情感、态度、价值观领域的程度深浅，可以把沟通分为两种：浅层沟通和深层沟通。

1. 浅层沟通

浅层沟通是指在管理工作中必要的行为信息的传递和交换，如管理者将工作安排传达给部属，部属将工作建议告诉主管等，企业的上情下达和下情上传都属于浅层沟通。浅层沟通的特点是：

（1）浅层沟通是企业内部信息传递工作的重要内容，如果缺乏浅层沟通，管理工作势必遇到很大的障碍；

（2）浅层沟通的内容一般仅限于管理工作表面上的必要部分和基本部分，如果仅靠浅层沟通，管理者无法深知部属的情感态度等；

（3）浅层沟通一般比较容易进行，因为它本身已成为员工工作的一部分内容。

2. 深层沟通

深层沟通是指管理者和下属为了更好地相互了解，在个人情感、态度、价值观等方面进行较深入的相互交流。有价值的随便聊天或者交心谈心都属于深层沟通。其作用主要是管理者对下属有更多的认知和了解，便于依据适应性原则满足他们的需要，激发员工的积极性。深层沟通的特点有：

（1）深层沟通不属于企业管理工作的必要内容，但它有助于管理者更加有效地管理好本部门或者企业的员工；

（2）深层沟通一般不在企业员工的工作时间内进行，通常在两人之间进行；

（3）深层沟通较之于浅层沟通更难于进行，因为深层沟通必然要占用沟通者和接受者双方的时间，也要求相互投入情感，深层沟通的效果严重影响着沟通过程本身。

（二）双向沟通和单向沟通

根据沟通时是否出现信息反馈，可以把沟通分为两种：双向沟通和单向沟通。

1. 双向沟通

双向沟通是指有反馈的信息沟通，如讨论、面谈等。在双向沟通中，沟通者可以检查接受者是如何理解信息的，也可以使接受者明白其所理解的信息是否正确，并可要求沟通者进一步传递信息。

2. 单向沟通

单向沟通是指没有反馈的信息沟通，如电话通知、书面指示等。严格说来，当面沟通信息，总是双向沟通。因为，虽然沟通者有时没有听到接受者的语言反馈，但从接受者的面部表情、聆听态度等方面就可以获得部分反馈信息。

在企业管理中，双向沟通和单向沟通各有不同的作用。一般情况下，在要求接受者接受的信息准确无误时，或处理重大问题时，或作重要的决策时宜用双向沟通。而在强调工作速度和工作秩序或者执行例行公事时宜用单向沟通。

双向沟通较之于单向沟通，对促进人际关系和加强双方紧密合作方面有更重要的作用，因而现代企业的沟通，也越来越多地从单向沟通转变为双向沟通。因为双向沟通更能激发员工参与管理的热情，有利于企业的发展。

延伸阅读　　　　　　　　　　双向沟通应注意的问题

1. 平衡心理差异

上下级之间由于权力的差异导致的心理上的差异有可能严重影响双向沟通的效果，部属不敢在主管面前畅所欲言，战战兢兢地说出自己的想法，担心自己的语言可能会损害自己在领导心目中的形象。企业主管应努力消除部属的心理不适，创造一种民主、和谐、随意的轻松氛围，这样才能得到部属的真实看法和意见。

2. 增加容忍度

双向沟通时，不同意见、观点、建议的出现是正常现象，企业主管不应该因反面意见的猛烈而大发雷霆、恼羞成怒，而应该心平气和地与员工交换自己的思想和看法，以求达成共识，共同做好企业工作。

总而言之，主管和部署之间进行双向沟通，其关键在于企业主管。

（三）正式沟通和非正式沟通

在正式组织中，成员间所进行的沟通，可因其途径的差异分为正式沟通与非正式沟通两类。

1. 正式沟通

正式沟通是指组织中依据规章制度明文规定的原则进行的沟通。例如，组织间的公函来往、组织内部的文件传达、会议召开、上下级之间的定期情报交换等。按照信息流向的不同，正式沟通又可细分为下向沟通、上向沟通、横向沟通、斜向沟通、外向沟通几种形式，如图7—1所示。

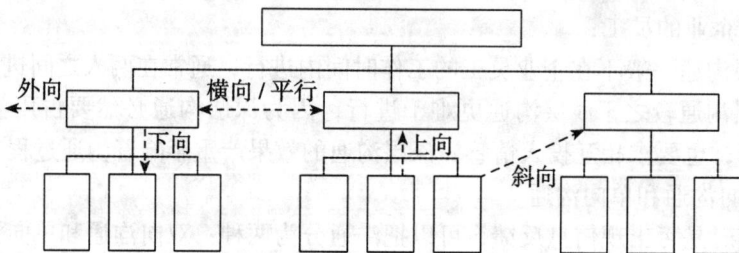

图7—1　正式沟通的形式

2. 非正式沟通

非正式沟通和正式沟通不同，它的沟通对象、时间及内容等各方面，都是未经计划和难以辨别的。其沟通途径是通过组织成员的关系，这种社会关系超越了部门、单位以及层次。

（四）语言沟通和非语言沟通

根据信息载体的不同，沟通可分为语言沟通和非语言沟通。

1. 语言沟通

语言沟通建立在语言文字的基础上，又可细分为口头沟通和书面沟通两种形式。人们之间最常见的交流方式是交谈，也就是口头沟通。常见的口头沟通包括演说、正式的一对一讨论或小组讨论、非正式的讨论以及传闻或者小道消息的传播。书面沟通包括备忘录、信件、组织内发行的期刊、布告栏以及其他任何传递书面文字或符号的手段。

2. 非语言沟通

美国心理学家艾伯特·梅拉比安经过研究认为：在人们沟通中所发送的全部信息中仅有7%是由语言来表达的，而93%的信息是由非语言来表达的。非语言沟通是相对于语言沟通而言的，是指通过身体动作、体态、语气语调、空间距离等方式交流信息、进行沟通的过程。在沟通中，信息的内容部分往往通过语言来表达，而非语言则作为提供解释内容的框架，来表达信息的相关部分。因此非语言沟通常被错误地认为是辅助性或支持性角色。

延伸阅读   **非语言传播的形式和方式**

非语言传播的形式：

1. 身体动作或运动行为，诸如手势、姿势、面部表情和眼睛活动等。

2. 类语言，即音质、语调、音量、音速和其他功能性发声。

3. 环境空间，即个人和社会对空间的利用以及人们对这种利用的感知。

4. 嗅觉，经由嗅觉渠道传递的信号。

5. 触觉。

6. 衣服和化妆品等人工制品的利用。

非语言传播的方式：

1. 标记语言——用手势、代号等代替文字语言的特殊标记系统，如聋哑人的手语、旗语、交通警的指挥手势、裁判的手势，以及人们惯用的一些表意手势，如"OK"和"V"等。还有如基督教的十字、伊斯兰教的新月、美元的符号（$）以及许多现代企业的标识。

2. 动作语言——包括那些不特别用于代表某种信号的所有身体运动，例如，饭桌上的吃相能反映出一个人的修养；一位顾客在排队，他不停地把口袋里的硬币弄得叮当响，这清楚地表明他很着急；在柜台前，一位妇女拿起又放下，显示出她拿不定主意。

3. 物体语言——人们有意无意地摆设一些物体，其特定的形态也能十分准确地表达某种含意，总把办公物品摆放很整齐的人，能看出他是个干净利落、讲效率的人；穿衣追求质地，不跟时尚跑，这样的人一定有品位、有档次。

资料来源　张国良：《传播学原理》，上海，复旦大学出版社，2009。

三、语言沟通的技巧

有个女孩子告诉她同事，说她有口臭，闻起来像是死鱼的味道。那位同事一时间脸涨得通红，从此就敬她而远之，态度冷淡。而这个女孩子还在一旁抗议："我只是开玩笑而已！"

在现实生活中，有很多时候往往因为一句话，使得你和他人的距离可远可近、和他人的关系可有可无。如果你常常因为说错话得罪人，或者是不知道自己该说些什么、该怎么说，那么你在沟通能力上就必须有所加强才行。不论在日常生活还是工作场所，良好的沟通都是人际关系的第一步，有了良好的沟通才有机会和他人建立起互动的关系。

当然沟通的方式有很多种，写信、电子邮件、小卡片、谈话等都是，不过最直接的方式就是"谈话"。谈话也是要讲技巧的，如果只是随口说说，想到什么说什么，那这种方式一定会得罪很多人。下面就来介绍谈话的技巧：

延伸阅读　　　　　TACTFUL——"巧妙"沟通

TACTFUL，"巧妙"这个英文单词，若把它拆开则七个字母分别代表了不同的意义：

T（Think before you speak）——三思而后"言"；

A（Apologize quickly when you blunder）——失言时立刻致歉；

C（Converse，don't compete）——和别人沟通，不要和别人比赛；

T（Time your comments）——挑对说话的时机；

F（Focus on behavior-not on personality）——对事不对人；

U（Uncover hidden feelings）——了解别人的感觉；

L（Listen for feedback）——聆听他人的回馈。

这里所谓的巧妙，指的就是对周围情况的观察力，以及能够说出最善解人意或最贴切的话。要达到巧妙的境界，就必须对周围的人和事十分敏感，并掌握说话的技巧，随时都能果断地陈述自己的意见，而且重点是不能引起他人的反感。这种技巧可以用来处理棘手的情况或人际关系。

（一）三思而后言

在我们和人沟通的过程中，往往会因为一句话而引起他人的不悦，所以要避免说错话才行。最好的方法，就是根本不去说那句话。为了避免发出不当的批评，在你说任何话之前，都该先想想自己想说什么、该说什么。很多人往往心直口快，根本没想到自己犀利的言词可能对别人造成的伤害。因此，说话不能不经过大脑，在要说出口之前，先想想："如果别人对我这样说，我会作何感想？""我的批评是有害的还是有益的？"在很多情况下，如果能多花一些时间，设身处地地为他人着想，你就不会因说错话而引起他人的不悦了。

（二）失言时立刻致歉

勇于认错是很重要的，所以当你发现自己的言语伤害到他人的时候，千万不要厚着脸皮不肯道歉。每个人偶尔都会说错话，可是自己一定要察觉自己说了不该说的话，然后马上设法更正。留意他人的言语或其他方面的反应，借以判断是否需要道歉。如果你确实说错话了，就必须立刻道歉，勇于承认错误，不要编一大堆借口，以免越描越黑。

（三）和别人沟通，不要和别人比赛

有的人和他人交谈时，时常把它看成是一种竞赛，一定要分出个高下。如果你常在他人的话里寻找漏洞，常为某些细节争论不休，或常纠正他人的错误，借以向人炫耀自己知识渊博、伶牙俐齿。这样的你一定会给人留下深刻的印象，不过那是不好的印象。有些人往往忽略了沟通的技巧，因为他们把交谈当成了辩论，而不是信息、想法与感觉彼此交换的过程。所以，为了与他人有更好的沟通，这种竞赛式的谈话方式必须被舍弃，而采用一种随性、不具侵略性的谈话方式。这样当你在表达意见时，别人就比较容易听进去，而不会产生排斥感。

（四）挑对说话的时机

当你要表达意见之前，都必须先确定，对方已经准备好，愿意听你说话了；否则你只会浪费力气，对牛弹琴，白白错过了让别人接受你意见的大好机会。既然我们得选择良好的时机，那什么时候开口才是最好的呢？其实要遇到最好的时机很困难，但是要遇到适于交谈的时机却不是难事。比如说，在公共场所，或有其他朋友、同事在场时，应避免谈论涉及隐私或一些敏感的话题。当对方感到烦躁时，也尽量避免继续谈论下去。

（五）对事不对人

举例来说，你是否有朋友很难缠，老是让你气得半死？有些人就是爱抱怨、生性悲观、拖拖拉拉，又老爱编一大堆借口。如果你的朋友的这些行为已经威胁到你们之间的友谊，你就有权开口提醒他。此时最重要的是，你必须指明自己讨厌他哪些行为，而不是一味地想改变他的个性。一个人要改变某些特定、确切的行为，要比改变个性容易多了。

（六）了解别人的感觉

如果能先试着了解对方的感觉，我们也就能比较巧妙地说出一些难以启齿的话。比方说，如果你的父母亲很担心你的投资计划不够周全，你就不要对他们说："你们为什么不能只管自己的事情，老是把我当成三岁小孩。那是我的钱，我爱怎么用就怎么用！"这种充满稚气的典型防卫性反应无法增加父母亲对你的信心。你应该想想父母亲说这话时心中的感觉。也许他们只是想阻止你冒失的投资，以免你重蹈他们的覆辙。也有可能是你父母亲对你往后的财务状况感到忧虑，却又不知道如何告诉你。所以，当面对别人的批评或某些让你不悦的行为时，你只要能找出背后真正的原因或需求，就能够用另外一种说辞去化解一场冲突。

（七）聆听他人的回馈

一个人要和别人交谈，不仅自己要懂得如何去说，也要懂得如何去聆听。缺乏聆听的技巧，往往会导致轻率的批评。一个人会任意地批评或发出不智的言论往往是因为他不管别人要说什么，只想主控整个对谈的场面。如果你仔细聆听别人对你意见的回馈或反应，就能确定对方有没有在听你说话，得知对方是否已了解你的观点或感觉。而你也可以看出对方所关心、愿意讨论的重点在哪里。

四、非语言沟通的作用

长期以来，非语言符号可用来传递信息、沟通思想、交流感情，这些已被人们所熟悉。有人估计，人的脸部能表现出约 25 万种不同的信息，教室内可以有 7 000 多种课堂手势，这些非语言符号都有着丰富的含义。在特定场合，非语言符号都可起到特有的作用，具体有以下几种：

（一）表情答意

在日常工作、生活中，人们普遍运用较多的非言语工具是目光语和手势语，目光语和手势语等非言语在许多情况下具有语言文字所不能替代的表情答意作用。

眼睛是人心灵的窗户，能明显、自然、准确地展示自身的心理活动。眼神是传递信息十分有效的途径和方式，不同的眼神可起到不同的作用。在人际沟通中，目光语可以表现多种感情，根据情境不同，既可以表示情意绵绵，暗送秋波；也可以表示横眉冷对，寒气逼人等。目光语通常有以下几种作用：提供信息；调节互动；启发引导；告诫批评；表达关系。如护士在为服务对象实施护理的过程中，对手术后病人投以询问的目光，对年老体弱者投以关爱的目光，对进行肢体功能锻炼的病人投以鼓励的目光，而对神志清醒的不合作的病人投以责备、批评的目光。此时虽没有语言行为，但却更能使病人感到愉快，得到鼓励，或产生内疚。同样，病人一个赞许的目光，可使护理人员消除身体疲劳，感受到自身工作的价值。

手势是有声语言的延伸，是非言语中重要的表达方式，富有极强的表情达意的功能，表达的信息丰富多彩。如病人刚入院时，护士手掌心朝上，引导病人到床边，表示礼貌；病人出院时，挥动单手表示辞别、再见；儿童接受注射治疗后，竖大拇指表示好样的、棒极了；术后病人示意下床活动时，OK 手势表示支持和允许；如病情不允许离床活动，则摆手表示不同意。当学生在犯错误后及时承认错误并积极改正，老师拍拍学生的肩予以肯定；学生在回答出提出的问题后老师能竖起大拇指，得到的效果胜过口头表示。但手势语因民族、国家、地区的不同，所表达的含义也不同。

（二）表达友善与鼓励

一个和蔼亲切的表情向他人传递了相互友好的关系信号，而一副生硬的面孔则向他人传递着冷漠和疏远的关系信号。在现实生活中，微笑是礼貌待人的基本要求，是心理健康的一个标志。微笑是一种知心会意、表示友好的笑，是在社交场合中最有吸引力、最有价值的面部表情，既悦己又悦人。心理学家曾做过这样一个实验：找 100 人作为受试者，让他们根据陌生人的照片进行判断，说出对哪些人的印象最好，哪些人的品德和能力更强。结果 90% 的受试者指出面带微笑的人的能力、品行最好，给人留下最好的印象。由此可见，微笑对塑造自身的良好形象有着重要的作用。在面试中，应聘者应把微笑贯穿于面试的全过程，以真诚的微笑向面试官传递出友善、关注、尊重、理解等信息，建立在面试官心中的良好形象，进而增加面试成功的概率。对面试官来说，适时的微笑也有助于营造和谐融洽的交流氛围，适度的微笑往往给予初次面试的应聘者莫大的鼓励，从而有助于面试的顺利进行。

面部表情是有效沟通的世界通用的语言，不同国家或不同文化对面部表情的解释具有高度的一致性。人类的各种情感都可非常灵敏地通过面部表情反映出来，"喜怒形于色"就是这个道理，面部表情的变化是十分迅速、敏捷和细致的，能够真实、准确地反映感情，传递信息。

（三）逼真的替代

在非言语沟通中有一种有声沟通在日常生活、工作中运用广泛，它是通过发音器官或身体的某部分所发出的非言语性声音而进行的沟通方式，主要表现在人们说话时的声调高低、强弱和抑扬顿挫的掌握上或说话的停顿和沉默会产生言外之意的效果。在噪声较大的工地或停车场，人们无法听见对方的讲话，便可以用手势来指挥吊车的工作、停车的位置和距离；在实弹射击场要求有紧张、严肃的氛围，教练在学员射击过程中，除在射击前和射击结束时下达正常的口令外，在射击过程中不针对单个或部分学员下达口令，只是简短提示，以免惊吓其他学员而发生意外事故。

在一定的场景下，我们会发现，即使对方没有说一句话，但我们从对方的表情上已经了解到对方的意思。当一个人不能听或者说时，非言语符号常常代替言语来表达意思。这种替代是有条件的，即一定是同样文化氛围或者是在普遍被人们认同的规则下才能应用，否则便容易引起误解。

（四）学会倾听，增进了解

在沟通过程中，倾听和讲话一样具有说服力。因为专注地倾听别人讲话，则表示倾听者对讲话人的看法很重视，能使对方对你产生信赖和好感，使讲话者形成愉悦、宽容的心理。在多数情况下，听一番思想活跃、观点新颖、信息量大、情感波动较大的谈话，倾听者甚至比谈话者还要疲劳，这就需要积极的倾听。要求倾听者聚精会神，积极调动知识、经验储备及感情等，使大脑处于紧张状态，接受信号后，立即加以识别、归类、解码，做出相应的反应，表示出理解或疑惑、支持或反对、愉快或难受等。适当的倾听对对方来说是一种尊重并可获得对方的信任。

在复杂的商场上，倾听使你更真实地了解对方的立场、观点、态度，了解对方的沟通方式、内部关系，甚至是小组内成员意见的分歧，从而使你掌握谈判的主动权。不能否认，谈话者也会利用讲话的机会，向你传递错误的信息或是对他有利的情报。这就需要倾听者保持清醒的头脑，根据自己所掌握的情况，不断进行分析，确定哪些是正确的信息，哪些是错误的信息，哪些是对方的烟幕，进而了解对方的真实意图，使对方变得不那么固执己见，更有利于达成一个双方都妥协的协议。

第三节 跨文化沟通的成与败——怎样排除跨文化沟通中的障碍

随着我国加入 WTO，各种层次、各种类型的跨文化谈判、贸易和交往日益频繁，这使不同的文化因素在商务沟通中的影响显得尤为重要。在跨国界的商务沟通中，往往由于彼此文化的差异而导致商务信息传递不畅，甚至有时引起不必要的误会和尴尬，严重时还会造成分歧和矛盾，直接影响商务活动的办事效率。因此，分析文化差异对商务沟通的影响、研究正确的跨文化商务沟通已成为经济全球化时代背景下刻不容缓的新课题。

一、文化差异与沟通方式差异

西方文化在许多方面与中国文化存在很大的差异，主要有以下几个方面：

（一）价值观与道德标准的差异

1. 个人荣誉与谦虚谨慎

西方人崇拜个人奋斗，尤其为个人取得的成就而自豪，从来不掩饰自己的自信心、荣誉感以及在获得成就后的狂喜。相反，中国文化不主张炫耀个人荣誉，而是提倡谦虚。中国人反对王婆卖瓜式的自吹自擂，然而中国式的自我谦虚或自我否定却常常使西方人大为不满。"Your English is very good," "No, no, my English is very poor"; "You've done a very good job," "No, I don't think so. It's the result of joint efforts." 这种谦虚，在西方人看来，不仅否定了自己，还否定了赞扬者的鉴赏力。这种中国式的谦虚在国际竞争市场是行不通的。

2. 自我中心与无私奉献

西方人自我中心意识和独立意识很强，主要表现在：自己为自己负责。在弱肉强食的社会，每个人的生存方式及生存质量都取决于自己的能力，因此，每个人都必须自我奋斗，把个人利益放在第一位；不习惯关心他人，帮助他人，不过问他人的事情。正由于以上两点，主动帮助别人或接受别人帮助在西方常常是令人难堪的事。因为接受帮助只能证明自己无能，而主动帮助别人会被认为是干涉别人私事。中国人的行为准则是"我对他人、对社会是否有用"，个人的价值是在奉献中体现出来的。中国文化推崇一种高尚的情操——无私奉献。在中国，主动关心别人，给人以无微不至的体贴是一种美德，因此，中国人不论别人的大事小事、家事私事都愿主动关心，而这在西方会被视为"多管闲事"。

3. 创新精神与中庸之道

西方文化鼓励开拓创新，做一番前人未做过的、杰出超凡的事业。而传统的中国文化则要求人们不偏不倚，走中庸之道，中国人善于预见未来的危险性，更愿意维护现状，保持和谐。

4. 个性自由与团结协作

西方人十分珍视个人自由，喜欢随心所欲，独往独行，不愿受限制。中国文化则更多强调集体主义，主张个人利益服从集体利益，主张同甘共苦，团结合作，步调一致。

（二）社会关系的差别

1. 平等意识与等级观念

西方人平等意识较强，无论贫富，人人都会尊重自己，不允许别人侵犯自己的权利。同时，人人都能充分地尊重他人。在美国，很少人以自己显赫的家庭背景为荣，也很少人以自己贫寒出身为耻，因他们知道，只要自己努力，是一定能取得成功的。正如美国流行的一句谚语所言："只要努力，牛仔也能当总统。"（If working hard, even a cowboy can be president.）新中国虽成立了60多年，但传统的等级观念在中国人的头脑中仍根深蒂固。父亲在儿子的眼中、教师在学生的眼中有着绝对的权威，家庭背景在人的成长中仍起着相当重要的作用。

2. 核心家庭与四世同堂

美国式的家庭结构比较简单：父母以及未成年孩子，称之为核心家庭。子女一旦结婚，就得搬出去住，经济上也必须独立。父母不再有义务资助子女。这种做法给年轻人提供最大限度的自由，并培养其独立生活的能力，但同时也疏远了亲属之间的关系。中国式的家庭结构比较复杂，传统的幸福家庭是四代同堂。在这样的家庭中，老人帮助照看小孩，儿孙们长大后帮助扶养老人，家庭成员之间互相依靠。

（三）言语行为方面的文化差异

语言是文化的产物，又是文化的一种表现形式，文化方面的差异反映在语言上，就成为语言的差异。例如，西方人赞扬中国人衣服漂亮时会说："It is very beautiful!"但得到的答案可能是："Oh, it is just an ordinary dress."中国人认为这是谦虚的表现，是中华民族的美德，但西方人会觉得这是在质疑他对服饰欣赏的品位。

（四）非言语行为方面的文化差异

非言语行为与言语行为一样，因所属的文化不同往往被赋予不同意义。中国人的握手、日本人的鞠躬、欧美人的拥抱、拉美人的脱帽致敬等都表现出各自的文化特征。人们在进行交际时，由于不同的文化对非言语行为的不同解释，往往会产生误解或反感。例如，中国人轻抚婴儿或轻拍孩子的头部表示一种友好，而在西方国家，父母会抱怨这种行为，因为西方人认为这种做法不尊重小孩。一项研究表明，在西方人中，0.45 米以内的人体距离只适用于夫妻之间；0.45~0.8 米适用于亲朋好友；1.3~3 米适用于社交场合；在公共场合距离要更远。

延伸阅读　　　　　　　**文化差异对国际商务沟通造成的障碍实例分析**

文化背景相同，人们共处时很少产生交际上的差异；但当文化存在差异时，往往会出现误解和冲突。

有一个经典案例：某中美合资企业的外方部门经理向中方总经理提出休假并得到同意。可在他休假前两天，中方总经理却安排了许多会议，休假前一天，会议还未结束。此时，这位外方经理感到很为难，但是他还是向总经理提出他不能参加第二天的会议，因为按计划他从第二天起开始度假。中方总经理劝说他以工作为重，顾全大局，叫他推迟度假期，但遭拒绝。中方总经理当即十分生气，而这位外方经理却责怪总经理工作无计划，最后扬长而去。

此案例中，美方部门经理坚持按期度假，因为他早已作了休假安排，并且提出的申请得到批准，因而总经理不该在他假期之前安排他参加会议；如果在假期里强行他从事一些工作，这既违反法律，又侵犯人权，以后的会议内容与他分管的工作无关。中方总经理却认为，任何人都应以工作为重，个人利益服从集体利益，由此而否定了美方经理以前的成绩。之所以会产生这样的冲突，归咎于中美文化的差异。美国人办事有计划性，时间观念强，认为工作时间就应该拼命干，休闲时也应尽情潇洒。美国人在休闲时从不谈工作，在工作中，经理与下级保持一定的等级距离，对下级的工作过错极为认真与严肃。这说明美国文化有私人空间与公共空间之分。中方总经理并没有认识美国的这种文化，而是以中国的文化来对待美国的文化，因而冲突得以产生。像这样的关于文化冲突的问题在合资企业中屡见不鲜。

这种非管理因素常常造成误解和关系恶化，甚至导致商务活动和决策的失败，严重影响国际商务活动的发展和利润的回报。即使美国这样一个文化包容性很强的国家，据《华尔街杂志》估计，每年因为跨文化沟通失误而造成的损失也高达几十亿美元。文化差异与冲突已成为跨文化商务沟通的绊脚石。

中西沟通方式差异体现在多个方面：

第一，尽管大部分文化既包含有直接沟通方式，也包含有间接沟通方式，但中国人在很多场合主要倾向于以间接或含蓄的沟通方式作为主要沟通方式，西方人则在很多场合主要倾向于直接沟通。间接型沟通方式建立在模糊和抽象的语言基础之上，在言语沟通中传者向受者提及一些双方共享的背景信息，同时依靠受者的理性和推理能力，以此沟通比实际话语更多的信息。这种沟通方式在中国被广泛使用。而西方人较喜欢使用的直接型沟通方式建立在直率和精确的语言基础之上，从而不会产生理解上的歧义。

第二，中国人在沟通过程中倾向于使用具有丰富表现力和表达效果的语言，注重形象思维，西方人却较为擅长使用抽象逻辑意味较强的表达方式。中国人的形象思维方式讲求以形见理、以美启真。而西方人的抽象思维方式，讲求概念分析、逻辑推理，强调的是"不具任何价值色彩的事实"。

第三，中国人在沟通中往往考虑谈话双方的身份地位差异，以及需要保持友善和人际和谐的因素，从而采用不同的沟通方式。而西方人之间沟通较为随意，且容易忽略谈话双方的地位身份及人际关系。中国人往往认为，恭敬是等级关系的黏结剂，而友善和人际和谐则是维系平等关系的纽带。而西方人习惯于开门见山，不绕圈子，只讲问题本身。因为中西双方沟通的方式不同，很容易对双方的理解造成困扰。

第四，沟通方式差异在国际商务谈判风格中体现得特别明显。以中美为例，中国人有先就总体原则达成共识的整体思考方式，然后以此去指导解决问题的具体方案的制订。而美国人谈判一开始就急于直接进入具体条款。

二、跨文化沟通的主要障碍

（一）认知层面

来自不同文化背景的管理者和员工在沟通时，常常建立在自己的认知层面上，正是这些看似合理的认知常常导致跨文化沟通的障碍。

1. 类我效应

从沟通的角度来说，人们不管文化、情景如何，总是假定他人与自己有相似的思维与行为。这种常常以自己的文化规范和标准作为参照系，去评估另一种文化中的人的思维方式与行为习惯的做法非常普遍。其实人与人之间是存在差异的。

2. 首因效应

"第一印象"固然重要，但在跨文化背景下，会成为知觉障碍的主要原因。人们之所以重视第一印象是因为在自己熟悉的环境中，经验的重复出现及人们具有某些规则性的行为表现，为人们的判断提供了可借鉴的先例。但是，在跨文化环境中，如果仍然相信自己的第一印象，就会导致先入为主的错觉。

（二）语言层面

不同的语言源于不同的文化，每种语言都有独特的文化内涵。在跨文化沟通中，语言的多样性与复杂性常常是造成沟通障碍的主要原因。沟通中语言的障碍常常表现在语义和语用两个方面。

1. 语义方面

我国一家生产"白象"牌电池的企业在进军国际市场时，把其品牌直接翻译为"white elephant"，致使该产品在国际市场上无人问津。因为"white elephant"在英语中是"无用"的意思。这一例子告诉我们，即使是相同的语言，在不同的文化中也可能有不同的语义。

2. 语用方面

不同的语言有不同的语用规则，忽视规则的差异性，同样会引起沟通障碍，产生不必要的误会和矛盾。

（三）非语言层面

在跨文化沟通中，人们更多地使用非语言沟通形式。不同文化背景的国家对非语言的使用偏好不同。在高情景文化的国家，沟通双方非常重视非语言沟通；而在低情景文化的国家，人们较多地使用直接性的沟通方式，运用大量明确清晰的语言传递信息。不同文化背景的个人对相同的非语言表达形式的理解也存在差异。如果双方缺乏对对方文化背景的了解，就会造成沟通障碍。

（四）沟通风格的差异

虽然全世界人们的沟通过程基本是相同的，但不同文化的人们的沟通风格却具有很大的差异。所谓沟通风格，就是人们在沟通过程中将自己展现给对方的方式。它包括自己喜欢谈论的话题，最喜欢的交往方式，如礼仪、应答方式、辩论、自我表白及沟通过程中双方希望达到的深度等。它还包括双方对同一沟通渠道的依赖程度——表达信息主要是靠声音、词汇，还是身体语言因素，以及对相同意思的理解主要是靠信息的实际内容还是靠情感的内容等。跨文化沟通是一个互动的过程，如果相互之间的沟通风格不同，就可能带来沟通问题。

（五）价值观层面

价值观代表着基本的信仰：个人或社会接受一种特定的行为或终极存在方式，而摒弃与其相反的行为或终极存在方式。不同文化背景的人具有不同的价值观，即使在同一文化内，人的价值观也不尽相同。不了解对方的价值观，势必造成跨文化沟通障碍。以荷兰跨文化研究专家霍夫施泰德提出的高权力距离和低权力距离的文化价值观为例，高权力距离的社会常常是情景性的沟通风格，沟通双方根据对方的地位、身份、社会角色来确定沟通双方的语言使用方式。而在低权力距离的国家，常常是私人性的沟通风格，人们不考虑对方的地位和身份，只将注意力集中于是否清楚表达了自己的想法与意思。

（六）民族优越感

当人们相信本国的各项条件最优时，这时就出现了民族优越感的倾向。在每一种文化中的大多数人都会无意识地形成自己的民族优越感。民族优越感之所以对跨文化人际沟通造成障碍，主要是因为：首先，对自己文化的民族优越感信念会形成一种狭隘和防御性的社会认同感；其次，民族优越感会以一种定型观念来感知其他文化；最后，民族优越感会使沟通者将自己的文化与别的文化对比时，总认为自己的文化是正常的、自然的，而别的文化是不正常的，其结果总是吹捧自己的文化而贬低别的文化。

（七）文化成见

文化成见是一种描述，表现的是一个群体的思维特征，它作为一种区分文化差异的手段，为人们了解不同的文化提供了一种便捷的方法。但文化成见最大的害处就是过分的简化和类化，往往造成刻板、以点概面、以偏概全的错误。文化成见之所以会阻碍跨文化沟通，是因为：第一，它假设一个群体中的所有成员都具有相同的特征，忽视了个体的特点和差异性；第二，由于过度的简化、类化和人为的夸大或缩小，使沟通者之间不能进行成功的交流；第三，由于不断地重复和强调，会使某种定型观念变为"真理"，从而阻碍跨文化沟通。

三、跨文化沟通策略与技巧

（一）改善认知，避免武断判断

管理者要在思想上树立文化差异的概念，并且要接受这种差异。文化没有好与坏之分，要学会尊重对方的文化，不要以自身的文化标准来判断他人的行为。另外，管理人员需认真地学习所在国家的文化，包括语言、风俗和沟通规则等。跨国管理人员必须避免评论其他人的言论和行为。避免评论其他人的行为还意味着能够控制自己的情绪。为了提高沟通行为的效率，在真正理解某国文化之前，尽量避免对该国活动或风俗进行评论。高效管理人员需要学会保留自己的判断，并尽量迎合对方的观点。

（二）训练沟通语言与非语言

作为一名国际管理者，为了有效地与来自不同文化的同事、雇员、客户进行沟通，必须熟练地掌握公司从事经营活动的那个国家的语言知识，而不能处处依赖翻译。语言技能不仅使得国际管理者能与当地人更容易、更精确地沟通，而且能使当地人将管理者视为自己人，这本身就是一种竞争优势。同时，国际管理者必须了解不同国家的语言表达方式的文化特征，这也是进行有效的跨文化沟通的基本要求。学习非语言的沟通方式更为困难，通过学习沟通中的符号、信息及无声密码能改善文化关系，最终可以影响管理者绩效。对非语言的学习，可以通过公司提供的非语言训练来不断提高。

（三）掌握不同的沟通风格

有效的跨文化沟通必须了解对方的沟通风格，因为当两个人的沟通风格不同时，沟通活动就形不成互动。弗雷德·卢森斯和理查德·霍杰茨根据跨文化沟通的大量研究成果，总结出四种跨文化的语言沟通风格，即直接性与间接性、详尽性与简明性、情景性与私人性、情感性与工具性。直接性沟通风格是指沟通过程中发送和接受的信息是准确的、清晰的和直接的。间接性沟通风格是指信息是含蓄的、模糊的和间接的。在高情景文化和中等程度的不确定性回避的文化中，人们往往使用详尽性沟通风格，用大量的时间进行交谈，详细解释各种细节。在高情景和高不确定性回避的文化中，人们习惯于简明性沟通风格，在正式沟通中尽量使用较少的词句，以减轻不熟悉的环境带来的风险及保全面子。情景性沟通风格是指沟通过程中关注的是说话者和角色关系，而私人性沟通风格在沟通过程中关注的是说话者个人。情感性沟通风格是指在沟通过程中信息的发送者在信息中加上了许多情感的成分，而工具性沟通风格是指沟通过程中所使用的语言是目标取向的，以发送者为中心。

（四）强化文化敏感性

企业应针对存在的两种或多种文化，有目的、有意识地进行文化背景、文化特征及文化本质培训，培养管理者和员工对异质文化的敏感性，提高其对对方文化属性及环境的自觉和自知。同时，提高其对对方文化属性在知识和情感上的反应能力，正确管理与其文化背景相联系的价值观、行为模式等，这样就减少甚至避免跨文化知识而造成的沟通误会。

（五）消除文化成见

在跨文化沟通中，消除文化成见是减少沟通障碍的重要方法。为了消除文化成见，首先，需要尽量客观地了解不同文化的人们的思维方式与行为习惯，全面了解不同文化中的人们的语言和非语言沟通的特点。其次，在沟通过程中，切忌先入为主，要认真倾听对方的信息，然后再做出判断。最后，切记不要假设别人会与自己有相同的认知与感受。有效的国际管理者必须清楚地了解自己的文化成见，在遇到与自己的文化成见相矛盾的信息或情景时，能够修正甚至抛弃文化成见。

（六）改善倾听技能

良好的倾听技能是有效沟通的前提。来自不同文化的人们进行沟通时，认真倾听对方，不仅能够表现出对对方的尊重，而且也有助于准确把握和了解对方的意思与态度。可以使用多种方法改善国际管理者的倾听技能。

（1）沟通双方彼此尊重，特别是尊重对方的文化及特殊的思想与情感表达方式。

（2）沟通过程中要有耐心。

（3）以一种友好和坦率的方式向对方提出问题，并充分考虑对方的文化特点。

（4）合理地使用各种非语言的表达形式。

（5）沟通过程应当注重信息的描述，而不是解释与评价。

第四节　沟通技能的开发

石油大王洛克菲勒曾说过："假如人际沟通能力也是同糖和咖啡一样的商品的话，我愿意付出比太阳底下任何东西都高的价格购买这种能力。"全球化的不断发展，激励着经贸教学加速培养复合型的经贸人才，促进学生不仅要掌握跨学科的专业知识，而且要具备跨文化的沟通技能。

一、先从自己开始——自我沟通能力检测

自我诊断测验　　　　　　　　沟通能力的自我测试

每个人都有独特的与人沟通、交流的方式，阅读下面的情境问题，选择出你认为最合适的处理方法，请尽快回答，不要遗漏。

1. 你的上司的上司邀请你共进午餐，回到办公室，你发现你的上司颇为好奇，此时你会：

（1）告诉他详细内容　　　　　（2）不透露蛛丝马迹

（3）粗略描述，淡化内容的重要性

2. 当你主持会议时，有一位下属一直以不相干的问题干扰会议，此时你会：

（1）要求所有的下属先别提出问题，直到你把正题讲完

（2）纵容下去

（3）告诉该下属在预定的议程之前先别提出别的问题

3. 你跟上司正在讨论事情，有人打长途来找你，此时你会：

（1）告诉上司的秘书说不在　　（2）接电话，而且该说多久就说多久

（3）告诉对方你在开会，待会儿再回电话

4. 有位员工连续四次在周末向你要求他想提前下班，此时你会说：

（1）我不能再容许你早退了，你要顾及他人的想法

（2）今天不行，下午四点我要开个会

（3）你对我们相当重要，我需要你的帮助，特别在周末

5. 你刚好被聘为某部门主管，你知道还有几个人关注着这个职位，上班的第一天，你会：

（1）个别找人谈话以确认哪几个人有意竞争职位

（2）忽略这个问题，并认为情绪的波动很快会过去

（3）把问题放在心上，但立即投入工作，并开始认识每一个人

6. 有位下属对你说："有件事我本不应该告诉你的，但你有没有听到……"你会说：

（1）我不想听办公室的流言　　（2）跟公司有关的事我才会有兴趣听

（3）谢谢你告诉我怎么回事，让我知道详情

评分标准：

题号	1	2	3	4	5	6
（1）	1	1	0	0	0	0
（2）	0	0	0	0	0	1
（3）	0	0	1	1	1	0

评分说明：

0~2 分为较低，3~4 分为中等，5~6 分为较高。分数越高，表明你的沟通技能越好。良好的沟通能力是处理好人际关系的关键。具有良好的沟通能力可以使你很好地表达自己的思想和感情，获得别人的理解和支持，从而和上级、同事、下级保持良好的关系。

本测试选择了一些在工作中经常会遇到的、比较尴尬的、难于应付的情境，测试你是否能正确地处理这些问题，从而反映你是否了解正确的沟通的知识、概念和技能。这些问题看似无足轻重，但是一些工作中的小事和细节往往决定了别人对你的看法和态度。如果你的分数偏低，不妨仔细检查一下你所选择的处理方式会给对方带来什么样的感受，或会使自己处于什么样的境地。

二、掌握沟通的两个方面——讲话与聆听

（一）讲话的四大风格，你属于哪一类

我们在工作生活中，都会遇见不同类型的人。只有了解不同人在沟通过程中不同的特点，才有可能用相应的方法与其沟通，最终达成一个完美的结果。我们说物以类聚，人以群分，两个风格相似的人沟通时效果会非常好。只有掌握了不同的人在沟通中的特点后，才能选择与他相接近的方式与其沟通。

我们依据一个人在沟通过程中情感流露的多少，以及沟通过程中作决策是否果断，把在工作和生活中遇到的所有人分为四种不同的类型：分析型、和蔼型、表达型和支配型。

1. 分析型

有的人在决策的过程中果断性非常弱，感情流露也非常少，说话非常啰嗦，问了许多细节仍然不作决定，这样的人属于分析型的人。

2. 和蔼型

这类人感情流露很多，喜怒哀乐都会流露出来，这样的人我们管他们叫和蔼型的人，他们总是微笑着看着你，但是说话很慢，表达往往也不会开门见山。

3. 表达型

这类人感情外露，热情、有幽默感、活跃，做事非常果断、直接，动作非常多，而且非常夸张，在说话的过程中，往往会借助一些动作来表达意思。这样的人我们称为表达型的人。

4. 支配型

这类人感情不外露，但是做事非常果断，总喜欢指挥你、命令你，我们管这样的人叫支配型的人。

这四种不同类型的人在沟通中的反应是不一样的，我们只有很好地了解了不同人在沟通中的特点，并且用与之相应的特点和他沟通，才能够保证我们在沟通过程中做到游刃有余，见什么人说什么话，遇见什么人都能够达成一个共同的协议。

（二）纠正讲话习惯中的弊端

一个人的谈话技巧是可以提高的，虽然可能会花一些时间来改变你早已根深蒂固的谈话习惯，但这是可能的。

下面是谈话中容易出现的几个不良习惯，以及一些纠正方法：

1. 问太多的问题

比如关于"钓鱼"的谈话，你可以这么问：

你们去哪里钓鱼了？

钓鱼最让你喜欢的是什么？

你们在那里除了钓鱼之外还干什么？

但如果你在谈话中问太多的问题，那么谈话看起来就像是"审问"。避免让人觉得你问的问题太多的办法就是不要只问问题，也陈述一下你的看法或者中间夹杂陈述：

在周末和朋友一起出去真的不错，我喜欢周末和朋友去公园玩飞盘。

真不错，我上个月也和朋友出去钓鱼了，我还试了那种最新款的鱼饵，蓝色的那种真的很棒。

接下来的谈话就可以围绕这些进行了，你可以谈一下飞盘，或者各种不同鱼饵的优缺点以及你喜欢的啤酒等等。

2. 冷场

当和你谈话的人是第一次认识，或者你惯用的几个话题都已经讲完了，谈话陷入暂时的尴尬或沉默，这时你也许会感到气氛不对，或者你只是感觉紧张但不知道到底是为什么。

莉儿·朗帝（Leil Lowndes）曾经说过："永远不要不读报纸就出家门。"

如果你发现自己没什么要说的话的时候，你总是可以从新闻里找到要聊的内容。

你也可以聊聊周围的陈设布置，或者评论一下听到的音乐。放心，你总是可以从周围的环境中找到一些要谈论的话题。

尤其当你第一次和认识的人谈话时，心理会比较紧张。这时，你可以试着把对方想象成自己的一个最好的朋友，然后放下心里的不安，用友好和微笑的态度和对方谈话。虽然这个办法看起来有些简单，但确实很有效。

3. 贸然打断别人

在谈话中，说话者都希望在自己讲话的时候，能够得到大家的注意和认同。所以，不要在别人认真谈论某件事情的时候，贸然打断别人。这会把原本属于别人的注意力吸引到你身上来。不要"劫持"别人正在说的话，先让人家说完，得到应有的注意和认同。所以，在这点上，你需要平衡"听"和"说"。

4. 争论谁对谁错

要避免在谈话主题的对错、好坏上争得不可开交。记住：谈话往往并不是真正的辩论，所以不要过分较真。即使你争论"赢了"，别人也不一定就会对你印象良好。

5. 谈论不合适的主题

谈话之前，你应该了解自己应该避免谈及哪些主题。考虑对方的忌讳，以及对什么感兴趣，对什么不感兴趣。如果你只谈论讨厌的上司、隐晦的技术术语以及只有你自己或某些特定的人才能听明白的话题，这会让谈话本身变得极其无聊，而且对方也不清楚你到底在说什么。

6. 乏味

不要谈论起一个话题就没完没了，忘了其他事情。当你的话题开始让听众觉得无聊时，一定要果断地结束这个话题，换一个更有趣、积极的话题。

以积极乐观的主题开始，不要一开始就抱怨你的工作或是上级。人们不愿意听到这些。相反，你可以谈谈你上次的旅行、一些有趣的见闻、你的新年计划等令人激动的事情。

对很多事情都了解一点，至少可以和别人有共同的话题。把谈话的中心转移到对方身上。

7. 不接话

说出你的想法，分享你的感受。如果对方和你分享了一段经历，你也可以向对方分享自己的经历。不要只是在那里点头或者问简短的问题。如果对方投入到了谈话中，那么他也同时希望你能很投入。和对方很好地互动能够使谈话的过程很愉快，不至于冷场或让对方觉得和你很难谈。

8. 不主动积极

你有时可能觉得在一次谈话中没有什么要说的。但是，不管怎样，你都应该试一试。真正地听对方谈论的话题，聆听其他人的看法。你不能总等待对方和你交谈，这样对方会觉得比较累。你应该积极主动，提出自己的意见或者虚心提问。

（三）掌握讲话的最佳方式

懂得讲话技巧的人，到处都会受人欢迎。他们能够使许多素不相识的人携起手来，成为朋友；他们能够为人们排忧解难，消除疑虑和误会；他们能够安抚人们烦闷的心灵，从而勇敢地面对现实；他们能够鼓励悲观厌世的人，使其微笑着迎接新生活。

能说会道，还是一种立足社会的能力。它能够使你的难成之事心想事成，从而让你在社会中处处顺利；它能够使你在紧要关头化险为夷，从而让你在人际交往中事事如意，在商战中左右逢源；它能够使你迅速说服他人，从而赢得与他人宝贵的合作机遇；它能够使你受到上司的重视，得到同辈的尊重和赢得下级的拥戴，从而让你的事业锦上添花、一帆风顺。

1. 谈论对方最感兴趣的话题

如果想要交朋友，并成为受人欢迎的说话高手的话，就要用热情和生机去应对别人。接触对方内心思想的妙方，就是和对方谈论他最感兴趣的事情。但如果我们只想让别人注意自己，让别人对我们感兴趣，我们就永远也不会有许多真挚而诚恳的朋友。真正的朋友，不是用那种方法交来的。

对别人漠不关心的人，他的一生困难最多，对别人的损害也最大。

2. 让对方感到自己很重要

假如我们无比自私，一心只想得到回报，那么我们就不会给人任何快乐，不会给人任何真诚的赞美。假如我们气度狭隘，那我们只会遭到应有的失败，而不会有任何成功和幸福。

在人类行为中，有一条至为重要的法则，如果我们遵守它，将会得到无数的朋友，获得无穷无尽的快乐。可是，如果我们违背这条原则，就会招致各种挫折。这条法则是：

"永远尊重别人，使对方获得自重感。"

每个人都有其优点，都有值得别人学习的地方。承认对方的重要性，并由衷地表达出来，就会使你得到他的友谊。

3. 说话时面带微笑

做一个真诚微笑的人，微笑会让人觉得你非常友善，他会明白你的心意："我喜欢你，你使我快乐，我很高兴见到你。"

那些笑脸常在的人，在工作和生活当中会更容易获得成功。

如果你希望自己成为一位受人欢迎的说话高手的话，那么一定要记住：当你看见别人时，你也一定要心情愉悦。

不论你拥有什么，也不论你是谁，不论你身在何处，或者你在做什么事，你是否幸福的关键，取决于你是怎么想的。

4. 学会用友善的方式说话

如果一个人因为与你不和，并对你怀有恶感而对你心怀不满，那么你用任何办法都不能使他信服于你。

人们不愿改变他们的想法，不能勉强或迫使他们与你意见一致。但如果我们温和友善，我们就能引导他们和我们走向一致。

温和友善，永远比愤怒、暴力更强有力。

一个人如果能认识到"一滴蜂蜜比一加仑胆汁能捕到更多的苍蝇"这个道理，那么他在日常言行中也会表现出温和友善的态度来。

5. 赞美和欣赏他人

用赞美的方式开始和人谈话，就好像牙科医生用麻醉剂一样，病人仍然要受钻牙之苦，但麻醉剂却能消除这种痛苦。

天底下只有一个方法能够说服任何人去做任何事，这个办法就是激发对方的热情，让对方乐意去做那件事。请记住，除此之外没有别的方法。

我们先别忙着表述自己的功绩和自己的需要。让我们先看看别人的优点，然后抛弃奉承，给人以真挚诚恳的赞美。

如果是发自内心的赞美，那么人们将把你的每一句话视为珍宝，终身不忘；即使你自己早已忘到九霄云外了，但别人仍然会铭记在心。

6. 建议而不是命令对方

建议别人，而不是强硬地命令对方，不仅能维持一个人的自尊，给他一种自重感，而且能使他更乐于合作，而不是对立。

向对方问一些问题，不但能接到一张订单，更能激发对方的创造力。

即使身为长者或上司，你也不能用粗暴的态度对你的晚辈或下属说话；否则你所得到的不是合作，而是激烈的对抗。

7. 使对方一开始就说"是"

在与人交谈时，千万不要一开始就讨论你们意见有分歧的事。刚开始时应先强调你们都同意的事，继而强调你们双方都在追求的同一目标，你们之间的唯一差别只是在方法上，而不是在目标上。

善于讲话的人，常常会在谈话一开始时，就使对方说"是"，从而将对方的心理导向肯定的方向。

如果我们要告诉别人他是错误的时候，不要忘了"赤足的苏格拉底"。你应该问一个温和的问题——一个能得到"是，是"的反应的问题。

8. 激发对方高尚的动机

一个人做任何事，通常有两种理由：一种是动听的；另一种是真实的。我们每个人在心中大都是理想主义者，总喜欢听到那个说来动听的动机。所以，要改变人们的行为方式，就需要激起他们"高尚的动机"。

超越对手的欲望，勇于挑战，这才是激励人的精神的绝对可靠的方法。

每个人都有害怕的时候，但是勇敢者会将畏惧放置一边，继续勇往直前，结果或许会走向死亡，但更多的则是通向胜利。

你认为激励工作的最强有力的因素是什么？是工作具有刺激性？是钞票？是良好的工作条件？都不是。激励人们工作的主要因素之一正是工作本身。

（四）倾听的四大类别——你属于哪一类

自我诊断测验　　　　　　你需要挺高倾听能力吗

用"是"或者"否"来回答下面问题：

1. 力求听对方讲话的实质而不是它的字面意义。
2. 以全身的姿势表达你在入神地听对方说话。
3. 别人讲话时不急于插话，不打断对方的话。
4. 不会一边听对方说话一边考虑自己的事。
5. 做到听批评意见时不激动，耐心地听人家把话说完。
6. 即使对别人的话不感兴趣，也耐心地听人家把话说完。
7. 不因为对说话者有偏见而拒绝听他说话。
8. 即使对方地位低，也要对他持称赞态度，认真地听他讲话。
9. 因某事而情绪激动或心情不好时，避免把自己的情绪发泄在他人身上。
10. 既听对方的口头信息，也注意对方所表达的情感。

答案：

◎如果你回答"是"的个数在 7~10 个，说明你的倾听能力为优。

◎如果你回答"是"的个数在 4~6 个，说明你倾听能力一般。

◎如果你回答"是"的个数在 0~3 个，说明你的倾听能力很差。

为了成为一个好的倾听者，我们必须主动地投入到倾听过程中。作为主动的听者，在倾听时我们要分析和评判所听到的内容。在主动倾听时，我们不太可能心烦意乱和感到枯燥。在许多情况下，我们有细心倾听的责任。

有四种类型的倾听：获取信息式倾听、批判式倾听、情感移入式倾听和享乐式倾听。

在获取信息式倾听中，识别中心思想和把它从主要观点中区分出来很重要。批判式倾听指的是评估我们所听到的内容。为了批判地倾听，我们寻找说话者的动机以及质疑说话者的观点和内容。在倾听劝说性信息时，批判式倾听特别重要。情感移入式倾听是为了情感而倾听。这种倾听最经常地发生在人际沟通中，而且它经常是以帮助妥善处理说话者的情感和面对的问题为目的。享乐式倾听的目的是给自己带来乐趣，通过运用倾听技巧，我们能学会享受复杂的内容。

倾听是一种心灵的沟通，通过倾听你可以了解他人的想法，以达到自己的目标，认真地倾听也是一种尊重他人的表现。倾听也是有层次之分的，层次最低的是"听而不闻"，如同耳边风。其次是"虚应故事"，"嗯……是的……对对对……"略有反应，其实心不在焉。再次是"选择性地听"，只听合自己口味的。听的目的是做出最妥帖的反应，根本不是想了解对方。再其次是"专注地听"，表面上看每句话或许都已进入大脑，但是否听出了真意，值得怀疑。层次最高的则是"设身处地的倾听"，这是倾听的最高境界，是一种专业水准的倾听，这是大家都追求不懈的境界。

（五）避开倾听障碍

虽然积极倾听对于促进有效的沟通、化解人际冲突非常重要，但很容易被人们忽视，有许多因素造成了倾听的困难，因此，尽量主动避开倾听的障碍也显得非常重要。

下面这些方法会教你如何避开倾听的障碍：

1. 避开目光交流不得体

目光交流是影响对话通畅的一个重要因素，稳固的目光接触有助于加强你和讲话者之间的有效沟通，而下面的一些行为将会起到严重阻碍作用：

◇转移视线：偶尔移开目光并不是什么大的障碍，但是切断目光接触时，讲话者会感觉到你的注意力转移到了其他地方，并且，你注意力不集中时，讲话者就会变得很沮丧，然后退出谈话。

◇锁定：就是盯住或者直视讲话者，让他产生一种很不舒服的感觉——当你的眼睛盯住讲话者脸部以下的位置时，这种感觉就会更强烈。稳定的目光接触是一种放松的表情，而不是紧紧地盯住讲话者。

◇眼神飘忽不定：对于讲话者来说，这是你能够给他的最具判断性的表情，这意味着你对所听到内容的讽刺与不满，有时甚至会打断讲话者的思路，这是最大的倾听障碍。

2. 避开令人不快的面部表情

在没有镜子的时候，你看不到自己具体的表情，但是你的对话者却能够非常清楚地看到它，而且经常对你表现出来的这些令人不快的信息做出及时的反应。下面就是一些倾听障碍：

◇紧锁眉头：皱着眉头是一副不赞成或者极力反对的表情。有时，这种表情会伴随着不停地摇头和漫不经心，这意味着你不喜欢讲话者谈及的人或者事。

◇突然的假笑：假笑就是在讲话者说到一件很严肃的事情时，你表现出半笑不笑。同样，无论你的具体意图如何，这对讲话者来说都是一种莫大的讽刺，好像他说的这件很严肃的事情对你来说仅是一个笑话而已，不值得一提——在别人同你讲话的时候，这很可能导致谈话的转折。

◇扬起眉头：与皱眉相似，这一动作也显示了一个刻板的、不赞成的或者怀疑的面部表情。它不像好奇的表情，前额收缩一点，眼眉轻轻向上扬起，而是在听到不满的事情时，眉头立刻向上挑起，谈话就这样被打断了。

◇毫无表情：这是一种被动的、毫无反应的表情。它让讲话者怀疑你是否什么也没听进去，是否心不在焉，是否毫不在意。在多数情况下，这种行为让讲话者身心疲惫——他们感觉自己是在对着一堵墙讲话。

3. 避开不受欢迎的举止

姿势是在你接收信息时如何坐着或者站着的行为，下面是一些引起障碍的姿势：

◇无精打采：你可能喜欢在椅子上休息——尤其是又大又舒适的椅子上，而不是坐直了留心地倾听讲话者的信息，但是这种无精打采的行为传递了一个不感兴趣或者不愿意参与的信号。

◇抱着胳膊：在这种情况下，倾听者的胳膊紧紧地抱在一起，这样整个身体看起来非常僵硬，这种行为经常伴随着皱眉头或者带有很严厉的表情，它向讲话者传递着这样一种信息：你不是很开放，对听到的东西持中立态度，这是沟通中的障碍。

4. 避开小动作太多

小动作是指你在倾听信息时，你的身体和双手都在做些什么，在通常情况下，对话中的讲话者比接收者更多地用到手，因为讲话者在表达信息。接收者或者倾听者有时用手势来验证他对讲话者信息的理解，接收者至少要做到能够安静地坐到信息传达结束。

◇坐立不安：这种情况下，双手不停地在活动，比如，摆弄钢笔、纸夹子、铅笔，或者是手头能拿到的任何东西。别人对你说话时，你的双手显示出很多信息，它们会引起这样一种感觉：你的注意力在别的地方，你太紧张了而不能投入或者没有理解全部信息。

◇扭动身子：扭动是一种在椅子上来回摆动的习惯，它显示出你不能安静地坐着，像有蚂蚁在你裤子里一样，这种不停的身体摆动会给正在向你表达信息的人带来烦恼。有些人在倾听时，双手总是摆弄身上的某些东西：扭动项链，摆弄戒指，不停地拉扯领带，让头发卷曲起来，或者拨弄胡子。这种小动作还有很多，并且完全是个人化的。人们通常意识不到这种行为，但是它们会分散你的注意力，就算在某种程度上你并没有完全忽略讲话者。

（六）获取积极倾听的技巧

以下这些建议，可以使你成为一名优秀的倾听者：

1. 关注讲话者

倾听过程始于你对别人的注意。当你与某人进行交流的时候，不要忙着赶工、整理文件、洗碗或者看电视，而是拿出时间来专注于另一个人。要对讲话者的信息产生兴趣，即使这些信息对你毫无价值，你也得表示出对每件事都有兴趣，也得继续这个沉闷的交谈。

2. 不要打断别人讲话

大多数人讲话被打断的时候，虽然估计都没有什么正面反应，但是这让他们觉得不被尊重。有些人之所以倾向于打断别人讲话，通常是因为以下几个原因：

◇他们没把别人说的话当回事。

◇他们想表现自己有多么聪明、多么富于直觉，想给别人留下深刻印象。

◇他们由于交谈而过于兴奋，以致不想让谈话的对方说完。

如果你有打断别人讲话的习惯，检查一下是因为什么原因，然后下决心改变。给人们时间，让他们表达自己需要表达的东西。沉默的那段时间让你有机会对谈话内容做出反应，以便正确应答。

3. 专注于理解

不知道你注意过没有，很多人很快就忘记了听到过的事情。一些研究资料表明，大多数人在听到一件事情之后，能够立刻回忆起来的内容大约只有 50%，随着时间的推移，他们的记忆能力会持续下降，他们能记住的东西只剩下 25%。抵抗这种趋势的一个办法就是专注于理解，而不是只想着记住一些事实。有效的倾听不仅要听到一个个的词，还要求你理解其意义，毕竟，意义不是来自词语，而是来自人。

4. 确定对方的需要

许多男人和女人发现他们争吵的原因只是因为在沟通时目标不一致，他们忘记了在做出反应时要确定对方的需要。男人通常希望讨论的问题得到修正，他们需要的是解决方案；女人则更倾向于只是简单地说出一个问题，和别人共同分享，她们既不要求也不希望得到解决方案。只要你确定了交流对象当时的需要，你就能把他们所说的东西放在恰当的背景中理解，你也就能更好地理解他们。如果你表现出你是多么在乎他们，并以不带威胁的方式提出问题，他们告诉你的东西将多得不可思议。

5. 检讨你的情绪

大多数人对特定的人或者情况做出反应时，都带着某种情绪。牙疼的人不可能恋爱，意思是说，牙疼的人除了自己的疼痛，什么也不去注意。同样，无论何时，只要人们拉着一大盘磨上路，别人的声音都会淹没在隆隆的磨声当中。

无论何时，只要你因为听到别人讲话而情绪不稳，马上就要检讨一下自己的情绪——尤其当你的反应可能超出了当时情况允许的程度时，更是如此。你并不希望一个信任的人成为自己的出气筒，即便你的反应不是因为过去的经历，而是因为当下的问题，在你提出自己的观点、想法或者信念之前，也要允许别人先说完。

6. 不要马上下结论

你是否在听别人讲话时，对方还没讲完就做出回应？实际上，你不可能马上跳到结论，还是好好做一个倾听者吧。当你和别人谈话时，等待着听完整个叙述，然后再做出应答，如果不这样做，你很可能听不到他们想对你说的最重要的事情。

7. 保持足够的耐心

要取得倾听的最佳效果，耐心是必不可少的。缺乏耐心是谈话的绊脚石，它让许多人表现得不像是倾听者，而是被动的倾听者。在倾听中，耐心意味着要练习控制自己的感情。当你能够控制感情和你的极限耐力时，你就能处理以任何方式表达的信息了，并且把注意力放在积极的方面。如果你不具备这些控制力，谈话就会中断，还会产生破坏性的争执。你不能控制别人，但你可以影响别人，你最能控制的人就是你自己。

如果你能沉着冷静地、心甘情愿地倾听，并且能分析出对方的真正意图，那么他们会告诉你很多有价值的东西。

三、办公室里的沟通——组织内部沟通

（一）与上司相处的艺术

上司是办公室里的核心人物。如果你是办公室里普通一员，跟上司的关系处理不好，将可能影响到你的情绪、表现，甚至前途等。那么，怎样才能与上司保持良好的关系呢？

1. 了解上司的习惯

做下属的应该适当了解上司的生活习惯、处事作风，然后投其所好。但若处理不当，则会被其他同事认为是巴结上司、拍马屁，结果是背上骂名。所以，尽管要投上司所好，但对其不当言行，仍应避免迎合。

2. 切忌与上司建立私人感情，应当保持纯洁的工作关系

跟上司讲太多的私生活话题，会影响你在其心目中的形象，其他同事也会因为你与上

司的私交甚密，而对你另眼相看。有的会刻意亲近你，借此攀结上司；但更多的则会对你有所避忌，使你的工作及社交出现障碍。

3. 不要随便背叛和攻击上司

现实中的确有一些领导令你忍无可忍，但十有八九的上司不喜欢背叛他的下属。随意攻击上司，吃亏的是自己，其他同事只当作看一次免费表演，令你意想不到的一连串的报复将会伴随着你，直到你离开。当然，若上司没有丝毫容人之量，离开他（她）未尝不可。

4. 不要让上司认为你的存在是对他（她）的威胁

对于专权的上司，你必须将工作进程的每个环节都向他（她）报告，尽管私下你有自己的工作方式和作风，但在表面上仍要以上司的处理风格为自己的工作风格。这样既能表现出一点上司引以为荣的地方，又能让上司相信你是他（她）的"心腹"，至少也是值得信赖的下属。切记不要代替上司领功、跟上司"抢镜"。下属不应随意主动向上司搭讪，有些人以为随便与上司搭讪，就可以跟上司建立友谊，其实，由于身份、处境等不同，做出的反应是有差别的。下属应对上司说些工作方面有建设性的话。

5. 勇于承认错误

如果你违反了单位纪律、工作规则，就应对自己的过失负责，应深知承认错误并非羞耻之事，相反，被人揭穿了仍死不承认，才是不明智的。

6. 摆脱漩涡

如有同事拉拢你为加薪、升职等事而逼胁上司做出承诺，你必须设法摆脱他们，不要轻易被人利用当枪使，应用智慧与上司妥善处理好各种关系。

有许多刚开始工作的人，为了能让别人注意自己，特别是希望自己的上司对自己印象深刻，于是常常创意独特，做出一些与众不同的表现出来，希望借此能吸引更多人的视线，不料"聪明反被聪明误"，反而引来了别人对自己的非议。当然，让上司对自己产生好感这样的想法还是比较好的，但关键是要掌握一些表现的方法，讲究一些表现技巧，才能让别人接纳你，才能让自己的上司对自己产生好感。

（二）与下级相处技巧

按照领导科学的角度，在一个领导体系中，上级和下级是指领导者和被领导者，二者构成整个领导体系的主体，是在特定的领导环境中，完成特定领导目标的最能动的因素。所以，领导者与被领导者，即上级与下级之间矛盾处理成功与否，影响着整个领导目标的实现，影响着整个领导体系绩效的高低。所以，艺术地处理上级与下级的关系在整个领导体系中十分重要。

那么，上级如何把握与下级相处的艺术呢？

首先是"知"。孔子曰："知人者智，自知者明。"作为上级，更应该如此。知，就是了解、掌握自己的下级。上级要了解下级的性格、特长、爱好、生活状况等基本情况。这是上级与下级相处的前提和基础，每个人的成长环境和先天遗传不同，形成独立于其他社会成员的个体。不了解下级的基本情况，无以用其所长，无以岗尽其责。按照马斯洛的需要层次理论，人是存在于不同的需要层次之中的，人的需要影响人的行为。了解下级的生活需要，在生活困难时，上级要拉一把，帮助走出困境；了解其心理需要，在心理需要安慰时，要及时给予安慰，使下级永远有一个良好的心理状态；了解其发展需要，就是给下级提供一个施展才华、实现人生价值的舞台。

其次是"礼"。礼，就是礼遇下属。

◇尊重下属。古人云："敬人者，人恒敬之。"要得到下级的拥护和支持，就必须尊重自己的下级。作为领导而言，必须摒弃敬上易、敬下难的心理，充分认识到虽然在领导体系中下级处于从属的被动地位，但在真理面前和人格上，下级和上级是平等的，应该相互尊重。

◇真诚相待。对下级在政治上要支持，工作中要配合，生活上要关心，让下级有安全感；对自己授权的工作，要敢于为下级负责，敢于为下级承担责任，当下级工作出现失误时只要不是原则性的错误，要勇于把责任揽过来，给下级改正的机会，让下级工作有依赖感；对和自己有不同观点的下级，只要是对工作有利的，要鼓励下级提出不同意见甚至反面意见；对自己在工作中存在的问题，要正视错误，勇敢纠正。

◇处事公平。凡事"不患寡而患不均"，这是下级与上级产生离心力机会最多的环节。这就要求上级在处理与下级关系时做到：一视同仁，不搞"圈子"、"带子"，避免资历、关系、感情产生的负效应；赏罚公平，当赏则赏，当罚则罚，避免有功不赏、有过不罚，使下级处于一种公平的工作竞争环境中。

◇大胆使用。信任是使用的前提。要用人不疑，疑人不用。战国时期，秦始皇用王翦为将，屡建战功。王翦得胜回朝后，秦始皇赐给他一个盒子，回家打开一看，全是弹劾自己的奏章，吓得出了一身冷汗。王翦再次面见秦始皇时，秦始皇却将所有奏章付之一炬。由此，换得了王翦的更加忠心耿耿。

再次是"宽"。宽，宽容。这里的宽容是相对的概念，不是无原则的忍让。

◇网开一面。当下级有错误时，只要不是原则性的，就应得理让人，网开一面，给下级以改正的机会和空间。这样做，既体现了领导的仁厚，更展现了领导的睿智，不失领导的尊严，而又保全了下级的面子。以后，上下相处也不会尴尬，下级更会为上级倾犬马之劳。

◇勇于使过。大胆使用犯错误的下级。古人云："使功不如使过。"领导用人需要雅量，因为你用人的时候，不是看谁跟你有过节，谁跟你关系最好，而是看谁最有能力，谁才是你最需要的人才。古有齐桓公用管仲，李世民用魏征，这些优秀的领导者大胆起用"仇人"，结果"仇人"帮他们缔造了盛世江山。

◇留有余地。世界上最美的境界是"雾里看花，水中望月，灯下看美人"，人际关系也是如此，模糊是一种美。古人云："水至清则无鱼，人至察则无徒。"上级与下级相处时要掌握模糊的艺术，凡事留有余地，大事清楚，小事糊涂。给下级留出适度的隐私空间，让下级有面子；给下级留有一定的活动空间，让下级有自由。

（三）与同事相处须知

参加工作，即使你不加班，一天也有 8 个小时和一班同事在一起，随之问题便产生了：与家人是亲情，与朋友是友情，与恋人是爱情，但与同事之间的关系却十分复杂。究竟该如何处理此种关系呢？

与同事相处的第一步便是平等。不管你是职高一等的老手还是新近入行的新手，都应绝对摒弃不平等的关系，心存自大或心存自卑都是同事间相处的大忌。

和谐的同事关系对你的工作不无裨益，不妨将同事看做工作上的伴侣、生活中的朋友，千万别在办公室中板着一张脸，让人们觉得你自命清高，不屑于和大家共处。

面对共同的工作，尤其是遇到晋升、加薪等问题时，同事间的关系就会变得尤为脆弱。此时，你应该抛开杂念，专心投入工作中，不耍手段、不玩技巧，但绝不放弃与同事公平竞争的机会。

当你苦于难以和上司及同事相处时，殊不知你的上司或同事可能也正在为此焦虑不堪。相处中你要学会真诚待人，遇到问题时一定要先站在别人的立场上为对方想一想，这样一来，常常可以将争执湮灭在摇篮中。

世间会有君子就一定会有小人，所以我们所说的真诚并不等于完全无所保留、和盘托出。尤其是对于你并不十分了解的同事，最好还是有所保留，切勿把自己所有的私生活都告诉对方。

最后再提醒你一句：同事间相处的最高境界是永远把别人当作好人，但永远要记得每个人不可能都是好人。

（四）一对一的沟通

一对一沟通是公司间和部门间合作的生命线。卓越的合作关系始自合作各方的个体之间开展有效沟通的能力。这里有三个技巧可以助你提高一对一沟通能力：利用个人案例，现身说法；采用成人式对话，说服他人做正确的事情；积极地倾听，理解对方话语中隐含的意思。

1. 利用个人案例

欲提高一对一沟通技巧，途径有很多，其中之一是利用个人案例，现身说法。所谓个人案例，就是你用两页纸描述的一个真实的一对一沟通案例。作为当事人之一的你认为这次沟通并不尽如人意。与发生几率较小的大冲突相比，对小冲突和意见分歧进行描述更有实际意义。

对自己经历的案例进行陈述，意味着该陈述是与手头工作紧密相关的；案例是真实的，意味着当类似情境再次出现时，学以致用会很简单。

2. 采用成人式对话

加强一对一沟通技巧的另一个有效方法是"说服他人做正确的事情"。这涉及由一个公司或一个部门中的某人对另一个公司或另一个部门的某人施加影响。在很多合作关系下，例如外包、购并、联盟、内部服务等，只有大致甚至模糊的合作纲要。在这样的合作中，施加个人影响的情况便经常出现。换句话说，提出建议的那个人要让自己的建议得到大家的认可，更多地取决于他的沟通技巧，而不是他拥有的正式权力。

就合作关系中一对一沟通技巧的打造，交互作用分析（Transactional Analysis，无论人们是以坚决还是非坚决的方式相互影响，当一个人对另一个人作出回应时，存在一种社会交互作用，对这种交互作用的研究叫做交互作用分析）理论为我们提供了一套简单却有价值的工具。

在交互作用分析中，人们说话时的心态都可归为三个范畴：家长式、成人式、儿童式。在有效的合作对话中，双方都采用成人式对话，进而达成优化的解决方案，并以最合理的方式执行。

3. 学会积极倾听

合作的成功还依赖于一对一沟通技巧之三——积极地倾听。它要求你不仅要认真倾听对方所说的话，还要努力去理解对方话语中隐含的意思。

积极倾听的能力具有下列重要作用：有意识地去理解他人的观点，可以帮助你避免做出急于控制他人的举动。积极倾听可以让对话的节奏舒缓下来，这样的对话为思想火花的迸发营造了空间。在快速交谈中偶尔也会有智慧的碰撞，但快节奏更多时候意味着思考的缺失。积极倾听可以防止出现破坏性的对话方式，能掩盖对话过程中的情绪，让讨论更容易开展与把握。

延伸阅读　　　　　　**说话心态：家长式、成人式、儿童式**

1. 家长式。持家长式心态的人会将大部分精力用于主控局面上。家长式的心态有时表现为"批评式的家长心态"（Critical Parent），这时说话的人会传达威胁、责备以及其他负面信息。"批评式"的招牌语言包括：你知道什么？你最好住手！你老是犯错！它有时又会表现为"养育式的家长心态"（Nurturing Parent）。在这种情况下，人们会以更温和、更友好的方式寻求对局面的掌控，当然争取控制权仍在第一位。持这种心态的人通常会说："有问题吗？""你怎么了？你以前从不这么做啊。"

2. 成人式。持成人式心态的人会将其主要精力集中在解决手头的问题上，几乎不会想着去控制别人或逃避责任。如果沟通双方都采用成人式的心态，对话中经常会出现双方在沟通之前都未曾想到过的解决办法。在交谈过后，双方都有信心对方会履行承诺。一对一成人式交谈通常都这样进行："关于加大项目的采样规模，我给你发了邮件。去年我见过四次类似项目被否决的情况，都是由于这个问题。如果我们不做些调整，我担心我们的项目也会被否决。"

3. 儿童式。持儿童式心态的人总想着如何逃避责任。逃避责任有时候表现得很明显，表现为"自由式的儿童心态"（Free Child）。在大多数情况下，这种躲避表现为抱怨，这是"顺从式的儿童心态"（Adapted Child）。通常他们会有这样的言语："我只是在做我的工作。""你为什么怪我？""这不是我的错。""这不关我的事。"

（五）小组讨论

为了能使小组讨论顺利和有效，必须运用小组讨论的一些技巧，主要包括：

1. 小组讨论的事前准备

（1）选择合适的主题。

（2）注意讨论主题的措辞。

（3）选择合适的讨论形式。

（4）安排活动的环境。

（5）挑选合适的参与者。

（6）准备好讨论草案。

①开会讨论的目标，包括提供资料还是在于激发兴趣，或是寻找解决问题的办法。

②安排哪些讨论素材？

③讨论场地及设施准备清单。

④讨论时间的掌握、讨论重点问题与次要问题的时间分配。

2. 主持小组讨论

（1）开场的技巧。

（2）了解的技巧。

（3）提问的技巧。

①封闭式的提问，如"是不是"。

②深究回答型的提问，可以用"描述"、"告诉"、"解释"等词提问。

③重新定向型的提问，如"刚才小李提到了这个问题，其他组员对这个问题是怎样想的"。

④反馈和阐述型的提问，如"我们已经讨论了一段时间，谁能对此总结一下"。

⑤开放式的提问，如用"怎样"、"为什么"等词提问。

（4）鼓励的技巧。

（5）限制的技巧。

（6）沉默的技巧。

①可以适时在小组中形成真空，使组员自己进行判断。

②在接受意见和建议后，请组员自己进行判断。

（7）中立的技巧。

（8）摘述的技巧。

（9）引导的技巧。

①注意把握小组讨论的程序。

②妥善处理讨论中发生的冲突。

（10）讨论结束的技巧。当小组讨论进行到最后阶段，需要对组员所提出的不同问题进行归纳，对组员所提出的各种意见和建议加以组织，形成结论。对小组讨论所作的结论必须详细、全面，并且对组员提出的主要意见要加以阐述、分析、评价和研究，并指出将要应用的方法。

（六）公众演讲

1. 语言表达的3V

◇Visual，视觉。由于别人可看见你的部分，也就是肢体语言，占的比重很大（55%），所以必须掌握。

◇Vocal，声音。有声语言的声音，占的比重也非常大（38%），必须加强。

◇Verbal，内容。内容部分占的比重最小（7%），如同盖房的框架结构比砖块重要得多一样，语言组织的结构比具体内容重要得多。

2. 发展自己的演讲技巧

◇直。肢体上，放开自我，扩大舒适度。基础是"直、板"。肢体的重要部分是"眼神、表情和头势"，这与放开自我密切相关。

◇大。声音必须大、洪亮。声音"大"是基础。声音的变化是建立在"声音大"的基础上的，包括"抑扬顿挫、快慢缓急、语调变化、拖腔"等。

◇公。内容按照"公式化"进行组织。演讲，熟记内容是根基。

（七）电话沟通

1. 适可而止

◇拨通客户电话后，如果没有人接听，要及时放下电话，或许你的客户正在接听另外一个电话，或者客户现在不方便接听，如果你的电话铃声固执地响个不停，会增加客户的反感。

◇与客户第一次联络不要太过亲密和随意，时间不要太长，一般只是问候一下，告诉对方你是谁就足够了。

◇定不要在第一次的电话里让客户感觉到你在推销。甚至除了自我介绍之外，不要谈及关于生意上的任何事情。

◇如果你想约对方见面，最好在第二次的电话里再提。可以先礼貌地询问对方什么时间有空，如果方便的话，是否可以约下午茶等。

电话联络是第一次与客户沟通的最好办法，既可以有声，使客户感到你实实在在的存在，又可以避免客户拒绝沟通产生的尴尬。

2. 表述清晰

◇在电话里，自我介绍或表述一定要简短清晰，突出主要问题。让对方在最短的时间，很轻松地理解你的话。有效的客户大都日理万机，惜时如金，他对外部的事物是有选择的，而且这种选择常常通过他们的直觉在极短的时间内作出。如果你拖泥带水，表述不清，会给对方造成缺乏条理的感觉，他们就会从心理上产生排斥，会给进一步的沟通带来障碍。

◇在拿起电话拨号前，养成简单整理一下思维的习惯，说什么，怎样说，要做到心中有数。

3. 心态从容

在与客户第一次通话时，要有充分的心理准备，要从与客户交朋友的角度出发，保持心态平和，既考虑到对方可能作出积极的反应，也要考虑到对方可能出现的冷淡。这种良好的心态会在你的语言、语调中表露出来，虽未谋面，对方也会感到你的自信和坦然，从而留下好的印象。

四、商战中的沟通——应对外部沟通

（一）与客户/顾客的沟通（拜访客户）

当打开客户的大门拜访客户时，要准确地称呼对方，进行自我介绍并表示感谢，这样给客户留下客气、礼貌的形象，更能赢得客户的好感。

开场白要尽量创造良好的第一印象。客户会带你进入合适的访谈场所，期间相互交换名片，你可以拿出笔记本、公司相关资料等文件做访谈前的准备。此间，你要迅速提出寒暄的话题，营造比较融洽、轻松的会谈氛围。寒暄的内容五花八门，此时寒暄的重点是迎合客户的兴趣和爱好，让客户进入角色，使对方对你产生好感。寒暄的目的是营造气氛，让客户接受你，只要目的达到了，下一步工作也就好开展了。寒暄的方法多种多样：奉承法；帮忙法，比如帮经销商抬货、帮客户包装等；利益法；好奇心法，如展示新品、新包装等来吸引客户；询问法等等。

通过交谈让客户了解自己的公司及产品和服务，要在交谈中了解客户的现状和需求，尤其要询问客户目前的现状和潜在需求，此时要避免客户的抵触情绪，想办法满足客户特定的利益。陈述时要注意：答话及时，不要太快，保持轻松、自然。多用日常用语，少用专用名词。陈述时还要注意内容简单扼要，表达清晰易懂。陈述时切记不要夸夸其谈，或过分卖弄文采，反而遭客户反感。

你介绍了自己公司，了解了客户的现状和问题点，要主动对拜访结果进行总结并与客户确认，总结主要围绕潜在需求进行。

与客户设定下次访谈时间可获得向客户进一步推销的机会，此时要避免模糊的时间，要确定具体的时间，比如下周二还是下周三，只有确定了进一步访谈的具体时间，才是真正获得客户的承诺，这样才能促成更多的生意。

（二）与投资者、贷款者的沟通

企业的一项重要工作就是与投资者沟通，从而寻找到有效的投资人。建议采取以下四种方法来与投资者进行有效沟通：

其一是突出重点的沟通。大多数投资者关系部门都能做到这点，当然还应考虑更多层面的信息，比如投资者是否持有（或计划持有）一家企业的股票，或是否已投资于该企业所在行业的其他企业。对投资者进行彻底的细分，从而甄别出成熟的内在型投资者，将使企业能更成功地管理其投资者关系。

其二是不要过度简化企业发出的信息。内在型投资者作出了大量努力来了解目标企业，因此不要将对企业战略和业绩的讨论简化为对新闻媒体或交易商发布的简讯。企业管理层还应对企业当前业绩及其与企业战略的关系等相关详情持开诚布公的态度。

其三是在正确的语境中解读反馈。大多数企业都同意，在制定战略和建立与投资者的沟通时，了解投资者的观点是有帮助的。但是，企业管理层经常依赖与投资者及卖方分析师的会谈简报来获取信息，这些会谈的内容包括从战略、季度收益到股票回购等所有事宜。这种方法难以让管理层将投资者的观点与他们对企业的重要性或与他们的投资战略联系起来。细分方法廓清了每一位投资者的目标和需求，使企业高管能在正确的语境中解读投资者的反馈，并据此权衡各种信息。

其四是优化分配管理层的时间。企业高管应该只花时间与最重要、相关知识最丰富的内在型投资者沟通，这些投资者配备有专门研究目标企业所在行业的专业人员。如果企业能集中精力与这些内在型投资者沟通，则很可能在较短的时间内获得较大的影响力。

（三）与合伙人的沟通

合伙人关系中的沟通问题主要分为合伙人之间的沟通和合伙人与管理机构之间的沟通两个层次。沟通应该通过多种渠道来进行，针对日常问题与专门问题采取的不同方式：

在处理日常问题时，大家可以通过平时闲谈，或者一起参加娱乐活动、共进工作午餐等，相互袒露心声，说出自己的看法，也可以借助管理软件、互联网、公司简报等，在交流中彼此增强了解、增进感情，把隔阂消除在萌芽状态，这样即便有些冲突，也可以心平气和地说出来，不至于一时冲动就变脸争吵，甚至划地绝交。

如遇到专门问题，比如说涉及公司财务状况、业务开展、人事变动等问题，由于合伙人之间存在情感与利益的纠葛，因此难免彼此之间看待问题的眼光不同，所处的立场各异，由此产生矛盾。此时解决的方法是：通过明确的议事程序进行及时沟通，将民主与集中紧密结合，彼此充分交换意见，力争达成共识。当然，合伙人之间不仅应该存在理性与包容，也要在理解与磨合的过程中化解矛盾和继续前进，不能一味地妥协与让步。

五、冲突管理中的沟通——化解矛盾与解决难题

（一）冲突管理沟通的策略与方法

沟通是为了减少组织的管理成本，进而降低组织之间的交易成本。但是，由于组织之间以及组织中员工之间本质的区别，沟通并不会达到尽善尽美的效果，这样，组织摩擦和人员摩擦不可避免地发生，带来额外的管理成本。这种摩擦程度越大，组织的协调成本越高。这就是冲突的由来。优秀的管理者一般采用如下策略和方法应对冲突：

1. 谨慎地选择你想处理的冲突

管理者可能面临许多冲突。其中，有些冲突非常琐碎，不值得花很多时间去处理；有些冲突虽然很重要，但不是自己力所能及的，不宜插手；有些冲突，难度很大，要花很多时间和精力，未必有好的回报，不要轻易介入。管理者应当选择那些员工关心、影响面大，对推进工作、打开局面、增强凝聚力、建设组织文化有意义、有价值的事件，亲自抓，一抓到底。对冲突事必躬亲的管理者并不是真正的优秀管理者。

2. 仔细研究冲突双方的代表人物

是哪些人卷入了冲突？冲突双方的观点是什么？差异在哪里？双方真正感兴趣的是什么？代表人物的人格特点、价值观、经历和资源因素如何？

3. 深入了解冲突的根源

不仅要了解公开的、表层的冲突原因，还要深入了解深层的、没有说出来的原因。冲突可能是多种原因交叉作用的结果，如果是这样，还要进一步分析各种原因作用的强度。

4. 妥善地选择处理办法

处理办法通常有五种：回避、迁就、强制、妥协、合作。当冲突无关紧要时，或当冲突双方情绪极为激动、需要时间恢复平静时，可采用回避策略；当维持和谐关系十分重要时，可采用迁就策略；当必须对重大事件或紧急事件进行迅速处理时，可采用强制策略，用行政命令方式处理后（甚至牺牲某一方利益），再慢慢做安抚工作；当冲突双方势均力敌、争执不下，需要采取权宜之计时，双方都需做出一些让步，实现妥协；当事件十分重大、双方不可能妥协时，就进行开诚布公的谈判，采用对双方均有利的解决方式。

（二）如何对待与上级的分歧

延伸阅读

晓婷研究生毕业后在一家科技公司工作快 5 年了。晓婷做事认真细致，非常敬业，也很有才华，赢得了领导和同事的一致好评。但最近她很苦恼，因为一项工作她跟领导发生分歧，导致整个工作都被耽搁了。领导很生气，她自己心里也很矛盾。上周，部门领导要晓婷负责公司一个项目的分析鉴定。根据对这个项目的了解，晓婷觉得难度很高，根本不值得做。部门领导却认为这个项目非做不可，并认为做好这个项目，部门能交出一份漂亮的成绩单。为此，部门领导坚持让部门的所有同事都行动起来，倾全力投入这个花费很大的项目。晓婷想到公司可能会亏损，很是着急，但如果她就此继续跟领导争论，处理不好可能会连饭碗都保不住。晓婷想了半天，觉得干脆不管算了。可是事情并未完结。领导三番五次找她要每个细节的具体分析，因为晓婷内心不看好这个项目，也不赞成领导的做法，所以做事很不主动，总是把分析结果拖到最后才交。最终这个项目还是完成了，但是由于晓婷的抗拒，项目分析有所拖延，项目的经费花销更为庞大。项目做完后，晓婷被视为消极怠工分子，领导对她的表现非常不满，晓婷自己就更郁闷了。她实在不知道自己的职场道路该怎么走下去……

资料来源　章睿齐：《工作上与领导发生分歧，如何应对》，载《中等职业教育》，2011（13）。

盲目放弃自己的观点当然不可取，但是，固执地坚持己见就更不明智。你的观点即使再正确，如果不能说服别人让别人接受，都是你自己的问题。当分歧产生的时候，需要勇敢地表明自己的观点，理智而礼貌地倾听上级的观点，了解支持他观点的那些方面，深入地分析形成差别的原因。如果劝说，也更需要你站在上级的角度，以他能听得进去的方式来劝说他同意你的观点，这才是一个优秀人才的做法。如果上级依然坚持自己的观点，很多时候，上级比较多地站在全局的立场考虑问题，他的想法也许是对的。但是，作为一个优秀的和对公司负责的员工，这个时候你需要做的，不是放任上级去犯一个大错，而是积极想出其他的方案，对可能出现的问题进行补救，尽量减少损失。

（三）如何处理与下属的矛盾

作为一名领导者，在利益、思想、方法等方面，难免会与下属发生这样那样的矛盾。领导者与下属之间发生矛盾冲突，其原因可以说是多方面的，有其本身素质的缺陷，有思想和工作方法的不当，还有双方交谈、协调、沟通不及时以及在利益处理上的不公正等等。

由于这些原因，可以说领导者与下属之间发生矛盾是不可避免的，问题在于怎样处理这些矛盾，才能收到更好的效果。

处理好与下属之间的矛盾，首先要培养宽容揽过的精神，要有容人所短的胸怀，豁达大度；其次要理解体谅下属在与你发生矛盾后的那种难过、后悔、自责、羞愧、惶恐等心理，要明白下属的心情可能比你的心情更沉重。只有这样能揽过错，勇担责任，分解压力，才能尽快化解双方的对立情绪，消除相互的矛盾。

还须指出的是，既然上下级间出现矛盾是在所难免的，就不要以一时一事来否定一个人，抹杀他的功绩，看人看主流、看本质，不要犯以偏概全的错误。同时应该认识到，宽容不苛求不等于放任自流，对于那些不能容忍的顶撞，还是要黑下脸来，采取必要的措施，给以猛烈的打击；否则，你就会威风扫地，永远也管理不好下属。

（四）如何处理与平级的不和

总的原则是求大同，存小异。同级之间发生矛盾，原因常是多方面的。其中既有自身的原因，也有对方的原因，还可能有"第三者"的原因。因此，要化解这种矛盾，作为矛盾的双方，都应首先从"治己"开始，调节自己的情绪，控制自己的感情，寻找自身的原因，确定化解矛盾的最佳姿态。即使造成矛盾的主要原因在对方也应如此。这里，"治己"既是"治人"的前提，又是"治人"的策略。在多数情况下，通过"治己"都能产生强烈的"治人效应"，进而使矛盾化解。当然，这里强调首先"治己"，并不意味着对对方的问题作无原则的迁就。对大是大非问题，需要在坚持原则的基础上，把"治己"与"治人"巧妙地结合起来。实践证明，这是处理同级关系的有效艺术。

（五）如何化解下属之间的冲突

面对下属之间的矛盾与冲突，作为管理者应该坦然视之，要根据冲突的性质去做好中间调和人，去化解下属之间的冲突。

1. 管理者要避免下属走向两个极端

其实对于一个部门、一个工作团队而言，成员之间存在矛盾未必是一件坏事，成员之间没有矛盾也未必是一件好事。作为管理者，应该防止团队走向两个极端：一个极端是竭力回避冲突，内部一团和气；另一个极端是冲突不断，团队员工根本无法安心工作。任何一个极端都会导致部门工作效率的低下。

要防止下属走向上述两个极端，首先，管理者应该学会容忍冲突，即应该认识到下属之间存在一些冲突才是正常的。当然，作为管理者，需要控制好下属之间冲突的性质以及严重程度。其次，管理者要将下属之间的冲突限制在一定范围之内，以避免下属之间冲突不断、矛盾重重。

2. 化解冲突的步骤

作为管理者，对于下属的冲突要学会及时、有效地调解，解决矛盾冲突，融洽人际关系。通常情况下，其具体操作步骤是：

（1）掌握好调解冲突的基调。

调解冲突时应注意，和事老、欺软怕硬的态度都不利于问题的解决，管理者应当以真诚、负责的态度来公正处理。这样不仅能有效地帮助下属化解冲突，也会增加下属对管理者的信任和尊重。

下列四点是在处理冲突时所必须牢记于心的：

第一，记住自己的目标是寻找化解冲突的方法，而不是指责某一个人。而且指责即使是正确的，也会使对方起戒心，结果反而会使其不肯妥协。

第二，不要用解雇来威胁下属。除非你真的打算解雇某人，否则，威胁的话语只会妨碍调解。而且一旦威胁的话说出了，然而又没有付诸实施，管理者就会在下属眼中失去信用。

第三，区分好事实与假设。管理者应消除任何感情因素，集中精力进行研究，深入调查、发现事实，这有助于找到冲突的根源。能否找到冲突的根源是化解冲突的关键。

第四，坚持客观的态度。不要假设某一方是错的，应该耐心去倾听双方的意见。最好的办法也许是让冲突的双方自己解决问题，而管理者担任调停者的角色。

（2）了解基本情况。

管理者要调解冲突，先应该弄清事情的基本情况：

首先，弄清冲突的当事人。有时下属之间的冲突可能只是表面现象，在其背后还有其他人的冲突，这些背后的冲突往往才是实质，或是主要问题。因此，管理者对于冲突的主次关系或多重关系都需要理清，这样才能在调解时对症下药。

其次，弄清冲突的焦点。要化解冲突，管理者还应弄清冲突的焦点是什么，争执的对象是什么。当然要弄清这些问题，仅仅根据表面现象或下属的一面之词是难以做到的。

最后，弄清产生冲突的原因。有的冲突是由于误会而产生，有的冲突起因是一些不实之言。因此，弄清真正的原因，冲突也就容易平息了。

（3）仔细倾听下属的陈述。

在调解冲突的过程中，管理者要认真听取当事人的陈述。同时，心里应该明白冲突双方都可能感情用事，因而在耐心倾听的过程中就要去思考一些问题：下属的陈述有没有夸大或不利于对方的成分，有没有故意掩盖或缩小于己不利的地方？下属的陈述有没有前后不一致的地方？总之，要透过表面现象找出隐藏在背后的实质。

（4）让冲突双方冷静下来。

调解往往要先经过一个冷处理阶段，即要让冲突双方冷静下来。因为如果当事人正在气头上，旁人的劝解他们往往听不进去。因此，管理者应该在适当的时候让当事人暂时分开，或让其中一方先回避，整个过程中，管理者要有足够的耐心。

（5）进行劝解的方法。

在劝解下属时，管理者通常可采用以下几种办法：

其一，当面劝解。有的冲突双方已经争执清楚，当事人也有了解决问题的思想基础，这时就可以采取当面劝解的方式，把双方当事人叫到一起，彼此把问题说清楚并商定解决办法，握手言和。

其二，引导劝解。对于火气大、缺乏解决问题思想基础的人，应耐心引导他站在对方立场上考虑一下问题，同时看到自己的不足之处，然后再来化解冲突。

其三，迂回劝解。有时当事人背后还有支持者，可先做支持者的工作，通过支持者迂回地做当事人的工作。

六、成功沟通五部曲——从事先的准备到沟通后的行动

（一）准备要充分

缺乏沟通前的准备工作，势必造成沟通过程中"东扯葫芦西扯瓢"的局面，既浪费了沟通双方的工作时间，又不利于问题的解决。因此，成功的沟通要有清晰的沟通主线、明确的沟通主题，事先安排好沟通提纲，先讲啥，后说啥，做到心中有数，切勿给对方留下沟通走过场、瞎聊的印象。同时，要讲求沟通的艺术性，比如说管理者与下属沟通工作中，要首先考虑到人的心理的承受能力，先肯定其成绩和好的方面，再指出其不足及改进方向。沟通中要多体现人文关怀，才能利于达到沟通目的。

（二）讲话要巧妙

沟通对象由于年龄、性别、受教育程度、专业，以及工作分工的不同，便存在对同一句话、一份文件或其他的东西理解上的千差万别，所谓"仁者见仁，智者见智"，不同阅历的人，想问题的角度、出发点及所站的立场也不同。就像人们所说的"行话"，置身其外的人根本不理解其意思，更别说融入其群体之中。所以说，沟通要变得成功有效，需讲究语言的方式，"到什么山上唱什么山歌"、"入乡随俗"或许让人感到有些难以适从，但是，你必须学会调整状态，有针对性地改变交流方式，多样性的语言有助于使沟通者和不同的人对上话，进行深入交流，达到沟通目的。所以说，要想使沟通更加成功，在运用语言上要讲求巧妙并具有艺术性，词汇搭配要适当，唯如此才能使你的语言更容易使别人理解，达到成功沟通的目的。

（三）聆听要积极

沟通是双向行为，沟通双方一个要善于表达，一个要善于倾听，通过双方沟通、倾听、反馈再沟通、倾听、反馈的循环交流过程，明确了沟通的主题和问题解决办法。沟通就是一个互动的过程，沟通的双方只有积极配合，才能使沟通的目的得到实现。当沟通者兴致勃勃、绘声绘色地向对方讲一个故事或传达一个好消息时，而倾听的一方的反应却是抓耳挠腮、顾左右而言他，我想你的沟通兴趣会大打折扣，因为对方的动作让你觉得他对你的话题不感兴趣，你的"话匣子"因此而合住，沟通便变得不顺畅起来，出现人为的阻碍。为了使信息及时、有效地在双方之间传递，你必须学会倾听，在对方有意与你进行沟通时，你要做出一副感兴趣的样子，积极配合对方的言论。比如对方与你交流时，你要用积极的目光注视着对方，在他讲述的过程中适时地点点头，展现适当的面部表情，不要看表、翻阅文件，更不要拿着笔乱画乱写，并且对他言语中你不明白的地方向他提问，这样会让他认为你在关注他的话，你重视他的言论，会增强他的诉说欲，他会乐意向你提供更多的信息，你在此沟通过程中也准确、完整地得到他想要传播的信息。

（四）反馈要恰当

沟通的最大障碍在于误解或者对意图理解得不准确。在现实工作过程中，我们可能常常遇到这种现象，管理者对下属布置工作时往往说得口沫喷飞、滔滔不绝，而结果呢？下属在执行工作中往往有些变形，或者工作的做法和上级期望的不一致。这说明上级与下级之间存在着沟通问题，上级没有很好地传达自己的意思，下级也对上级的理解不太到位。事实上，这种沟通问题通过有效的方法是完全可以避免的。如果管理者在与下属沟通问题时，在沟通结束后，特意加上一句话："你明白我的意思吗？"要求下级对上级布置的任务进行复述，在下属复述的过程中，上级要及时指出下级理解错误的地方以及真正意思，通过这样的双向交流，可以加强下级对上级的意思的正确理解，纠正认识上的偏差。当然，其他人员之间的沟通也适用此法，沟通者要善于观察倾听者的身体动作及眼睛动态，试探性测试其理解程度。

（五）行动要及时

在管理情境下，所有的沟通都指向一个目标——让他人行动。

在沟通的双方对沟通内容达成一致的理解之后，应当利用管理学的方法，通过计划、组织、领导、控制等手段，将意图高效转化为现实。行动一定要迅速，绝不能拖拉，拖拉也就失去了效益。

思考题

1. 当今密切的跨文化交流对人们的生活、工作有何影响？对国际关系有何影响？对各国文化的发展有何影响？

2. 列举近年来国际或国内跨文化交流中由于误解引起矛盾和冲突的事例，并加以分析。

3. 文化与感知之间有什么关系？

4. 中国文化和美国文化在思维方式上有哪些不同？我们与美国人交流时应注意什么？

5. 会见不同文化背景的人时，应注意哪些非言语问题？

6. 作为上级主管，如何正确处理下属之间的矛盾？

案例分析题

材料一：现代社会，圣诞节的意义在普通人中已发生变化，越来越多的人利用圣诞节传达新年的祝福。

材料二：中国民俗学会副理事长乌丙安教授说：现在中国各大城市青少年过圣诞节，平安夜里成群结队逛商场、下饭店、吃小吃，通宵达旦，这与西方的平安夜风马牛不相及，成了商家借题发挥炒作的购物节、饮食节。

据《洛阳晚报》报道，4名在校中学生，最大的16岁，最小的13岁，为了"欢度"圣诞节，12月23日晚他们竟然结伙抢劫，被警方控制。

材料三：春节、端午、中秋、重阳等节日，是中国东方文明和传统文化的世俗体现。端午的爱国精神，七夕的爱情象征，中秋的思亲情怀，春节的团圆意义，都是中国传统文化内涵的典型表现。中国的每一个传统节日，都凝结着中华民族的民族精神和民族情感，承载着中华民族的文化血脉和思想精华。

问题：

（1）"圣诞贺卡传祝福"，相信许多同学都发出或收到过圣诞贺卡，那你知道圣诞节的来历吗？如果让你动手设计一张圣诞贺卡送给你的同学，你会在贺卡上选用哪些图案和祝福的话？

（2）"都是圣诞惹的祸"，相信你看了材料二后有许多想法，请就其中的某一点，讲给大家听听。

圣诞节是西方传统节日，你知道中国有哪些传统节日吗？选择介绍你知道的一个中国传统节日的来历。

第八章 外贸创业风险控制

学习目的

1. 了解外贸企业创业的风险；
2. 如何识别风险；
3. 了解创业风险的规避方法；
4. 提升创业者控制风险的能力。

> **开篇案例**

S公司的大蒜出口

20×3年，S出口公司在春季广交会上结识了中东客户H贸易公司。H公司提出购买12吨大蒜（1×20FCL），并再三强调这是样品柜，希望长期合作。应客户的要求，S公司业务员小王现场制作了形式发票2份，外商签字后双方各执一份，外商当场支付了全部货款3 600美元。广交会一结束，S公司迅速安排出货，并快递了提单、发票、原产地证和植物检疫证。货物抵港后不久，外商发来传真，认为质量不错，要求再订货1×40FCL，并提出今后合作的几点原则：（1）质量标准以第一次发货的质量为准；（2）希望逐渐增大发货数量，增进了解，扩大合作，建立长期合作关系；（3）业务流程为H公司传真通知购买数量和发货时间，S公司制作形式发票传真给H公司，H公司TT30%汇款S公司，然后S公司安排出口、快递正本单据并传真快递单，H公司在收到此传真后4个工作日内TT余款。

S公司领导层认为中东的市场很重要，H公司循序渐进的贸易思路很合S公司领导层的胃口。小王也积极汇报说，认识一个贸易客户不容易，也已经开始了业务合作，而且目前不少公司也采取这种付款办法，下一次H公司进口1×40FCL，数量和金额都不大，应该适当冒险。于是S公司同意了外商的要求，安排了出口。H公司履行诺言，及时支付了货款。第三次外商购买了2×40FCL，第四次购买了1×40FCL，第五次购买了3×40FCL，顺利的合作使S公司上上下下坚定了和客户合作的信心，小王也被提拔为出口部副经理。

20×3年10月25日，H公司提出购买8×40FCL，小王马上完成了操作。然而，H公司并没有付清余款，而是解释说暂时遇到了资金困难，保证在15天内付款。同时H公司要求立刻再发运6×40FCL以满足市场需求，并再三强调了长期合作的热切意愿。H公司还要求小王速报2×20FCL圆葱和1×20FCL大姜的实盘，并热情地赞扬了小王的工作效率。小王向领导汇报了客户的计划，但是隐瞒了客户没有支付6×40FCL预付款的情况，S公司经理毫不犹豫地同意了。之后的结果可想而知：H公司摆出了无赖的嘴脸，拒绝付款；他们一会儿讲货物的质量有问题，一会儿讲S公司发货不及时，一会儿讲市场不好，亏损很大，甚至于后来根本不理睬S公司。这时候S公司才发现，手中除了形式发票和邮寄单外，连份合同书也没有，真是"哑巴吃黄连，有苦难言"，遭受了巨大的损失。

资料来源   http：//www.aqtd.cn/gjjl/HTML/21668.html。

    世界上没有100%安全的事，创业亦然。然而，对于创业者来说，风险并非一定是坏事，机遇往往与风险相随，风险越大，创业成功的机会也越大。特别是对于外贸企业的创业者，由于面对的客户文化背景的差异，国家政治经济的不同，汇率的变动等等，外贸创业的风险更为复杂。因此，外贸创业者要了解外贸创业风险的来源，掌握防范风险的知识与能力。

第一节 外贸企业创业的风险来源

    风险理论源远流长，"不要把所有鸡蛋放到同一个篮子里"是人类最古老的风险管理思想。风险的基本概念是指损失的不确定性。对于这一个基本的概念，不同的学术领域也有各自不同的认可定义，比如损失的机会和损失可能性，把风险定义为损失机会，表明风险是一种面对损失的可能性状况，当损失机会的概率是0或1时，就没有风险。也有的学者把风险定义为实际和预测结果的离差，或者定义为实际结果偏离预期结果的概率。

    创业环境的不确定性，创业机会与创业企业的复杂性，创业者、创业团队与创业投资者的能力与实力的有限性，是创业风险的根本来源。一般而言，企业创业的风险主要来源于三个方面：一是创业者或者创业团队自身；二是企业的外生性风险，外生性风险是指由于外部环境的不确定性而造成的风险，比如政治风险、金融风险等；三是企业内生性风险，企业内生性风险是指企业自身内部经营、战略规划过程中形成的风险。外贸企业创业除了一般创业所有的风险外，还包括国际贸易特有的风险：贸易壁垒风险、信用风险、跨国运输风险、货物保险风险、外汇风险等。只要贸易流程一开始，风险必然就开始存在。本章主要从企业的外生性风险和内生性风险角度出发，分析初创外贸企业的风险。

一、外贸企业的外生性风险

    外生性风险就是由于企业外部环境的不确定性而造成的风险，主要包括政治风险、金融风险和市场风险等，这些风险是企业内部没有办法进行有效控制的风险。

（一）政治风险

    对外贸易经营中的政治风险传统上划分为关税和非关税壁垒、征收风险、战争和内乱风险（政治暴力风险）、违约风险、汇兑限制风险（转移风险）、延迟支付风险等。

1. 关税和非关税壁垒

    关税是进出口货物经过一国关境时，由政府设置的海关向进出口商征收的一种税。政府提高某种商品的进出口关税，就会增加该商品的进出口成本，进而会限制该商品的进出口数量。由于关税措施具有直接性和带有很明显的歧视信号，容易造成国与国之间的贸易战争。随着经济全球化的深入，世界各国都逐步较多地采取非关税壁垒来限制商品的进口，出现了以非关税壁垒为主、关税壁垒为辅的新贸易保护主义。

    非关税壁垒可以划分为直接的和间接的非关税壁垒。直接的非关税壁垒就是采用直接限制进口商品的数量和金额的方式，起到限制或者迫使出口国直接按照规定的数量和金额出口的作用。间接的非关税壁垒是未直接规定进口商品的数量和金额，而是对进口商品制定种种限制条例，起到间接限制进口的作用，手段主要包括进口配额、自动出口配额制、进口许可证制度、外汇管制等。尤其是在现在的国际贸易环境下，绿色壁垒、技术壁垒等新兴非关税措施的兴起，使得中小外贸企业的出口面临很多隐蔽性的风险。这些非关税措施具有更大的隐蔽性和歧视性，复杂苛刻的进口标准使得中小企业出口成本增加，利润空间受到挤压。

延伸阅读　　　　　　　　　　　国际贸易中的非关税壁垒

非关税壁垒形式多样，且更为隐蔽。根据美国、欧盟等WTO成员贸易壁垒调查的实践，非关税壁垒主要表现为以下13种形式：

1. 通关环节壁垒

通关环节壁垒通常表现在，进口国有关当局在进口商办理通关手续时，要求其提供非常复杂或难以获得的资料，甚至商业秘密资料，从而增加进口产品的成本，影响其顺利进入进口国市场；通关程序耗时冗长，使得应季的进口产品（如应季服装、农产品等）失去贸易机会；对进口产品征收不合理的海关税费。

2. 对进口产品歧视性地征收国内税费

国内税费是指产品进入一国国内市场后，在流通领域发生的税费。若专门针对进口产品征收国内税费或对进口产品征收高于国内产品的国内税费，则构成对进口产品的限制。

3. 进口禁令

进口禁令指超出WTO规则相关例外条款（如GATT第20条规定的一般例外、第21条规定的安全例外等）规定而实施的限制或禁止进口的措施。

4. 进口许可

进口许可分为自动许可和非自动许可两种。自动许可指不需要通过审批程序就能获得的许可；非自动许可指必须通过审批程序才能获得的许可，具体可分为含数量限制的许可（通常为进口配额管理）和不含数量限制的许可（通常为单一的进口许可证管理）。进口配额管理中的贸易壁垒经常表现为：配额量不合理；配额发放标准不合理或分配不公正。在单一的进口许可证管理中，贸易壁垒主要表现为：管理程序不透明；审查及发放许可证的程序过于复杂或要求提供不必要的文件；审批时间过长等。

5. 技术性贸易壁垒

根据WTO《技术性贸易壁垒协议》（简称《TBT协议》）的有关规定，WTO成员有权制定和实施旨在保护国家或地区安全利益，保障人类、动物或植物的生命或健康，保护环境，防止欺诈行为，保证出口产品质量等的技术法规、标准以及确定产品是否符合这些技术法规和标准的合格评定程序。上述措施总称为TBT措施，具体可分为三类，即技术法规、标准和合格评定程序。

技术法规：指规定强制执行的产品特性或其相关工艺和生产方法（包括适用的管理规定）的文件，以及规定适用于产品、工艺或生产方法的专门术语、符号、包装、标志或标签要求的文件。

标准：指经公认机构批准的、非强制执行的、供通用或重复使用的产品或相关工艺和生产方法的规则、指南或特性的文件。该文件还可包括专门适用于产品、工艺或生产方法的专门术语、符号、包装、标志或标签要求。按照《TBT协议》的规定，标准是自愿性的。

合格评定程序：指任何直接或间接用以确定是否满足技术法规或标准中相关要求的程序。《TBT 协议》规定的合格评定程序包括：抽样、检测和检验程序；符合性评估、验证和合格保证程序；注册、认可和批准以及它们的组合。

6. 卫生与植物卫生措施

根据 WTO《实施卫生与植物卫生措施协议》（简称《SPS 协议》）的有关规定，WTO成员有权采取如下措施，保护人类、动植物的生命和健康：所有相关的法律、法令、法规、要求和程序，特别是最终产品标准；工序和生产方法；检验、检疫、检查、出证和批准程序；各种检疫处理，包括与动物或植物运输有关的或与在运输过程中为维持动植物生存所需物质有关的要求；有关统计方法、抽样程序和风险评估方法的规定；与食品安全直接有关的包装和标签要求等。

7. 贸易救济措施

贸易救济措施包括对进口产品实施的反倾销、反补贴和保障措施。不合理地使用或滥用这些救济措施，就会对进口产品形成贸易壁垒。

8. 出口限制

具体表现形式有：

（1）通过本国国内立法上的治外法权条款，限制或阻碍其他国家与第三国的贸易，从而给其他国家产品出口到本国或第三国市场构成贸易障碍。

（2）对一些原材料、半制成品任意实施出口限制，使得这些原材料、半制成品进口国的相关制成品的生产及出口受到限制。

9. 补贴

WTO《补贴与反补贴措施协议》对成员方使用补贴确立了比较严格的制约，出口补贴和进口替代补贴被明确地列入禁止范畴。但是，实践中，一些 WTO 成员仍采用各种形式的出口补贴刺激出口，严重扭曲了贸易。

10. 服务贸易方面的壁垒

实践中，造成阻碍国外服务或服务供应商进入本国市场的措施可能有：

（1）准入条件过于严格或缺乏透明度。

（2）冗长的审批程序。

（3）对服务供应商服务经营设置各种形式的限制，或增加其经营负担。

（4）外国服务供应商面临不公平竞争。

11. 与贸易有关的知识产权措施

实践中，一些 WTO 成员在与贸易有关的知识产权措施方面不符合《TRIPs 协定》并构成贸易壁垒的做法主要表现在以下方面：

（1）立法不完善，对《TRIPs 协定》要求保护的某些知识产权缺乏法律规定，或其规定违反《TRIPs 协定》的基本原则。

（2）行政执法程序繁琐、拖沓或费用高昂。

（3）司法救济措施不力，或剥夺当事方司法复审的请求权，未能给知识产权提供充分的保护。

12. 政府采购中对进口产品的歧视

政府采购中对进口产品的歧视可分为两种情况：

（1）WTO《政府采购协议》的签署方间所采取的对进口产品的歧视措施。如法律规定在政府采购中实施国内优先原则；对采购本国产品予以某些特殊优惠；制定复杂的采购程序，使国外产品无法公平地参与采购竞标；以"国家安全"为由武断地剥夺外国产品参与采购的机会。

（2）非 WTO《政府采购协议》的签署方间采取的对进口产品的歧视措施。这些歧视措施在实践中主要表现为违反最惠国待遇，对不同国家的产品采取差别待遇，从而构成对特定国家产品的歧视。

13. 其他壁垒

实践中，还存在着种种很难归类于以上各类贸易壁垒的其他壁垒。

2. 征收风险

征收风险，即东道国政府对外资企业实行征用、没收或国有化的风险。20 世纪 60 年代至 70 年代，发展中国家曾经掀起国有化高潮，当时征收风险较为突出。20 世纪 80 年代以来，各国政府为了发展经济而竞相吸引国际投资，征收风险已经大大降低。在大多数建立了正常政治秩序的国家，公开、直接的征收风险基本上已经可以忽略不计。但是，"蚕食式征用"（Creeping Expropriation，又称"间接征用"）仍然是非常现实的风险，甚至有所上升。

延伸阅读　　　　　　　　　**俄罗斯的蚕食式征用风险**

蚕食式征用风险常常是贸易保护主义和腐败动机结合的产物。政治剧变后的俄罗斯在透明度国际等组织的腐败排行榜上"名列前茅"，当华商、中国商品在俄罗斯社会占据了一定地位之后，在前苏联解体的废墟上逐渐恢复的俄罗斯轻工业希望排挤中国同行，警察部门则垂涎华商的财产，眼红海关人员从中国货物"灰色清关"中攫取丰厚油水，贸易保护主义和腐败合流。从 20 世纪 90 年代末起，俄罗斯警方查抄华商货物的恶性事件屡屡发生：1998 年，莫斯科市扩东、兵营两楼的中国货物全部被查抄；2000—2001 年，俄罗斯发生查抄华商货物事件上百起，被查抄货物总值上亿美元；在 2004 年 2 月 10 日的"埃米拉事件"中，俄罗斯警方劫走华商货物总值高达 3 000 万美元。

3. 战争和内乱风险（政治暴力风险）

战争和内乱风险即东道国发生革命、战争和内乱，致使外国投资者资产遭受重大损失，甚至导致不能继续经营。这也是一种传统上非常极端的跨国经营风险，对企业造成的威胁很大，且企业无力处理。总的来说，战争和内乱风险主要发生在发展中国家，其中以中东及北非、南部非洲、拉美、印度尼西亚、俄罗斯为典型。在中东和北非地区，集中了宗教冲突、领土纠纷、族群矛盾、主权独立、资源争夺等一系列的战争和内乱风险，其中包括阿以长期冲突、阿富汗战争、伊拉克战争、苏丹内战、索马里内战以及"颜色革命"、伊朗核问题等。这些战争和内乱将可能直接引起外商在本地区投资项目的推迟、中断，甚至取消。另外，在东南亚和拉美部分国家，由于政权不稳、宗教流派众多、国家分裂主义、民族主义、恐怖主义较为盛行，由此也给企业带来了很大的潜在战争和内乱风险。

4. 汇兑限制风险

汇兑限制是一种传统的政治风险。外汇管制是一国政府通过法令对国际结算和外汇买卖实行限制来控制商品进口，平衡国际收支和维持本国货币汇价的一种制度。东道国由于国际收支困难而经常实行外汇管制，从而对外资企业构成了政治风险。

延伸阅读　　　　　　　　各国进口付汇管制简介

下面仅介绍拉美和非洲一些国家以及俄罗斯在进口付汇方面的管理规定：

1. 委内瑞拉

该国的进口企业首先要在 CADIVI 官方网站上注册，进行外汇管理体系用户登记（RUSAD），下载并填写提交有关的申请表，CADIVI 审核通过后将会在其网站上公布通过审批的 AAD 号，并将所需外汇金额在其账户中单独划出，以备贸易用汇需要。在拿到 AAD 以后，委内瑞拉进口商才能够开立信用证以及接受海外出运。在清关以后，还需要将拿到的有关单据，交给 CADIVI 进行进一步的核查，核查通过后，公示 ALD（Autorización de Liquidación de Divisas）号，即将账户上的美元实际划给进口企业。最后进口企业再向委内瑞拉中央银行索购外汇，用于实际支付。委内瑞拉政府相关规定显示，用汇许可在被批准之日起 120 个自然日内有效，而且外汇将优先用于食品、日用品等生活必需品的支付，其他商品的进口用汇将不享有优先权，审批手续也更为严格。根据实际经验，从开始申请到拨付外汇大约需要 4 个月的时间。而且委内瑞拉实行复汇率制，美元与强势玻利瓦尔（委内瑞拉自 2008 年起开始流通的新货币）的官方比价为 1：2.15，市场比价约为 1：5.6。

2. 阿根廷

阿根廷规定所有进口产品均可通过预先支付完成，任何产品应在预先支付后 360 日内出具产品国内销售证明。如未在期限内在国内销售，应将预付款额或未在国内销售的产品所用额度进行结算，汇率小于预付款日的参考汇率。允许在国内销售期限平行时间内进行进口预先偿付债务。而对于向国外服务贸易提供者付款（如运费、保险费、技术服务费、酬劳等）则不存在任何限制。

3. 俄罗斯

1998 年金融危机以后，俄进一步加强了对进口贸易的管理，禁止以商业信贷和预付款的方式将资金汇出境外，只有在得到商品已进入海关监管区的通知后或进口商开立信用证的情况下，银行方可进行支付。1999 年年初，俄央行规定，俄进口商在向国外预付进口货款时，必须在负责汇付的银行存上等同于货款的卢布款，待其向银行提交到货单证后，方可被退还卢布款。2001 年 1 月，俄开始实施《对进口商支付外汇实行监督的制度》，扩大了对在进口活动中使用外汇的监督范围，不仅可以监督支付外汇的出口合同，而且可以监督以卢布和票据进行结算的各种出口合同，俄政府计划将外汇监督扩大到转口业务和临时进口业务。

4. 埃塞俄比亚

该国实行"外汇批发拍卖制度"，凡一次性申买外汇高于 50 万美元者需通过参加拍卖获得所需外汇；凡低于 50 万美元者，均无需参加外汇拍卖，可直接到各有关商业银行自由申买。该国还规定汇款不能超过 5 000 美元，进口货物超过 2 000 美元需要装运前证明。

5. 坦桑尼亚

该国的外汇管制有所放松，现在可以凭形式发票（PI）到银行预付 20% 货款。

5. 政策变化和政府违约

有些国家出现主要政党轮流执政、政权被推翻、缺乏政策连贯性等现象。东道国政策、法规的不连续使外贸企业境外发展的空间和利益也受到很大的影响。

政府违约在发展中国家比较典型，一些发展中国家在政权更迭之后，对外资政策也会相应发生重大变化，甚至是180度的大转弯，特别是一些激进的民族主义者掌握政权之后，他们往往对于外国投资者采取敌视政策，认为外资是在掠夺他们的资源，使他们变得更加贫困。因此，他们往往会毁掉前任政府的正式承诺甚至书面合同，令外国投资者损失惨重。在欧美，政府违约现象也可能出现。由于执政党的更替，同样可能遭遇政府违约风险的发生。

6. 禁止、限制外资准入与并购

这种风险在发达国家表现尤为突出。西方国家普遍存在对中国的意识形态敌视，总有许多政客或社会势力宣扬"中国威胁论"。由于对中国公司存在固有的观念，认为我国企业在经营过程中是在执行国家意志，由此可能会给东道国自身的安全带来威胁，这使得西方国家的许多政治势力总是对我国企业的投资并购进行政治阻挠，导致我国企业在欧美国家遭遇较大的禁止、限制外资准入与并购风险。

7. 第三国干预

第三国干预风险可以划分为两类：

一类是第三国政府直接采取制裁措施的风险，这种风险目前主要来自美国以及欧盟，企业如果与伊朗、苏丹、朝鲜等美国列举的所谓"无赖国家"开展经贸往来，就有可能面临这项风险，其潜在损失包括无法进入美国市场、不能在美国融资、企业高层管理人员不得进入美国等等。当初中石油筹备海外上市赴纽约路演时，美国一些政治势力致函各大投资基金，以中石油在"邪恶国家"苏丹开发石油为由要求基金经理们抵制中石油，并在美国国会提出了正式的议案。2004年年初中石化集团参与竞标伊朗油田时，也受到了美国的阻挠。企业如果在美国资本市场上市融资，或是对美国出口业务规模较大，或是从事战略性资源开发业务，或是从事敏感产业，面临的这项风险就较高。尽管美国的《赫尔姆斯—伯顿法》和《伯德法》受到了全世界绝大多数国家的抵制，但只要美国作为世界唯一超级大国的地位不变，美国的这种行为就不会停止。未来欧盟也有可能借口"人权高于主权"而对别国企业实施这种威胁。

另一类第三国干预风险并非由第三国直接采取制裁行动，而是在第三国干预行为的压力或引诱下，东道国政府违约的风险。由于日本的参与，中俄石油管道工程建设方案多次反复，中石油在安大线上的前期投入全部落空，损害了我国的能源战略，就是这一风险的典型案例。

(二) 金融风险

这里所说的金融风险并不单单是金融危机之类的，具体到企业金融风险，是指企业在从事贸易结算等金融活动时，由于汇率、利率和证券价格等在一定时间内发生非预期的变化，从而蒙受经济损失的可能性。

企业主要面临的金融风险包括汇率风险和金融投机风险。此外，企业面临的金融风险还包括国际利率风险、筹资融资风险、国家债务风险，但这三种风险在我国外贸所面临的金融风险中的比重很小。

1. 汇率风险

汇率风险，也称外汇风险，主要指在不同种类的货币相互兑换或折算时，由于汇率的变动而造成损失或收益的可能性。就企业面临的汇率风险而言，主要由于对汇率避险工具了解不够和缺乏汇率风险管理的专门人才所导致。常见的汇率风险主要包括三类：交易风险、折算风险和经济风险。

（1）交易风险。交易风险是指企业在其以外币计价的跨国交易中，因为签约日和履约日之间汇率变化产生的应收资产或应付债务的价值变动所引发的风险变化，主要体现为因汇率变动导致现金流量的变化而引起外汇损失的现象。引起交易风险的因素主要有两个方面：一是时差性，即外币结算事项交易发生时点至结清时点相距一定时间，对于交易双方来说，在此期间的汇率变动有可能产生损益；二是兑换性，即外币事项在收付实现时，将外币兑换为本国货币（或另一种外币）或将本国货币兑换为外币过程中发生的损益。总体而言，交易风险通常包括下述几种情形：一是已结交易风险，即以信用为基础延期付款的已结外币应收应付账款，因交易发生至实际结算期间的汇率已发生了变化而引起的风险。二是以外币计价的借贷款项在到期时，由于汇率可能发生变化而带来的风险。三是待履行的远期外汇合同的一方，在合同到期时由于外汇汇率的变化而可能发生的风险。

（2）折算风险。折算风险一般是指跨国公司在编制母公司与境外子公司合并财务报表所导致的不同币种的相互折算中，因汇率在一定时间内发生非预期的变化，从而引起企业合并报表中各项资产、负债项目及收入与费用项目的价值产生波动，蒙受经济损失的可能性。事实上，折算风险导致的损益只是账面上的，只具有会计意义，与企业实际价值的损益并没有直接联系，只是反映企业会计账目价值的一种潜在风险。只有当子公司出售或者清算时，这些账目上的损益才会变成现实。

（3）经济风险。经济风险是指汇率变动时对公司未来现金流量的影响，即汇率对公司将来的产销量、价格、成本等生产因素的影响，同时也影响企业未来的利润和市场价值。此外，经济风险指意外发生的汇率变动因素而不包括企业在正常经营中已经充分意料到并做出管理安排的正常汇率变动部分。

此外，在跨国经营过程中，外贸企业已经越来越感受到应对汇率风险的重要性。尤其是在金融危机爆发时，一国货币发生急剧的贬值，可能将持有该国货币的外贸企业推进一夜间财富蒸发殆尽的巨大风险中。因此，在跨国经营的外贸企业中，如何有效应对、预防东道国货币汇率的大波动是一个很关键的问题。

延伸阅读　　　　　　　　俄罗斯金融动荡中的中国商人

1993 年 6 月 24 日，俄罗斯中央银行宣布，1992 年以前发行的货币全部停止流通。俄罗斯公民或持有俄罗斯居留证者在 8 月 7 日之前必须到银行兑换新币，但每人兑换数额不能超过 35 000 卢布，约合 35 美元，将近 300 元人民币；同时，俄罗斯海关禁止携带大量卢布出境。

一位在俄罗斯经商的中国商人原本在中俄贸易中赚得了第一桶金，因俄罗斯的这次货币政策突变而灰飞烟灭。当时家里价值将近 100 万元人民币的卢布变成了废纸，一家人看着那 3 麻袋钱掉眼泪。俄罗斯大街上到处都是焚烧旧卢布的人，还有人为此绝望自杀。

1998 年，这名商人又在俄罗斯成立了独资公司，由于对即将到来的俄罗斯金融风暴毫不知情，从国内汇了 10 万美元到当地一家濒临倒闭的银行。他到俄罗斯后，会计说那家银行已经倒闭，钱没有了。这名商人以前在国内根本没想过银行竟然也会倒闭，在俄罗斯此次金融危机下他被白白地卷走了 10 万美元，又是一次惨重的损失。

　　由于吸取了以往教训，这名中国商人在俄罗斯开设的独资、合资公司都花高薪聘请懂得当地政策的员工，一般都能提前获知相关政策的可能变动，做好预防，从而规避风险。1998年，俄罗斯第三次更换货币，将所有原卢布的面额都变成原来的千分之一。但这一次由于他有防备，虽然最后还是避免不了损失，但已经大大减少。

　　2. 金融投机风险

　　金融投机也是中国企业遭遇金融风险的一个原因。近年来，一些海外经营规模相对较大的中国企业开始使用期货、期权等金融衍生工具进行套期保值，希望以较低的成本避免国际市场原材料价格、汇率等剧烈波动而产生的风险。但在实际运作过程中，出于一夜暴富的投机心理，个别公司的领导者或操盘手很可能会利用这些金融衍生工具的杠杆放大效应进行投机，决策一旦失误立即就会给企业带来灭顶之灾。例如，2004年，中国航油集团新加坡公司大量卖出石油"看涨期权"，由于过度投机，爆仓时损失高达5.54亿美元，使得中航油新加坡公司陷入破产边缘。在过去的10年中，国内外先后发生了巴黎银行、住友商社、株洲冶炼等金融投机失败的事件。

　　3. 筹资风险和投资风险

　　筹资风险是指由于负债筹资引起，且仅由主权资本承担的附加风险。企业因负债方式、期限及资金使用方式等不同面临的偿债压力也有所不同。投资风险是指企业在进行投资活动过程中的风险，如财务风险、信用风险、市场风险等。

　　4. 利率风险

　　利率常常被看成是收益的一般形态，或是金融市场的价格。长期以来，我国金融市场的利率受到货币当局的严格管制，政策性的利率调整时有发生，这对企业的融资和还贷都造成很大影响。

　　5. 国家债务危机风险

　　近年来，发展中国家和一些发达国家外债总额普遍较高。由于不少国家无力按期偿还外债，导致持续多年的债务危机。如果其债务结构不合理，短期外债比重高，到期要支付的本息额太大，就会造成支付困难，陷入突发性危机中。

延伸阅读　　　　　　　　　　美国债务危机

　　2011年5月16日，美国国债终于触及国会所允许的14.29万亿美元上限。国际金融危机的爆发使美国政府赤字大幅度上升，举债度日成为家常便饭，国债纪录屡创新高。在这种情况下，美国财长盖特纳表示，由于采取了一些紧急措施以维持借债能力，美国政府支付开支最多能延迟到8月2日。到8月2日，政府若不提高债务上限或削减开支，就会开始债务违约，无法偿还美国国债本金和利息，这种情况可能使国际金融市场陷入混乱。

　　（三）市场风险

　　市场风险是指由于市场区域选择不当或者时机不当、消费者需求变动、成本上升、经济不景气等有可能对企业进出口贸易产生损失的风险。

　　1. 市场选择区域与入市时机的风险

　　在国际贸易中，由于在不同的市场区域，市场结构类型不尽相同，市场发育程度存在差异，加之对不同的商品的"消化"能力也有强有弱。因此，贸易区域的选择对贸易风险的防范具有特殊的意义。

　　入市时机的选择是另一个值得关注的因素。由于供需的变动往往呈现一定的规律性，因此，选择恰当的入市经营时机对于风险的规避十分重要。

以铁合金产品为例，其国际市场的主要用户大都集中于欧洲市场，消耗量和库存量相对稳定，产品出口到欧洲市场时，对价格波动的"抗震性"较好，也就是说，由于买主较多，且其市场消耗量和库存量保持相对稳定的状况。因而，只要价格没有出现反常的大幅度波动，在短期内对出口商的预期利润影响不大，风险也较小。但如果出口到亚洲市场，则由于其买方市场容量相对较小，所以，容易发生价格变动，出口商就很容易面临预期利润的损失或被资信不佳的贸易对手趁机压价或寻找理由扣付货款或扣收货物，因而风险较大。

同样以铁合金为例，我们还可以看到入市经营的时机选择对避免贸易风险的重要性。比如从11月份到12月上旬受圣诞节的影响，很多买主为方便安排圣诞节休假而增加进货，这段时期大多是购销旺季。而过了圣诞节的相当一段时期，则由于其节前库存较多的缘故而使产品购销暂时转入淡季，价格一般也会有段时间的回落。

2. 成本上升的风险

成本上升可能由多方面的原因引起，如本币的升值、原材料价格的上涨、劳动力工资的提高、利率的上调、运输费用的上涨等。

延伸阅读　　　　　　　　　　中小外贸企业再现倒闭

2011年年初以来，多重成本的持续上涨，已经接近了外贸企业的消化临界点。《经济参考报》记者日前从权威渠道获悉，广东、浙江、江苏、辽宁、四川、湖北六大出口强省的外贸情况调研显示，这些地区约有半数企业利润下降，部分中小外贸企业出现亏损甚至倒闭。还有企业面临订单转移的风险，一些国外客户已经将部分订单转到越南、孟加拉国等周边东南亚国家。

从六省调研的结果来看，现阶段，原材料价格、劳动力成本、融资成本的上涨以及人民币升值，几重压力叠加将企业的出口成本推高了10~20个百分点，尤其是原材料成本上升已经成为企业的最大负担。

这些贸易大省建议，国家保持外贸促进政策的连续性和稳定性，具体内容包括：一是维持现有的加工贸易保税政策。它们认为，如果政策调整取消，将造成大量中小加工贸易企业无法经营甚至关闭。二是保持出口退税政策的稳定。调低出口商品退税率幅度不宜过大，年度内控制在1~2个百分点内，尽量保持出口相对稳定的经营环境。三是保持人民币汇率相对稳定，建议渐进升值，年内升值控制在3%以下，让出口企业有时间消化汇率带来的冲击。

按照商务部2010年的标准，广东省共有约4万家中小外贸出口企业，占出口企业总数的九成以上。生产经营成本持续上升，使广东省中小外贸企业生存压力增大。广东省近期对500家重点外贸企业调查显示，随着资源能源、原材料和劳动力成本大幅上涨，加上人民币升值，部分中小外贸企业出现亏损甚至倒闭。调查中95%的企业表示出口成本上升（其中约五成的企业出口成本上升10%~20%，两成的企业出口成本升幅超过20%），其余5%的企业成本基本持平。同时约有四成半的企业利润下降，比上年同期扩大了8.3个百分点。

据浙江省对1 500家重点联系出口企业的监测数据显示，2011年以来利润下降和持平的企业占比达77%，面对各种压力造成的成本上涨，企业已经接近消化的临界点，不少企业只能被迫提价来保持一定的利润空间。

据湖北省和江苏省部分劳动密集型企业反映，目前原材料价格不断上涨已经成为企业经营面临的最大压力。此外，劳动力、物流、融资等综合要素成本集中上升，外贸企业原本就小的利润空间受到挤压。辽宁省的调研也显示出物价上涨压力明显加大，以生产要素为主的成本推动型的价格上涨以及国际大宗商品价格的高位运行，将使辽宁钢材及矿产品等资源型企业出口与内销的利润"剪刀差"加大。

人民币升值、成本上升、融资困难给四川的出口企业带来巨大压力。据四川省调查，第一季度因人民币升值不接或少接长期订单的企业占比保持在 40% 以上，认为资金短缺、融资困难的企业占比保持在 20% 以上，超过 60% 的企业认为成本上升导致产品客户流失。

成本压力推动价格上涨带来的最直接影响就是出口竞争力下滑，国外客户积极寻找替代供应商，将订单转移至其他价格更为低廉的地区或国家。据了解，目前在浙江等省的纺织服装行业已经出现了小范围的这种现象，客户将一部分订单转到越南、孟加拉国等周边国家。

2011 年以来，随着世界经济缓慢复苏，国际市场大宗商品需求有所增加，全球流动性严重过剩，美元持续走低，巨额资金受投机因素和避险因素驱使，大量涌入大宗商品市场导致国际大宗商品价格持续走高。

受国际大宗商品价格持续走高的带动，一季度国内生产资料价格持续上涨。流通环节生产资料价格同比上涨 11.2%，其中成品油上涨 17.8%，钢材上涨 17.6%，有色金属上涨 10.3%，化工产品上涨 8.8%。工业生产者购进价格同比上涨 10.2%。

国际大宗商品价格的持续走高给出口企业带来巨大成本压力。在 109 届广交会采访期间，就有不少企业反映，原材料价格上涨是目前的最大挑战。参会企业表示，尽管原材料价格的大幅上涨可以通过提高出口价格来消化一部分，但在实际过程中，很多出口企业议价能力有限，并不能完全转嫁风险。一方面是原材料上涨过快影响企业的接单，造成有单不敢接、不愿接；另一方面也有企业抱怨一些年前接的订单还没做完已经亏损，影响了企业的盈利能力。

江苏汇鸿国际集团轻工业进出口股份有限公司副总经理滕晓表示，目前公司成本上涨超过八成来自原材料成本上升。对于企业来说，原材料价格上涨没有规律、不确定性大，因此最难把握价格走势和化解风险。

"受到原材料成本上涨的推动，我们公司五金、轻工类产品在本期广交会的价格比上期平均增长了 20%，这也使得有些订单转向印度、巴基斯坦等国家，有不少我们的老客户今年都不和我们签单了。"滕晓说，涨价必须要通过艰苦的谈判才能实现。

据广交会副秘书长、新闻发言人刘建军介绍，从广交会一期的成交情况来看，境外采购商虽下单踊跃，但中短单占 89%，出口企业利润不高。刘建军分析，主要是因为考虑到美元持续贬值、欧洲主权债务危机和国际原材料与国内劳动力等生产要素成本上升较快、企业融资难等影响，企业为免遭损失不敢接长单。

商务部发布《中国对外贸易形势报告（2011 年春季）》（以下简称"报告"）指出，从目前情况看，随着世界经济持续复苏，外部市场总体上趋于好转，企业订单有所增加。但进出口形势依然复杂，影响外贸平稳发展的不确定因素较多，特别是原材料价格、劳动力工资持续大幅上涨，将不同程度挤占企业利润，中小外贸企业面临的成本压力更大。

"目前，导致大宗商品价格走高的因素尚未缓解，有些因素还在强化，可能推动国际大宗商品价格继续上涨或在高位上反复震荡，特别是中东局势动荡还在持续，不仅严重干扰当地经济发展，还将继续推高国际油价。"报告说。

"对于要素成本进入集中上升期，必须客观全面看待。"报告指出，一方面，随着经济持续较快发展，要素成本上升是一个必然趋势；另一方面，企业必须适应这种变化趋势，要靠增强创新能力、调整产品结构、提升核心竞争力，努力化解成本上升带来的压力，变成本压力为转方式的动力，在调整中实现新发展。

资料来源　孙韶华：《中小外贸企业再现亏损倒闭》，载《经济参考报》，2011-04-26。

3. 经济不景气

世界性的经济危机或者金融危机也会对企业的外贸业务带来风险。2008年，美国发生次贷危机，随后转化为金融危机。受美国金融危机的影响，全球经济开始衰退，全球市场急剧萎缩。受市场需求大幅度走低的影响，我国外贸企业订单大幅减少，许多企业纷纷倒闭。

（四）社会风险

外贸企业在跨国经营时会遇到不同文化习俗、宗教信仰以及语言的困扰，如果处理不当，会给企业带来许多麻烦。西方的投资者有过很多这方面的经历，例如，在阿富汗的两名法国商人曾经举办了一个小型聚会，主要款待几名阿富汗同事和办公室员工。女人们都穿着西方服装，尽管法国人谨慎考虑到伊斯兰教规，没有播放音乐，也没有提供任何酒精饮料，但是一名邻居还是把这次聚会报告给了权力部门，所有参加聚会的人都被捕了。权力当局起诉法国人举办"邪恶和腐败的会议"，同时当局起诉这些阿富汗人"侮辱了阿富汗民族，违犯了伊斯兰教规"，因为他们阅读了伤风败俗的西方杂志，并且修正过自己的胡须，这在伊斯兰教规中是绝对禁止的。这些"罪犯"被处以鞭打和监禁的处罚，女人们必须接受"再教育"，但是并没有解释这种处罚的意义。在很多情况下，即使当地人也无法理解反映宗教价值观的社会期望，而且很多国家的行为腐败标准是难以预测的。又如，英国管理人员到阿曼去完成某项交易，他带了一瓶在机场购买的杜松子酒。正式谈判结束之后，他在酒店中独自饮用来表示庆祝。这名管理人员没有意识到，根据阿曼严格的伊斯兰法规，独自饮酒也是不可接受的行为。当他的行动被人发现之后，该国当局立即要求他离开该国。后来，他的公司也被迫搬出阿曼，因为该国政府认为他们不尊重当地的法规。

随着中国投资者越来越多地走出去，文化风险的问题也逐渐显现出来。例如，在欧洲，中国商店经常加班到午夜，周末也不休息。而欧洲国家商店营业一般不超过晚上10点，且周末停止营业。在中国人看来，中国人的这种工作方式是无可非议的，但在西方人眼里却未必如此，如有些欧洲人就认为中国人随意延长工作时间，是一种不公平的竞争。有时候，中国人的商店还选在半夜进货，噪音扰人，并随意丢弃包装垃圾。这些现象久而久之势必造成中国商人和当地人之间的嫌隙，并导致华人个体乃至群体在一个异域社会中遭遇风险的几率增大。

二、外贸企业的内生性风险

外贸企业的内生性风险是相对于外生性风险来说的，内生性风险是指企业内部经营层面上的风险，包括外贸企业在出口过程中的贸易流程风险、出口战略风险等由于企业内部自身的原因造成的风险。我们按照贸易流程来划分，可以把内生性风险划分为贸易合同风险、海上运输风险和国际贸易欺诈风险等。

（一）贸易合同风险

贸易合同风险是指在对外贸易中，由于贸易双方签订的合同条款内容给贸易主体所带来的风险。我们一般把出口贸易合同风险分为货物品质与合同不符合、交货数量与合同不符合、货物包装与合同不符合以及货物规格与合同不符合四个类型。

1. 货物品质与合同不符合

合同中往往因为注重价格而忽视品质条款等，这些漏洞一旦被买方利用，卖方的利益就有可能受到损害。

2. 交货数量与合同不符合

交货数量上的不一致来自多方面的原因，主观故意少装货物出口的情况一般不常见，常见的是货物本身的属性造成的数量不足、贸易方对于数量的理解有误或者是海关扣留不合格的产品造成交货数量不够等几个原因。例如，散装的粮食，一般在货运中存在损耗的现象，数量不可能与合同交货数量一致。

3. 货物包装与合同不符合

在我国的外贸实务中，因为包装不符引起的纠纷时有发生，造成了很多的不必要损失。根据不完全统计，我国出口产品仅仅因为包装不良造成的直接损失每年多达 100 亿元。包装不符合合同规定的原因在于外贸企业往往对于出口国家的法律规定不熟悉，按照自身以往的出口包装惯例出口货物。例如，我国传统的包装方式"稻草垫、草绳捆、麻绳绑"等就不符合美国、日本、新西兰等国家的有关法律规定。还有的原因是包装不符合要求，一般国外对于进口的商品要求在包装上注明的标志比较多，外贸企业在出口时需要充分了解这些规定。如果没有在包装上注明相应的标志，那么出口被拒是常事。

4. 货物规格与合同不符合

此类风险一般是指所交货物规格往往低于合同的规定，没有完全符合合同规定的规格。

（二）海上运输风险

海上运输风险主要表现为自然风险、意外事故以及海运信用风险。自然风险包括恶劣气候、雷电、海啸、地震或火山爆发等；意外事故表现为运输工具搁浅、碰撞、沉没和失踪等。

在海上货运风险中，海运信用风险是最主要的一种风险。海运信用风险是指货物在海运过程中各个中间环节可能出现的各种欺诈行为，包括文件欺诈、提单欺诈、租船合同欺诈、贵船欺诈、海运保险欺诈、单船公司欺诈、集装箱欺诈等，具有极大的危害性。

延伸阅读　　　　　　　　　　海运风险与损失

一、海上货物运输风险

国际贸易货物在海上运输、装卸和储存过程中，可能会遭到各种不同风险，而海上货物运输保险人主要承保的风险有海上风险和外来风险。

（一）海上风险

海上风险在保险界又称为海难，包括海上发生的自然灾害和意外事故。自然灾害是指由于自然界的变异引起破坏力量所造成的灾害。海运保险中，自然灾害仅指恶劣气候、雷电、海啸、地震、洪水、火山爆发等人力不可抗拒的灾害。意外事故是指由于意料不到的原因所造成的事故。海运保险中，意外事故仅指搁浅、触礁、沉没、碰撞、火灾、爆炸和失踪等。

1. 搁浅：是指船舶与海底、浅滩、堤岸在事先无法预料到的意外情况下发生触礁，并搁置一段时间，使船舶无法继续行进以完成运输任务。但规律性的潮涨落所造成的搁浅则不属于保险搁浅的范畴。

2. 触礁：是指载货船舶触及水中岩礁或其他阻碍物（包括沉船）。

3. 沉没：是指船体全部或大部分已经没入水面以下，并已失去继续航行能力。若船体部分入水，但仍具航行能力，则不视作沉没。

4. 碰撞：是指船舶与船或其他固定的、流动的固定物猛力接触，如船舶与冰山、桥梁、码头、灯标等相撞。

5. 火灾：是指船舶本身、船上设备以及载运的货物失火燃烧。

6. 爆炸：是指船上锅炉或其他机器设备发生爆炸和船上货物因气候条件（如温度）影响产生化学反应引起的爆炸。

7. 失踪：是指船舶在航行中失去联络，音讯全无，并且超过了一定期限后，仍无下落和消息，即被认为是失踪。

（二）外来风险

外来风险一般是指由于外来原因引起的风险。它可分为一般外来风险和特殊外来风险。

1. 一般外来风险：是指货物在运输途中由于偷窃、下雨、短量、渗漏、破碎、受潮、受热、霉变、串味、沾污、钩损、生锈、碰损等原因所导致的风险。

2. 特殊外来风险：是指由于战争、罢工、拒绝交付货物等政治、军事、国家禁令及管制措施所造成的风险与损失。如因政治或战争因素，运送货物的船只被敌对国家扣留而造成交货不到；某些国家颁布的新政策或新的管制措施以及国际组织的某些禁令，都可能造成货物无法出口或进口而造成损失。

二、海上损失

被保险货物因遭受海洋运输中的风险所导致的损失称之为海损或海上损失。海损按损失程度的不同，可分为全部损失和部分损失。

（一）全部损失

全部损失简称全损，是指被保险货物在海洋运输中遭受全部损失。从损失的性质看，全损又可分为实际全损和推定全损两种。

1. 实际全损，又称绝对全损，是指保险标的物在运输途中全部灭失或等同于全部灭失。在保险业务上构成实际全损主要有以下几种：

（1）保险标的物全部灭失。例如，载货船舶遭遇海难后沉入海底，保险标的物实体完全灭失。

（2）保险标的物的物权完全丧失已无法挽回。例如，载货船舶被海盗抢劫，或船货被敌对国扣押等。虽然标的物仍然存在，但被保险人已失去标的物的物权。

（3）保险标的物已丧失原有商业价值或用途。例如，水泥受海水浸泡后变硬；烟叶受潮发霉后已失去原有价值。

（4）载货船舶失踪，无音讯已达相当一段时间。在国际贸易实务中，一般根据航程的远近和航行的区域来决定时间的长短。

2. 推定全损，是指保险货物的实际全损已经不可避免，而进行施救、复原的费用超过将货物运抵目的港的费用或已超出保险补偿的价值，这种损失即为推定全损。构成被保险货物推定全损的情况有以下几种：

（1）保险标的物受损后，其修理费用超过货物修复后的价值。

（2）保险标的物受损后，其整理和继续运往目的港的费用超过货物到达目的港的价值。

（3）保险标的物的实际全损已经无法避免，为避免全损所需的施救费用将超过获救后标的物的价值。

（4）保险标的物遭受保险责任范围内的事故，使被保险人失去标的物的所有权，而收回标的物的所有权，其费用已超过收回标的物的价值。

（二）部分损失

部分损失是指被保险货物的损失没有达到全部损失的程度。部分损失按其性质，可分为共同海损和单独海损。

1. 共同海损。根据1974年国际海事委员会制定的《约克安特卫普规则》的规定，载货船舶在海运中遇难时，船方为了共同安全，以使同一航程中的船货脱离危险，有意而合理地作出的牺牲或引起的特殊费用，这些损失和费用被称为共同海损。构成共同海损的条件是：

（1）共同海损的危险必须是实际存在的，或者是不可避免的，而非主观臆测的。因为不是所有的海上灾难、事故都会引起共同海损。

（2）必须是自愿地和有意识地采取合理措施所造成的损失或发生的费用。

（3）必须是为船货共同安全采取的谨慎行为或措施时所做的牺牲或引起的特殊费用。

（4）必须是属于非常性质的牺牲或发生的费用，并且是以脱险为目的。共同海损行为所作出的牺牲或引起的特殊费用，都是为使船主、货主和承运方不遭受损失而支出的，因此，不管其大小如何，都应由船主、货主和承运方按获救的价值，以一定的比例分摊。这种分摊叫共同海损的分摊。在分摊共同海损费用时，不仅要包括未受损失的利害关系人，而且还需包括受到损失的利害关系人。

2. 单独海损。单独海损是指保险标的物在海上遭受承保范围内的风险所造成的部分灭失或损害，即指除共同海损以外的部分损失。这种损失只能由标的物所有人单独负担。与共同海损相比较，单独海损的特点是：

（1）它不是人为有意造成的部分损失。

（2）它是保险标的物本身的损失。

（3）单独海损由受损失的被保险人单独承担，但其可根据损失情况从保险人那里获得赔偿。根据英国海上保险法，货物发生单独海损时，保险人应赔金额的计算，等于受损价值与完好价值之比乘以保险金。

（三）国际贸易欺诈风险

国际贸易欺诈通常是指在国际货物贸易、航运、保险和结算过程中，一方当事人利用国际贸易规则漏洞，故意编造虚假情况或故意隐瞒真实情况，以非法手段骗取对方当事人货物、金钱或船舶的行为。国际贸易欺诈行为人很多是国际贸易专业人士，熟悉国际贸易的流程、规则、司法措施，并且手段隐蔽、专业，使得外贸企业防不胜防。新创外贸企业由于规模小，实力相对较弱，在出口贸易中容易出现经验不足、监控不力以及信息不完全的现象，导致在贸易实务中经常遭遇国际贸易欺诈。根据进出口业务的主要流程，国际贸易欺诈具体可分为以下几种：国际贸易合同主体欺诈、国际海运欺诈以及国际结算欺诈。

延伸阅读　　　　　　　　　　　**信用证"止付"案**

2005 年 6 月，某国内出口企业 A 公司向意大利买方 B 公司出口一批纺织品，价值26万美元，支付方式为 L/C90 天。货物出口后，A 公司交单议付，开证行 C 银行审单无误后，予以承兑，付款到期日为 2005 年 9 月。凭 C 银行的远期承兑汇票，A 公司在出口地银行办理了票据贴现。付款到期日后，B 公司提出纺织品存在染色问题，要求 A 公司降价3 万美元，遭到 A 公司断然拒绝。而后，B 公司要挟 A 公司，如不同意降价，将向意大利当地法院申请"止付令"，届时 C 银行将执行法院命令，并豁免付款义务，A 公司将血本无归。A 公司不想卷入诉讼，经再三斟酌，最终迫于压力同意降价，造成收汇损失 3 万美元。

第二节　外贸企业创业的风险识别

外贸企业创业的风险来自于多方面，当然风险与机遇并存，尤其需要创业者对风险进行识别，哪些是可利用的风险，哪些是需要避免的风险。因此，锻炼自身风险的识别能力与掌握风险识别的方法对于创业者而言，尤其重要。

风险识别的概念有广义和狭义之分。广义的概念不仅包括查找和发现风险，还包括对查找出来的风险进行认知、评价，并根据外贸风险的具体内容和特点制订相应的应对方案。狭义的风险识别是指在风险事故发生以前，运用各种方法系统、连续地认识所面临的各种风险以及事故发生的潜在原因，具体包括风险感知和风险分析两个环节，我们此处所指的风险识别是狭义意义上的。

一、风险识别的程序

风险识别从理论上可以分筛选、监测和诊断三个环节或更多阶段。

（1）风险筛选，就是对各种风险参照本企业的实际情况进行对号入座，按其明显程度和重要程度进行排队。

（2）风险监测，就是根据某种风险及其后果，对涉及这种风险的产品、过程、现象或个人进行观测、记录和分析以掌握它们的活动范围和变动趋势。

（3）风险诊断，即根据企业的症状或其后果以及可能的因果关系进行评价判断，找出可疑的起因，并仔细进行检查。

在实践中，对于外贸企业创业风险的分析在程序上主要应遵循以下几个步骤：

第一步：确定导致创业目标不确定性的客观存在。

这里强调的是不确定性的客观存在，因此必须要辨识发现或推测的因素是否存在不确定性，如果所有因素是确定的，不能称之为风险。在此基础上要确定因素的不确定性本身必须是客观存在的，是事实上存在的不以人的意志为转移的，不是凭空想象和捏造的。

第二步：建立创业风险因素清单。

建立创业风险因素清单是识别创业风险的基础工作和前提条件。创业风险因素清单可以在创业风险机理研究的基础上构建起来。清单中应明确列出客观存在的和潜在的各种风险，应该包括各种影响创业研究、制定、实施、控制以及影响企业的生产、经营和经济效益的各种因素，可以通过理论研究成果和实际经验进行判断。建立清单可以通过商业清单或一系列的调查表进行深入研究、分析而制定。

第三步：确定重要的风险事件并对其可能的结果进行测算。

根据清单中各种重要的风险来源，分析和推测各种可能性，结合创业管理的方法和手段测算对创业影响的程度、创业成本耗费和最终企业的各种创业绩效指标的变化。

第四步：进行创业风险因素分类。

对创业风险进行分类是为了更加深入地理解创业风险的性质、特征和构成，在此基础上制定更好的管理对策。对创业风险进行分类必须结合创业风险要素的性质和可能性结果以及彼此之间的关联程度，这样有利于更加确切地理解风险、预测结果。现实中一般采用层次分析法进行分类，即通过若干个层次组成一个创业风险框架，每一个层次都列出不同种类的风险因素，并针对各个风险因素进行全面检查，从而避免忽视或漏掉某些重要因素。

第五步：进行风险排序。

根据风险分类和各种可能的影响结果，按照一定的方法进行轻重缓急权衡并给予排序，形成一套创业风险图，但是创业风险因素的位置不是固定不变的，应该是随着环境的变化而柔性变化的。

第六步：绘制创业风险预测图。

创业风险预测图是一种非常直观的衡量风险因素大小的有效方法和工具，如图 8—1 所示。

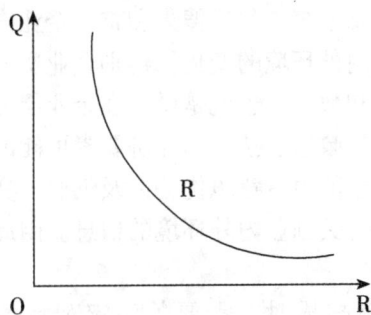

图 8—1　风险预测曲线

图 8—1 中，横轴表示风险的评价值与发生的概率有关，纵轴表示风险的评价值与潜在的损失有关，曲线 R 表示不同概率和不同损失条件下的等风险曲线。通过这种二维图形可以非常清晰地评价某一潜在风险对创业的影响程度和在创业风险管理中的地位。

由于风险本身的不确定性特征和潜在的损失性，各种风险因素可以通过一组由曲线群构成的风险预测图来表现，如图 8—2 所示。曲线群的每一曲线均表示相同的风险，只是概率和损失的程度不一样。不同的曲线反映的风险程度不一样，曲线距离原点越远，表示风险程度越大。

为了有效地识别创业风险，首先必须对各种风险因素发生的概率予以确定，然后通过各种有效的方法进行辨识。但是，由于风险总是处于不确定状态，进行历史统计和实验室试验都是很难的，并且统计的数据只能反映历史而对未来很难客观反映。

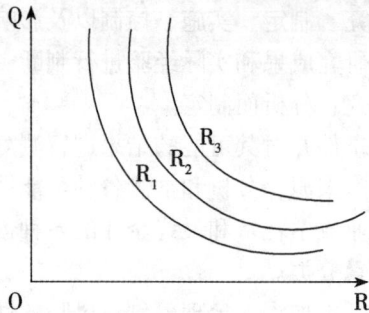

图 8—2　风险预测曲线群

创业风险识别是一项连续开展的工作。对风险识别方法的描述可能会使创业者产生一种错误的印象，即认为风险识别的内容不会随时变化。实际上风险识别的内容总是在不断变化，因为创业及其运作的环境随时都在变化，所以我们需要经常注意新的风险。

二、风险识别方法与工具

风险识别方法是很多的，各有其优缺点和适用条件，世界上没有一个适用于全部风险识别的方法。风险不同，识别的方法也不完全一样。实际上，特定的风险识别方法对一些企业比对另一些企业更实用，对一些风险识别比对另一些风险识别更实用。因此，试图用一种最好的方法识别企业所面临的全部风险的想法是不现实的。实际工作中，即使识别同一种风险也可以同时使用几种方法。在风险识别过程中要根据企业经营活动的特点、内外环境变化和经营管理的需要，对其作出适当的选择和组合。

（一）环境扫描法

环境扫描是一个复杂的信息系统，包括搜集和整理企业内部和外部各种事件、趋势的信息，了解和掌握创业所处的内外环境的变化，辨别企业所面临的创业风险和机遇，为预警和控制系统提供科学的信息和数据。也就是说，在企业层面上的环境扫描一方面是提供企业环境中人口、社会、文化、政治、技术和经济要素可能的未来变化，另一方面是提供企业内部资源、创业团队、竞争能力、竞争优势以及创业的变化的信息，通过这两方面的信息的综合，提供一套系统的有关创业内外环境的信息。因此，企业环境扫描的范围如图8—3所示。

具体而言，企业进行环境扫描时，需要关注宏观环境（政治、经济、社会、技术）和行业环境（供应商、替代品、客户、潜在进入者、现有竞争者）要素及其变化情况。

1. 宏观环境分析（PEST分析法，如图8—4所示）

（1）政治法律环境

政治环境主要包括政治制度与体制、政局、政府的态度等；法律环境主要包括政府制定的法律、法规。

● 政治环境是否稳定？

● 国家政策是否会改变法律从而增强对企业的监管并收取更多的赋税？

● 政府所持的市场道德标准是什么？

● 政府的经济政策是什么？

● 政府是否关注文化与宗教？

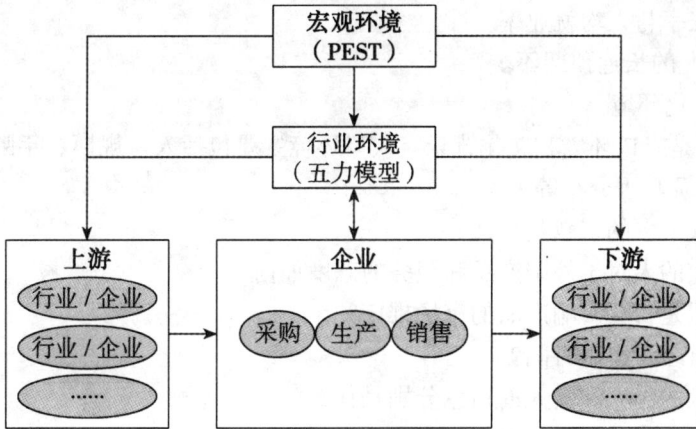

图 8—3   企业环境扫描

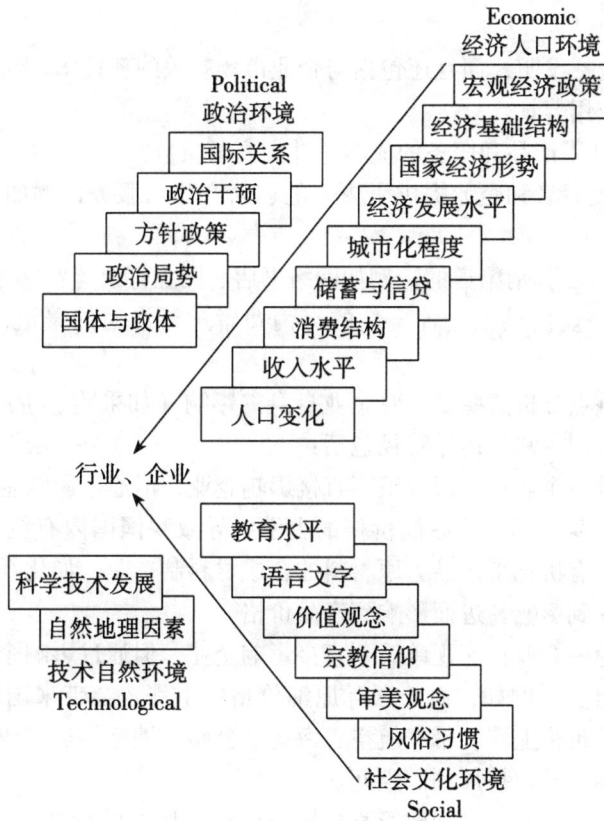

图 8—4   PEST 分析法

● 政府是否与其他组织签订过贸易协定，例如欧盟（EU）、北美自由贸易区（NAFTA）、东盟（ASEAN）等？

（2）经济环境

构成经济环境的关键要素包括 GDP、利率水平、财政货币政策、通货膨胀水平、失业率水平、居民可支配收入水平、汇率、能源供给成本、市场机制、市场需求等。

● 利率。

● 通货膨胀率与人均就业率。

● 人均 GDP 的长远预期等。

（3）社会文化环境

影响最大的是人口环境和文化背景。人口环境主要包括人口规模、年龄结构、人口分布、种族结构以及收入分布等因素。

● 信奉人数最多的宗教是什么？

● 这个国家的人对于外国产品和服务的态度如何？

● 语言障碍是否会影响产品的市场推广？

● 消费者有多少空闲时间？

● 这个国家的男人和女人的角色分别是什么？

● 这个国家的人长寿吗？老年阶层富裕吗？

● 这个国家的人对于环保问题是如何看待的？

（4）技术环境

技术环境不仅包括发明，而且还包括与企业市场有关的新技术、新工艺、新材料的出现和发展趋势以及应用背景。

● 科技是否降低了产品和服务的成本，并提高了质量？

● 科技是否为消费者和企业提供了更多的创新产品与服务，例如网上银行、新一代手机等？

● 科技是如何改变分销渠道的，例如网络书店、网上订票等？

● 科技是否为企业提供了一种全新的与消费者进行沟通的渠道，例如 Banner 广告条、CRM 软件等？

在此基础上，重点分析这些变化对企业自身的影响（如采购、生产、销售等），尤其要关注之间的传导机制。常见传导路径包括：

宏观环境→上游→企业：宏观政策不直接影响企业，但通过影响企业的上游行业或企业从而影响到企业自身。例如，原油价格的上涨，导致我国国内有机化工产品的价格上涨，随之带来的是以有机化工产品为原材料的合成材料制造业，如化纤、塑料、橡胶等制造企业的产品成本受到影响，进而影响到产品价格。

宏观环境→下游→企业：宏观政策不直接影响企业，但通过影响企业的下游行业或企业从而影响到企业自身。例如，由于国际原油价格的上涨，会带来国内成品油价格的上涨，进而导致燃料油价格上涨，带来航空、海运、公路、铁路等运营成本的提高，对外贸企业来讲，运输成本上升，挤压利润空间。

宏观环境→行业→企业：宏观政策直接影响到企业所在的行业，并直接影响到企业。例如，国家有关节能减排的政策推出，对于我国许多高能耗、高污染的加工贸易企业冲击甚大，甚至面临被迫关闭的处境。

企业→行业→企业：行业中的某企业率先发起行业变革，进而影响到行业中其他企业的发展。例如，苹果推出 iPad 和 iPhone，对电子书和通信行业产生了革命性影响，导致电子书行业的企业（如汉王科技）和通信行业的企业（如诺基亚）不得不进行变革。又如，奇虎推出了免费杀毒软件，彻底颠覆了杀毒行业的收费商业模式，导致瑞星、卡巴斯基等软件企业不得不进行商业模式变革。

2. 行业环境分析（五力模型分析）

五种力量模型将大量不同的因素汇集在一个简便的模型中，以此分析一个行业的基本竞争态势。五种力量模型确定了竞争的五种主要来源，即供应商和购买者的议价能力，潜在进入者的威胁，替代品的威胁，以及最后一点，来自目前在同一行业的公司间的竞争。一种可行战略的提出首先应该包括确认并评价这五种力量，不同力量的特性和重要性因行业和公司的不同而变化，如图 8—5 所示。

```
              ┌─────────────────┐
              │  潜在的新进入者  │
              └─────────────────┘
                       │
┌────────┐    ┌─────────────────────┐    ┌────────┐
│ 供应商 │ →  │  销售者之间的竞争   │  → │ 购买者 │
└────────┘    │  来自企业争夺有利   │    └────────┘
              │  市场地位和竞争优势 │
              └─────────────────────┘
                       │
              ┌─────────────────┐
              │ 替代品的其他企业 │
              └─────────────────┘
```

图 8—5　五力模型分析

（1）供应商的议价能力

供方力量的强弱主要取决于他们所提供给买主的是什么投入要素，当供方所提供的投入要素其价值构成了买主产品总成本的较大比例、对买主产品生产过程非常重要或者严重影响买主产品的质量时，供方对于买主的潜在讨价还价力量就大大增强。

（2）购买者的议价能力

购买者主要通过其压价与要求提供较高的产品或服务质量的能力，来影响行业中现有企业的盈利能力。

（3）新进入者的威胁

新进入者在给行业带来新生产能力、新资源的同时，将希望在已被现有企业瓜分完毕的市场中赢得一席之地，这就有可能会与现有企业发生原材料与市场份额的竞争，最终导致行业中现有企业盈利水平降低，严重的话还有可能危及这些企业的生存。竞争性进入威胁的严重程度取决于两方面的因素，即进入新领域的障碍大小与预期现有企业对于进入者的反应情况。

（4）替代品的威胁

两个处于同行业或不同行业中的企业，可能会由于所生产的产品是互为替代品，从而在它们之间产生相互竞争行为，这种源自于替代品的竞争会以各种形式影响行业中现有企业的竞争战略。

（5）同业竞争者的竞争程度

大部分行业中的企业，相互之间的利益都是紧密联系在一起的，作为企业整体战略一部分的各企业竞争战略，其目标都在于使得自己的企业获得相对于竞争对手的优势，所以，在实施中就必然会产生冲突与对抗现象，这些冲突与对抗就构成了现有企业之间的竞争。现有企业之间的竞争常常表现在价格、广告、产品介绍、售后服务等方面，其竞争强度与许多因素有关。

行业中的每一个企业或多或少都必须应付以上各种力量构成的威胁。根据上面对于五种竞争力量的讨论，企业可以采取尽可能地将自身的经营与竞争力量隔绝开来、努力从自身利益需要出发影响行业竞争规则、先占领有利的市场地位再发起进攻性竞争行动等手段来对付这五种竞争力量，以增强自己的市场地位与竞争实力。

3. 创业企业优劣势分析（SW 分析）

创业企业的优劣势主要从以下几个方面进行分析：

（1）创业资源优劣势

● 管理资源；

● 团队与人力资源；

● 技术资源；

● 客户资源；

● 资金资源；

● 运输资源。

（2）创业能力优劣势

● 资源转化能力；

● 营销和开发能力；

● 客户保持能力；

● 信息能力。

（3）创业者自身优劣势

● 创造业者自身知识、能力；

● 冒险精神；

● 创业者品德；

● 创业者自身领导能力。

（4）创业方案优劣势

● 可行性与科学性；

● 目标的明确性；

● 吸引力；

● 先进性。

（二）风险清单分析法

风险清单分析法主要用来分析风险主体面临的风险因素。风险清单所列的项目是人们已经识别出来的、最为基本的各类风险损失（见表 8—1）。在分析外贸企业创业风险时，可以参照这个清单检查本企业面临的风险，从而采取措施规避风险。

但是，风险清单分析法不是识别风险的万能方法，不可概括一些企业面临的特殊风险。一般来说，风险损失清单越详细、越完善，越能全面识别企业面临的各种风险，有利于防范风险事故的发生。企业需要根据企业的特点，及时调整、改进风险损失清单，包括清单中风险的排列等。风险损失清单只考虑了纯粹风险，而没有考虑投机风险。

（三）现场调查法

现场调查法是指风险管理部门、保险公司、有关咨询机构、研究机构等，就风险主体可能遭遇的风险进行详尽的调查，并出具调查报告书，供风险管理者参考的一种识别方法。现场调查法通过直接观察风险主体的设备、设施和操作等，了解风险主体的活动和行为方式，发现潜在的风险隐患。

表 8—1　　　　　　　　　　　　　风险损失清单

一、直接损失风险

1. 无法控制和无法预测的损失

如战争、风暴、地震等自然风险，不可抗力事件。

2. 可控的和可预测的损失

员工疏忽、恐怖袭击、运输、爆炸、火灾等。

3. 一般的财务风险

（1）挪用公款、盗窃等；

（2）国有化、查封、充公等；

（3）欺诈、仿造等；

（4）契约、专利权或版权、产权等的失效；

（5）存货短缺、财产遗失等。

二、间接或引致的损失暴露

1. 所有直接损失暴露对供应商、消费者、承运人、经销商等的影响

2. 资产集中

3. 经济波动

4. 管理失误

……

三、第三方责任

1. 运输责任

2. 产品责任

3. 合同责任

……

现场调查法的步骤如表 8—6 所示。

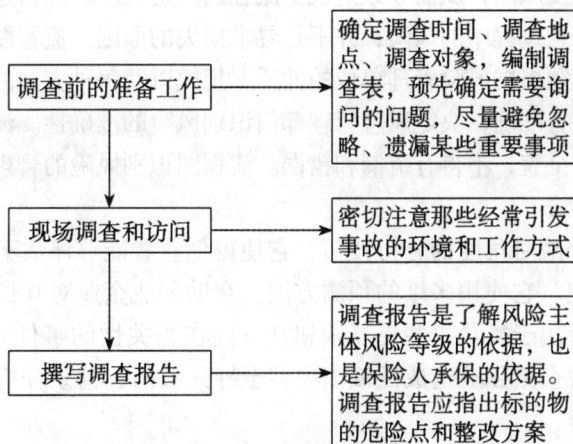

图 8—6　现场调查法程序

现场调查法的优点是：可以获得风险主体单位风险活动的第一手资料；了解风险评估的资信状况；可以防止风险事故的发生。缺点是：耗费的时间较多；管理成本较高；调查结果取决于人员的风险管理水平。

（四）流程图法

流程图法是将风险主体按照经营的过程、活动内在的逻辑联系绘成流程 图，针对流程中的关键环节和薄弱环节调查风险、识别风险的办法。

一般来说，风险主体的经营规模越大，生产工艺越复杂，流程图分析就越具有优势。在类型上，按照流程路线的复杂程度可以分为简单流程图和复杂流程图；按照流程的内容可以分为内部流程图和外部流程图；按照流程图的表现形式可以分为实物形态流程图和价值形态流程图。

某制造型外贸企业流程图如图8—7所示。

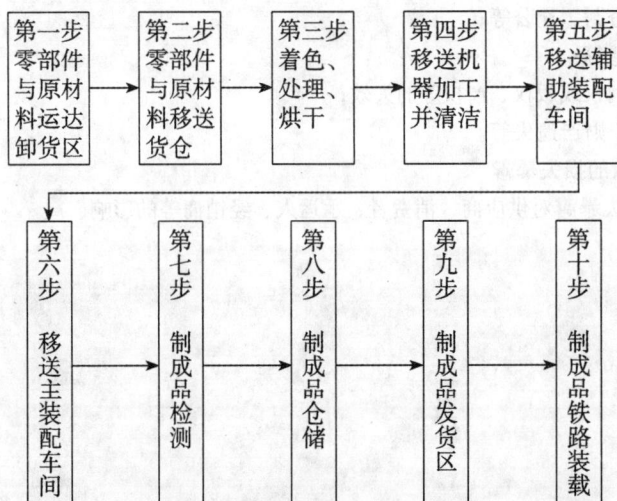

图8—7 某制造型外贸企业流程图

流程图可以比较清楚地显示企业生产经营活动各个环节的风险。在流程中，一个环节出现问题，可能就会引发风险，从而导致危机。流程图只是生产、经营过程中的简单概括，其目的是揭示生产、经营过程中的风险，并不是寻求损失的原因。流程图不能识别企业面临的一切风险，因此，必须根据风险管理单位的性质、规模以及每种方法的用途将各种方法结合起来使用。流程图是否准确，决定风险管理部门识别风险的准确性。流程图需要准确地反映企业生产经营活动的全貌，不得有疏漏和错误。流程图识别风险的管理成本比较高。

（五）情景分析法

情景分析是一个战略角度的分析技巧，它使得创业者能够评估不同的偶然事件对自身利润流量的潜在影响。它使用多维的预测方法，帮助创业企业对其长期的关键性薄弱层面做出评价。情景分析用于衡量一些更复杂和具有内在相关性的事件对创业的更广泛影响。不利事件的发生经常会给创业造成巨额损失甚至导致关门，情景分析可以很好地提前辨别这种潜在的问题。

情景分析的目的是帮助创业者在那些未必会发生但具有灾难性后果的事件发生之前考虑并了解这些事件的影响。早在湖南常德诉讼案件之前，陕西榆林就已经向三株提出了诉讼案，这种由于诉讼导致的一系列严重的后果，都是极端事件的典型例子。在这种市场环境下创业，创业者如果能够从这些事件中吸取教训，就很可能避免创业时再次发生类似事件，情景分析在这一过程中将起到很有效的辅助作用。表8—2给出了一些实例。

表8—2　　　　　　　　　　　　　　情景分析实例

风　险	例　子
政治风险	在某国发生严重的政治动荡，一家公司在该国拥有大量的投资公司需要对此做出迅速反应，评估投资可能会受到的影响
法律风险	一名消费者起诉一家保健品公司，因为它导致了消费者死亡
信用风险	某公司对它的5个最大的信用风险暴露进行考察。每个暴露都不相同的流动性问题，而且市场已经朝不利于公司的方向波动了10%
名誉风险	公司业务员以低于成本价格倾销自己的产品；员工长期挪用公款资金
操作风险	银行采用了新的操作系统，该系统不能与原先的系统相互兼容，因此不能保持数据的统一性。这样可能会造成无法进行付款或者不能将交易记账的局面
其他风险	可根据创业实际设定案例

　　情景分析法通常由创业者使用，它被认为是一种非常主观的风险识别工具。但情景分析又是一项困难的工作，因为它要分析的是一系列事件对公司整体状况的影响，它涉及每一名创业者，突出走出纯粹的数字统计范畴，进入市场经验和逻辑判断世界。设计精良、发展成熟的情景分析，可为创业发展提供有意义的真知灼见。情景分析的整个过程可以被分解成以下5个步骤：

　　第一步，情景定义。定义一个假想的情景，尽管对相关情景进行辨认更多的是一门艺术而不是一门科学，在选择情景时还是要遵循两个原则：了解你的产品组合，理解市场中的相关事件。情景定义通常都是按照创业者的要求来进行的，因为他们最了解公司的内外环境变化，尤其是影响利润的因素。定义这些情景，就是为了回答这样的问题："××事件的结果是什么？"

　　第二步，情景要素分析。在确定我们要分析的情景之后，准备阶段的下一步是执行上一个广泛的意见征询程序。这个过程涉及组织中的各个专家和相应的业务部门，其目的是进一步从情景中提取所需要的有关数据。建立有意义的情景分析是一个复杂的过程，它需要具有不同专业知识的人员，对创业而言，包括市场调研人员、产品销售人员、科技人员、会计师、律师和各级管理人员等。商业人员同样可能加入到建立情景的过程中来，这样他们就可以对许多感兴趣的问题进行设计与分析。通过确保整个过程涉及足够广泛的人员，这一风险可以被大范围地扩散。还有，通过委托风险管理部门在全公司范围进行情景分析，就可以在分析过程中加入各个业务领域的、适当的独立性。

　　第三步，情景预测。这是情景分析的核心工作。对每一个情景要素，我们都要做出两个预测：一个是要素在给定时间跨度内的未来发展状态；另一个是与此相联系的潜在损失。这一步骤同样需要依靠适当的业务部门和专家来进行，或者必须与这些部门和专家保持紧密的接触。这里，我们的目标不是去发现最有可能发生的状况，而是去辨认出不利的或是极端的情景。因此，这个过程可能会导出不止一个对潜在的收益的评估结果。需要强调的是，整个过程不是一门精确的科学，而是需要最佳的评估。

　　第四步，情景合并。将对每一个情景要素所做的预测合并到一个统一的情景中去。对合并后的情景，不仅要核对它在一致性方面是否有错误，还要核对那些被重复计量的因素和相互矛盾的假设，最后要审视结果的合理性。我们可以从寻找任何与主题无关的内容着手，保证所有反馈信息相互一致。

第五步，情景展示和后续步骤。情景分析的结果经常会令人非常吃惊，而且时时会受到怀疑。人们容易对潜在的损失程度感到震惊，但是，虽然情景事件发生的概率很低，分析所得的结果也不能被打上任何折扣。既然整个分析过程都是很主观的，那么它的假设也就容易出现漏洞。如果给定大部分情景讨论的边界环境，这种对话是一个激进的过程。因此，在对研究结果做展示的时候，最重要的是在说明研究结果之前先明确地阐述整个过程的假设和目标，这样才能让读者正确地理解研究成果和它们的价值。

当然，风险识别的方法还有很多，如财务报表法、现场视察法、部门交流法、合同分析法、危险因素分析法等。

第三节 外贸企业创业风险管理体系

一、建立外贸企业风险监测指标

建立企业对外贸易风险管理系统的首要任务是选择能在不同方面反映企业对外贸易不良活动趋势的预测指标体系。

（一）选择预测指标应遵循的原则

（1）所选指标必须在测量企业对外贸易活动方面具有重要性，所选的多个指标的综合必须表示企业对外贸易运行的主要矛盾现象。

（2）一致性或先行性，即指标特征量要与企业实际对外贸易运作状况大体一致或略有超前，能敏感地反映企业对外贸易风险现象的发生或发展动向。

（3）统计上的迅速性和准确性。

（二）指标之间的关系

在构建整个系统的风险预测指标体系时，应体现下列原则：

（1）指标体系中相同词义的具体指标，其内涵与数值意义应完全一致。

（2）指标间应相互证实或呈现因果关系，分类、分别使用这些指标的结果，不应同某单个指标的显示意义相反。

（3）企业对外贸易合同履行风险的评价可以包含其他指标的所有内涵与范围，它本身就是一个综合指标类别。同时，评价企业对外贸易合同履行风险的指标，应当证实其他指标相互组合成综合指标所显示的结论。

（4）对外贸易合同签订风险、对外贸易合同履行风险、对外贸易政策风险等评价指标所构成的综合指标，只能显示企业对外贸易活动的局部征兆，它们只有同企业对外贸易总风险的评价指标组合，才能全面而深刻地显示企业各种对外贸易风险现象的成因、过程与结果。

（三）具体各项指标

对外贸易政策风险、对外贸易合同签订风险、对外贸易合同履行风险评价指标如图8—8所示。

二、建立风险管理模型

图8—9所建立的风险管理模型是由以下两个子模型有机构成的：

```
                  ┌──────────────────────────┐
                  │    对外贸易政策风险评价指标    │
                  └──────────────────────────┘
    ┌──────┬──────┬──────┬──────┬──────┬──────┬──────┬──────┐
  ┌───┐ ┌───┐ ┌───┐ ┌───┐ ┌───┐ ┌───┐ ┌───┐ ┌───┐
  │进 │ │出 │ │政 │ │外 │ │海 │ │原 │ │反 │ │反 │
  │口 │ │口 │ │府 │ │汇 │ │关 │ │产 │ │补 │ │倾 │
  │许 │ │配 │ │采 │ │管 │ │估 │ │地 │ │贴 │ │销 │
  │可 │ │额 │ │购 │ │制 │ │价 │ │规 │ │风 │ │风 │
  │证 │ │制 │ │制 │ │风 │ │制 │ │则 │ │险 │ │险 │
  │风 │ │风 │ │风 │ │险 │ │度 │ │风 │ └───┘ └───┘
  │险 │ │险 │ │险 │ └───┘ │风 │ │险 │
  └───┘ └───┘ └───┘       │险 │ └───┘
                          └───┘
```

```
                  ┌──────────────────────────┐
                  │   对外贸易合同签订风险评价指标   │
                  └──────────────────────────┘
    ┌──────┬──────┬──────┬──────┬──────┬──────┬──────┬──────┐
  ┌───┐ ┌───┐ ┌───┐ ┌───┐ ┌───┐ ┌───┐ ┌───┐ ┌───┐
  │质 │ │数 │ │价 │ │包 │ │运 │ │保 │ │付 │ │商 │
  │量 │ │量 │ │格 │ │装 │ │输 │ │险 │ │款 │ │检 │
  │条 │ │条 │ │条 │ │条 │ │条 │ │条 │ │条 │ │条 │
  │款 │ │款 │ │款 │ │款 │ │款 │ │款 │ │款 │ │款 │
  │风 │ │风 │ │风 │ │风 │ │风 │ │风 │ │风 │ │风 │
  │险 │ │险 │ │险 │ │险 │ │险 │ │险 │ │险 │ │险 │
  └───┘ └───┘ └───┘ └───┘ └───┘ └───┘ └───┘ └───┘
```

```
                  ┌──────────────────────────┐
                  │   对外贸易合同履行风险评价指标   │
                  └──────────────────────────┘
    ┌──────┬──────┬──────┬──────┬──────┬──────┬──────┬──────┐
  ┌───┐ ┌───┐ ┌───┐ ┌───┐ ┌───┐ ┌───┐ ┌───┐ ┌───┐
  │出 │ │商 │ │改 │ │审 │ │租 │ │办 │ │出 │ │制 │
  │口 │ │品 │ │正 │ │查 │ │船 │ │理 │ │口 │ │单 │
  │备 │ │检 │ │信 │ │信 │ │定 │ │保 │ │报 │ │结 │
  │货 │ │验 │ │用 │ │用 │ │舱 │ │险 │ │关 │ │汇 │
  │风 │ │风 │ │证 │ │证 │ │风 │ │风 │ │风 │ │风 │
  │险 │ │险 │ │风 │ │风 │ │险 │ │险 │ │险 │ │险 │
  └───┘ └───┘ │险 │ │险 │ └───┘ └───┘ └───┘ └───┘
              └───┘ └───┘
```

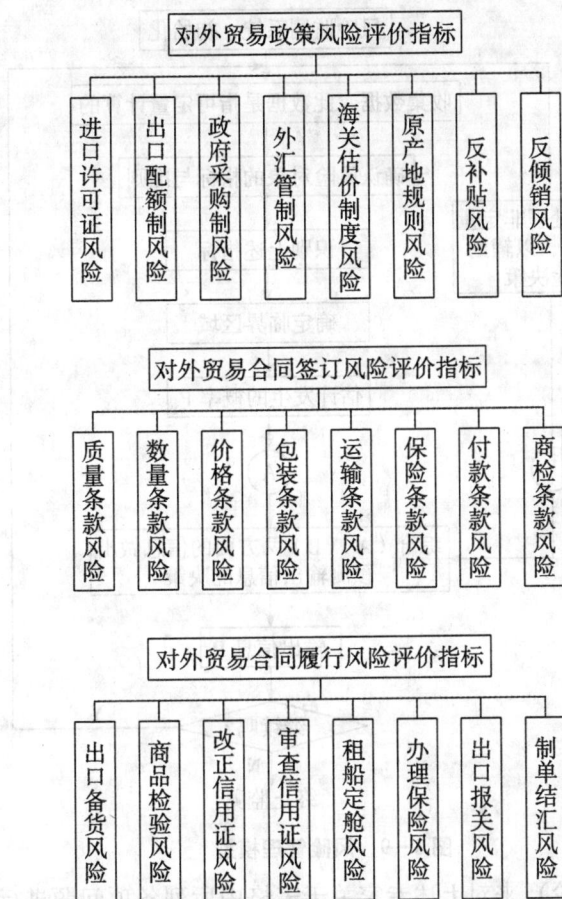

图 8—8　外贸企业风险指标

（一）处理定量因素的子模型

对定量预测指标进行测算。第一个方面：加权改进，一则可充分利用最新信息；二则可以减少随机性。第二个方面：加进一个干扰因子。

设 F 为干扰因子，它可以取任意值。

F>0，表示扶持性干扰；

F＝0，表示无外加干扰；

F<0，表示抑制性干扰。

进行上述两个改进的目的是：一方面提高对外贸易风险预测精度；另一方面可以通过加进干扰因子，反映决策人对风险预测的参与。

（二）处理定性因素的子模型

处理定性因素可采用多方综合调查法，它能对大量非技术性的、无法定量分析的因素做出概率估算，并将概率估算的结果告诉专家，充分发挥信息反馈和信息控制的作用，使分散的专家意见逐次收敛在协调一致的评价结果上。该种方法在对复杂系统进行预测的过程中对信息特别是非定量信息来说是一种不可多得的方法。

其基本思想是：针对与预测现象有关的问题，选择代表面尽量广、权威程度高、对问题很熟悉的适当人数的专家，然后设计一份能紧扣问题、简明扼要、填表方式简便的表

风险监测系统：初始化

收集数据，此数据是指可定量计算的

确认风险对象的指标与准则

分析、处理非定量
信息 P_2，以辅助
风险决策

识别上述指标

确定临界区域

估计发生的概率 P_1

(B)

(A)

综合（A）（B）两方面的信息做出
预测输出信息的决策

输出信息 P

继续吗？ — Y

N

终止监测

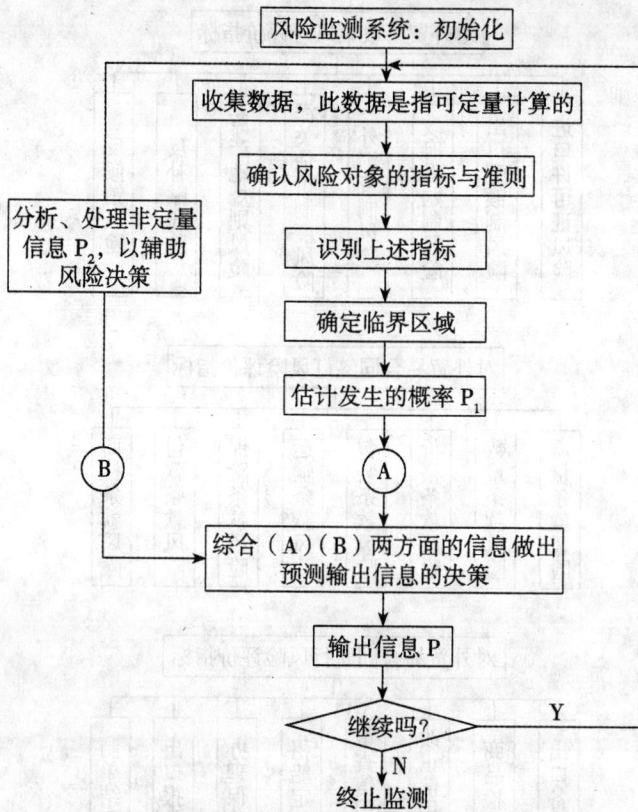

图8—9 风险管理模型

格。分几轮（一般 3～4 轮）来对上述专家关于表格中所列各项问题进行征询。用信息反馈的观点，对不同类型的咨询数据采取相应处理方法，每一轮都改进咨询表格，以达成一致的评审意见。

有了定量模型输出的概率信息（P_1）及非定量模型输出的概率信息（P_2）之后，根据具体情况综合考虑这两种概率信息，最终作出总风险信息的输出，以供决策者采用。

P：表示对外贸易总风险概率；

P_1：表示可定量的对外贸易风险因素概率；

P_2：表示可定性的对外贸易风险因素概率；

a：表示经验系数。

P_1 和 P_2 采取上面模型的输出数据。

对外贸易总风险的计算公式为：

$$P = aP_1 + (1-a)P_2 \quad (0 \leq a \leq 1)$$

三、外贸企业风险管理策略

（一）风险管理的一般策略

企业对风险的管理策略，主要有以下几种方法：

1. 风险预防

风险预防是指事先采取相应的措施避免风险的发生。防患于未然，是处理风险的一种主要方法。例如，在决策阶段，通过对客户的项目进行分析，及时发现和计量有可能出现的各类风险，并据此采取各种防范措施。虽然在许多情况下风险预防并不能完全消除风险损失，但可以减少发生损失的次数和规模，大大减少实际损失。

2. 风险自保

风险自保是指企业以自身的财力来负担未来可能产生的风险损失。可以每年从企业盈利中按照一定比例提取风险基金，作为风险准备金，用以处理那些无法一次性直接摊入经营成本的风险损失。提取风险基金，并没有减少企业的风险，而是增强了企业承担风险的能力。

3. 风险分散

风险分散分为企业外部分散和企业内部分散两种。企业外部分散是指企业通过同外部企业合作，将风险分散到外部去，从而减少其风险损失额。对于一些高风险大数额的项目，企业如果独自运作，一旦遭受损失，会直接影响企业生产经营活动的正常进行，可采用联营、合资、合作等典型方法分散风险。企业内部分散是指通过内部调整和平衡，企业将有些项目的经济损失分摊到另外一些项目上去，从整体上调整企业一定时期内的风险损失率。

4. 风险转移

风险转移是指以某种方式将风险损失转嫁给他方承担。企业往往会因各种不确定因素，特别是一些自然灾害的影响而遭受损失。为了避免损失，企业可以将这种风险转移给保险公司，对那些风险较大的项目向保险公司直接投保，当风险损失产生后就可以获得保险公司的补偿。

5. 风险对冲

利用期货和金融等市场及各种市场交易工具，实施一系列操作，对风险的发生进行对冲。

（1）套期保值。在大宗货物贸易中，企业可以通过对冲，即通过买入（卖出）与现货市场数量相当、交易方向相反的期货合约，以期在未来某一时间通过卖出（买入）期货合约补偿现货市场价格变动带来的实际价格风险。实际操作中，大宗货物贸易企业经常利用套期保值交易，对冲现货市场价格变动的风险，锁定生产成本。

（2）对冲汇率风险。一家企业出口热轧钢板给美国某企业，交货时美元兑人民币汇率是 7.10，3 个月远期信用证收款时，汇率变为 6.86 了，如果合同额为 100 万美元，那么收款后，折成人民币总额比 3 个月前少 240 000 元（（7.10–6.86）×1 000 000）。

这样的汇差损失也可发生在进口贸易中，我们可以利用在合同中订立相应条款等多种办法进行风险锁定。这样操作的同时，我们放弃了几个月后在汇率上盈利或亏损的可能性。

（二）外生性风险管理的具体策略

1. 政治风险管理策略

在实际的出口业务中，购买"出口信用保险"是行之有效的管理政治风险的方法。出口信用保险是国家为适应国际贸易惯例、灵活贸易做法而制定的一项由国家财政提供保险准备金的非营利性的政策性保险业务，其主要功能是推动出口贸易、减少出口企业风险。出口信用保险的承保范围涵盖了商业保险和政治保险。在国内，中国进出口银行、中国出口信用保险公司和中国人民保险公司均可提供出口信用保险服务，它们的任务就是为企业的进出口贸易保驾护航。例如，中国出口信用保险公司（简称中国信保）于2005年11月22日推出的"中小企业综合保险"是根据国家相关政策，专门为年出口额在200万美元以下的中小外贸企业特别是刚进入国际市场、业务规模较小的企业而设计的。与中国信保的传统产品相比，新投放市场的中小外贸企业综合保险有三大特点：取消了投保的限制门槛，年出口额在200万美元以下的各类中小外贸企业都可投保此产品；通过简化承保手续，不仅能够大大方便中小外贸企业，还可充分利用保险代理、企业协会等中介平台进行集合投保；具有一定的融资功能，可缓解中小外贸企业资金紧张状况等。一般来说，短期出口信用保险承保的政治风险包括：买方或开证行所在国家、地区禁止或限制买方或开证行向被保险人支付货款或信用证款项；禁止买方购买的货物进口或撤销已颁发给买方的进口许可证；发生战争、内战或者暴动，导致买方无法履行合同或开证行不能履行信用证项下的付款义务；买方支付货款须经过的第三国颁布延期付款令。这些承保的风险最高的赔偿比例为90%。对于中小外贸企业来说，完全可以依靠这些中介机构，通过购买出口信用保险，转移出口的政治风险，减少自己的损失。发达国家的出口信用保险承保金额占出口额的15%~30%，而据中国信用网统计显示，中国投保出口信用保险的企业仅占全国出口企业的3%左右，有些企业甚至不知道有这项业务。同时，对于中小外贸企业来说，还可以获得的好处在于：中国信保每年都发表国外风险报告，中小外贸企业可以从中得到风险发生高频率地区和产品等信息；中国信保可为企业提供国内外各类企业的资信调查与评估，为企业的客户关系管理和风险管理提供全面的信用信息支持；中小外贸企业可以通过中国信保购买海外买家资信调查报告和国内企业资信调查报告。

中小外贸企业由于信用度不高，在海外市场上很难与国际大公司对话。借助出口信用保险，能迅速提高其信用级别。特别是在当前出口形势下，要想胜算海外，借势于出口信用保险就显得特别重要。

2. 积极应对非关税壁垒

中小外贸企业在应对非关税壁垒时，单个的力量是微不足道的，需要"抱团取暖"的精神。同行业之间的企业要同舟共济，从自身入手，和同行业联系，共同去面对非关税壁垒。

第一是中小外贸企业自身要主动积极地学习国际贸易规则。WTO是以规则为基础的体制，中小外贸企业能否充分获益，很大程度上取决于它们对这些具体规则的了解程度，以及对于这些规则给予它们的权利和赋予的义务是否有足够的认识。另外，要及时掌握进口国市场的贸易信息，包括该国的贸易政策、贸易环境等。熟悉这些贸易规则，并根据自身情况制定相应的应对策略，在竞争中扬长避短、趋利避害。

第二是从自身入手，对产业进行升级，提高产品档次和技术含量。提高产品的技术含量和附加值，改变在产业链低端和低附加值产品段生存的状况；进行技术创新，拥有自己的核心技术；走品牌之路，提高产品的绝对优势。

第三是中小外贸企业间发挥行会作用，建立协作的关系。中小外贸企业之间要自律，避免恶意的价格战，自觉抵御不良贸易行为，通过行业协会建立良好的经营环境。

第四是中小外贸企业要建立自身的预警机制，并且善于运用各种预警机制。目前企业可以利用的预警机制就是海关总署的进出口检测预警系统。预警机制对于高风险的国家、高风险的产品都会有相应的提示，中小外贸企业要善于利用这些预警机制，制定相应的措施来回避贸易风险。

3. 金融风险的管理

对于金融风险的管理主要涉及三个方面，分别是汇率风险管理、应收账款管理以及融资风险管理。

（1）汇率风险管理

汇率风险管理首先是预测汇率的走向，但实际上对于中小外贸企业来说，这是有些难度的。因为中小外贸企业本身就存在缺少专业人才的问题。中小外贸企业出口贸易的从业人员基本素质不高，对于汇率的认知达不到大型企业的专业出口人员的素质。所以，中小外贸企业应该尽快提高自己的从业人员素质，通过培训、招聘等措施来提高员工的业务能力。通过各种专业的信息平台，及时获取信息，使得企业对于汇率的变化及时地做出有针对性的反应，能大致预测汇率的走向。

在实际业务中，中小外贸企业还可以采取以下三个有效的方法来控制汇率带来的风险。

● 计入成本法

此方法是在目前的出口行情下中小外贸企业经常运用的办法。所谓计入成本法就是中小外贸企业考虑到汇率的损失，大致预测汇率的波动范围。在向进口方进行产品报价时，就把汇率的损失加入到产品的价格上。这样做扩大了企业的利润空间，进而把汇率的损失进行了弥补。这种做法的缺点在于这样会增加产品的成本，在激烈竞争的市场下容易失去客户。

● 选择合适的计价交易货币

出口时应选择"硬货币"作为交易货币是中小外贸企业应该注意的一项交易策略。所谓"硬货币"就是汇率处于升值趋势下的货币，该货币能使企业收汇时获得额外的汇率收益。这种做法的缺点在于需要中小外贸企业能准确地把握汇率的走势，做出正确的货币选择抉择。

● 充分利用银行中介机构进行理财

在实际贸易中，我们更多地忽视了银行的作用，大家对于银行的理解仅仅局限于存贷款上，其实银行还能为企业特别是中小外贸企业提供很多的避险金融理财产品，通过提供避险、保值的金融产品和服务来为中小外贸企业满足规避汇率风险的需求。例如，渣打银行专门成立了中小外贸企业理财部，致力于为中小外贸企业提供量身定制的金融产品与服务。目前，银行能给中小外贸企业提供的理财包括：第一个是锁定汇率，即企业在产品出口后，立即与银行签订远期结售汇协议，可以利用银行提供的远期外汇、套期保值等金融工具进行避险。第二个是外汇投资。即企业可以通过银行的理财产品，投资于国外的政府债券、基金、外汇等金融理财产品，也可以利用外汇买卖、结构性存款、远期利率协议等金融工具，实现避险保值。第三个是国际融资产品。对于许多出口型中小外贸企业来说，选择银行国际融资产品中的押汇、出口票据融资、出口信用保险融资、福费廷等业务品种，也是避免汇率风险的很好选择。

（2）应收账款管理

对于应收账款管理，首先要完善制度，其次在实际出口中采取投保的方式来转移出口贸易的应收账款风险。

● 建立信用管理制度

既要赊销，又要规避账款风险，最好的办法就是建立全程信用管理制度。这样不但可以将生意做大，也可以将应收账款风险减小。对国内中小外贸企业来说，加强全程信用管理更为紧迫。

事前管理——对客户资信风险的预测。主要是将管理重点前移到销售业务发生前，针对客户的价值和风险进行统一的评估和预测，从而发现、筛选那些真正有潜力、信用好的客户。

事中管理——对赊销业务的风险控制。主要是针对订单运行中受个人决策影响较大的业务进行规范化、程序化管理，比如订单的审批程序、客户赊销条件和信用额度的确定和控制、合同履行（按时发货）监督，以及交易纠纷的快速处理程序等。

事后管理——对货款回收的全面监控。主要是以应收账款为核心实行的一套货款催收管理方案。经验表明，要使货款回收速度加快，必须改变传统的在收账问题上销售与财务职责设计不合理的现象，并实行一套有效的管理方法。

● 学会运用出口保险、国际保理等国际通行的信用风险防范手段

在应收账款的管理上，中小外贸企业要善于利用各种金融工具来防范应收账款风险，例如国际保理或者出口保险。我们仍然以出口保险为例，在如何规避政治风险的内容中，我们已经提到了投保出口信用保险。投保出口信用保险能帮助中小外贸企业规避资金风险。它主要承担出口企业在发货后收不到货款的责任，主要承保一般商业保险公司不愿意承保的商业信用风险。出口信用保险几乎能够承保商业信用支付方式下产生的一切收汇风险，涵盖范围大，费用相对比较低。

一般来说，国内的出口信用保险承保的商业保险包括：买方破产或无力偿付债务；买方拖欠货款；买方拒绝接受货物；开证行破产、停业或被接管；单证相符、单单相符时开证行拖欠或在远期信用项下拒绝承兑。由破产、无力偿付债务、拖欠等其他商业风险造成损失的最高赔偿比例为90%。

投保出口信用保险一方面可以帮助中小外贸企业开拓新市场，扩大业务量，另一方面可以为中小外贸企业提供风险防范和损失赔偿机制，帮助中小外贸企业稳健运行，提高风险管理水平。

（3）融资风险管理

中小外贸企业贸易融资难的问题一直是一个难题，因为中小外贸企业不像大型企业，可以采取福费廷、供应链融资等融资方式。本来市场上融资的渠道就不多，再受到中小外贸企业本身的局限，中小外贸企业可以融资的渠道愈发狭窄。一般来说，企业的融资渠道可以分为内源融资和外源融资。在这里，我们提出一些对于中小外贸企业来说行之有效的融资方式，缓解中小外贸企业融资难的问题。

①提高内源融资和外源融资能力

内源融资是在企业内部通过收益留存、折旧计提、闲置资金变现、应收账款转让、国家资金扶持（减免税以及补贴资金）等方式筹集资金。中小外贸企业要注重自我积累机制，增加企业的资本金，建立强制性的企业折旧制度和折旧基金使用制度，加大企业提取盈余公积金的比例。

外源融资是指在企业内部融资不能满足需要时，向企业外部筹集资金，吸收其他经济主体的资金，并使之转化为自己的投资。中小外贸企业要善于寻找各种资金渠道，包括民间借贷、小额信贷公司、信用担保机构、政策性银行等。比如浙江试行的小额贷款公司制度，允许自然人、企业法人与其他社会组织出资建立有限责任公司或股份有限公司，经营小额贷款业务。

②善于利用各种融资工具

中小外贸企业有很多的金融融资工具可以选择，只不过中小外贸企业缺乏对于这些金融工具的了解，再加上机构对于这些金融工具宣传的力度不够，造成很多中小外贸企业对于金融工具缺乏了解，更加谈不上运用。下面仅介绍两种融资工具。

● 国际保理融资

国际保理（International Factoring），又称国际付款保理或保付代理，是商业银行或其附属机构通过收购货物出口债权而向出口商提供坏账担保、应收账款管理、贸易融资等服务的综合性金融业务。保理业务手续简便，出口商以商业信用出售商品后，只需将代表应收账款的销售发票交给保理商，就能获得全部或大部分货款。保理业务有利于出口商尽快回笼资金，转移风险，还有利于出口竞争，是一种中小外贸企业可以采用的融资方式。国际保理业务目前在银行都有开展，对于中小外贸企业来说是不错的融资渠道。

国际保理业务解决了中小外贸企业出口贸易面临的几个问题：一是资金周转问题。办理国际保理业务之后，企业只需要把出货后的相关单据、发票等提交给银行，银行就会按出货金额的一定比例贷款给企业，这样企业又可以马上组织第二批货源。二是国外客户的资信问题。银行一般会为企业提供应收账款担保付款功能，也就是说即使国外客户破产倒闭，银行也会通过保理业务建立的特殊的国外保理商渠道，保证应收账款的及时到位。

● 出口信用保单融资

出口信用保险项下的融资业务，是指银行针对已投保中国出口信用保险公司短期出口信用险的企业提供融资授信额度，并在额度内办理押汇和人民币贷款等，它是满足出口企业资金需求、加速企业资金周转的有效途径。它是一种信用授信方式，出口商一般无需提供担保即可获得融资；可灵活选择融资币种，融资货币既可以是人民币，也可以是出口业务的结算货币，企业可选择适当货币，以避免汇率风险。

4. 市场风险管理

市场风险管理对于中小外贸企业来说是一项系统工程，也是一个复杂的过程。中小外贸企业的优势在于规模小，在作调整时，比大型企业能更快地适应变化。所以，在现在的国际市场环境下，中小外贸企业要充分发挥"船小好掉头"的优势，及时迅速地采取应对市场风险的措施。

（1）提升管理模式，控制生产成本

对于中小外贸企业来说，首先要从自身入手，开源节流，在控制成本上下工夫，从每个流程入手，制定新的生产标准，严格控制成本、降低损耗。中小外贸企业要充分挖掘内部潜力，加强采购、生产、销售、资金运用等各个环节的成本和费用管理，最大限度地降低企业生产经营成本，扩大产品的利润空间，以适应国际化竞争的需要。

同时，还应加强与国外客户的联系，直接自营出口，减少中间环节。国内相当一部分中小外贸企业的产品是通过外贸公司代理出口的，进入国际市场的中间环节较多，企业出口成本较高。如果企业能够加强与国外客户的联系或在国外设立销售公司，减少中间环节，降低交易成本，提高经营效益，将有效缓解出口利润狭窄的局面。

（2）利用电子商务平台，拓宽市场渠道

以"变"应对"万变"，市场在变化，企业的经营策略也要发生变化。根据经济形势和市场的变化，不断调整自己，寻找开拓新的市场。在目标市场的选择上，要牢记"不能把鸡蛋放在一个篮子里"的原则，除了欧美和日本市场之外，还要积极拓展拉美等市场，降低对于单一市场的依赖度。从金融危机后的形势看，中国对美国出口金额增速下降最为明显，对欧盟和日本次之，而对拉美和非洲等发展中国家和地区的出口金额则影响不大。我们应有意识地开拓新兴市场，通过新兴市场的增长来弥补发达市场的下降，借助市场多元化减小金融危机的影响。

在开拓市场的方式上，中小外贸企业可以以浙江中小外贸企业为参考，以电子商务为拓展业务主要渠道进行业务扩张。电子商务对我国的中小外贸企业来说具有巨大的适用性，因为它可以节省企业开展国际贸易所需经费、降低成本，从而弥补中小外贸企业规模小、资金短缺的不足，还使中小外贸企业获得了与大企业平等竞争的机会。据国内权威的第三方咨询机构艾瑞在2009年2月17日公布的调查数据显示，凭借降低交易成本、提高交易效率、缩短汇款时间、扩大销售范围等特点能有效地提升网商（个人及中小外贸企业）竞争力，使用电子商务的线上中小外贸企业在2008年全球经济危机下的存活率要高出传统线下企业5倍。在开拓市场的策略上，中小外贸企业也可以采取"走出去"的战略扩大市场，也就是中小外贸企业可以直接在海外设立自己的专卖店、直接投资海外的项目等。当前外贸形势严峻，但也是走出去开拓国际市场的一个机遇。

（3）差异化求生存，创新求长远发展

产品的差异性是指从实物形态上看，产品的品质、性能、造型、设计、规格、商标及包装等方面的差异。中小外贸企业长期低价竞争的一个原因是产品同质化。这种低价竞争不是和外部市场的竞争，而是同行业、同产业集群的恶性竞争。由于企业众多，因为不可能为了彼此的共同利益而达成价格同盟，因此只能通过加大研发的力度，加快产品创新，做自己的特色产品、有竞争优势的产品。同时，生产差异性产品还可以降低成本，增强单个企业的国际竞争力。各个企业彼此生产不同的产品，可以形成规模经济，降低成本，在价格不变的情况下，增加了单个企业的利润，也是从另一个角度减少了低价竞争。中小外贸企业应该充分发挥灵活的特性和运用"缝隙"原则，不以利小而不为，小产品也可以成为"拳头"产品。通过市场细化找到自己的优势产品，实施差异化战略。

另外，中小外贸企业要充分重视创新的作用，因为创新是企业发展的源泉。限制中小外贸企业出口发展的一个主要问题就是产品的同质化和低附加值，所以中小外贸企业要想在出口的大军里突显自己的特色，就必须进行创新，加大创新的资金投入，对企业生产技术进行创新，对产品进行创新。通过技术创新提高产品的技术含量和产品的差异化，进而增加产品的附加值，拓展了企业的利润空间。

（4）产业升级，走品牌之路

中小外贸企业多为劳动密集型企业，生产的也多为中低档产品。我国有丰富的劳动力资源，劳动力成本相对比较低，加之产业集群优势，所以在国际市场主要以低价营销为竞争优势，物美价廉，但是利润也相当微薄。中小外贸企业要想获得长远的发展，就必须进行产业升级，提升品牌，增加产品的附加值。中小外贸企业必须因"企"制宜地制定品牌策略，做好品牌定位、品牌命名、品牌传播和品牌微调工作，并适时对员工进行必要的品牌培训，以更加有效地执行品牌策略，走品牌之路。

（三）内生风险管理的具体策略

对于大型企业来说，设立专门的风险管理部门，聘用有经验的风险管理人才进行风险管理是常规做法。但是，对于中小外贸企业而言，在企业内部风险管理上是很明显的信息弱势群体，巨额的风险管理成本也是中小外贸企业不能承受的，所以中小外贸企业的内部风险管理只有靠自身风险意识的提高，依靠行之有效的风险识别、风险控制措施来规避风险的发生。

1. 提高风险防范的意识

中小外贸企业由于自身信息渠道的不完善，在出口贸易中首先要提高风险防范的意识。对于高风险发生的国家（地区）、产品、航线等，要在签订合同前就提高警惕。不能仓促出货，忽视风险的存在。业务操作过程中的风险存在于业务的各个环节，从合同磋商签订，到备货、装运、结汇都可能发生，这就要求外贸经营人员必须树立高度的风险意识，掌握必要的国际贸易知识，做到签订合同时约定明确，执行合同时操作规范，不存侥幸心理。中小外贸企业对于内部员工要加强培训，严格管理，减少人为的操作失误，这是减少内生风险的重要措施。

2. 引进人才，提高企业素质

中小外贸企业人才的缺乏极大地限制了中小外贸企业的出口贸易发展，从业人员素质不高也带来很大的人为因素风险。中小外贸企业自身应该首先从引进人才入手，提高整体从业人员的素质。实施人才发展战略，还要加强人才管理，防止现有人才流失。企业要做到对已有员工，按照能力和业绩合理定位，做到人尽其才，才尽其用。同时，还要设计合理的外贸人才业务提成制度，使外贸人才与中小外贸企业联成一体，增加其跳槽的机会成本。对于中小外贸企业来说，留住人才就等于增加了自己的血液和活力，在发展过程中一定要制定相应的人才策略，并使之不断完善。

在培训上要对企业从业人员进行专业的培训。目前从整体上看，无论是高层管理人员，还是中层专业管理人员，以及岗位操作人员，接受一定的专业培训的人员都不多。所以，要加大从业人员的专业培训。培训内容上可以包括国际贸易实务操作、外贸政策法规、国际商务语言、国际市场营销等。

在管理上要克服家族管理的毛病，规范化管理企业。任何一个企业的发展，都需要构造一个完善的管理体系，而基础管理工作是这个管理体系的基石。针对目前中小型企业基础管理普遍薄弱的特点，应理顺企业在采购、生产、销售等过程中物品、信息的传递流程，建立、完善各项管理制度，落实企业岗位责任制，改进企业基本运行规范，做好企业管理标准化、计量化等基础工作，要依靠制度进行管理，而不是依靠单纯的个人力量，这样才能从根本上提升企业的现代管理意识与能力，为企业管理体系打下坚实基础，促进企业持续健康发展。

3. 规范内部业务流程

从内部业务流程上来说，中小外贸企业要规范每个业务细节，防止风险的发生。

（1）做好商业资信调查

在国际贸易中，当事人在订立合同前，未能充分利用可得的情报对贸易对方进行详尽的调查，被认为是导致风险发生的根本原因。因此，在出口贸易中，中小外贸企业要充分利用可以利用的资源，对于贸易方资信进行考察，以便确定其履约的能力和信誉度，事先控制风险的发生。中小外贸企业可以利用银行、行业协会、出口信用保险公司、驻外机构等媒介获取客户的资信信息，对客户的详细经营状况进行了解。调查客户情况应包括政治背景、资金状况、经营范围、经营能力和信用状况等。

调查的途径一般为：通过中国境内的银行进行调查，由此可以了解到被调查对象的资力与借贷信誉等属于银行内部的资料；委托国内外的专业咨询和资信调查机构进行调查，如中国出口信用保险公司和进出口银行等机构；通过我国驻外使馆的商务机构进行调查。

（2）强化合同的规范化管理

贸易双方的责任一定要在合同中明确规定，合同用语要严谨、准确、前后一致。在贸易方式上，我国中小外贸企业出口应尽量采用 CIF 付款方式。不得已要采用 FOB 条件成交时，对于买方派船到港装货的时间应在合同中做出明确规定，以免卖方货已备好，船迟迟不到，贻误装运期的事情发生。对于 FOB 条件下，买方指定境外货代的情况应慎重考虑是否接受，以避免买方与货运代理勾结，要求船方无单放货，造成卖方钱货两空的情况发生。合同一经签订，要妥善保存合同原件，保留与对方往来的信函、文件等，以备后用。

（3）选择资信良好的船务公司

很多贸易欺诈风险都是和船务公司有一定的关联，所以避免海上运输风险发生的一个重要因素就是选择资信良好的船务公司。在选择船务公司时，中小外贸企业切忌贪图便宜，随意选择资信度不高的公司。

（4）积极做好投保工作

关于投保的重要性，我们已经在前文中提过。作为转移风险的一个主要措施，在中小外贸企业内生风险的控制中也起着重要的作用。

中小外贸企业防范出口贸易风险是一项复杂的系统工程，除了中小外贸企业本身外，还需要其他方面的支持。通过上述详细分析，可以把风险的规避总结为：政府提供政策支持环境，金融机构提供支持，企业本身加强风险管理，行业协会发挥作用，以及信用保险公司转移风险。

思考题

1. 以一家你熟悉的外贸企业为例，了解其在经营过程中曾经遇到过哪些风险，企业是通过什么方法解决的，对你有哪些启示？

2. 以我国加工贸易企业为例，请你分析在经济危机后面临什么样的风险，应如何规避？

3. 自测题：你能承担多大的风险（见表8—3）？

表 8—3　　　　　　　　　　　　风险承担能力自测题

1. 列车以每小时 100 公里的速度奔驰，你敢站在车门口的踏板上吗？

（1）敢　　　　　　（2）不敢　　　　　　（3）说不准

2. 早春时节，河里的水还十分冰冷彻骨，你敢下水泅渡吗？

（1）敢　　　　　　（2）不敢　　　　　　（3）看情况而定

3. 从未受过训练，你敢驾驶帆船在海面上航行一段路吗？

（1）敢　　　　　　（2）不敢　　　　　　（3）说不准

4. 你知道船超载会倾覆，现在你急着过江，你敢跳上那艘已经超载的渡船吗？

（1）敢　　　　　　（2）不敢　　　　　　（3）不确定

5. 你去看望一位在生物制剂室工作的校友，他说工作台上的那条毒蛇的毒液分泌腺已经摘除，你敢用手去捉它吗？

（1）敢　　　　　　（2）不敢　　　　　　（3）难说

6. 跳伞教练帮你背好降落伞，告诉你，当自由降落到离地 400 米的高度，伞必会自动张开，绝对安全。你没有跳伞经历，你敢从飞行高度为 200 米的高度跳下吗？

（1）绝无此胆量　　（2）不能确定　　　　（3）可以一试

7. 一名歹徒朝你扔来一枚拉了弦的手榴弹，丝丝直冒烟，10 秒钟内会爆炸。你若动作快，6 秒钟内可投回歹徒身边。你敢拾起来抛出去吗？

（1）敢　　　　　　（2）不敢　　　　　　（3）说不好

8. 不远处火车呼啸着高速开过来。你如以最快的速度行动，能在火车到达前 10 秒快速穿过铁道到达安全地带，你敢试一下吗？

（1）敢　　　　　　（2）不敢　　　　　　（3）不确定

9. 在有经验的技术人员的带领下，你敢上工厂高大的烟囱顶部一游吗？

（1）敢　　　　　　（2）不敢　　　　　　（3）没问题

10. 如果身系保险索，你敢不敢爬上 10 米高的软梯？

（1）敢　　　　　　（2）不敢　　　　　　（3）不确定

11. 一个歹徒手持匕首，在悬崖的顶部向你逼来，格斗的结果胜负难料，也可能与他一起从悬崖上摔下去同归于尽，你敢与他一搏吗？

（1）敢　　　　　　（2）不敢　　　　　　（3）拿不准

12. 站在 10 层大厦的顶上，面对下面张开的消防救护帆布大蓬，你敢跳下去吗？

（1）敢　　　　　　（2）不敢　　　　　　（3）不确定

13. 电梯限载 6 人，你敢不敢与另外 7 个人共搭一部电梯？

（1）敢　　　　　　（2）不敢　　　　　　（3）不确定

案例分析题

中海油的巨亏事件

2004 年 12 月 1 日，一直备受关注的中航油董事会披露，由于在投机性石油衍生产品贸易（石油期货）中蒙受重大损失，截止到 2004 年 11 月 29 日，该公司预期累计损失达 5.5 亿美元。这一亏损额已相当于中航油新加坡上市公司的市值，公司不得不寻求法院破产保护。对于中航油事件，外电评论此事堪比"巴林银行丑闻"，其所带来的负面影响在今后相当长的一段时间内仍会"余波未了"。

我们所说的金融风险是指金融机构或公司在从事金融运作中，因某些因素发生意外的变动而蒙受经济损失的可能性，它属于经济风险、纯粹或投机风险、可管理风险。金融风险主要包括以下几种类型：信用风险、市场风险、流动性风险、操作风险、法律风险、国家风险和系统风险。中航油事件主要涉及市场风险和操作风险：（1）市场风险主要指有关主体在金融市场上从事金融工具交易时，因金融工具的市场价格发生变动，而蒙受经济损失的可能性。拿中航油公司本身来说，主要是在石油期货中错误估计形势——做石油期货空头，2004年7月份左右，国际原油价格在每桶40美元的时候，中航油错误判断原油市场，大量抛空原油期货，但在投资期内石油期货价格持续上涨，到10月26日国际原油价格迅速攀升到每桶56美元，使公司蒙受巨额损失。（2）操作风险主要指有关主体在营运过程中，因交易系统不完善或失灵，模型选择失当，管理失误，控制缺乏，欺诈或其他人为错误，而导致经济损失的可能性。据报道，中航油违规操作主要有三个方面：①做了国家明令禁止的事。根据《国有企业境外套期保值业务管理办法》，对于国内目前具有从事境外期货交易资格的上市公司来说，只能做套期保值，不允许做投机交易，但中航油公司似乎对此视若惘然。②场外交易。③超过了现货交易总量。到2004年10月，中航油持有的期货交易总量已达到5 200万桶，超过了公司每年实际进口量3倍以上。除了上述原因外，中航油集团的内部监控机制形同虚设，陈久霖违规操作多时，但总公司却无人知晓，最终导致公司5.5亿美元巨额损失惨剧的发生。

评析：

中航油事件暴露了我们的不足，痛定思痛，当务之急是应从以下几个方面入手，加强防范，才能避免类似惨剧的发生：（1）树立风险意识，加强金融风险的教育。改革开放30余年来，尽管市场化程度越来越高，但由于国家对各种金融风险大包大揽，总体上国内市场处于低风险运营状态。如此环境下成长的中国企业对何谓金融风险，其危害有多大及如何防范知之甚少，一旦走出国门，即使有规可循，也聘请了投资顾问，但深层的风险意识淡薄问题并未解决，加之国际金融市场本身危机四伏，倘若企业内控制度稍有疏忽，中航油事件就在所难免。因此，加强对金融风险的教育迫在眉睫。（2）必须建立机构高层人员的约束机制。众所周知，巴林银行的倒闭就是因为制度上出了漏洞，而中航油事件与巴林银行事件有着惊人的相似，就是高层个人失误导致机构巨额损失。中航油规定亏损500万美元以上就必须上报，但实际情况是亏损达到了5.5亿美元。为此，中国企业必须在投资决策、产权交易、资本运营、亏损限额控制方面加强制度建设，并在实际操作过程中加大监管力度，确保制度的有效运行。（3）尽快完善责任追究制度。应当规定，跨国经营的企业，一旦因经营管理原因出现严重亏损的，就要像对出现矿难的煤矿领导一样，对直接责任人和企业负责人严加处罚。当然，要赏罚分明，避免挫伤企业负责人的积极性。（4）加快完善和出台相关金融法律法规。金融经济活动应在严格明确的法律法规制度界定下进行。为此，应针对我国已经开始运行的证券、期货、信托业加快相关法规的立法进度，对已有的法律法规，应与时俱进，不断完善，在健全监管体制的同时，强化执法力度，维护金融秩序。

启示：

从中航油事件中，我们不难总结出一个简单而深刻的教训：中国企业特别是一些国有大中型企业必须在严酷的市场竞争条件下树立金融风险意识，并建立有效的风险防范机制。

要说巴林银行的倒闭给全世界的投资者和监管者上了一课，那么中航油事件再次给我们敲响了警钟。

问题：

（1）海外经营企业面临的主要风险包括哪些？

（2）我国企业金融风险的防范机制有哪些？

第九章 外贸创业企业内部管理

学习目的

1. 了解外贸创业企业内部管理的重要性及外贸企业内部管理常见问题；
2. 掌握外贸创业企业不同成长阶段的特征及主要任务；
3. 了解外贸创业企业的营销战略和人力资源管理战略。

开篇案例

高速成长下的创业失败

杨在创业之前在一家大型国企中层管理的位置，有许多实际的经验和管理的体会。杨自认已经找到了管理的真谛，觉得已经到了自己创业的时候，就放弃了国企中层的职位，创立了自己的公司。

公司规模不大，刚开始经营电脑配件，是一个典型的店铺加跑市场模式。创业之初几个人从柜台开始，抓到什么就卖什么，客户需要什么就进什么。经过一段时间打拼，在小的产品销售上积累了一笔资金。

有了一定的积累，野心也跟着来了，为追求成长速度，杨他们不再甘于满足现状，他们需要更大的市场份额。为实现目标，通过分析，他们认为，最大机会是设法成为一个大品牌机的代理商；同时也认为，计算机网络产品的需求将是一个很大的空间，为此决定将业务重点转移到网络产品上来，要成为品牌网络产品的经销商，还对以后可能遇到的风险做了分析。恰好当时有两个品牌公司网络产品进行合并，而这两个品牌是中低端产品中最大的品牌，这个合并打乱了原来这两个品牌的销售渠道体系，市场形成混乱局面，为杨提供了切入的好机会。因此，杨决定代理该网络产品。

为了面对新的形势，杨用以前国企的管理经验对公司进行了整改。按照准事业部的形式建立了四个独立核算的部门，它们之间可以用长期赚取高额利润的关联业务来配合短期赚小钱的业务。在产品分销的部门"后面"还设置了网络培训部，以及系统集成部和当时很热的互联网业务部。为了降低风险，杨确定了长短线搭配的业务方向。

在确定组织架构后，杨开始招兵买马。由于是代理商，公司业务以销售为主。开始时，销售任务的完成非常困难，难以达到厂家定的销量。更由于成本控制经验不足，公司的产品总是比别人的要贵，由于销量不足，厂家对他们的支持也因此明显不足。缺少了厂家的支持，销量也就更上不去，由此形成了一个恶性循环。

为了能够完成销售任务，摆脱这种局面，杨决定进行价格跟进，有时甚至低于成本价进行销售和对下线赊账。3个月以后销量是上去了，可利润率远低于行业的平均水平。杨被公司表面的繁荣和快速增长的销量所迷惑了，不去深究投资决策的问题，虽然心中知道公司潜在的风险和软肋，公司盈利能力和资金控制能力急需改善，但改变这些需要承担很大的风险，在主观上急功冒进的杨已经不愿正视这个事实。

为了得到更好的销售成长率，不断地通过制定低于成本的售价、放松赊账控制、增加员工数量来促使销售量进一步增长。多的时候一次招进来了二十多名员工，也没有对他们进行必要分工和培训。由于新员工的比例太大，对公司的文化、制度和监管等各个方面都构成了很大的挑战。另外，由于新员工的数量很大，直接进行管理已变得很困难，因此杨提拔一部分的老员工作为中层管理者，以便对日益庞大的员工队伍进行管理。这些中层管理者虽然有很多实际的销售经验，但几乎没有任何管理经验。中层管理能力的薄弱使人员管理这个重要方面逐渐失去了控制。同时新老员工存在着明显的隔阂，加上没有很强的中层管理支持，企业中逐渐形成了一个个的小团体。杨作为企业的最高层，却不了解员工的想法，渐渐地疏于管理。

慢慢地，公司的根本问题不但没有得到改善，反而更加难以解决。本来公司还有些能够赚取很高利润的业务方向，但由于它们的成长速度明显不如做产品分销。在产品分销压力越来越大的情况下，杨对具有高利润的业务不再关注，这些业务也渐渐地萎缩了，这使得整个公司的发展缺少足够的利润支持，杨和他的管理层渐渐失去了对公司整体的思考和把握。一年后，公司因为销量的高速增长，获得了产品厂商颁发的成长大奖，但那一刻也成为一个转折点，公司经营由此加速失控。此后仅仅3个月的时间，由于过分追求销售成长率，公司因为付不起货款而倒闭，杨创业失败了。

资料来源　佚名：《创业失败案例·浅析》，载《中国就业》，2010（10）。

英国学者大卫·斯托里（David Storey）通过大量的研究发现，在庞大的中小企业群体中，只有5%表现出快速成长的业绩[1]。也就是说，中小企业在各国经济发展进程中地位不断提升的同时，许多的中小企业纷纷倒闭。在中国的3 980多万中小企业中，68%的企业可能在5年之内倒闭，19%的中小企业存活期只有6~10年，而能活过10年的只有13%[2]。据美国《财富》杂志报导，美国大约62%的企业寿命不超过5年，只有2%的企业寿命达到50年，中小企业寿命不到7年。我国连续5年的全国私营企业抽样调查显示，1993年以前我国私营企业平均寿命周期只有4年，到2000年我国私营企业的平均寿命也只有7.02年。

在很多新创企业发展过程中，其管理模式可以说是粗放式的，既缺乏科学性，更没有前瞻性，甚至可以是朝令夕改，老板是皇帝，他就是全能的管理之王。但是我们要知道："很多企业的成功不一定是因为管理而成功，但一定是因为管理而失败！"

因此，要实现外贸创业企业的顺利成长，创业者必须根据外贸企业的特点，提升自己企业内部管理的能力。

第一节　外贸企业内部管理常见问题

据调查，我国中小外贸企业内部管理常见问题主要包括企业外贸人才缺乏、客户信用管理普遍缺失、合同签订与管理不健全等问题，具体如下：

一、企业外贸人才缺乏

有资料显示，36%的企业缺少外贸业务员，35%的企业缺少国际市场营销人员，35%

---

[1]　Storey D. J. , Understanding the Small Business Sector , Routledge, 1994.
[2]　李政权：《中小企业二次创业：继往开来的泥泞路》，www, globbrand. com, 2004-09-15。

的企业缺少外贸管理人员，4%的企业缺少制单人员，20%的企业缺少专业技术人员，25%的企业缺少外贸英语人员。随着我国外贸的高速发展和外贸经营权的放开，各类外贸人才缺乏已成为企业发展的瓶颈。如何解决外贸实用人才的缺乏问题，最有效的办法是企业制订对员工的培训计划，把培训费用列入开支预算，结合本单位人员情况和经营情况制定培训项目，培训是解决人才缺乏问题的最好途径，成本低，见效快，且实用。

二、客户资源缺乏有效管理

调查显示，有55%的企业曾发生业务员流动时把本公司客户带走的情况。客户资源业务员私有化，人走时把客户带走，已成为公司管理的难题。业务员为什么会带走客户呢？原因是多方面的。第一是大环境，相当多的企业在招聘外贸业务员时，最重要的一条是要求应聘人员有客户渠道。可想而知，如果这个人有客户渠道，他肯定是在某公司工作，他能把客户带来给你，原工作单位就失去了客户，某一天他要离开你公司或合同到期时，他又会把在你公司开发的客户带走。第二是小环境，许多公司对客户资源的管理缺乏有效手段，导致业务员很容易把客户带走。第三是职业道德和个人诚信问题，在外贸业务员中，有不少人的诚信和职业道德有待提高。

在目前情况下，作为一家外贸企业，既不能改变大环境，又难于改变和提高少数人的职业道德和个人诚信，唯一能做的就是要加强企业内部管理，建立一整套的客户资源管理制度和方法，使要想把客户带走的人员无机可乘。

三、客户信用管理普遍缺失

这一问题主要体现在两个方面：

一是客户资信调查有待改进。一笔合同是否能顺利执行，或者不上当受骗，客户资信是最重要的关键因素之一。一个资信良好的客户会认真履行合同，资信不良的客户不但可能不会履行合同，还可能进行诈骗活动。

二是企业没有设置信用管理部门。有资料显示，94%的企业没有设置信用管理部门或专人管理，不仅大批中小企业没有专人管理，相当多的大型外贸企业也没有设置信用管理部门。这是我国外贸企业坏账率高的一个重要原因。而在欧美发达国家，中型以上企业多数都设有信用管理部门，许多小型外贸企业也有专人管理或委托咨询公司管理。在信用管理方面，我国有不少企业吃尽了苦头。如我国某公司与美国客户做了几年赊销贸易，每一笔金额不高，一般为2万~3万美元，美国这家客户在几年里很讲信誉，按时付款。几年后该客户下了一个30多万美元的订单，我国某公司考虑到该客户几年来信誉不错，经过商量就同意了这笔合同，仍沿用以前的付款方式，货物发出后，客户没有按约定付款，后来就联系不上这家客户了，损失惨重。是什么原因造成的呢？为什么给这家客户这么高的授信额度？这就是缺乏信用管理造成的后果。

四、合同签订与管理不健全

合同的签订与管理是控制企业风险的源头。经营好的企业都会有一套有效的合同管理方法和合同授权签字规则。合同到底由谁签字才是最佳方式呢？每一个公司大小不同，都有不同的管理模式。但总的来讲，合同的签字既不应放给业务员，也不应总经理全揽签字权。全权放给业务员签字，容易出问题，这并不是不信任业务员，而是业务员的出发点不一样，业务员就想多签合同，多成交。一是可多拿提成，二是即使不拿提成，也有成就感，基于这两种原因，业务员往往会更注重成交量，从而把经营风险放到第二位。由总经理一人签字也不可取，因为这样会打击业务员和部门经理的积极性，并且业务员在风险控制上会更放松，因为总经理签字，由总经理把关，责任当然由总经理承担，对发挥业务员的积极性不利。

合同最佳签字应由业务员、部门经理、总经理三级共同签字（当然在合同表面上仅出现一人签字），这样既调动大家的积极性，又使大家都有责任控制风险。当然有条件的企业应有专门或专人进行合同评估，这是最有效的。增加这些环节，并不会降低工作效率，只要企业有一套高效运作管理程序，就不会影响效率。合同的进程管理要有专人负责。外贸合同档案管理要健全，不能一笔合同执行完就扔掉了，要保存一段时间。

五、不重视制单结汇影响及时收汇

出口结算采用信用证方式应该是最安全的一种结算方式。但事实上，我国许多外贸企业虽然采用信用证结算方式，收汇仍不安全，有的甚至受骗。分析其原因有以下几种：一是对信用证没有真正理解，误认为信用证一到就没有风险了。特别是新加入外贸行业的企业或缺少对信用证真正了解人员的企业，这种认识是普遍的。二是对信用证条款理解不够或不能接受的条款也接受。三是制单结汇水平差，据有关银行统计，单证相符、正点交单的仅占信用证业务的27%左右。也就是说，73%的信用证失去了银行信用的保证作用。根据这些统计数字分析，在我国的出口业务中，等于仅有13%的业务真正采用了信用证结算。

六、应收和应付账款管理混乱

应收和应付账款的管理水平将直接导致企业资金周转率和坏账率高低。要想提高控制企业的经营风险能力，企业应加强应收和应付账款的管理。应收和应付账款的管理，除有条件的大中型企业设专门部门管理外，对其他企业，实践证明，最有效的方法是由业务员、业务部和财务部三级共同管理。最容易出问题的管理方法是由业务员负责或财务部门负责。从调查问卷中明显看出，应收和应付账款管理科学有效的企业，坏账率低，企业控制经营风险的能力就强。因此，外贸企业无论大小，都应建立一套可操作的、行之有效的应收和应付账款管理系统，以便降低企业的坏账率和经营风险，提高企业的竞争能力。

七、进口损失率远大于出口损失率

长期以来，我们更多地关注出口收汇的损失，从案例教学到研讨会，所举例子多数是出口问题，对进口研究相对来说较少。但事实上，我国的外贸企业进口损失远大于出口损失，进口平均损失率达到6.5%~7.5%。其原因为：7%的企业进口损失由市场行情变化造成；11.6%的企业由进口产品数量和质量造成；9.1%的企业遭外商欺诈；2.3%的企业由业务员问题造成；25%的企业由其他原因造成。受损企业占到了55%。

进口风险因素是多方面的，根据进口产品种类不同风险也不同，如原材料等大宗产品，市场行情变化就是一个重要因素。市场行情受国际市场和国内市场两个行情影响，还有汇率变化、市场垄断等因素。除此之外，还有供货商资信问题、合同条款签订问题、产品质量和数量问题、客户欺诈问题等。进口企业要想避免这些问题，除了要有一批素质较高的外贸人才队伍之外，公司还要有一套可操作的管理系统。同时，要借助研究机构和专业化的咨询公司、国内外商会等协助，才能更好地控制风险。

八、贸易纠纷解决方式需改进

外贸企业发生纠纷采用何种解决方式是至关重要的，方式不同，将直接影响到结果。根据调查问卷分析，有62%的企业发生纠纷时将采用协商解决，有%的16企业将采用诉讼，有9%的企业将采用仲裁，有7%的企业将采用调解，有6%的企业将采用其他方式解决。发生纠纷采取的解决方式不同不但将直接影响到结果，还会导致成本费用不同。在国际贸易纠纷解决中，诉讼方式成本高，时间也长。许多企业考虑到诉讼成本和繁杂的手续，常常最终放弃诉讼，导致坏账发生。但是只有16%的企业采取仲裁或调解。仲裁或调解是解决国际贸易纠纷常用的方式，其成本低，程序简单，时间短。通过仲裁或调解是解决贸易纠纷的最佳手段，也是降低经营风险、减少坏账率的有效手段。

九、外贸知识更新两极分化

外贸人员知识结构构成不同，也影响着企业经营风险管理。有32%的企业，外贸专业大专以上学历的占到50%以上，有31%的企业，对员工进行过专业培训。从问卷中明显看出，凡是企业人员中外贸专业人员占到50%以上，并经常进行专业培训的，进出口经营额就高，坏账损失率就低。越是外贸人员占得多的，对员工进行专业培训的就越多，这说明，越是懂外贸的人越重视知识更新。许多企业通过对员工进行专业知识的培训，为企业带来了效益和减少了损失。而有些企业，不但外贸专业的人员比例少，也从来没有对员工进行过专业培训。这些企业又如何能做好外贸呢？外贸业务员的综合素质对企业的发展起着重要作用。一个好的外贸业务员，应掌握国际贸易惯例、实务操作、国际纠纷处理、谈判技巧、WTO规则、文化与习俗等知识。做国际贸易不同于做国内贸易，它涉及多方面的知识，企业应经常对员工进行专业知识培训，提高他们的业务能力，才能使企业有较强的竞争力。

十、奖励模式欠科学

调查结果显示，75%的企业对业务员的奖励采用"月薪+提成"的模式，采用此方法的目的是鼓励员工多做业务，谁的业务金额高，谁就多拿奖励，如果业务员没有业务，就只能拿基本工资。提成计算方法基本分两种情况：一种是按进出口额提成，一般为0.5%~3%不等；另一种是按税后利润提成，一般为5%~30%不等。

目前大部分企业采用的是第一种提成方式，这种管理模式下业务员与管理者的想法是一致的，就是多做业务。然而，正是因为这种管理方式，给公司经营埋下了潜在的风险，甚至可能给企业造成巨大风险。因为业务员为了多拿提成，就会想尽一切办法多成交。为了多成交，宁愿冒一切风险，而不会太多考虑这笔生意是否存在风险，甚至有的业务员为了一笔合同能获得管理者的批准，常常会对管理者讲该笔业务没有风险或风险不大，目的只有一个，就是多成交，多拿奖励。风险控制完全落在了管理者身上，一旦管理者失误，就使一笔生意出现风险。国内企业大量案例也证明了这一点。

采用第二种提成模式，业务员会出现两种做法：一种是拥有大批客户的业务员，这类业务员会想尽一切办法，既要开拓业务，增加成交量，又要提高利润，控制每一笔风险发生，以便年终结算时有较高的利润，多提成。另一种是业务量少的业务员，为了多拿奖励，会想尽一切办法多成交，多做利润大的合同，而不管是否存在风险。往往利润大的合同风险也大，甚至有欺诈存在，有的企业为什么会造成巨额亏损，甚至一笔合同或一个业务员的业务就能使企业破产，这与奖励制度是有关系的。建议企业要认真研究奖励制度，简单的提成方法是不科学的。

第二节　外贸创业企业生命周期与环境分析

在讨论新创外贸企业的内部管理时，我们有必要了解企业生命周期中不同阶段所表现出来的不同特征，这样才能有针对性地进行管理。蒂蒙斯认为，在一个企业成长的各个阶段，总会经历危机或者障碍，他将企业成长划分为创建前阶段、创建和生存期、成长初期、成熟期、收获期/稳定发展阶段，每个阶段面临不同的任务。

一、外贸创业企业生命周期及任务

（一）创建前阶段（创建前的 3 年）

1. 创业者

（1）关注焦点：企业创始人是否是一个致力于公司建设的真正的创业者，还是仅仅是个发明家、技术爱好者或者其他？

（2）销售：创业团队是否具备企业经营所必需的销售和签约技能，是否具有外贸所需相关技能，是否按时完成计划？

（3）管理：创业团队是否具备必要的管理技能和相关经验，是否有一两个领域负担过重？

（4）所有权：是否就所有权和权益分配达成了关键性决议，创业团队成员是否完全赞同？

2. 商机

（1）关注焦点：企业的经营真正受用户、客户和市场驱动，还是受创造欲所激发的发明驱动？

（2）客户：是否根据具体的姓名、住址和电话号码进行了客户确认，是否对购买水平进行了评估，业务是否仅仅停留在设想阶段？

（3）供应：是否了解获得供应品、零部件成本、利润和交付周期，是否了解关键人员？

（4）战略：进入战略是毫无目的的，还是有恰当定位和目标的？

3. 资源

（1）资源：是否已经确认了所需的资本来源？

（2）现金：企业的创始人是否已经耗尽了现金和自有资源？

（3）企业规划：创业团队是否已将企业规划制定妥当，还是在进行之中？

（二）创建和生存期（第 1—3 年）

1. 创业者

（1）领导层：最高领导的地位是否已经得到认可，还是创始人仍在争夺决策权或坚持在所有决定上的平等地位？

（2）目标：创始人是否共同拥有一致的目标和工作风格，还是一旦起步随着压力的增大就出现冲突和分歧？

（3）管理：创始人是否已经预见到了企业由创建到经营到放手（决策权和控制权）的转变，这种转变是企业按时完成计划的必要条件，是否为此做好了准备？

2. 商机

（1）经济因素：是否能按时完成给予客户的经济利益和回报？

（2）战略：公司是否仅有单一产品，并且不指望有所发展？

（3）竞争：市场上是否有原本未知的竞争对手和替代品出现？

（4）分销：按计划及时获得经销渠道是否存在意外情况和困难？

3. 资源

（1）现金：企业是否由于没有制定企业规划（包括财务规划）而过早地面临现金危机？

（2）时间表：企业规划的预算和时间估计是否与实际有明显偏差？企业是否有能力根据计划按时配置资源？

（三）成长初期（第4—10年）

1. 创业者

（1）做还是管理：企业创始人是否仍停留在做的阶段，还是已经进入根据企业规划对结果进行管理？创始人已经开始对关键问题下放权利了，还是依然保持对所有重大问题的决策权？

（2）关注焦点：企业创始人的观点是停留在操作层面，还是同时正在进行着一些战略层次的认真思考？

2. 商机

（1）市场：是否按计划准时取得重复销售收入和新客户销售收入，是由于与客户的有效沟通，还是由于工程技术、研发或规划小组的努力？公司是否在保持其直接销售优势的基础上不断向市场导向转变？

（2）竞争：客户的流失，或者没有完成销售计划是否被简单地归因于价格或质量，而忽视了客户服务因素？

（3）经济因素：销售毛利是否开始萎缩？

3. 资源

（1）财务控制：会计和信息系统以及控制（例如对订单、存货、账单编制、收取货款、成本和利润分析、现金管理等的控制）是否跟得上企业发展的速度，是否能及时发挥作用？

（2）现金：公司是否处于现金短缺的状态，或濒临现金短板，是否没人关心企业的现金流，没人关心会在什么时候？

（3）联系：公司是否建立了持续发展所必需的外部联系网络（例如与董事、联系人等）？

（四）成熟期（第10—15年及以上）

1. 创业者

（1）目标：企业的合作伙伴在控制权、目标、基本伦理和价值观上是否存在冲突？

（2）健康状况：企业创始人的婚姻、健康或情感是否出现危机迹象（例如外遇、吸毒、酗酒，或者与合作伙伴或配偶发生争斗或争吵）？

（3）团队合作：企业发展到管理者阶段，是否形成了为"大目标"奋斗的团队建设理念，还是仍在公司控制权上冲突不断，甚至有可能导致分裂。

2. 商机

（1）经济性因素/竞争：企业顺利发展至这一阶段的产品和/或服务是否由于产品/服务的更新换代、竞争者的钩心斗角、新技术的产生或来自境外的竞争而在经济上遭受无情的打击，以及是否已有了相应的应对计划？

（2）产品延伸：公司主打新产品的上市是否失败？

（3）战略：公司是否在高速成长的市场上由于缺乏战略性的界定（例如在何种情况下应该对商机有所取舍），而盲目地对任何商机都抓住不放？

3. 资源

（1）现金：企业是否又面临现金短缺的困境？

（2）发展/信息：是否由于信息系统、培训和培养新经理计划的滞后而使企业的成长失去控制？

（3）财务控制：财务控制制度是否仍落后于销售？

（五）收获期/稳定发展阶段（第15—20年及以上）

1. 创业者

（1）继任/所有权：处理管理权更替和棘手所有权问题（特别是处理家族内部的所有权问题）的相关机制是否已经落实？

（2）目标：企业合伙人之间是否在个人目标、财务目标以及财产问题上出现冲突和分歧？企业创始人中是否已有人感到厌倦或疲惫不堪了？他们是否正在试图改变某些观点和做法？

（3）创业热情：不断识别和追求商机来创造新价值的热情是否有所缩减？是否开始出现热衷于追求势力范围、地位和权力的迹象？

2. 商机

（1）战略：企业中是否有创新精神和振作精神（例如，目标设定为靠投产不到5年的新产品或服务完成公司一半的销售收入），还是开始出现懒散气氛？

（2）经济性因素：核心的经济性因素和商机的持久性是否遭到破坏，从而导致企业的盈利和投资回报降低。

3. 资源

（1）现金：现金短缺问题是否通过增加银行贷款的财务杠杆融资的手段得到了解决，因为企业创始人不愿意，或者不能同意放弃股权？

（2）会计：是否已经考虑到并着手解决会计和法律问题，尤其是与企业财富积累、不动产和税务计划有关的方面？收获概念是否已成为长期发展规划的一部分？

延伸阅读　　　　　　　　　　**李建平的创业失败**

1999年，25岁的李建平在深圳一家通信公司任片区经理，公司的主营产品是卫星接收器。不到一年的时间，精明能干的他就为公司创造了500多万元的销售收入。

每个人都有创业的冲动，像大部分年轻人一样，自己创业的想法一直萦绕在李建平的脑海中。李建平有一个要好的同事刘家明对深圳地区的通信电子市场比较熟悉，另外一个好朋友陈锦文则在国内一家顶尖通信企业做了两年多的技术开发工作后辞职，处于赋闲状态。

已有的工作经验和个人积蓄奠定了创业的基本条件，三个人似乎也能优势互补。他们坚信能以"十倍的努力换取十倍速的致富"。1999年11月，三人合伙的公司正式成立，注册资本50万元。公司最初专注于卫星接收器的销售及安装，产品可以直接从原来的公司批发；不久他们就和珠海一家电话机厂商签下了合作协议，成为该厂的代理商。

开始似乎很顺利，卫星接收器三四个月的时间安装了10多台，赚的钱已能支付房租水电等费用。

但日常开支仍然令创业的资金一天天在缩水——那都是他们昔日的"血汗钱"，这种趋势让人很心惊。在三个创业者眼里，光做卫星接收器的销售和安装并无多少利润可赚，所以他们每一天都在寻找新的而且盈利迅速的项目。2000年3月，IP拨号器进入了他们的视野。

早在1999年，有关IP拨号器的报道已经见诸媒体，不过当时国内还没有专门的生产厂商，充斥市场的都是进口产品。一段时间之后，他们注意到在深圳等地已经有厂商开始投产，于是买来一个拨号器打算仔细研究一番。拆开一看，对电子通信产品都很熟悉的三个人不禁惊喜：整个机器成本算下来不过50块钱出头，当时市场价却是每台1 000多元，1999年最高甚至卖到2 000元。IP拨号器技术原理很简单，基本是电话机原理，只不过多了块控制芯片。在电子通信市场异常发达的深圳，相关部件的生产厂商多如牛毛，所以基本元件的供应不是问题。

他们决定自己生产。以满大街的公用电话为例，电话亭老板在安装拨号器之前的成本在0.7~1.1元/分钟，收打长途电话的人的钱是0.8~1.2元/分钟，安装了拨号器之后收费和原来相同，但成本只有0.4元/分钟。仅此一项，拨号器的市场就大得望不见边。这一点让三人觉得眼前拆开的不是拨号器，而是一个"金娃娃"。

统一了思想，一猛子扎进去。初期一切进行得井井有条。产品设计生产开始启动，买来了数万元的生产调试设备，还招聘了一个专门负责调试的专业人员，陈锦文日夜兼程地进行程序设计，李建平和刘家明则在深圳地区洽谈业务，寻找合适的生产厂商采购零配件。不久实验室产品诞生，在深圳地区做了简单的应用测试后，李建平带着产品飞往福州、厦门、宁波、东北等地联络发展经销商。当时这种定价的产品对于经销商而言很具有诱惑力，市场方面的情况很不错。回深圳后，刘家明和陈锦文也相继去了西北、西南一带，带回来的同样是好消息。

既然市场反馈非常之好，李建平就着手开始铺摊子：他制订了完整的全国性营销计划，招聘了业务人员、技术人员、专职会计和文员。产品一进入市场效果就很不错：虽然发货量少，利润却基本可以维持公司的运转。

由于看好这个利润超高的市场，竞争对手纷纷跟进。2000年六七月份，拨号器的市场价格降到每台500元——这是一个令人心惊胆战的跌幅。不过市场在迅速扩大，依照三人的预期，这样价格的利润率依然非常诱人。公司再次招聘业务员扩充销售队伍，最高峰时人员总数达到14名，每月的费用也攀升至3万余元，这是一个让李建平这样的小老板难以入睡的开支。

竞争很快变得更加激烈，竞争者大部分是转型的电话机生产厂商和大通信公司下属的事业部、分公司，类似李建平们这样白手切入市场的寥寥无几，从公司的背景、实力和行业优势来说，李建平的公司已经先输一步。

然而这还不是最紧要的，3个月以后，各地的经销商纷纷退货，技术问题爆发。

拨号器是通过集成电路来控制的，也就是常说的IC芯片，它对输入输出的电压很敏感，稍有偏差就出问题。由于他们生产的拨号器兼容性不够，产品具有很大的区域局限性。经销商的退货使得前几个月已经实现的现金销售再次转变为存货。三个人紧急商议，决定由一直负责技术方面的陈锦文重新编写程序设计方案。但是陈的技术经验有限，多次改进后，依然无法解决区域适用性的难题。如此反反复复，3 个月的时间过去了，问题依旧如磐石横路。老客户相继丢失，重新设计产品和接受退货成为公司的日常工作，3 个月的时间内公司没有实现 1 分钱的销售，而每个月 3 万元的费用却丝毫不可能减少。

陈锦文和刘家明原来是非常好的朋友，但是 3 个月毫无销售的运营，毫无改善的希望，使友谊再也难以挂在脸上。恶言只要发生一次，就会在心里留下怨恨；怨恨留下一点，必然有下一次恶言。陈锦文过于自信和推卸责任的做法，令矛盾最终公开化。开始时还只是针对公司事务方面的矛盾，到后来逐渐转化为个人之间。不断在彼此间滋长的不满乃至人身攻击，导致合伙创业决策的灵活性和高效率等优势丧失殆尽。

局面越来越坏，唯一的办法是尽快低成本地解决技术问题。然而在一个新的行业里，本来很难有成熟的工程师，更何况即便有，他也不会至今仍"流落民间"。

2000 年 7 月份有一位台商主动找到李建平，谈到台湾地区的电信市场也适逢变革，有意和李建平一道开发台湾市场。李建平非常高兴，觉得这是一次重新开始的机会。他找到了一位自称可解决该技术难题的工程师，并和一家芯片厂商签订了开发协议。但是前面的时间拖得太长，此时的李已经无力承受过大的成本开支，结果只能是失望。当时他们也考虑找生产商做 OEM（贴牌生产），但因质量无法控制而流产。

2000 年国庆节是大部分人的欢乐时光，对李建平而言却是异常痛苦的煎熬。在来自西北客户的一笔数额巨大的退货后，合伙人之间爆发了一场宣泄情绪似的冲突，刘家明和陈锦文相继离开公司，李建平变成了"独木支撑危房"。

2001 年元旦，拨号器的市场价格降到每台 100 多元，零星的市场销售和不断投入的开发费用造成了公司后继资金的严重匮乏。拨号器购买者最终集中于几家大的电信营运商手中，但与电信营运商的合作，却已不是李建平这样风雨飘零的小公司所能做到的。

2001 年 4 月春暖花开，苦苦挣扎的李建平回天无力，关闭了公司。

资料来源 郁靖云：《淘金路上步步惊魂》，载《科学投资》，2003（10）。

从以上内容我们可以看出，企业处于不同发展时期遇到的问题和主要任务是不一样的。

首先，从新创外贸企业的角度来说，相对于成熟企业，新创外贸企业往往缺乏足够的声誉来取得客户或者供应商的信任；同样它们在初期往往难以达到规模经济，从而很难达到降低成本的目的；它们很难立刻取得正现金流，从而在财务方面时常被动；另外，它们处于学习曲线上成本较高的阶段。成熟外贸企业的创业行为，通常可以拥有更多、更充足的资源作为支撑，而新创外贸企业面对更多的不确定性，它们必须更注重机会识别、市场导向，也更加强调变革与创新。

其次，我们从创业型外贸企业的角度来说，相对于非创业型外贸企业，新创外贸企业更具有竞争野心，它们通过更早的行动，注重持续的产品创新，将技术发展、提供新产品和新服务作为关注的焦点，来参与竞争。它们和非创业型外贸企业有着完全不同的目标，在它们看来，企业应当更关注自身的成长而非短期的盈利。新创外贸企业愿意承担风险，它们比非创业型外贸企业更灵活和富有激情，所以往往更具创新精神。

二、环境分析

（一）外部环境分析

外部环境分析的意义，是确认和评价政治—法律、经济、技术和社会—人文的国内宏观环境因素对新创企业战略目标和战略选择的影响，如图9—1所示。

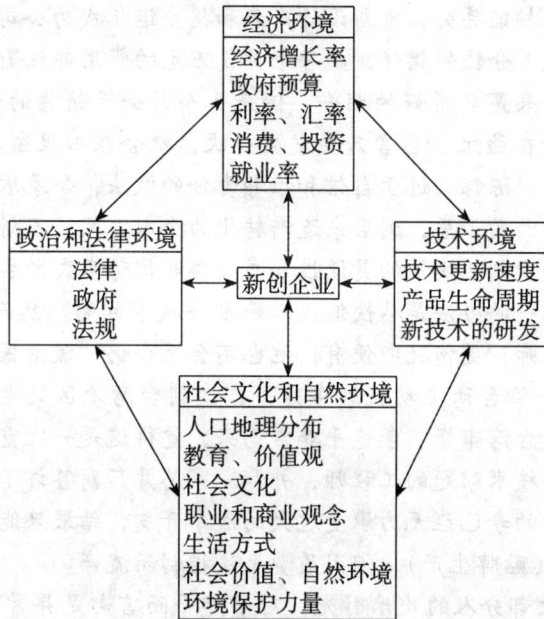

经济环境
经济增长率
政府预算
利率、汇率
消费、投资
就业率

政治和法律环境
法律
政府
法规

新创企业

技术环境
技术更新速度
产品生命周期
新技术的研发

社会文化和自然环境
人口地理分布
教育、价值观
社会文化
职业和商业观念
生活方式
社会价值、自然环境
环境保护力量

图9—1　新创企业外部环境分析图

1. 政治—法律环境因素

政治—法律环境因素显著地影响着新创企业的经营行为和利益。所谓政治—法律环境因素是指对企业经营活动具有现实的和潜在作用与影响的政治力量，同时也包括对企业经营活动加以限制和要求的法律和法规以及各种政治团体对企业活动所采取的态度和行动等。一个国家或地区社会稳定是大多数新创企业顺利进行活动的基本前提。政治—法律环境因素是保障企业生产经营活动的基本条件。只有在一个稳定的法治环境中，新创企业才能够真正通过公平竞争，获取自己的正当权益，并得以长期、稳定地发展。国家的政策法规对企业的生产经营活动具有控制、调节作用，同一个政策或法规，可能会给不同的企业带来不同的机会或制约。

2. 经济环境因素

经济环境因素主要指经济发展速度、人均国内生产总值、消费需求趋势、金融状况以及经济运行的周期性。在这些经济环境因素下，首先要分析的是宏观经济的总体情况，即新创企业所在国家或地区的经济发展形势，判断国家经济处于经济周期的哪一阶段，是繁荣期、萧条期、停滞期还是恢复期。一般来说，在宏观经济高速发展的情况下，国民经济处于经济周期的繁荣期，此时市场扩大，就业增加，人民生活水平提高，需求增加，企业发展机会多；反之，在宏观经济低速发展或停滞或倒退的情况下，市场需求增加很小甚至不增加，这样企业发展机会就少。反映宏观经济总体状况的关键指标是国民生产总值（GNP）的增长率和国内生产总值（GDP）的增长率。较高的国民生产总值增长率与较高的国内生产总值增长率表明国民经济处于复苏期或繁荣期，此时企业发展的大环境是有利的。除了这两个经济指标外，我们同时还应该关注政府的货币政策与财政政策，这决定了企业从银行获得贷款利率的高低以及税负的多少。此外，还应关注环保方面的政策。

除上述宏观经济总体状况以外，新创企业还应考虑劳动力的供给（失业率）、消费者收入水平、价格指数的变化（通货膨胀率）等。这些因素将影响新创企业的投资决策、定价决策以及人员录用政策等。

3. 社会文化和自然环境因素

社会文化环境因素是指企业所处的社会结构、社会风俗和习惯、信仰和价值观念、行为规范、生活方式、文化传统、人口规模和地理分布等因素的形成和变动情况。自然环境因素是指企业所处的自然资源与生态环境，包括土地、森林、河流、海洋、生物、矿产、能源、水源、环境保护和生态平衡状况等。社会文化和自然环境都是新创企业在确定投资方向、产品改进与革新等重大经营决策问题时必须考虑的因素。尤其是变化中的社会文化环境因素影响社会对企业产品和服务的需要，也能改变新创企业的战略选择。

4. 技术环境因素

像经济环境因素一样，技术环境因素的变化对新创企业的生产和销售活动有着直接而重大的影响。今天，技术已经成为决定人类命运和社会进步的关键所在，同时，技术水平的高低也是决定新创企业能否在激烈的市场竞争中获得胜利的关键因素。

技术环境因素是指企业所处的环境中的科技因素及与该因素直接相关的各种社会现象的集合。技术因素不但指那些引起时代革命性变化的重大发明，而且还包括与企业生产有关的新技术、新工艺、新材料。在科学技术迅速发展的今天，技术环境因素对新创企业的影响可能是创造性的，也可能是破坏性的。新创企业必须预见这些新技术带来的变化，在战略管理上做出相应的战略决策，以获得新的竞争优势。

延伸阅读　　　　　　　　**我国国内企业渐成外贸侵权目标应引起警惕**

来自上海海关的相关调查统计显示，近年来，随着我国作为全球"制造大国"的地位不断提升，进出口贸易迅速增长，国内企业逐渐成外贸侵权目标应引起警惕。

2011年，上海海关查获侵犯我国国内企业自主知识产权案件71起，案值人民币2 580余万元，比2010年分别猛增六成多和近1.9倍，相关侵权商品涉及制造业、消费品等诸多行业。

2011年年初，珠海皖通贸易有限公司委托上海运鸿储运有限公司，向上海海关申报以一般贸易方式向孟加拉国出口铁挂锁23.16万个，案值约45万元人民币，相关商品标有"三环"商标。

锁类属于上海口岸侵权高风险商品，亦是我国国内企业自主知识产权较为集中的一类商品，这批商品的出口当事人以螺丝刀等伪报品名，企图蒙混过关。由于海关与"三环"商标权利人——烟台三环锁业集团有限公司保持密切联系，敏锐关注到其中存在的风险点，果断予以布控，查获了涉案商品。珠海皖通贸易有限公司的这批侵权铁挂锁被没收，并被处罚款4.5万元。

据上海海关法规处专家姚漪娟介绍，虽然一些国内企业成为侵权目标，但与外资跨国企业相比，相关国内企业在履行法定义务、维护自身权益方面明显存在"软肋"。一些国内企业从事知识产权海关保护的工作人员大多没有专业背景，企业在面对具体侵权案件时反应过程较长，常常延误知识产权保护的有效实施，在长期开展知识产权保护上也缺乏合理规划，大多没有设立知识产权保护专项资金。

针对部分国内企业反映外贸维权成本高的问题，姚游娟解释说，海关一方面监督、协调相关企业合理收取相关费用，另一方面鼓励权利人在海关案件终结后，继续积极主张自身权益，并为权利人在民事赔偿诉讼中提供有效证据。同时，积极帮助权利人申请通过海关总署总担保核准，发挥总担保的效用，使得企业申请扣留侵权的资金投入大幅降低。

据了解，近年来，上海海关注重与公安等相关执法机关合作，合力打击外贸侵权，通过移送案件线索实现刑事打击，从根本上解决国内企业外贸侵权难以除根的问题，有力扶持了国内企业自主知识产权的保护和发展。

上海是全国最大的对外贸易口岸。目前，上海海关已在全关区 40 多个业务现场，部署了一支 70 多人的联络员队伍，编织了一张知识产权保护大网。

资料来源　吴宇：《我国国内企业渐成外贸侵权目标应引起警惕》，新华网，2012-04-26。

（二）内部环境分析

所有企业都只在某些职能领域方面具有优势与劣势，没有一家企业在所有的领域都有同样的优势和劣势。例如，三星公司以不断推出新款产品获得市场，而好迪公司则以低价格打开市场。对内部优势与弱点及外部机会与威胁的分析共同构成了新创企业战略的基础。因此，建立目标和战略的出发点就是要利用内部优势和克服内部劣势。

一般说来，新创企业内部环境包括下列方面：财务状况、产品线及竞争地位、市场营销能力、研究与开发能力、管理人员的数量及素质、组织结构等。具体分析如下：

1. 财务状况

（1）对一些财务指标进行趋势分析，发现有哪些优势和劣势，财务指标的变化趋势反映出企业处于什么样的财务状况。一般的财务指标包括销售利润率、资产利润率、资本利润率、每股平均收益、流动比率、酸性测试比率（速动比率）、存货周转率、资本结构等。

（2）利润来源的分布如何，有无提高投资收益率的规划？

（3）有无筹措短期资金和长期资金的能力，渠道如何？

（4）是否具备一个严密的现金管理系统？

（5）财务主管人员是否为将来设计出资产负债表和利润表？

（6）财务人员是否具备税务计划方面的知识？

（7）是否建立起了有效的成本控制系统？

（8）是否有一个高效和适宜的成本核算系统？

2. 产品线及竞争地位

（1）在本企业的产品或服务中，其优势和劣势是什么？是设计问题、质量问题、成本问题还是交货问题？

（2）企业是否具有使其获得竞争优势的某些专利？这些专利何时到期？

（3）本企业的产品或服务目前拥有多大的市场占有率？这个市场占有率的稳定程度如何？这个市场占有率是集中于少量的顾客还是分散的？市场占有率的变化趋势如何？

（4）本企业的产品或服务是否容易受到经济周期变化的影响？

（5）各种不同的产品线在市场营销、工程技术和生产制造等方面有多大的协同性？

（6）潜在顾客怎样评价本企业的产品或服务？

（7）市场研究人员、产品研究与开发人员和推销人员是否在为新产品的开发而有效地工作？

3. 市场营销能力

（1）本企业的市场营销人员是否充足，素质如何，能否开展有效的营销工作？

（2）本企业采用了什么样的销售渠道，是否有效？

（3）本企业采取的定价策略是什么？

（4）本企业收集市场信息的能力如何，是否对顾客的需求有充分的了解？

（5）是否具备开拓新市场的能力？

（6）本企业的促销及广告活动是否有效，有无极大的想象力和创新性？

（7）本企业是否能为顾客提供各种售前和售后服务？

4. 研究与开发能力

（1）各类研究与开发人员的数量、构成、知识结构如何？

（2）研究与开发人员的研究能力如何，是否已经开发出重要的新产品？

（3）研究试验设备的数量、构成和装备程度如何？

（4）研究经费是否充足，是否占销售额很大的比例，是否能够满足不断变化的市场需要？

（5）研究与开发的组织管理能力如何？

5. 管理人员的数量及素质

（1）高层管理人员是由什么人或群体构成的？他们的知识结构、年龄结构如何？

（2）最高管理层的管理风格是什么？呈现出什么样的管理模式（专制还是参与式管理）？

（3）最高管理层中占据统治地位的价值体系是什么？

（4）在涉及完成计划、降低成本和提高质量等实施和控制方面，中层管理人员和作业层管理人员的数量及素质如何？

6. 组织结构

（1）现有组织结构是什么类型？

（2）是否有一个正式的组织结构图？

（3）组织结构中的责权关系是否明确？

（4）现有的组织结构在实现企业目标的工作中能否有效地合作并且是高效率的？

（5）每个组织结构的计划和控制工作是充分务实的还是过分繁冗的？

新创外贸企业是创造新经济和推动我国外贸发展的重要力量。如果按照企业"萌芽期、发展期、成长期、成熟期"的四阶段生命周期来看，新创外贸企业显然是指处在生命周期第一个阶段的企业，它并非成熟大企业的小版本，其所处环境、思维方式、行为特征等都大不相同。与成熟大企业追求结构稳定，提高已有资源的收益不同，新创外贸企业的首要任务是摆脱生存困境，并动用各种资源去实现外贸商业机会。

延伸阅读　　　　　**外贸订单普遍下滑　企业纷纷借电子商务转型**

一年一度的广交会即将开幕，在新形势下，很多外贸出口企业已经开始了转型之路，利用创新的思维和新兴平台创造了可观的经济价值，成为外贸转型浪潮中的"冲浪者"

的角色。

"全球经济的负面影响还未见底，外贸出口企业应该从规模扩张向质量提升转变，从粗放型向集约型转变，通过技术和管理的创新实现企业的转型升级。"阿里巴巴相关负责人认为，电子商务将有助于推动外贸企业的转型升级。

"之前生产的产品缺少特色，都是正常的家居用品，缺乏竞争力，2011年受到欧美经济恶化的影响直接导致出口这类产品订单减少70%以上。"江门市新会区洋洋金属制品有限公司相关负责人梁炎光说。

阿里巴巴调查显示，珠三角地区小企业订单量相比2010年下滑约30%。相比2008年订单的急性下滑，当前订单呈现逐步减少，绝大部分小企业对未来形势的不确定表示担忧。

2011年以来，来自欧洲和美国市场的订单在逐步下降，来自这两个区域的询盘量在2011年8月后缩减，对外贸出口小企业影响较大。尽管临近欧美圣诞节旺季，但是欧洲市场的装船率大多仍然在50%左右，美洲市场的装船率也低于80%，相比往年降幅较高。来自中东及拉美、非洲市场的订单略有增加，但远不能弥补欧美市场订单的减少。

严峻的形势倒逼外贸出口企业改变传统的营销方式，借助电子商务打开了外贸出口新蓝海。阿里巴巴作为中国最大的中小企业出口贸易网络平台，其网站上的企业出口订单数据，某种程度上直接反映着整个中国出口贸易的情况，并已成为中国经济的晴雨表。

"借助电子商务不仅仅提升了企业的利润，而且可以帮助企业的转型和升级，改变过去的批量化的生产模式，实现了定制化的生产，企业的重点也转移到产品的服务、品牌和创新，从而进一步提升产品的附加价值。"厦门华融集团执行董事徐平凡说。

自觉迎合市场的变化，利用中小企业的快速反应能力，通过产品创新并借助阿里巴巴这样的电子商务平台，成为国内中小出口企业一条转危为机的成功之路。

"开发LED植物照明灯，并借助阿里巴巴这样的电子商务渠道，我们获得了巨大的商机和高额的投资回报。"深圳市佰晟光电科技有限公司相关负责人表示。

资料来源　何秋养：《外贸订单普遍下滑　企业纷纷借电子商务转型》，载《信息时报》，2011-10-14。

第三节　外贸创业企业的营销战略

一、外贸创业企业的营销特征

新创外贸企业通常产品资源和客户资源都比较匮乏，在开展营销活动时一定要清楚，首要任务是生存下来并迅速积累资金。因此，新创外贸企业不可能像成熟大外贸企业那样依赖已有的经验法则、公式化的思维方式、重心放在营销策略的组合使用上为现有的国际市场服务，而必须积极整合各种资源，以超前的认知和行动，积极从事产品和市场的创新，并依赖创造性的营销手段迅速打开局面。因此，新创外贸企业的营销特征主要表现在以下几方面：

第一，新创外贸企业营销的首要任务是生存。新创外贸企业往往没有国际市场基础，也没有足够的现金流支撑其长线经营，这需要它们在更短的时间内迅速打开市场，获得客户认同，摆脱企业生存困境，从而也就使得其对市场份额的追求变得最为紧迫。

第二，新创外贸企业营销的目标具有阶段性。新创外贸企业营销的各个阶段，其目标和任务都不一样。成功的新创外贸企业营销可能需要历经凝聚创业团队的项目创意营销阶段、吸引国际市场关注的商业计划营销阶段、寻求市场认同的产品或服务营销阶段，以及塑造品牌形象的企业营销阶段等。

第三，新创外贸企业营销以机会为导向。新企业内部资源有限，生存能力较差，外部环境的细微变化都可能决定企业的存亡。因此，新创外贸企业的营销者不能受制于企业的资源，也不能拘泥于固定的思维模式，而要着眼于企业的未来发展机会，积极地探索新方法来赢得客户，并具有很强的资源整合能力，以创新性的手段，最大限度地调动外部资源。

第四，新创外贸企业营销更加注重关系。新创外贸企业几乎没有市场知名度，其营销者往往也就是创业者，并非营销专才，初期也没有专门的营销部门协助。因此，一些通行的营销法则和营销方案可能对于新创外贸企业的适用性较弱。在实际营销过程中，创业者往往更依赖于亲戚、朋友或企业战略联盟组成的网络关系来实施营销。

第五，新创外贸企业营销策略灵活多变。新创外贸企业营销的实施环境更为动荡，具有很大的不确定性，这也使得创业者的营销策略必须更加灵活。一方面，其灵活多变的特征有助于创业者积极发挥优势，促进企业快速成长；另一方面，营销策略既需要高度灵活，又需要内在一致，自然也加大了实施的难度。

二、外贸创业企业的营销机理

新创外贸企业营销的根本驱动因素是创业精神，是整个组织所表现出来的创业精神。对于大多数创业者来说，既缺乏资金，又缺乏企业管理经验，所拥有的更多是创业激情和团队的忠实客户资源。要获得成功，除了勇气、勤奋和毅力外，还必须依赖于有效的创业营销来获得创业所需的各种资源。因此，新创外贸企业营销，就是创业者凭借创业精神、创业团队、创业计划和创新成果，不拘泥于企业外部环境和内部条件的约束，获取企业生存发展所必需的各种资源，并通过创造性地有机整合机会、资源和顾客价值来驱动市场，取得具有挑战性的组织绩效的过程。

在竞争激烈的复杂市场环境中，新创外贸企业面临着残酷的生存危机，但也面对着瞬息万变的市场机会。作为机会驱动者，新创外贸企业首先应着眼于某个国际市场，而不是完全受自身内部所掌握的知识所驱动，也不应囿于当前的产品和服务。新创外贸企业的营销者在认真审视内部条件和外部机会的时候，要有一定程度上主动改善甚至改变外部环境的勇气，而不是一味地调整和适应，否则永远走不出竞争的"红海"。创业精神驱动下的新创外贸企业营销活动应贯彻机会导向、超前行动、注重创新、管理风险的创业精神，积极获取企业创业所需的各种资源，获得团队内部的共识、投资的关注、市场的认可。

第一点，机会导向。认知和探索机会是创业活动的基础，也是新创外贸企业营销的核心维度。新创外贸企业的营销员通过努力扩大当前顾客所能表达的需求外的机会范畴，拓展产品和国际市场的边界，规避现有市场的支配。

第二点，超前行动。新创外贸企业的营销活动必须突出速度，善于抓住转瞬即逝的机会，并迅速扩大市场份额。

第三点，注重创新。新创外贸企业的产生过程是一个创新的过程，但唯有持续创新才能获得持续的竞争优势，这包括技术创新、组织创新、市场创新和管理创新。

第四点，管理风险。新创外贸企业的营销者通过努力识别各风险因素，并不是一味地规避风险或使风险最小化，而是以理性的态度应对风险，果断进行市场决策和采用各种销售促进的手段赢得市场。

新创外贸企业营销既要通过动用各种手段获取实现创业机会的各种资源，但更需要有整合资源为营销目的服务的能力。价值创造是销售得以实现的先决条件。新创外贸企业营销者需要发现未被利用的顾客价值源泉，组织一切可能的资源来创造顾客价值。新创外贸企业通过创造性地有机整合机会、资源和顾客价值来驱动市场，取得具有挑战性的组织绩效。对于新创外贸企业来说，组织绩效有财务的和非财务的，但首要的组织绩效指标显然还是企业具备足够的生存能力，然后才是不断改善的企业内部的文化、结构和资源条件，实现企业"由外而内"的不断成长。

三、外贸创业企业的营销策略

新创外贸企业资源缺乏，之所以能启动往往是因为已有固定的外国客户，产品可能并没有优势。这类企业在开发新客户时会遇到困难，如果这些启动客户成长迅速，企业可依靠这些客户完成原始积累。也有部分外贸创业企业是因为具有某项新技术或某种有特色的产品而起步，这类企业生存的基础是产品对客户的吸引力。采取何种策略将技术或创意变为客户愿意购买的产品，如何将产品实现大规模生产和销售，是新创外贸企业面临的首要问题。

第一，注重创新，精准定位。市场定位是新创外贸企业营销管理的核心。如何扬己之长避己之短是企业创业期制胜的关键。企业创立之初就要认真研究市场机会，拓展产品和市场的边界，从广阔的行业市场中寻找最适合的消费者群体，创新市场需求，从满足需求的角度去认识产品，创新产品价值，寻求自身特色和优势，采用利基市场（Nich Market）战术。大众化以及技术容易被仿造的产品不是小企业的优势，应选择开发满足客户独特需求，客户价值显著，效果立竿见影的产品或服务。同时，对于新创外贸企业来说，必须清醒地认识到，有些产品可能高额回报真正赚钱，也有些产品虽不赚钱，但可以赚名声，对于这两类产品都不能有所偏废。

第二，精选客户，稳扎稳打。不要试图一开始就建立全球性的营销网络。一般要优先选择若干价值高、有实力、成长性好、行业影响大、地理位置优，或者原有关系客户的国际市场。要根据客户特征对每一个客户制定专门的销售策略，要发挥集体的力量来制定策略，特别要借鉴有销售经验的业务员的经验。要树立以整个公司的力量和经验为客户服务，而不是一个销售员自己去为客户服务的销售观念。

第三，复制扩张，超前行动。新创外贸企业的市场扩张既受经验和资源约束，又面临不得不超前行动，快速抢占市场的压力，因此要以理性冒险的原则稳步推进，可以通过先建立样板市场获取经验，再成功复制到其他区域市场的方式来开拓。在建立样板市场获得成功经验后，可以首先考虑复制到其他具备相似特征的区域市场，然后才逐步考虑进入异质市场。

第四，有效宣传，资源撬动。新创外贸企业绝大部分面临产品不为消费者认知，企业不被社会认知的局面。如何利用现有资源使有限的广告费用变得切实有效是企业经营者面临的共同问题。这就需要营销者在有效使用广告费用的同时，能灵活运用各种广告宣传工具进行企业宣传，如开展事件营销、选择有实效的赞助方式、撰写软文、选择合适的媒体投放、充分发挥关系网络和互联网等各种资源的作用等。

　　第五，简化渠道，控制风险。新创外贸企业应选择合适的渠道策略，建立科学的渠道政策。新创外贸企业渠道的功能诉求有别于相对成熟的企业，应更关注信息传递、收集信息、树立形象、客户服务的作用；渠道结构应尽可能扁平化，以减少产品流通环节，让利给消费者，提高产品价格竞争力；对于经销商的选择和管理应做到公平、公正，追求双赢，建立有效的考核体系和风险控制体系。

　　第六，内外营销，精炼队伍。无论是营销任务的推进和渠道的构建，创业团队的现有能力是影响和制约其实施效果的重要因素。因此，必须开展有效的内部营销，凝聚队伍，寻求志同道合、能力互补的团队成员；外部营销上要注意培养企业良好的形象，获得广泛的社会认同。在搭建营销队伍的时候，不仅需要吸引有行业经验的专业人士，同时也需要拥有良好社会关系的市场开拓人才。人才引进重"质"不重"量"。

延伸阅读　　　　广东服装外贸行业利润下降至零　　出现企业倒闭潮

　　在欧洲经济衰退、美国经济疲软的情况下，我国的外贸出口将面临更加严峻的挑战。目前业界普遍预测，2012 年将是金融危机以来最难熬的一年，出口疲弱态势或将延续，甚至可能出现贸易逆差，出口寒潮来袭！

　　珠三角出口型中小企业以劳动密集型加工企业为主，一方面面对欧美经济不景气，另一方面技术壁垒使生存愈加困难。目前它们的生存状况如何？外贸从业者面临哪些生存考验？未来应该如何应对？

　　一、压力重重

　　1. 过去一单生意提成 20 万元，现在工厂关停失业在家

　　10 年前一单生意提成就有二三十万元，现在却因厂子关停而失业 2 个月。"附近做外贸的倒了三成，转行势在必行！"老外贸员阿辉做起了按摩师，并在网上叫卖。

　　记者见到阿辉本人，听他讲述外贸业的沧桑巨变：由 10 年前遍地黄金，利润高到两三成，到今年利润为零，甚至亏损；由怀揣着梦想到外贸业掘金，到现在失业在家，心灰意冷痛下决心转行……劳动密集型外贸服装业经历了由兴盛到衰微的历程。

　　2. 10 年前做外贸月入过万

　　阿辉住在南浦百事佳花园，100 多平方米的房子装饰得雅致而随意，客厅里却堆满了H&M、Express 等四五个国外品牌的外贸成衣，这与 1 米外精心修葺的花园小阳台风格迥然。

　　前段时间，阿辉在业主论坛发了一个帖："今年的外贸环境实在很差（比 2008 年还差），公司业务也移去东南亚了，只好下岗在家，迫于生活压力，只好拿出自己的绝门手艺啦。本人早年曾拜名师学习按摩推拿技术，擅长治疗落枕、颈椎劳损、腰背酸疼……虽然这几年只限于给家人朋友服务，但手艺一直没有荒废。不知是否有邻居需要上门服务或来我家？"

　　当记者敲开阿辉家的门，称来做按摩时，他说："你们是我的第一批客人。"在临时安置的按摩椅上，阿辉向记者简单展示了按摩技术，1 个钟 70 元，阿辉的收费很公道。让记者吃惊的是，阿辉的技法很纯熟。"师傅很重要，当时为了治疗母亲的腰椎间盘突出，跟着省中医院的师傅学的一门手艺，没想到现在会把它当营生。"

　　客厅里堆积成山的外贸成衣样品已经联系好了买家，定做的按摩床一星期就到货了，下决心摆脱外贸业的阿辉对未来充满了信心："这些货可以卖几千元，再等按摩床到了就正式开张，相信会越来越好。"

32 岁的阿辉之前跟太太一起做外贸服装的来料加工。4 年前儿子出生后，太太就在家里做了全职主妇。阿辉说，10 年前刚入行时，他的月均收入过万元，有时自己私接一个单，就能赚到二三十万元，而这套房子就是那时候买的，"现在绝不会碰到这样大的订单了"。

2011 年，外贸业务亏损严重，最重要的是国内人力成本太高，9 月份老板不得不将厂子关停，将业务都转到越南去了。原来几十人的公司，有的同事跟老板去了越南，有的在广东其他公司做着差不多的行当，有的则放下架子进了工厂，而阿辉则失业在家差不多 2 个月了。

3. 行业利润 2011 年下降到零

服装外贸业的利润下行曲线折射出了该行业由鼎盛到衰微的历程。1998 年，利润率超过 20%，到 2002 年缩减到 12%～15%，2008 年前为 5%～8%，2008 年次贷风暴来袭，利润下降到 3%。到 2011 年 10 月，众多企业开始出现零利润，甚至亏损。

据阿辉回忆，当时吸引他加入朋友的服装外贸公司的主要原因就是利润高："感觉遍地黄金，怎么都能赚钱。"然而就是这个充斥着巨大诱惑的行业，也面临着巨大的陷阱。外贸业逐步遭遇海外技术壁垒的阻击，仅出口到欧盟的一批服装不合格，就要支付几千万元的违约金，朋友的厂一下破产了。

谈起做外贸的感受，阿辉总结了一个字——"累"。品牌掌握在国外采购商的手上，风险却转嫁给制造商。现在，工厂的价格已经被压缩到底线了，只要不亏本工厂都会接下订单；即使亏一些，只要额度不大，而且有稳定的订单，工厂也会做下来，这是为了防止工人继续大规模流失。

炒股、炒金，是阿辉目前无可奈何的选择。按摩对于他来说，是一个可以混口饭吃的手艺，他自己也有兴趣探索一下这个行业。而立之年尝试进入按摩业的阿辉，暂时还没有什么长远的打算，他想先让大家看看他的手艺，根据口碑好坏再决定是否潜心做按摩。"即使没有其他出路，把按摩理疗坚持下来，做雷锋助人为乐也是很快乐的事情，能够解除别人的痛苦也很开心。人生就如一出戏，认真地体验过就好了。"

二、问卷调查

1. 近八成服装企业认为前景不明朗

"服装外贸企业今年倒闭的有三成！"阿辉告诉记者。"欧美经济寒潮、生产成本猛增、人民币持续升值、土地成本昂贵……在这样的环境下，坚持不下去的企业会越来越多，很多厂直接关停，或者搬迁到东南亚去了。"

在 2011 年（第二届）广州服饰文化周高峰论坛暨颁奖典礼上，记者对与会的百家服装企业进行了外贸生存状况的调查。中小服装企业融资困难，优惠扶持政策的宣传渠道较窄，税收、人力成本、电荒、普惠政策落实不力等仍是受访企业普遍面临的问题。

在发放的 100 份企业调查表中，收回 19 份，有效调查表 15 份，从事外贸的企业 5 家。出现利润下滑的企业 6 家，占有效调查比例的 37.5%。利润下滑幅度平均值为 10%，影响企业利润下滑的原因以原材料上涨及人工成本上涨为主，还有人民币升值等原因。受访企业中，认为"前景不明朗，会有一部分企业倒闭"的企业占到 75%。

2. 成本猛增两三成，部分企业关门

广州市制衣行业商会副会长、广州卡佛连有限公司执行董事李声治告诉记者说，已经留意到部分做外贸的中小型服装生产企业因订单匮乏而临时关门的现象。番禺南村好几个老板原本是做外贸的，但是他们近期纷纷向其求救，希望在欧美采购量下降、汇率波动明显的背景下，找点时间短的"代工单"做做，好让企业不至于倒掉。

李声治说，国内品牌企业2012年最大的压力是成本上涨。2011年原材料、人工成本的上涨导致企业的支出增加20%～30%，而在终端市场只能提价15%左右，剩下一半的成本上涨压力得靠劳动生产率的提高和使用机械代替人工来解决。只能解决部分的，就会导致利润率下降。解决不了的，就会倒下。

中国纺织工业协会副秘书长夏令敏告诉记者，受欧美经济不明朗因素影响，欧美区域内服装需求增速下降，这是我国服装出口增速放缓的主要原因。受此影响，国内服装出口企业的利润率在4%～10%之间。

出口形势的恶化，将逐步向国内市场传导，首当其冲的是就业市场。广州大学纺织服装学院服装艺术系副主任吴郑宏说，2012年与2008年的情况有点类似，学生反映，2011年到外向型服装企业就业难度明显增加。员工薪水的减少，也导致了消费能力降低，导致国内消费疲软。

三、危中有机

危机中，企业并非"无路可走"，有些服装企业外贸做不下去了，转做内销，更有精明的企业利用原有的外贸关系，甚至到国外买设计作品，然后在国内销售。"这在以前是不敢想象的！"吴郑宏说，因为经济景气的时候，国外设计师一般要价很高；如果国外经济低迷，很多设计师为了糊口都愿意把作品卖给中国。这些好的作品不仅仅是国内市场的敲门砖，其新潮的设计更是市场上制胜的法宝，如果能像国外优秀的设计看齐，广州可以成为又一个时尚之都。

夏令敏告诉记者，可以说目前全世界都在扶持中小微企业，这个并非中国一家在做。目前可以肯定的是，我国的纺织服装出口退税率将保持不变。希望未来有持续的、稳定的政策帮扶中小微企业。

对于做品牌的企业来说，"危"中有"机"。李声治表示，这次全球经济不景气的"暴风雪"将加速服装业的洗牌速度。服装作为生活必用品，那些走自主品牌的企业，一旦挺过去了，未来将迎来更加生机勃勃的市场。

资料来源　耿旭静：《广东服装外贸行业利润下降至零　出现企业倒闭潮》，载《广州日报》，2012-01-03。

第四节　外贸创业企业的人力资源管理

是否拥有优秀的人才是企业能否创业成功的关键因素之一。外贸企业在创立之初，拥有的资源极为有限，工作千头万绪，经营业务不稳定，内外部环境变化较快等特点，给人力资源管理带来较大难题，而创立初期的人力资源风险容易导致企业的经营管理与创业目标相偏离，甚至会导致创业失败。因此，新创外贸企业的人力资源管理具有明显的特殊性，研究这一特定时期的人力资源管理方法对提高创业成功率、促进创业企业成长具有重要的现实意义。

一、外贸创业企业人力资源管理的特点

（一）组织层次较少

新创外贸企业由于规模小、资金薄弱、缺乏知名度，在机构设置上要求精减人员、控

制成本、反应灵活，其组织结构一般趋于扁平，决策权往往集中在创业者手中，决策与执行程序相对简单，使新创外贸企业可以高效决策、快速执行，有利于其迅速进行调整以适应市场的变化。

（二）用人机制较灵活

新创外贸企业的业务具有短、平、快的特点，对人员的要求相对比较灵活。一方面，新创外贸企业并不一味追求学历等硬性指标，更看重具有相似工作经历、能够迅速胜任岗位的业务熟手；另一方面，企业在创立之初分工不明确，急需一专多能的"多面手"员工，具有较高灵活性、创造性、适应性以及吃苦耐劳的员工容易在新创外贸企业中受到重用。

（三）家族制管理占主导

新创外贸企业由于制度不完善，个人主义管理色彩比较浓，创业者与骨干员工之间多存在血缘、乡缘、学缘等关系，使企业带有浓厚的"家族"色彩，人情味较重，感情管理大于制度管理。但家族制管理在企业创立之初的确具有竞争优势，这是因为企业在创业初期必须尽快进行原始积累，家族制管理体制在白手起家、共同创业的阶段无疑是适合的。家族制企业的所有权与经营权合二为一，家族利益的一致性以及建立在血缘或亲缘等关系下的信任感，可以将监督成本降到最低。甚至在企业困难的时候，员工可以不计报酬地为企业工作，从而最大限度地降低了激励成本。

二、外贸创业企业人力资源管理的风险

企业在创立之初，以业务为战略核心是生存所必需，因此企业将主要精力集中于开拓市场、发展业务，而人力资源管理处于起步阶段，基础薄弱、经验缺乏，尚未建立起规范的管理体系。

（一）个人目标与企业目标偏离

新创外贸企业在业务方向、管理流程、岗位分工及工作环境等方面时常会面临变化与调整，创业者往往着眼于短期的业务目标，而忽略了对企业战略的规划和共同愿景的建立。员工在缺乏共同目标的情况下，只能单纯地完成工作，无法将自己的职业生涯规划与企业的发展联系起来，缺乏长期的激励因素。员工个人为达到短期目标的利己行为，不仅不能形成新创外贸企业发展的合力，反而会产生背道而驰的阻力，动摇处于创业初期的企业之根。

（二）组织架构及岗位分工混乱

企业初创期往往缺乏专业的人力资源管理知识和人员，由创业者直接承担主要的人事工作，人力资源管理被置于非职业化与边缘化的位置，企业组织架构的建设不完整，岗位分工的设计不清晰。人力资源管理水平的低下，导致员工不了解企业整体的运作架构，对自身的岗位职责以及与其他成员的分工协作关系认识模糊，容易出现某些工作多人重复劳动，某些工作无人问津的现象。员工在日常工作中主动性受到抑制，通常只能被动地等待接收指令，并疲于应付紧急任务和处理琐碎繁杂的事务。

（三）员工流动频率过快

新创外贸企业成立时间短，与成熟的大中型企业相比，具有薪酬待遇较差、员工归属感不强以及发展前景不确定等劣势，导致其员工将新创外贸企业当成获得经验的跳板，流动十分迅速，破坏了员工队伍的稳定性。特别是拥有稳定外国客户资源、掌握核心业务、具有特殊经营才能的关键员工的离职，容易造成核心技术和商业机密的外泄，客户资源的流失，企业日常运作的停滞等严重损失，极大削弱了企业的核心竞争力。

（四）缺乏系统的员工培训体系

新创外贸企业在用人上以"功利性"为导向，倾向于招聘"业务熟手型"员工。创业者不愿将有限的资金分配到对员工的培训中，并没有将培训作为投资来看待。即使有员工培训，大多也是应急或被动式的技能培训，而省略了对共同愿景、道德精神、团队合作等综合素质方面的培养，不仅无法建立员工对企业的归属感，更无法形成企业向心力和凝聚力，导致人力资源成为企业进一步成长的短板。

（五）对员工绩效考核的主观性较强

新创外贸企业对员工绩效考核的方法不成熟，一方面，与创业者有亲戚、朋友、同学等关系的员工占一定比例，创业者在管理中受感情支配较多，个人色彩较浓，往往缺乏制度观念，对下属的业绩评价具有主观性和随意性；另一方面，新创外贸企业以业绩目标为重心，在考核员工绩效时，通常单纯将业务量或销售额作为考核标准，考核内容不全面，员工对企业目标的认同、职业道德修养以及自我学习能力等都容易被忽略，不能从考核指标中体现出企业长期发展的导向。

三、外贸创业企业人力资源管理的机制

对于新创外贸企业而言，塑造一个以人为本的内部环境，构建共创未来的愿景与机制，使人力资源在动态的使用过程中，实现其自身增值和价值创造，是决定创业成功的关键要素。所以，创业企业必须建立一套行之有效的人力资源管理机制，选任、培养、激励、留住人才，促进新创外贸企业的不断成长。

（一）明确岗位设置，选任合适的人才

在企业中没有什么比将合适的人放在合适的岗位上更重要，当然也没有什么比将不合适的人放在不合适的岗位上对企业和个人造成的浪费和伤害更大。世界五百强之一的美国通用电气公司前总裁韦尔奇说，他常常把70%以上的时间用来研究公司中人力资源的使用配置状况，以形成高效率的经营团队。因此，新创外贸企业首先要将岗位设置制度化、规范化，对人力资源配置进行谋篇布局，并在此基础上知人善任。一是根据节约高效的原则设计岗位分工。新创外贸企业资金有限，讲究精打细算，在人力资源上更应该如此，而人才需求分析是控制人力资源成本开支的基础，是关键的第一步。创业者必须清楚企业中哪些岗位一定要设置，分别设置多少人，应当赋予哪些责权等。新员工进入企业后，需要了解的第一件事就是企业的组织架构是什么，我在哪个岗位做什么，我与其他人怎样配合。二是根据德才兼备的原则选任合适人才。最优秀的人才不一定是最合适的人才，只有根据岗位需求，选择能力和品德与之匹配的员工，才能在促进企业发展的同时，保证员工忠诚度，减少人才流失率；否则，会出现将高能力的人配置到低位置上大材小用，加大人力成本，增加跳槽风险的现象，或者出现将低能力的人配置到高位置上，造成执行力低下，工作上错漏频出的问题。

（二）衡量培训成本，培养优秀的人才

长期、持续、有计划的员工培训，是企业运行和发展的重要保障，也是吸引优秀人才的有效手段之一。新创外贸企业要以承受能力为基础，从长远发展需要出发，建立全程性、全面性、全员性的培训体系，即培训贯穿员工职业生涯的全过程，涵盖从业技能和综合素质的各方面，覆盖到从高层领导到一线员工的每个人。

首先，要营造奋发向上、不断进取的学习氛围。据世界经理人文摘网站进行的一次网上调查显示，在所提供的七项福利（医疗保险、退休保障、住房及补贴、带薪休假、业务用车、进修和培训机会、子女教育津贴）中，43%的人首先选择了进修和培训。进修培训已经成为许多员工重视的一个条件。对于高素质的关键员工而言，不仅仅是为了赚钱，他们更希望通过工作得到发展和提高。因此，创业者要带头转变观念，纠正对员工培训的认识偏差，营造员工愿意学、主动学、坚持学的良好氛围，杜绝部分员工对培训持有逃避或无所谓的心态。

其次，要分层次、有重点地制订全员培训计划。全员培训不等同于所有员工在同一时期内都要参与培训，而是根据员工个人职业生涯规划和企业战略需要，通过培训需求评估，对不同层次的员工各有侧重地制订针对性的培训计划。在培训内容的选择上，对创业者的培训着重于企业家才能，对中层管理者的培训集中于共同愿景的形成和执行力的提高，对一线基层员工进行自我管理、团队精神以及从业技能等方面的培训。在培训时间的选择上，对重要的培训要未雨绸缪，对急迫的培训要快速启动，各种培训之间合理衔接，有条不紊地组成系统。

最后，要在实际工作中科学地衡量培训效果。培训上的投入带来的产出难以量化，可以从对实际工作的针对性和及时性两个角度加以考察。针对性是指培训要有目的，根据新创外贸企业的发展规划，对员工欠缺的知识和能力进行培训，消除现实工作需要和员工知识能力存在差距的矛盾。及时性是指培训的内容能马上运用到工作中，让员工在"做"中进行消化和检验，让培训转化为现实生产力，以人力资源的发展，带动新创外贸企业突破发展瓶颈。

（三）完善考核机制，激励有为的人才

绩效考核是人力资源发展的基本保证，既可以对员工进行甄选区分，也可以保障企业目标的实现。一方面，绩效考核与薪酬、职务晋升、福利待遇等的紧密挂钩，可以为员工的晋升与发展提供公平竞争的平台，消除新创外贸企业由于"家族色彩"带来的任人唯亲弊端；另一方面，绩效考核对员工个人目标进行正确导向，使之与企业整体目标契合，通过员工不断提高绩效的努力，达到提高企业整体绩效水平的目的。因此，必须建立科学健全的绩效考核机制，使德才兼备的员工得到与之相匹配的待遇，激活员工队伍的能动性和创造性。

一是厘清考核指标，设定相应的权重。在考核内容上，对德、能、勤、绩的全面考核，与突出考核重点并重，指标的设计要体现企业现阶段的主要导向。根据新创外贸企业的特点，业务类"硬"指标的权重相对较大，综合素质类"软"指标的权重相对较小。在考核方式上，与自己比发展、与别人比业绩、与别人比贡献三位一体，横向与纵向考核双向并行。

二是建立以奖为主、以罚为辅的奖惩机制。绩效考核也需要提高执行力，承诺准确、及时地兑现，能使员工得到最大化的现实收益和心理满足，发挥最大的激励效用。而新创外贸企业的市场拓展能力较弱，风险防御能力较低，业绩受市场变化的影响较大，对员工的考核结果不应过于苛刻，否则当员工的切身利益得不到保障或者时刻处于可能被淘汰的风险中时，员工会受到打击，缺乏安全感，人心惶惶，使企业失去凝聚力。

三是畅通双向沟通渠道，增强双赢共识。为防止对员工考核的片面化，持续的双向沟通应贯穿绩效考核的全过程。在制定考核指标时，需要与员工就目标设定达成共识，同时体现企业对员工的期望与员工对企业的承诺。在考核实施中，畅通的沟通渠道保障员工享有申诉说明权利，有利于纠正考核偏差，使考核结果获得员工的认同。在考核反馈阶段，动态的沟通能促使企业和员工就如何改进不足、怎样提升绩效以及下一个绩效目标达成共识。

（四）培育企业文化，留住最好的人才

企业文化是员工在长期的工作中，经过凝聚提炼形成的共同价值标准、理想信念和行为准则，它能营造出良好的企业内部环境和团队精神，使员工在工作的过程中完成自身发展的定位。良好的企业文化，在薪酬留人和契约留人双保险的基础上，加上了文化留人的第三重保险。

一是将共同愿景作为吸引员工的根本。共同愿景是企业上下由心认同、齐心共筑的未来景象，是看得见的"好处"，也是潜在的长期收益。人失去理想，就会无所事事，企业也一样，没有长远目标和规划，就会人心涣散，失去凝聚力，难以留住人才。让员工看到企业的宏伟蓝图，看到企业的未来愿景，使有抱负的雇员产生向往和期待，可以减少新创外贸企业由于待遇较低所带来的负面影响，对员工产生长期的吸引力和内驱力。

二是将人本主义作为管理员工的准则。把员工当成"物"来管理，必然忽略个人的需求、愿望，当然也留不住人才。将员工看做企业的主体，强调员工对管理的参与，从感情上与员工建立心理契约，最大限度地关心人、依靠人、培养人和造就人，才能充分激发员工的热情和进取心，使之从内心深处产生对企业强烈的归属感和责任感，并真正把个人的前途和企业的命运联系在一起。

三是将团队精神作为凝聚员工的动力。团队精神使员工产生归属感，愿意把自己的命运和荣辱与团队的发展前途联系在一起，团队成员之间相互信任、帮助扶持、共同进步，融洽的工作氛围和强烈的责任感，使员工对企业产生较高的忠诚度。

延伸阅读　　　　　　　　　　**企业内部管理分析问卷**

1. 计划

（1）企业是否有成熟清楚的宗旨和目标？

（2）企业在其主要经营领域是否有明确的竞争战略？

（3）企业是否调查和预测外部环境各因素的各种变化？

（4）企业的预算过程是否有效？

（5）企业的决策是否采取了战略管理的办法？

（6）企业是否制订了应变计划？

（7）企业的宗旨、目标、战略、政策是否一致并为成员所了解？

（8）企业是否按其战略分配资源？

2. 组织

（1）企业是否有明确的组织结构？

（2）这个组织结构是否与战略相协调？

（3）企业组织结构中的管理跨度是否合适？

（4）企业组织活动中类似的活动是否被恰当地安排在一起？

（5）职能部门是否放在组织结构合适的位置？

（6）企业组织结构是否体现了统一命令的原则？

（7）企业管理者是否进行了恰当的分权？

（8）企业是否使用了岗位说明书？

（9）企业各目标的责、权关系是否明确？

3. 激励

（1）企业职工是否团结一致、齐心协力、士气高涨？

（2）职工是否感到工作的意义，有满足感和挑战性？

（3）企业是否采用了职工参与管理的形式？

（4）企业是否鼓励创造性的活动？

（5）企业管理者是否知道企业内非正式团体的存在？

（6）非正式团体的行为是否有利于企业管理？

（7）职工的出勤率是否高？

（8）企业内是否有良好的双向沟通系统？

（9）企业管理者是否是一个好的领导？

（10）企业是否有一个好的奖惩制度？

（11）企业和职工是否能适应变化？

（12）企业职工是否能在企业中满足个人需要？

（13）企业各部门的政策是否合理和支持企业的目标？

4. 人事

（1）企业是否有专职的人事经理和人力资源管理部门？

（2）企业是否在认真地经过招聘、面谈、考核和选择之后聘用员工？

（3）企业给职工的福利是否合理？

（4）企业是否为职工提供培训和学习的机会？

（5）企业是否有有效的绩效评价体系？

（6）企业是否有良好的工资激励制度？

（7）企业是否有良好的办事程序？

（8）企业是否有良好的纪律规定？

（9）企业是否为职工提供了他们事业发展的规划？

（10）企业人事经理与直线部门负责人是否相互尊重和信任？

（11）职工的劳动条件是否清洁和安全？

（12）企业是否提供了平等的就业机会？

（13）企业的晋升制度是否公平？

（14）企业是否为职工解决思想和社会问题提供咨询和服务？

5. 控制

（1）企业是否有有效的财务控制制度？

（2）企业是否有有效的销售控制制度？

（3）企业是否有有效的库存控制？

（4）企业是否有有效的生产控制？

（5）企业是否有有效的管理控制制度？

（6）企业是否有有效的质量控制系统？

（7）企业是否有计算机辅助控制系统？

（8）企业各部门是否有劳动生产率标准？

（9）企业是否在控制过程中经常监视有利和不利的偏差？

（10）企业是否并迅速采取纠正偏差的行动？

（11）企业的奖惩制度是否能支持企业的控制系统？

（12）企业的控制系统是否准确和全面？

6. 企业文化

企业文化虽然不是一项管理职能，但它在企业管理中的作用越来越重要。它是企业成员共同分享的信念、期望、价值观念的集合。它影响和规范着企业成员的行为以及各项管理职能发挥作用的方式和原则。

下面是分析企业文化过程中应该回答的几个问题：

（1）企业管理者是否了解企业文化？

（2）企业文化是否在企业中有明确反映？

（3）企业管理者是否有有效的方法宣传企业文化？

（4）企业文化是否与企业目标一致？

（5）企业文化是否反映企业职工的利益？

对于以上问题肯定或否定的回答，表明了企业在这方面的长处或短处。这些问题也并未包罗一切，也不是不可以改变的，企业战略管理者可以根据企业的特点加以调整。

思考题

1. 外贸创业企业和成熟企业、创业型企业和非创业型企业在创业行为上分别有什么的特点和表现？

2. 以一个你所知道的新创外贸企业为例，简要分析其创业的内外环境。

3. 简要叙述新创外贸企业应该采用怎样的营销策略，并举出一个新创外贸企业的营销案例。

案例分析题

被视为中国创业企业标杆的百度，在员工关系方面的遭遇，应该可以非常生动地成为新创企业人力资源管理的案例。百度公司作为最优秀的中文搜索公司，在此前一直被成功的光环与荣耀所笼罩。2005 年，因百度成功上市所带来的财富效应，百度公司及李彦宏本人，收获鲜花美誉无数，央视慷慨地将"2005 CCTV 年度最佳雇主"的光环给了百度，但事与愿违。

2006 年 7 月 10 日，百度"闪电裁员"，引发员工在博客中持续抗议与维权，因公司危机处理方式不当，错误地向博客所属网络公司发难，此举导致裁员事件迅速演绎升级，成为一场万人瞩目的公众事件，并将公众的注意力引向百度的商业竞争对手搜狗，给公众造成百度指责搜狐是因为担心搜狗崛起的印象。

因为裁员事件，百度精心策划准备的业界重拳"百度世界"的发布被裁员事件抢走了公众注意力。7 月 13 日"百度世界"发布的当天，北京市劳动局开庭仲裁员工被裁案，"最佳雇主"百度公司输了。员工关系事件对百度的影响是巨大的，可衡量的经济损失是，肯定超过了裁员企图收回的 2 000 万股票期权的价值。不可衡量的损失是，丧失了百度创业时建立起来的公众尊敬与信赖。而互联网公司经营的，恰恰是公众关注与信赖。

问题：

（1）百度的发展中可能存在哪些问题？试提出解决方案。

（2）百度的裁员事件反映出百度的人力资源管理工作存在哪些问题？

（3）结合百度案例，谈谈创业者的人力资源管理的重点和难点。

第十章　外贸 SOHO 创业

学习目的

1. 掌握 SOHO 及外贸 SOHO 的基础知识；
2. 了解外贸 SOHO 的主要工作流程；
3. 了解外贸 SOHO 创业所面临的挑战。

开篇案例

一位外贸 SOHO 成功人士的经历

Jade 高中毕业，1993 年进入外贸行业，刚开始，只是在公司的外贸仓库工作，十多年后的今天，他已成为一位有着丰富经验的 SOHO 人士。

1993 年在公司的外贸仓库工作，1995 年开始做单证，但基本上除了接订单，剩下的整个外贸流程都是 Jade 在做，从安排生产计划到跟单、做单证，除了办理退税，要跟踪整个订单的流程，随时掌握动向。当时工资很低，工作却十分辛苦，Jade 一个人顶了 4 个人的岗位。另外还经常会受气，事情做得再好，都只是领导的功劳，稍微出点差错，就会被贬得一无是处。

因收入与付出反差太大，2000 年年末，Jade 离开了那家工作了十多年的公司。考虑到有多年的外贸工作经验，Jade 离开后给自己配置了一台电脑、一台传真和一部电话，就加入到当时刚刚在国内兴起的 SOHO 一族。然而现实并不如想象中的顺利，刚出来的 Jade，因对市场估计不足，不知以前公司的产品已经老化，销路已经衰退，仍然在推销老公司的产品。6 个月下来，在网上找了很多客户，也接了很多询盘，却总是在还盘后就没了消息。

这种情况持续了半年，Jade 终于发现了问题，因为他所在的地方是工具之乡，在离开原公司前，已有很多小厂出现，价格竞争十分激烈，如果没有一定的技巧，SOHO 很难做起来。于是他及时调整格局，在网上搜索一些畅销的但难度比较大的产品。在看了很多国外的大网站后，Jade 才发现，原来自己一直坐井观天，以前竟不知道自己所从事的行业竟然有这么多的花样，而自己原来所在公司的产品仅仅是其中非常小的一个分支，而且是竞争十分激烈的那一部分，所以，SOHO 一族身处其中，根本没法生存。

Jade 选了一些品种后，开始找工厂，向工厂了解产品及其用途和使用方法，经常跑工厂，并在这个过程中边学边推销。

2001 年年底，Jade 的第一个客人表示要下一个试订单。2002 年年初 Jade 拿到了第一张单，300 美元。外贸 SOHO 生涯自此算是正式开张了……

资料来源　阿里巴巴网站，创业资讯，http://info. china. alibaba. com/news/detail/v5003000 - d1000515522 - p2. html#newsdetail - content。

创业不会像计划书写的那么简单，因为现实是复杂多变的，没有人能够准确预测什么会发生、什么不会发生，所以要有充分的心理准备。如果你希望过安稳的生活，那还是老老实实地找个工作好好干吧！创业，意味着什么事都要自己承担，不再有人按月给你发工资，如果做不好，你可能连吃饭的钱都没有；在创业前，你就应该清醒地认识到：创业不可能100%成功，你要做好失败的准备，想好失败以后的出路。在当今时代，对大多数人而言，单靠工资是没什么前途的了，创业意味着你有机会实现自我，掌握命运的方向，做自己的主人。但是因为创业风险大，怕投资太大无法收回，所以大部分缺乏资本的创业者选择从 SOHO 创业开始。

第一节　外贸 SOHO 的基础知识

网上活跃着这么一群人，他们不隶属于任何公司，却在为各个公司打工；他们游离于各大媒体之外，但又和媒体有着千丝万缕的关系；他们没有固定的老板，自己就是自己的老板；他们没有固定的工作时间，想何时工作就何时工作；他们就像是倒挂在网上的蝙蝠，独来独往、昼伏夜出——他们就是网上的 SOHO 一族。他们也许是制作网页的高手，也许是文学写作天才，也许是时尚主播，也许是广告创意精英……总之，是网络为他们提供了一个赖以工作和生活的大舞台。

SOHO 是英文 Small Office and Home Office 的缩写，意思是居家办公，如自由撰稿人、平面设计师、工艺品设计人员、艺术家、音乐创作人、产品销售员和商务代理等自由职业者都是采取这种形式工作的。外贸 SOHO 就是在家办公的外贸人。

如果你以前不知道什么是 SOHO，不知道有外贸 SOHO 这么一个群体的存在，那本书就是一个了解外贸 SOHO 的机会。

延伸阅读

"工作真没意思，一天就是那么点事，天天这么做，一点成就感也没有，虚度光阴啊……"

"'五一'公司放了三天假，'十一'也才放三天假，三天够干吗的啊？回趟家的时间都不够，更别提出去旅游了，一年到头地上班累死累活，真没意思啊……"

"我们老板啥都不懂，就知道让在阿里巴巴上发信息，一天要发几百个信息，还得每天更新，根本没时间自己找客户，做外贸哪能这样啊？"

"一年给公司出了100万美元的货，公司才给发了5万元人民币，老板真抠，这样下去啥时才能买起房子、娶上媳妇啊？"

一、为什么这么多人做 SOHO

在企业不能充分发挥自己的才干，没有时间休息，不喜欢被人管，工资少，更重要的是挑战自己，给自己一个年老时不后悔的理由，所以很多人选择了 SOHO。虽然不敢保证 SOHO 一定比上班强，但至少是一个改变命运的机会。一位在校大学生从大二开始在淘宝上卖服装，因为自己的宿舍有电脑，能上网，半年后月收入 8 000 元以上，比一般上班族的工资还高，毕业后直接创办了自己的公司，这就是 SOHO 的魅力。

二、为什么选择外贸 SOHO

SOHO 种类很多，如果你文笔好，你可以在家写文章、写小说，做个 SOHO 自由作家；如果你精通计算机，可以在家兼职网络编辑；如果你精于设计网站，你可以自己开个工作室，专门帮人做网站，这也是 SOHO；如果你是广告专业科班出身，可以弄个小办公室做广告策划 SOHO；如果你有好的货源，可以在淘宝网开个店，做个职业卖家，这也是 SOHO。

为什么选择做外贸 SOHO 呢？因为你想要个更自由的工作空间，更好地发挥自己的才能，更重要的是你想多赚点钱，而且你的英语水平还不错，知道怎么做外贸，怎么才能做好外贸，知道做外贸 SOHO 可以赚钱。

小李来自江西一个贫困的农村家庭，2001 年考入某高校，学习国际经济与贸易专业，学习成绩优秀，并一直担任学生会干部，大三担任了院学生会主席。2005 年大学毕业后，在深圳一家外贸公司工作，月薪 3 000 元左右，三年后自己开了公司，脚踏实地地从 SOHO 做起，2011 年收入在 80 万 ~ 90 万元，在深圳买了房子和车。

大学毕业时，小李的同学有去银行的，也有去大型企业的，虽然小李只进了一个不起眼的外贸公司，但是如今的小李却是同学中的佼佼者，也是 SOHO 一族的典型代表。

三、四大要素

做 SOHO 也不是简单的事情，做外贸 SOHO 更不是会英语就能做的，以下 4 点是一个外贸 SOHO 必须具备的要素，如果缺少任何一项，那还是先不要做外贸 SOHO 的好。

（一）要有系统的外贸知识和产品知识

个人做外贸和在公司做外贸不一样，在公司做外贸，或许只是负责整个外贸流程的一个环节或者几个环节，但个人做外贸要涉及整个外贸流程，不仅要懂产品，能搞定客户，还要做会做单据，懂得验货，联系货运，而且要明白核销、退税等事情。一句话，外贸 SOHO 就是外贸全才。你应该熟知外贸专业知识以及一般出口操作流程。这方面并不一定要求很高，但基本常识必须了解。主要包括常用贸易术语的灵活运用、各类结算方式的利弊以及报关、商检、海运等基本知识。

如果对整个外贸流程不熟悉，建议还是先找个外贸公司工作一段时间，系统学习一下整个外贸流程的知识；抱着学习的心态去做事，会成长得更快。当然也不要抱着大学里的外贸教材来做外贸 SOHO，因为教材未必能跟上社会的发展，未必能面面俱到，一定要有实践经验。

另外就是对你所做的产品要有比较专业的了解。老练的客户都有很灵敏的嗅觉，他们往往会从与你的交流中做出是否继续合作下去的判断。对于产品性能、规格、参数等专业知识的熟知度，关系到能否让客户对你形成好的第一印象，这就像谈恋爱时的一见钟情，这一点非常关键。

（二）要有一定的经济基础

虽然说外贸 SOHO 是空手套白狼的活计，但是也不是一伸手就能套到狼的。如果没有现成的客户，一般也要 3 ~ 6 个月才能出单；当然如果准备工作做得好，或者运气好，一个月内出单也是完全可能的；但要做最坏的准备，万一几个月不出单，接下来应该咋办。

如果没有积蓄可以支撑几个月只出不进的日子，那还是先半 SOHO 或者等时机成熟再做更好。如果整天为生存担忧，哪还有心思做好外贸 SOHO？

另外，要知道，当你开始对工厂下单时，你只是一个没有单位、没有公章、没有担保的"三无"个体户。即便交情再好，不支付订金恐怕也不符合现今的商务逻辑。至少开始的一两个订单，你必须有订金才行。但如果你能轻易搞定，那最好不过；还有就是乱七八糟的杂费，像差旅费、招待费等。

（三）要有良好的心理素质

一要耐得住寂寞。外贸 SOHO 是一个人的战斗，所有的一切都要一个人去面对，一个人在一个屋子里，一天十几个小时对着电脑，除了偶尔和朋友在 QQ、MSN 上聊聊天之外，就是不停地发邮件、回邮件、寻找客户。如果耐不住寂寞，一会看看电影，一会玩玩游戏，是没法做好外贸 SOHO 的，工作要专心。

二要顶得住压力。说白了，外贸 SOHO 就是在家待业，一切都没有保障。父母不理解，亲戚朋友说三道四，都是正常的，尤其是长时间不见效果的时候，如果顶不住这些压力，只会功亏一篑。所以，在做外贸 SOHO 之前，取得家人的理解和支持很重要。

三要保有信心。做外贸 SOHO 半年不出单子也是有的。开始时，信心百倍，几个月没有单子，很多人就会怀疑自己当初的决定，觉得做外贸 SOHO 毫无前途，开始彷徨，不知道该干什么好。长时间的努力没有效果，这种反应是正常的。这时候我们要做的不是重新开始找工作，更不是继续彷徨，而是想一下自己当初为什么那么坚定地要做外贸 SOHO？在纸上用笔一条一条地列出来，并且回顾这段时间都做了些什么，有哪些方面忽略了没做，或者没做好。很多时候方法远比努力更重要。

四要保持平常心。在做外贸的过程中会遇到很多意想不到的事情，这时候保持平常心很重要，遇事不急不乱，想清楚再做。如果乱了方寸，只会越弄越糟。

（四）要有不断学习的心态和良好的自学能力

要做好外贸 SOHO，一定要坚持学习，抽时间看相关的论坛，学习别人的经验和教训，找时间和其他做外贸 SOHO 的朋友聊一聊，相互交流才能进步。不学习就会落后，路会越走越窄。但如果不会学习更可怕。外贸 SOHO 经常会遇到很多问题，除了外贸方面的，可能还有电脑、生活等方面的。如果不会学习，不知道怎么找解决问题的办法，只会弄得自己焦头烂额，严重影响正常工作。

四、外贸 SOHO 必备的工具

（一）电脑

这个没啥说的，这个大家都知道。简单提醒几点：配置不用太高，现在市面上销售的电脑随便哪一个办公都足够了，有钱买好点的，钱少买个就能用；不一定非要笔记本，除非你经常出差；一样的价格，台式机绝对比笔记本更好用；"工欲善其事，必先利其器"，不管什么机，你能搞定才行，所以学习一些基本的电脑知识还是很有必要的。

（二）软件

外贸 SOHO 不单要做外贸相关的业务，还要会熟练运用一般的办公软件，如会做 Excel 表格、会 PS 图片、做个简单的 Flash 等，还要帮客户做些设计什么的，而且要把电脑收拾得服服帖帖需要会用很多软件才成，如杀毒软件等。

（三）网站

很多刚开始或者打算开始做外贸 SOHO 的朋友还会问是不是需要一个网站，这年头个人都有网站，做外贸没个网站还真不行，网站就是窗口，你做外贸，没个网站，怎么让客户了解你、相信你？有网站，未必是真公司，但是一个做外贸的公司却没有网站，恐怕没人会相信这个公司真的存在。会做的自己做，不会做的找人做，千元左右便可以搞定。

另外，固定电话不是必须的，但是最好有一个，可以增强客户的信任感；传真很少用，但是拥有一个也就几百元，还可以做电话机用，也可以考虑；照相机最好配一个，如果厂家没有产品图片就必须自己拍摄；打印机可有可无，现在的打印店多得很。

第二节　外贸 SOHO 的工作流程

外贸 SOHO 的工作流程，涉及寻找货源、建立网站、获取客户、外贸流程、缮制单据、买单出口、外贸代理、离岸公司、货运代理等工作，是对外贸 SOHO 从业者专业知识和综合能力的考验。

一、寻找货源

外贸 SOHO 起步就要选择卖什么产品，这直接关系到以后的事业发展，因而要慎之又慎。

（一）原则：做熟不做生

如果你熟悉一个产品或行业，就不要轻易转向另一个陌生的产品或行业。如果你确认你熟悉的产品不适合作为外贸 SOHO 的起点，那就另选一个你认为适合的产品，然后找个做该产品的公司学习相关的知识，直到你熟悉了这个产品，再决定是不是要自己做外贸 SOHO。千万不要觉得某个产品不错，就在不懂产品的情况下开始你的外贸 SOHO 生涯，隔行如隔山，做熟不做生。

任何产品都不像表面上那么简单，一个行业有一个行业的规则，一个产品有一个产品的特性。贸然投入一个陌生产品的代价或许就是花比别人更长的时间学习，最后得出结论：这个产品不适合外贸 SOHO！悔之晚矣！如果你熟悉的产品不适合外贸 SOHO，那么尽可能地找相关或者相近的产品，这样起步或许会容易些。做外贸，不只是产品好就行。记住："合适的才是最好的"，对你而言，好的产品，就是那个适合你的产品。

（二）步骤：先选市场，再选货源

在没有稳定供应商的情况下，选择一个全新的产品之前，要选择一个市场——一个你感兴趣的、成熟的、有潜力和购买力的市场。先选择市场，后选产品，选择市场是选择产品的前提。

如何选择市场？

（1）感兴趣的市场。只有在你感兴趣的市场里，你才可能发现更多商机，才能想到更好的策略去发展客户，才会有信心做好外贸，才能更好地做好外贸业务。

（2）成熟的市场。一个新生的市场，不是一个外贸 SOHO 能培育成熟的；外贸 SOHO 要做的是从一个成熟市场上赚到第一桶金。

（3）有潜力的市场。国际大趋势会带来很多商机，如能源、健康、环保，随便哪一个都比传统市场更有潜力，但这并不意味着传统市场就没有潜力，庞大的买家就是传统市场的最大潜力。

（4）有购买力的市场。你卖的东西再好，别人买不起也是枉然。外贸 SOHO 一般是做批发，就是所谓的出柜；其实还有一部分外贸 SOHO 做的是国际零售，像国际 eBay 的卖家，他们也可谓外贸 SOHO。两者的区别主要在于产品，前者的产品适合批发，而不适合零售；后者的产品恰恰相反，零售为佳。如果有高价的好东西，不妨尝试做个外贸零售 SOHO。

（5）合适的市场。外贸 SOHO 要根据产品的特点，找到最能够展示企业产品 USP

（独特卖点）的、为企业获得效益最多的、进入成本最低的市场。在同一企业、销售同一产品的情况下，有的营销人员业绩好，有的业绩不好。产生的原因多出于此。市场定位的错误，往往会造成人力、物力、财力的大量浪费，最后无功而返。

所以，从这些方面讲，选择市场是选择产品的前提。选定市场之后，选择产品就容易多了。一般从如下几个方面考虑：

（1）复杂程度和科技含量。原材料和劳动密集型产品利润低，不值得做；当然，如果能够走量的话，也是不错的选择。不过此类产品多属于传统产品，卖家众多，价格压得很低，外贸SOHO在这方面一般没啥优势。

（2）吸引力。有的产品实属鸡肋产品，根本不适合出口。举个例子：选择做砖头的外贸，你觉得合适吗？仅运输砖头的运费，就已经远远高出砖头本身的价值了，再加上关税和其他的费用，到了国外的经销商那里，此砖头的价格还能和彼砖头的价格竞争吗？当然，这是一个极端的例子。

（3）入门门槛。高门槛，可能需要很长时间才能熟悉产品，但相对而言，市场竞争会小些，进入后，发展壮大的机会也大些；低门槛，进去容易，但能否存活是个问题。再者，高门槛的产品，供应商会少些，找到一个合适的供应商是个不小的挑战；而低门槛的产品，供应商众多，选择的机会多一些。这些都应该考虑到。

（4）是否需要打样或定做。有些产品需要打样或者定做（如衣服、首饰），打样的成本远高于打货，比较麻烦，和客户谈样品费也是一个问题，工厂的合作很重要，能否按时按质做好样品直接关系到能否接到订单。如果没有合作很好的工厂，建议不要涉及此类产品。

（5）单位货值、退税率和平均利润率。有的产品一个小柜的货值不过1万美元，满打满算也赚不了几个钱，不做也罢。而有的产品货值不错，但是市场利润率太低，有的出口商已经将退税都贴到价格里了，货值大，实际上不赚钱，这类产品也是不碰为妙。

（6）出口手续。有的产品出口很麻烦（如农产品），出一次货得跑很多个部门，盖很多个章，手续繁琐，外贸SOHO还是避免涉及的好。

（7）市场竞争激烈程度。不要妄想做别人没有做的产品，这同样意味着没有人买过这个产品；市场竞争不可怕，可怕的是畸形竞争，外贸SOHO拼价格永远拼不过工厂，所以不要拼价格。阿里巴巴英文站是个好地方，输入你的关键词，看有多少家中国的金牌会员就知道竞争激烈程度了。

（8）市场所在。通过GoogleTrends之类的关键词分析工具，可以很容易地了解你要做的产品在全球哪个区域更受关注，关注程度如何，进而判断是否适合做。合适的产品卖到合适的市场，才是合适的交易。

（三）目标：选定供应商，商定合作协议

一个配合默契的供应商是外贸SOHO的最好助手，一个成功的外贸SOHO背后一定有一个甚至几个可靠的供应商。但是在商言商，良好的合作关系不只是靠感情维系的。

如何寻找、选定供应商？

（1）网络。可以在阿里巴巴、环球资源之类的B2B网站或者Google之类的搜索引擎上寻找。但不要一想到找供应商就上阿里巴巴中文站，那不是唯一的。找到一个供应商后，不要只要这个证书、那个文件，搞得那么正式，可以先在搜索引擎上搜索下该供应商的公司名称、电话或者负责人的名字，查看网上有没有相关的评价及公司的网络推广。

（2）朋友。朋友介绍的供应商相对可靠些，但要记住在商言商，生意归生意。

（3）实地考察。如果你在一个产品的生产基地，周边有很多该产品的供应商，那么亲自到供应商那儿去考察一下会比较好。

如何商定合作协议？

（4）付款方式。一般而言，外贸 SOHO 是拿客户的定金作为付给工厂定金，拿客户的货款作为付给工厂的货款，也就是所谓的"空手套白狼"。但是如果是刚开始合作的供应商，一般会要求付清全款才能发货，这样就要求外贸 SOHO 垫付货款（客户未付余款的情况下），这对手头不宽裕的外贸 SOHO 是个不小的挑战。经常合作的供应商一般可以先发货后付款，从而成就了外贸 SOHO 的"空手套白狼"之术。

（5）交易条件。一般而言，外贸 SOHO 先付部分定金给工厂，等工厂做完货或者发货后，外贸 SOHO 再将尾款付给工厂，然后工厂根据要求开具增值税发票，完成整个交易。这其中验货要由 SOHO 自己去处理，但可以让工厂或者货代安排送货到码头。

（6）要不要签合同。对于新合作的供应商，建议签订正式的合同；长期合作的供应商，如果货值不大的话，签不签合同问题都不大。

外贸 SOHO 和供应商的关系，是个尺度问题，很难把握，所以要慎重对待。大家都有钱赚，这是合作的准则。

二、建立网站

外贸 SOHO 是不是一定要有自己的网站呢？这就像吃饭时是不是一定要用碗筷是一样的。其实，应该问另一个问题：怎么做一个合格的外贸网站？吃饭的时候为什么要用碗筷？因为碗筷是吃饭必需的工具，网站又何尝不是外贸 SOHO 吃饭必需的工具呢？所以，不要问为啥用碗筷吃饭，而应该问用啥样的碗筷、怎么用碗筷吃饭更有效果。

外贸 SOHO 要明白不是因为别人有网站，所以你才需要有网站，而要知道拥有一个合格的外贸网站，可以树立良好的企业形象，提高工作效率、降低业务成本，便于公司和产品信息推广。

外贸网站不是摆设，而应该成为外贸 SOHO 赚钱的利器，下面 4 个要素可以让你的网站"活"起来，真正发挥网站的作用，而不只是个摆设，让你的网站脱离日均网站访问量低于 1 人的尴尬境地。

（1）明确、醒目的网站标题。很多公司在制作网页的时候，因为不了解网页和搜索引擎的特性，想当然地把自己公司的名称作为网页标题，殊不知对于一个国外的客户而言，除非公司名称中包含了产品名称，比如 Ningbo Farm Machinery Co., Ltd，否则仅仅是 Ningbo Machinery Co., Ltd 的网页多半就被忽视了。通常，客户在面对几十万个可供选择的网页时，给你的机会也许只有几秒钟。所以，标题中有没有公司名称不重要，重要的是必须包含公司主要产品的名称，让搜索者一眼就知道公司是做什么产品的。

（2）网页标题以产品名称作为首选。因为一个网站包括多个网页，不妨细致些，分别针对每个网页设定产品名称标题。对于无具体产品的公司介绍、联系方式等网页，不妨采用"公司名称+主打产品"的形式。

（3）实质性网站内容。Google 一类的搜索引擎在对网页进行排名列表的时候，会依据网页内容与关键词关联的紧密程度来排序，因此网页内容越详细，网页排名就越靠前。

围绕 1~3 个主要关键词经常性地更新和扩充网站内容，使网站从单纯的公司销售网站上升为行业资讯传播的平台，吸引更多的访问者，从而提升知名度和威望。

（4）稳定且浏览速度快。与网站设计制作者洽谈建站事宜的时候，他们多半会向你展示一些漂亮的网页画面，各种齐全、复杂的功能，以及炫目的动画效果等，以显示他们技术专业，收费合理。网站越漂亮越好吗？不是的。盲目建立网站，也许会花钱多但效果适得其反。变化炫目、功能齐全的网页能给人以好感，炫耀公司的实力，但不一定实用。

目前企业网站一般是用 CMS 程序制作，好处在于有后台，方便网站的维护和更新，虽然无法实现纯静态，但随着搜索引擎技术的发展，动态网页对搜索引擎的收录没有太大的影响。

三、获取客户

在整个外贸环节中，客户只是其中的一环，客户虽然重要，但也不是最重要的一环，最重要的一环是货源。很多外贸 SOHO 起步的时候并没有固定客户，但他们照样做起来了，而且做得很好，就是因为他们有好的货源。

客户是不稳定的因素，具体表现在如下几个方面：

（1）客户是养不熟、靠不住的。客户越来越精明，精明得让人讨厌。拿着一个低的报价，找别人要更低的价格，是他们常做的事；联系得好好的，突然消失得无影无踪，或者他明明在线，就是不搭理你，也是他们常做的事。千万不要以为你提供了你所能提供的最优的产品质量、最低的产品价格和最好的服务，客户下次就一定会再下单给你，也不要以为你们之间的关系好得就像亲兄弟，他下次就一定会从你这儿买东西，在商言商，如果有更好的利益，他们会毫不犹豫、毫不留情、毫不客气地抛弃你。

（2）客户是不能相信的。生意就是生意，一笔是一笔，没见到钱，不管多大的单都是假的。客户吹嘘一年买多少货，这个订单几百万美元，无非就是想要低价格，千万不要中计，要以不变应万变，根据数量给出报价。

（3）客户不是上帝、不是你生命中的贵人。说白了，客户就是买你东西的人，他之所以买你东西，不是他想"搭救"你，而是因为有利可图，而且是从别人那得不到的利益，所以你应该认为是你在帮助他。买卖双方是平等的，你要尊重你的客户，但没有必要低三下四。

在了解客户的庐山真面目之后，我们再来看获取客户的种种手段。

（1）开发信和产品目录方法。通过查阅国外出版的企业名录、报纸杂志的广告或者在网站上看到的联系方式，以函电或者发送资料（产品目录、样本册等）的方式，自我介绍建立关系。

（2）通过 B2B 网站找客户。可以在 buying leads 里面找客户，如果有预算的话，可以成为 alibaba. com、www. ttent. com、ecvv. com、madeinchina. com 等 B2B 网站的付费会员。

（3）请国内外的贸易促进机构或友好协会介绍关系。比如，中国国际贸易促进委员会也办理介绍客户的业务。

（4）通过 Google 等搜索引擎检索。可以检索你的产品+Buyer 等信息找到相应的买家，然后直接联系就好了，如果条件允许也可以直接做海外搜索引擎的广告。

（5）购买海关数据。各国的海关进出口数据都有一定的参考价值，可以直接找到目标客户，但是大多数海关的数据都是过期的，能否购买到真实数据也是难点。

（6）通过参加国内外展览会、交易会建立关系。这类活动的优点是能与客户直接见面，联系的范围广。

（7）通过外贸论坛直接找客户。各个外贸论坛都会有求购信息，找到并联系，相信效果会很不错。另外也可以建立营销博客，特定针对某一市场进行销售。

四、外贸流程

一个完整的外贸流程包括询盘报价、协商订货、收取定金、生产备货、查验货物、租船订舱、报检报关、装船出运、签收提单、结算余款、交付单据、核销退税。并不是每个环节都需要外贸 SOHO 亲自去操作，部分环节是由货代、报关行或者外贸代理公司来完成的。

（一）缮制单据

整个外贸流程是很复杂的，有很多环节，涉及很多单位和个人，需要很多单据。但对外贸 SOHO 而言，只需要完成自己需要完成的工作、提供需要自己完成的单据即可。

涉及的单据包括：

（1）外销合同（Sales Contract）。

（2）报价单（Quotation）。

（3）形式发票（Proforma Invoice）。

（4）发票（Invoice）。

（5）装箱单（Packing List）。

（6）购销合同。

（7）出境货物报检委托书。

（8）货代订舱托书。

（二）买单出口

所谓买单出口，其实就是没有出口权的工厂或 SOHO 通过买别的进出口公司的核销单，以该公司的名义进行外贸出口。

买单出口所买的"单"主要是指核销单，但是卖单出口服务的公司除了提供核销单之外还需要提供与核销单抬头一致且盖有公章的报关单、报关委托书、装箱单、商业发票、外销合同、报检委托书、存仓委托书等单证。

买单出口的操作完全合法，因为货物仍然需要通过出口口岸海关的正常报关程序。众所周知，任何形式的出口都需要报关（小量的国际快递除外），而报关就必须准备好一系列的报关资料——装箱单、商业发票、报关单、报关委托书和核销单（申报要素可自行准备）。

选择买单出口的工厂或 SOHO，其产品一般都具备以下特点：产品的退税率低（不值得开增值税发票拿退税）；产品的货值小（嫌走核销、退税的途径过于麻烦）。

对于 SOHO 而言，只需要把整套报关资料交到货代手里即可（货代会将报关资料交给报关行，由报关行向海关提交报关申请）。只要货物报关通过，顺利放行，买单出口的过程就算是完成了。

注意事项：

（1）目的港清关问题。由于各地海关没有联网，故报关时用的资料可以与给目的港客户的清关资料抬头不一样，但是要求单证统一，即提单、箱单、发票必须是同一抬头（没有出口权的公司亦可用自己公司作为抬头）。

（2）外汇收汇问题。买单出口不存在"谁出口谁收汇谁核销"的情况，外汇（货款）可以打到任意个人账户、公司外汇账户及离岸账户（卖单的公司会自行处理核销的问题，故给许多没有进出口权的工厂和SOHO族们带来了许多便利）。

（3）出口退税问题。由于买单出口是不能做出口退税的，从工厂拿货的时候可以通过不含税价格来降低出口的成本（工厂不需要开具增值税发票，故可以逃避税收）。

（三）外贸代理

外贸代理制是指由外贸公司充当国内客户和供货部门的代理人，代理委托方签订进出口合同，收取一定的佣金或手续费的做法。外贸企业需要承担相应的责任，而价格和其他合同条款的最终决定权属于委托方，进出口盈亏和履约责任最终由委托方承担。外贸代理制作为社会分工的产物，对开拓国际市场具有重大的作用，经过多年的发展和完善，已经成为现代国际贸易中一种重要的贸易方式。

为什么需要外贸代理？

首先，在中国，任何单位或个人的货物或物品的进口和出口都必须通过海关。所以，如果外贸SOHO要出口货物，也一定要向海关申报。但并不是所有的单位和个人都可以向海关申报进口或出口。通常，只有取得进出口权的单位并在海关备案后，才可以向海关申报进出口，这是通过外贸代理公司出口的根本原因。

其次，在外贸SOHO初期，通过外贸代理出口在一定程度上可以降低出口成本。复杂进出口服务环节是中国外贸的一个国情特色。在欧美发达地区，整个进出口环节中最重要的就是物流，而在中国，进出口服务包括通关、物流和金融三大类，而其中的具体环节则有几十项。仅仅这些环节就需要好几个人来处理，而在外贸SOHO初期，业务量较少，如果外贸SOHO自己成立外贸公司，自己来处理这些事情，成本较高。

再次，在外贸出口中，国家会对出口方给予出口补助，也就是所谓的出口退税。虽然不同的产品出口退税率不一样，但这也算是一笔收入，尤其是在目前外贸难做的情况下，很多外贸SOHO，甚至外贸公司只是赚些退税而已。虽然出口退税说起来简单，但也不是排队就能领钱的事儿，其中有相当多的游戏规则。大部分专业的外贸代理公司都会垫付退税，这对外贸SOHO而言未尝不是一件好事。

最后一点只有在很少情况下会用到，那就是如果碰到客户对公司不信任，或者接到较大的单子，客户要调查公司信誉，这个时候，可以让客户去调查外贸公司的信誉和实力，以外贸公司的信誉和实力来为外贸SOHO提供必要的担保。当然，客户不提，外贸SOHO自己也没必要找麻烦。

简单而言，外贸SOHO通过外贸代理公司出口，一方面是国情需要——出口必须由有进出口权的公司才能办理，另一方面是基于可以更快地获得出口退税。

对外贸代理公司的要求只有一点：专业。只有专业的外贸代理公司才能提供专业的外贸代理服务，才能保证外贸SOHO的资金安全和客户资料，才能让外贸SOHO省心省力。同时，尽量避免使用本行业的外贸公司做代理。

（四）离岸公司

凡是在原居住地以外注册成立的公司，一般可统称为海外离岸公司（Offshore Company）。非当地居民在英属维尔京群岛、纽埃岛、塞舌尔群岛、巴哈马群岛及开曼等岛国注册的公司都属于这一类别。对中国内地的外贸SOHO而言，多是指在香港注册香港公司。

离岸公司对外贸 SOHO 而言，最大好处就是可以控制收到的外汇，预留利润。

之所以不建议外贸 SOHO 在初期就注册离岸公司主要基于以下考虑：

一是外贸 SOHO 在初始阶段不宜投资过大，尤其是投资于固定资产。虽然可以通过专门的代理公司注册离岸公司，但费用一般不会低于 4 000 元，而每年的维护费也需要 2 000 元左右。

二是外贸 SOHO 初期出口额较小，使用离岸公司的成本较高。外币打到离岸公司银行账户后，还是需要打到国内，注册和维持离岸公司的成本加上手续费，这个成本会大大高于买单出口和通过外贸代理出口。

三是代理注册离岸公司的那些代理公司所说的离岸公司的优点，对外贸 SOHO 而言基本没啥用处，而对大的公司更好些。

延伸阅读　　　　　　　　　　离岸公司的致命伤

注册离岸公司的广告满天飞，随处可见。真是乱花渐欲迷人眼，叫很多新人雾里看花。为了进一步明确事实的真相，以免更多人陷入迷雾，详细分析如下：

离岸公司的致命伤之一：LC、D/P 议付容易出现不符点。

众所周知离岸公司是不能提供 FORM A、C/O、大使馆认证这样的 LC 最常用的议付单证，这样一来，很容易在 LC、D/P 等单证要求严格的单子中出现不必要的风险。试想：一份 10 多万美元的信用证，要你提供与你公司名称相符的 FORM A、大使馆认证，你却提供不出来，这将会是什么后果呢？不要说你要转开信用证，这中间的复杂操作不说也罢，再加上不菲的费用。早知道这样，你何不直接开信用证给外贸公司呢？

离岸公司的致命伤之二：不能提供核销单，无法直接办理出口。

离岸公司不能提供核销单，不能直接办理出口事宜。不能提供核销单的话，只有两种解决方法：

（1）找个外贸代理公司代理出口：找代理出口，岂不是又多了一道手续？你何不自己直接找个出口代理呢？

（2）买单出口：如果是买单出口，那么货款的处理又是一个问题（后面会详细论述）。

离岸公司的致命伤之三：离岸公司所标榜的快捷的资金流，如果一旦离开代理公司这棵大树，将是镜中花、水中月。

离岸公司开的银行账户不管是在国内（现在一般都是在国内一些可以从事离岸业务的银行开离岸账户，诸如深圳发展银行等一些内地银行）还是在国外（比如一些外资银行），其货币形式只能是外币形式，也就是说，在离岸账户中的货款永远是外币，而不能是人民币。

离岸公司的致命伤之四：提高离岸公司的知名度实现起来困难太大。

你成立了一个离岸公司，而且是香港的公司。听起来好像很有知名度，但是客户问你在香港是否有 HEAD OFFICE，你将如何回答呢？这牵扯到外贸 SOHO 公司名称的问题，初期一个虚拟的公司名称即可，没人会查的，你说是真的，它就是真的；如果客人不信，即使你注册美国公司，他还是不会信的。

（五）货运代理

货运代理就是货主与承运人之间的桥梁，接受货主委托，代办租船、订舱、配载、缮制有关证件、报关、报验、保险、集装箱运输、拆装箱、签发提单、结算运杂费，乃至交单议付和结汇的公司。

与货运代理打交道，首先要了解行情。了解行情了，才比较好讲价，节省一点运费开支。但是，注意不要太苛刻，行走江湖，互利互惠，分利于人，有钱大家赚，这样关系才能长久。货运代理就是靠这个吃饭的，如果外贸SOHO太抠，导致货运代理没什么利润，他们办事自然就没有动力了。特别是舱位紧张的时候，难免会有货物因为不能上船被延误。此时，货运代理多半会优先安排那些有利可图的货物，运费太"抠"的货物自然就被往后延了。所以，出于长期合作、关键时候还靠货运代理大力帮忙的因素考虑，不必太计较那百儿八十的钱，让货运代理有钱可赚，才能激励其服务的积极性。

讲价的时候还要注意，国际海运价总是浮动的。根据货运淡旺季和燃油价格的变动会有小幅涨跌，有时候涨跌甚至会达到每个20尺柜上百美元。这个价格的波动不由货运代理控制而是船东说了算，货运代理通常只能确认预知本月的价格。可实际上外贸SOHO常常需要预先问价，以便根据海运价格核算对外报价，考虑到交易磋商周期，很可能一两个月以后才出货。所以，向货运代理询问价格的时候，不妨告诉他们你大致的出货时间，请货运代理告知可能的运费变动趋势，以便核算对外报价的时候留点余地。当然，一些货运代理急于招揽生意，当被询问价格的时候他们永远会说"要尽快订舱，下个月会涨价"之类的话，不必理睬他们，多问几家，了解实际的趋势，并选择那些能够如实相告、提供合理建议的货运代理来合作。

找好货运代理，谈好价格以后，外贸SOHO要积极配合货代的工作。把运输安排得稳妥、周详一些，只要条件允许，工作就提前一点，给货运代理的操作预留足够的时间。

一般来说，货运流程如下：（1）向货运代理订舱。（2）货运代理传真货物进仓通知。整柜货物的，货运代理安排集装箱拖车；拼柜货物的，按照货运代理进仓通知的指示按时送进指定仓库。（3）把报关资料（即报关所需的发票、装箱单、报关单、核销单及其他所需单证）及时交给货运代理，委托货运代理报关。如果是自己报关的，则在货运代理规定的时限内完成报关。（4）报关装船的同时，与货运代理核对提单内容，把客户对提单的种种要求告诉货运代理，请货运代理按照要求制单。货运代理以外贸SOHO最后确认的内容格式出具提单。（5）船开后，货运代理告知所需费用，并出具运费发票。外贸SOHO付清费用，取得提单。（6）月余左右的时间，报关时交给海关的部分报关单和核销单退回来了。如果是委托货运代理报关的，货运代理应将这些单据及时转交外贸SOHO，以便办理核销事宜。

货运在时间安排上很有讲究。一般采取倒推计算方法，先确定最后期限，再根据操作步骤倒推计算时间。

假设外贸SOHO与客户拟定10月20日出货，运往澳大利亚的悉尼港口。注意：并不是每天都有船开往悉尼的。开船航次通常以周为单位，比如规定逢周二、周五有船。经查10月20日是周四，在这一时间之前最接近的航次是10月18日（周二）的船。这样一来，10月18日才是外贸SOHO实际操作中的最后交货日（可能的话，最好安排提前一个航次，比如说10月14日周五的船。这样即使届时有什么延误赶不上船，外贸SOHO也还可以走10月18日的航次，从而在期限内完成交货，否则就只能通过倒签提单解决了）。按照规定必须提前半天到一天截止装船，即行话中的"截放"，更须提前一两天完成报关装船事宜，行话称为"截关"。所以，一般情况下，要安排 10 月 18 日的船我们应最晚在 10 月 16 日把货物运至码头并完成报关。而在本案例中，10 月 16 日正好是周日，为稳妥起见，最好在上周五（即 10 月 14 日）便完成报关。考虑到订舱及安排拖车装柜所需的时间，最好提前 1 周办理。所以，10 月 11 日向货运代理订舱、10 月 14 日完成报关、18 日如期上船是本案例中比较稳妥的办法。可见，合同约定 10 月 20 日交货的，在实际操作中外贸 SOHO 于 10 月 11 日就要开始准备了。

当然，紧急情况下通过货运代理帮忙，外贸 SOHO 可以在短时间内完成报关出货。仍依上例，10 月 17 日才完成报关上 10 月 18 日的船也不是不可能，但毕竟太玄，非常规做法。了解了办理过程，基本上就理解了时间安排的惯例，即一般提前 1 周订舱、提前 2 天完成货物进仓和报关事宜。在与货运代理配合熟稔之后，时间可以安排得紧凑一些，提前三五天订舱都还来得及。

其中需要格外注意的就是节假日和周末的影响。因为报关出运涉及出口方、货运代理、码头、海关等几方，节假日和周末特别容易造成配合与联系上的脱节。尤其春节、"五一"、"十一"长假，是海运出货最容易出问题的时段，而一旦出问题就没法及时解决。因此，在与客户订立合同的时候，最好避免在长假内出货。实在需要假期内出货的，首先在假期前便解决"官方机构"的衔接工作，同时与货运代理、工厂之间保持密切联系，提前获取经手人的手机号码等应急联系方式，预先理顺操作环节，估计可能的意外并准备必要的应急预案。

延伸阅读

外贸 SOHO 人一定要懂得自律才可能成功，以下是一些最普遍的自我约束规条，试想想你能全部付诸实行吗？

1. 养成良好的工作习惯。每天的工作要有计划性，当天的计划当天完成，切忌拖延；有些事情是每天必做的，有些事情是经常重复做的，分清楚，列出来，当觉得无事可做的时候，就做这些需要做的事情，比如发信息、更新网站等；切忌浪费时间聊私人电话、在线聊天；工作时间绝不能做家事，如打理家务等；大部分有"经验"的外贸 SOHO 均坚持每天像上班一般穿戴整齐，家居服和睡衣会令人产生懒散的感觉，直接影响个人的工作效率；将工作区域与家中其他部分明显地划清界线，譬如使用独立的房间或独立办公桌/电脑台之类的，使家庭与工作空间不会混淆不清。

2. 养成良好的作息习惯。不管你早睡早起，还是晚睡晚起，你都要保证每天的工作时间，工作的时间就要专心工作，绝对不能看小说、玩游戏、干家务。外贸 SOHO 在家工作，而且经常需要熬夜，但这并不意味着你要变成"宅男"或"宅女"，也不用休息。

3. 养成良好的锻炼习惯。在家办公，没有公司的工作环境，有时可能忘了工作时间，所以有规律地安排休息，经常出去走走，锻炼身体，劳逸结合才能更好地工作。

4. 养成良好的学习习惯。坚持学习，新的外贸业务员一般都有老业务员带，外贸 SOHO 要靠自己，要坚持每天浏览那些专业外贸论坛或者博客，让自己每天都有进步。

5. 保持良好的心态。注意调整好自己的心态，尤其是当你很长时间没有单子的时候。

6. 眼光要长远，不在乎眼前的小利，有时候可能亏本也要维护自己的信誉；认真对待自己的工作，用企业家的标准严格要求自己。

思考题

1. 从事外贸 SOHO 必须具备哪些素质？
2. 如何寻找货源并确定供应商？
3. 应该怎样看待外贸 SOHO 的客户？
4. 比较买单出口、外贸代理两种方式。
5. 离岸公司有什么优缺点？

案例分析题

案例 1：刘先生是个头脑灵光的人。以前，他在一家大型外贸公司工作。在互联网上，他发现有许多国外的小买家，也希望能够直接从中国购买货物，但由于他们要的货数量少品种杂，许多大外贸公司都不愿意接单。刘先生认为这是一个很好的机会，他辞掉了工作，找到了几个这样的外国公司，以这些公司采购代表的名义，在中国为这些公司代购货物，并根据每笔货的价值，从国外公司那里收取一定的佣金。由于业务的发展，刘先生的个人 SOHO 已经不能满足了，他说他要雇人帮忙了。

案例 2：陈小姐本来在外贸公司工作。生孩子后，为了不再每天赶着打卡上班，辞工做起了外贸 SOHO。她联系到一家有自营进出口经营权的工厂，做他们的编外外贸员，不拿工资、只拿提成。由于陈小姐以前具有外贸经验、较好的英语水平、娴熟的应用互联网的能力，生意很快地开展起来。现在，陈小姐根据国外客户的提供的信息，正在和别人合资建设一个工厂，生产的在国际市场畅销的产品。

案例 3：四年前，刚从外语学院毕业的林先生回到家乡。儿时的同学们已经成为小有规模的工厂老板了。和他们聊聊，发现他们普遍存在着产品销路问题。林先生挂靠到一家外贸公司（按年给该外贸公司交纳一定的管理费），开始了为这些老板们寻找国际买家的工作。从展览会到互联网，他独来独往地忙着。生意越做越大，自己也从 SOHO 发展成一间小公司。几年下来，他已经拥有数家稳定的国际客户。林先生说，现在他正在申请自己的商标，将来出口的产品，都使用他自己的商标，树立自己的品牌。

资料来源　http://www.meimengwang.com。

问题：在专业知识和资金两者间，案例中的外贸 SOHO 从业者成功的关键是哪个？外贸 SOHO 的哪些特点促成了他们的成功？

主要参考文献

1. Knight，Risk，Uncertainty and Profit. Chicago，IL：University of Chicago Press，1921.

2. Kirzner，I. M.，Competition and Entrepreneurship. Chicago，IL：University of Chicago Press，1973.

3. Storey，D. J.，Understanding the Small Business Sector，Routledge，1994.

4. Timmons，J. A.，New Venture Creation：Entrepreneurship for the 21st Century. Singapore：McGraw-Hill，1999.

5. Chaston，I.，Mangeles，T.，Core Capabilities as Predictors of Growth Potential in Small Manufacturing Firms. Journal of Small Business Management，1997，35（1）.

6. ［美］科林·巴罗：《小型企业》，高俊山译，北京，中信出版社，1998。

7. ［英］科林·巴露、罗伯特·布朗：《小企业三部曲：创立、生存与发展》，宁光杰、李布译，北京，机械工业出版社，1999。

8. ［美］库马尔：《国际营销调研》，陈宝明译，北京，中国人民大学出版社，2005。

9. ［美］杰拉尔德·奥尔巴姆、埃德温·杜尔、杰斯珀·斯斯特兰斯科夫：《国际营销和出口管理》，张新生、吴侨玲译，北京，中国人民大学出版社，2007。

10. ［美］弗朗西斯·麦古金：《小企业创业实务》，杨莉等译，深圳，海天出版社，2007。

11. ［美］加里·阿姆斯特朗、菲利普·科特勒：《市场营销学》，赵占波等译，北京，机械工业出版社，2011。

12. 姜彦福：《全球创业观察 2002 中国报告》，北京，清华大学出版社，2003。

13. 林汉川、邱红：《中小企业创业管理》，北京，对外经济贸易大学出版社，2005。

14. 龚曙明：《市场调查与预测》，北京，清华大学出版社，2005。

15. 王国红：《创业管理》，大连，大连理工大学出版社，2005。

16. 李学东、潘玉香：《大学生创业实务教程》，北京，经济科学出版社，2006。

17. 李良智：《创业管理学》，北京，社会科学出版社，2007。

18. 陈红进：《国际营销培训教程——有效获取国际订单》，上海，上海交通大学出版社，2007。

19. 黄海涛：《外贸七日通》，北京，中国海关出版社，2008。

20. 黄泰山、冯斌：《出口营销策略》，北京，中国海关出版社，2008。

21. 李时椿：《创业管理》，北京，清华大学出版社，2008。

22. 陈晓红、吴云迪：《创业与中小企业管理》，北京，清华大学出版社，2009。

23. 郭小平、祝君红：《创业营销》，北京，清华大学出版社，2009。

24. 陈文彬、吴恒春：《创业实务教程》，广州，暨南大学出版社，2010。

25. 珠穆朗玛猫：《创业警示录》，武汉，华中科技大学出版社，2010。

26. 凡禹：《沟通技能的训练》，北京，北京工业大学出版社，2010。

27. 林嵩：《创业资源的获取与整合——创业过程的一个解读视角》，载《经济问题探索》，2007（6）。

28. 蔡莉：《新创企业资源整合过程模型》，载《科学学与科学技术管理》，2007（2）。

29. 徐世伟：《草根企业的虚拟经营与信息化建设》，载《经济管理》，2007（12）。

30. 叶欣：《创业有哪些认识误区》，载《劳动保障世界》，2008（5）。

31. 贾昌荣：《创业不能活在别人的成功故事里》，载《现代营销》，2010（4）。

32. 张帆：《中美大学生创业环境的比较分析》，载《科学管理研究》，2010（1）。

33. 林莉：《大学生创业环境分析》，载《经济师》，2010（9）。

34. 陈蓉：《高校国际贸易专业实践创业教育的突破口——外贸SOHO模式的思考》，载《经济师》，2010（2）。

35. 张玉利：《创业者风险承担行为透析——基于多案例深度访谈的探索性研究》，载《管理学报》，2010（1）。

36. 王玉杰：《论创业的内涵、价值及实施途径的研究》，载《中国集体经济》，2011（16）。

37. 马俊：《谈大学生外贸创业者的素质能力与培养》，载《职业时空》，2011（2）。

38. 赵观石：《论大学生创业的六个认识误区》，载《教育与职业》，2011（3）。

39. 王建中：《创业环境、资源整合能力与创业绩效关系结构模型构建》，载《商场现代化》，2011（35）。

40. 王尹芬：《不同创业模式下大学生创业路径的选择》，载《企业导报》，2011（2）。

41. 孙韶华：《中小外贸企业再现亏损倒闭》，载《经济参考报》，2011（4）。

42. 郁进东：《学生老总到底输在哪里》，载《中国青年报·创业周刊》，2006-07-20。